纳米技术与潜指纹显现

杨瑞琴　编著

中国人民公安大学出版社
·北　京·

图书在版编目（CIP）数据

纳米技术与潜指纹显现 / 杨瑞琴编著. —北京：中国人民公安大学出版社，2016.5

ISBN 978 -7 -5653 -2574 -8

Ⅰ. ①纳… Ⅱ. ①杨… Ⅲ. ①纳米技术 - 应用 - 指纹鉴定 Ⅳ. ①D918.91

中国版本图书馆 CIP 数据核字（2016）第 081783 号

纳米技术与潜指纹显现

NAMI JISHU YU QIANZHIWEN XIANXIAN

杨瑞琴　编著

出版发行：中国人民公安大学出版社
地　　址：北京市西城区木樨地南里
邮政编码：100038
经　　销：新华书店
印　　刷：北京通天印刷有限责任公司

版　　次：2016 年 9 月第 1 版
印　　次：2016 年 9 月第 1 次
印　　张：18.25
开　　本：787 毫米 × 1092 毫米　1/16
字　　数：346 千字

书　　号：ISBN 978 -7 -5653 -2574 -8
定　　价：62.00 元

网　　址：www.cppsup.com.cn　www.porclub.com.cn
电子邮箱：zbs@cppsup.com　zbs@cppsu.edu.cn

营销中心电话：010 - 83903254
读者服务部电话（门市）：010 - 83903257
警官读者俱乐部电话（网购、邮购）：010 - 83903253
公安业务分社电话：010 - 83905672

序

指纹被誉为痕迹物证的“证据之首”，现场指纹的发现、显现和提取长期以来受到高度重视。指纹显现技术虽已有百年之久，但仍历久弥新，不断发展，新的显现技术和方法层出不穷。20 世纪 80 年代，纳米科学技术的出现标志着科学技术水平已进入一个新时代，纳米材料在生物医疗、化学分析领域的应用潜力引起了人们的广泛关注。其优异的光学、电子和表面可修饰性等性质促使其成为纳米生物光子学领域的新贵，被广泛应用于生物标记领域。其在法庭科学的潜指纹显现领域表现出了良好的应用效果和巨大的应用潜力，吸引了广大法庭科学工作者的关注和重视。

杨瑞琴教授及她的课题组对纳米材料显现潜指纹技术进行了长期研究，取得了较为丰硕的成果，开拓了新的研究领域，取得了创新性结果。他们将纳米材料引入潜指纹显现领域中，使纳米材料通过物理吸附或化学反应靶向结合在手印残留物质上，为潜指纹的显现提供了一种新的思路和途径。书中涉及 CdS/PAMAM 量子点溶液的合成及其在潜指纹显现中的应用，巯基乙酸包覆 CdSe、CdTe 纳米溶液的合成及其在潜指纹显现中的应用，以及纳米 ZnO 悬浮液、纳米 TiO_2 悬浮液、纳米 Fe_3O_4 悬浮液等在显现潜指纹中的应用。另外，他们建立了纳米材料显现潜指纹多指标综合评价分析体系。

目前，研究纳米材料的科研工作者不熟悉指纹显现技术，而法庭科学工作者还没有深入掌握纳米材料新技术在这一领域的应用方法，时至今日还没有把二者结合起来的相关著作。本书紧跟前沿研究热点，其出版填补了空白，具有较强的学术价值与实用性。

我希望，法庭科学工作者能充分利用新成果，不断推动我国法庭科学技术的创新与应用，为我国公安技术发展做出新的贡献。

刘耀

中国工程院院士、研究员

2014 年 12 月

前　言

本书内容是课题组全体师生辛勤劳动的成果，绝大部分来自课题组的研究生学位论文。作者对五年来各位研究生做出的创造性劳动表示由衷的感谢，他们是王元凤、王永刚、夏彬彬、赵永峰、赵科、陈顺昌、王珂、蔡铠阳。在执行“十一五国家科技支撑计划”（项目编号2007BAK26B08）、北京市科技新星计划（2006B64）、第十一届霍英东青年基金（111092）、公安部应用创新计划（2006YYCXGADX068）过程中，刘耀院士给予了我们关键性的指导，王彦吉教授也做出了重要的贡献，在此一并表示感谢。

课题组在纳米材料显现潜指纹领域继续进行研究工作，目前除了“十一五国家科技支撑计划”外，还得到了教育部优秀人才计划（NCET－10－0083）的资助，该研究取得了有价值的成果。限于笔者业务水平和精力的原因，本书肯定存在不少缺点和错误，恳请读者予以批评指正。

杨瑞琴

2014年11月

目　录

第一章　纳米材料在法庭科学的应用

近年来，纳米材料技术已经成为科学家研究的热点之一。由于材料达到纳米尺度后，将体现出与传统材料不同的性质，使其显示出独特的性能，因此引起广泛的关注。

纳米技术的概念最初是由美国物理学家费曼提出来的，1959 年他所作的题为“底部还有很大空间”的演讲，被公认为是纳米技术思想的来源。“纳米”（nanometer）在物理学上是一个长度单位，1nm 等于十亿分之一（10^{-9}）米。1nm 的长度相当于 3～5 个原子紧密地排列在一起所具有的长度。1974 年年底，日本最早把这个术语应用到技术。20 世纪 80 年代，“纳米”被用来命名材料，把尺寸大小在 1～100nm 范围的材料定义为纳米材料。广义地说，纳米材料是指在三维空间中至少有一维处于纳米尺度范围或由它们作为基本单元构成的材料。如果按维数，纳米材料的基本单元可以分为三类：（1）零维，指在三维空间均处于纳米尺度，如纳米尺度颗粒、原子团簇等；（2）一维，指在空间有两维处于纳米尺度，如纳米丝、纳米棒、纳米管等；（3）二维，指在三维空间中有一维在纳米尺度，如超薄膜、多层膜、超晶格等。因为这些单元往往具有量子性质，因此又把零维、一维和二维的基本单元分别称作量子点、量子线和量子阱。

纳米技术是指在纳米尺度的范围内，通过直接操纵和安排原子、分子来创造新物质材料的技术，即研究 100nm 到 0.1nm 这个微观范围内物质所具有的特异现象和特异功能，并在此基础上制造新材料，研究新工艺的方法与手段。用该技术制造的纳米材料将表现出量子尺寸效应、小尺寸效应、表面效应、宏观量子隧道效应、界电限域效应等不同于宏观和微观物体的突出特性。总的来说，就是当物质处于纳米尺寸时，比表面积增大，表面原子数所占比例增大，表面能高，电子能级由准连续变为离散，使物质具有了特殊的光、电、磁等性质。纳米技术研究是近年来国际上最为活跃的研究领域之一，取得了诸多举世瞩目的成就，纳米技术在法庭科学领域也具有重要的应用潜力和价值。

纳米技术在电子、通信、生物医药、材料、能源、工业制造、环境保护等方面得到了广泛的运用。对法庭科学而言，其应用主要有两方面：一是用空间分辨率达到纳米级的仪器对微量物证进行精确的分析，从而大大提高了分析灵

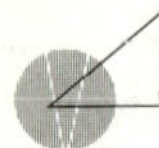

敏度。二是将具备特殊理化性质的纳米材料运用于物证检验，增强了检验的特异性和准确度。以下是笔者对近几年来相关纳米技术应用于法庭科学的一个总结。

一、纳米技术在微量炸药检测方面的应用

美国加利福尼亚大学的研究人员利用聚四苯基硅烷制成的纳米导线检测空气中低浓度的炸药。该纳米导线遇到芳香族化合物如梯恩梯和苦味酸时会停止发光，能检测出空气中浓度低至 $4\times10^{-9}mg/m^3$ 的梯恩梯，其在海水中则能检测出浓度为 $5\times10^{-8}mg/m^3$ 的梯恩梯。负责这项研究的米歇尔·赛伊尔（Michel）教授认为，该纳米导线由于既能在陆地上使用，又能在海洋中使用，一定程度上优于传统检测炸药的方法。该纳米导线不仅生产成本低，而且容易加工，它能溶于多种溶剂，可以像喷洒油漆一样涂在任何形状的物质表面。他建议，可以利用这种材料制成的检测器来寻找地雷和未爆炸的炸弹，在机场检测通常使用检查仪器漏检的炸药蒸气。国内科研在该领域取得相应进展，丁玉杰[1]以碳纳米管为固相萃取吸附剂对环境水体中的痕量农药残留物进行了富集，该项技术将来也可应用于我国池塘中投放农药作案的微量农药检测。李权龙等人[2]以甲烷催化裂解法生产的经过纯化的多壁碳纳米管为气相色谱固定相检测其分离烷烃、芳香烃、卤代烃、醇、酮、醚、酯的性能，结果发现其保留能力更强，适合于分析沸点相对较低的化合物；其表面更均匀，极性化合物的色谱峰峰形对称。此外，在涂渍了5%的 Carbowax－20M 后可分离极性化合物，甚至是强极性的小分子有机酸。相信这项技术在毒物毒品检验中也将会有很好的应用前景。

二、纳米技术在法医 DNA 检验中的应用

1985 年，英国 Jeffrays 教授创立了 DNA 检验技术方法，实现了物证鉴定从否定到认定的历史性转变。其对 DNA 的检测有光度法、荧光法、电化学分析及电化学 DNA 传感器、PCR 技术、DNA 芯片技术等，可以对特定序列的 DNA 片段进行有效识别和高灵敏的检测，在基因表达分析、基因突变检测、疾病诊断、药物筛选等方面有着重要的应用。其中，标记分析法是 DNA 检测的一个重要内容，它是采用各种标记物与特定序列的 DNA 片段进行耦联，通过对标记物的测定达到对 DNA 序列进行测定的目的，常用的标记物有放射性标记物、酶标记物、化学/生物发光或荧光标记物等。由于纳米粒子具有优良的光学特性和稳定性，因而在 DNA 标记分析中应用广泛，在基因检测、疾病诊断、DNA 检测等方面有着应用前景。

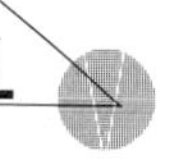

（一）纳米技术提取DNA

利用纳米技术提取生物样品中的DNA已经体现出特殊的优势。例如，通过在超顺磁的纳米粒子表面用树脂包覆，在外加磁场的条件下完成DNA的分离，方法简单迅速，具有更高的DNA分离纯化效率。作为纳米技术的一个分支，磁性纳米技术的主要研究内容是利用纳米技术手段将磁性材料制成纳米微粒（1～100 nm）或纳米复合材料，从而获得不同于体相材料的特殊磁学特性，利用这些特性达到认识自然和改造自然的目的。美国、日本、德国等均将纳米生物技术研究作为21世纪的优先项目予以重点支持，目前已经开发出许多基于磁性纳米技术的新产品、新工艺和新技术，如巨磁电阻材料、新型的磁性液体和磁记录材料、磁标技术、磁性细胞分离材料等，解决了常规技术无法解决的难题。对于DNA提取技术而言，磁性纳米技术具有常规提取方法所无法比拟的独特优势，概括起来主要有以下几点：（1）纳米材料具有小尺寸效应和表面效应，能够用于高效DNA提取，满足微量生物样本DNA提取的要求。（2）纳米材料表面能够进行化学修饰，从而与DNA进行特异性吸附，去除样品DNA溶液中的抑制物质，如有机溶剂、去污剂、金属离子、染料等。（3）纳米粒子表面功能团数量可以控制，获得所提取DNA溶液的浓度信息，达到定量的要求。（4）磁性纳米材料可以通过特殊的合成工艺，使其具有超顺磁特性，因此能够通过仪器进行自动化操作，满足数据库建设大批量样本提取的需要，减少人为因素影响。（5）用时少，操作简单，适用于大多数生物检材。对于经验较少的初学者而言，按照简单的程序化操作，也能够获得满意的DNA提取结果。（6）价格低廉，便于广泛应用。由于纳米材料合成采用的都是低价无机和有机原料，无须特殊的仪器设备，使得最终的合成和研发成本都很便宜，因此适于市场推广。从国内的磁性纳米技术发展状况来看，技术水平与世界发达国家不相上下，在纳米复合材料合成、生物分子与纳米材料的相互作用等方面更是处于世界领先水平，但我国用于DNA提取的磁性纳米技术才刚刚起步，仍有许多地方需要提高和完善。

（二）纳米粒子标识DNA的探针技术

DNA的荧光纳米标识，是指利用合成具有优异光谱学特性的纳米微粒进行DNA的标记和检测识别，从而达到检验DNA的目的。表1.1对荧光纳米标识与传统标记方法进行了比较。可以看出，荧光纳米标识与传统标记方法相比在许多方面存在较大优势。例如，其激发光谱宽，连续分布；发射光谱呈对称分布且宽度窄；颜色可调，光化学稳定性极高，不易分解；具有较高的灵敏度，无毒副作用，可以进行人体内示踪等。

表 1.1　各种标记检测法的优缺点对照[3]

标记类型	检测极限	优点	缺点
放射性标识	$>10^{-10}$mol/mL	灵敏度高、特异性强、应用范围宽、免疫活性高	标准性极差、放射性污染大
荧光物标识	$>10^{-8}$mol/mL	经济、安全、测量简便	背景对灵敏度干扰大、需多波长激发、光谱线宽、光照易分解、分解产物有害
荧光纳米标识	$<10^{-9}$mol/mL	特异性强、灵敏度高、激发谱线宽、发光谱线窄、荧光效率高、稳定性高、应用范围宽、可荧光编码、无毒副作用	制备技术有一定难度

孙伟等人[4]在《纳米粒子标记 DNA 探针的制备与检测应用》的综述论文中阐述了纳米粒子标记 DNA 探针的研究是纳米技术、基因组学、DNA 检测等学科交叉的研究热点。在文中，他们从纳米粒子的分类、制备、标记和检测原理等方面对纳米粒子标记 DNA 探针的制备和应用进行了分析与评述；介绍了荧光分析法、分光光度法和电化学分析法用于纳米粒子标记 DNA 检测的应用及最新发展。

（三）纳米集成器件检验 DNA 应用

实验集成器件是 DNA 检验的另一个主要研究方向。先进的集成器件可以使法医工作者在很短的时间内获得较大量的结果，简化操作程序，节省人力和物力。纳米芯片是集成器件的一个成功代表，但目前它只能在结果检测方面一次性获得更多的信息，却无法将提取、扩增、检测进一步集成，而且该技术对于一些小型实验室并不适用。纳米技术是解决这一问题的理想方法，它可以将从提取到检测的全部过程集成在一个小的器件上，便于携带和在各种场合应用。

1998 年，Burns 等人利用纳米蚀刻技术在玻璃表面制造了一种低成本 DNA 检测设备，它不需要额外的压力泵、扩增设备和测序装置，就可以在几十分钟内完成纳升级生物样本提取到毛细管电泳的全部 DNA 检验过程，为法医工作者提供了更高效的检测手段。

三、纳米技术在毒物和毒品分析中的应用

近年来，随着单克隆抗体和纳米胶体金（5～150nm）标记技术的开发应

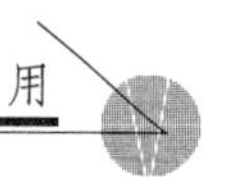

用，使得免疫测定在毒物检测，尤其是毒品检测方面的应用有了很大发展。例如，彭和平等人[5]采用高特异性的抗原抗体反应及免疫层析技术，用含有事先固定于膜上测试区的被胶体金标记的吗啡单克隆抗体竞争结合尿液中吗啡的原理进行检测，取得了良好的效果。曾立波等人[6]以粒径为20nm的胶体金颗粒标记的氯胺酮单克隆抗体制备了免疫层析检测条对46种毒物进行测试，其仅识别氯胺酮和其主要代谢物，准确性为97.6%，检测氯胺酮的阈值为1000ng/mL。

Leggett等人的研究结果显示，使用抗体对纳米颗粒进行功能化处理之后，针对潜在指纹的显现，在实现个体区别的基础上，还可以对被检客体指纹中是否含有某一种毒品或其代谢产物进行判断。研究人员首先通过3－（2－吡啶二巯基）丙酸－N羟基琥珀酰亚胺酯（SPDP，一种异型双功能交联剂）使纳米金颗粒表面标记可替宁（cotinine，一种尼古丁代谢产物，常出现在吸烟者的汗液中）抗体，接着利用获得的功能化纳米颗粒对潜在指纹进行处理，孵化一段时间后水洗；再使用荧光标记的二抗体对潜在指纹进行二次处理，孵化一段时间后水洗。通过上述方式，可以得到清晰的潜指纹（可见三级特征）。此外，他们通过实验来证明纳米金存在的必要性，因为单独使用可替宁抗体对指纹样本进行处理时，只能判断尼古丁代谢物的存在，但没有办法获得清晰的指纹图像。

四、纳米材料在潜指纹显现中的应用

20世纪80年代，纳米科学技术的出现标志着科学技术水平已进入一个新时代——纳米科学技术时代。近年来，纳米材料在生物医疗、化学分析领域的应用潜力引起了人们的广泛关注。其中，量子点作为新一代生物荧光探针，其优异的光学、电子和表面可修饰性等性质促使其成为纳米生物光子学领域的新贵，被广泛应用于生物标记领域。

基于此，我们将半导体纳米晶（主要是Ⅱ－Ⅵ族量子点）引入到潜指纹显现领域中，使量子点通过物理吸附或化学反应结合在潜指纹残留物质上，为潜指纹的显现提供一种新的途径。此外，还有多种纳米材料也被应用于潜指纹显现，诸如稀土或有机荧光染料掺杂的SiO_2纳米粒子、表面修饰的纳米金颗粒、纳米Al_2O_3粉末、纳米TiO_2粉末及悬浮液、纳米ZnO粉末及悬浮液和磁性纳米材料Fe_3O_4应用于潜指纹显现[7-26]。

参考文献

[1] 丁玉杰. 纳米材料在农药残留分析中的应用[D]. 河南师范大学硕士学位论文，2007.

[2] 李权龙，袁东星．多壁碳纳米管作为气相色谱固定相的性能研究［J］．化学学报，2002（10）：1876－1882.

[3] 杨百全，陈霞．纳米科技与法医 DNA 检验［J］．刑事技术，2003（5）：29－31.

[4] 孙伟，尤加宇，江宏，等．纳米粒子标记 DNA 探针的制备与检测应用［J］．中国卫生检验杂志，2005，15（8）：1008－1010.

[5] 彭和平，王志容，何文，等．胶体金层析法检测尿中吗啡的探讨［J］．临床和实验医学杂志，2007（1）：121－126.

[6] 曾立波，陈连康，胡小龙，等．氯胺酮胶体金标记单克隆抗体免疫层析检测板的研制［J］．中国法医学杂志，2006（2）：65－68.

[7] 王元凤，杨瑞琴，王彦吉．纳米材料显现潜在指纹的研究概况［J］．中国人民公安大学学报（自然科学版），2007（2）：1－7.

[8] 杨瑞琴，王元凤，李威．TiO_2 纳米粉末显现潜指纹研究［J］．刑事技术，2008（4）1－5.

[9] 杨瑞琴，钱伟杰，赵科．纳米 CdS/PAMAM G5.0 显现金属表面油潜指纹初探［J］．中国人民公安大学学报（自然科学版），2008（4）：2－5.

[10] 杨瑞琴，周庆颖，王元凤，等．纳米 CdS/PAMAM G5.0 显现胶带粘面油潜指纹应用［J］．无机化学学报，2008，24（11）：1874－1879.

[11] 杨瑞琴，赵永峰．气相色谱－质谱联用法分析手印残留物中氨基酸的研究［D］．《2008 年全国有机质谱学术会议论文集》，2008：276－277.

[12] 王元凤，杨瑞琴，王彦吉．汗潜指纹残留物中油脂的气相色谱分析［J］．分析实验室，2008，27（7）：49－53.

[13] 赵永峰，杨瑞琴，王元凤．手印残留物质中油脂成分的衍生化气质联用法分析［J］．分析测试学报，2008，27（8）：878－880.

[14] 王元凤，赵科，杨瑞琴，等．胺端基型 CdS/PAMAM 的制备及其在潜在潜指纹显现方面的应用［J］．中国司法鉴定，2008（4）：43－46.

[15] 王元凤，杨瑞琴，王彦吉，等．CdS/PAMAM 与氨基酸作用研究及其在潜在潜指纹显现中的应用［J］．光谱学与光谱分析，2008，28（12）：2843－2846.

[16] 赵科，杨瑞琴．纳米 TiO_2 小颗粒悬浮液显现胶带粘面油潜手印初探［J］．中国人民公安大学学报（自然科学版），2008（3）：10－13.

[17] 赵科，王元凤，杨瑞琴．光致发光法在指纹显现中的应用［J］．中国司法鉴定，2008（5）：52－56.

[18] Yuan Feng Wang，Rui Qin Yang，Yan Ji Wang，et al. Application of CdSe nanoparticle suspension for developing latent fingermarks on the sticky side of

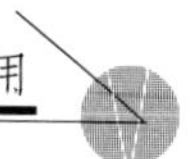

adhesives [J]. Forensic Science International, 2009, 185: 96 - 99.

[19] 赵科，杨瑞琴，靳玉娟，等.PAMAM G7.0 的制备及在非渗透性表面手印显现中的应用 [J]. 刑事技术，2009 (5): 13 – 16.

[20] 王永刚，杨瑞琴，王彦吉，等. 纳米材料在法庭科学中的应用 [J]. 材料导报，2009 (23): 17 – 20.

[21] 王永刚，杨瑞琴，王彦吉. 纳米 ZnO 悬浮液显现非渗透性客体表面手印应用研究 [J]. 中国人民公安大学学报（自然科学版），2009 (4): 1 – 7.

[22] 陈顺昌，杨瑞琴. 胶体金的制备及其在手印显现中的应用 [J]. 材料导报，2009 (12): 9 – 12.

[23] 王永刚，杨瑞琴，王彦吉. 纳米氧化物粉末显现水果和蔬菜表面手印应用初探 [J]. 刑事技术，2009 (6): 19 – 21.

[24] 王永刚，杨瑞琴，王彦吉. 纳米二氧化钛屏蔽紫外光法显现手印研究 [J]. 光谱学与光谱分析，2010, 30 (6): 1561 – 1565.

[25] Ruiqin Yang, Yonggang Wang, Binbin Xia, et al. Application of CdTe quantum dots to development fingerprints on adhesive surfaces [J]. Materials Science Forum, 2011, 694: 874 – 880.

[26] Kaiyang Cai, Ruiqin Yang, Yanji Wang. Super fast detection of latent fingerprints with water soluble CdTe quantum dots [J]. Forensic Science International, 2013, 226: 240 – 243.

第二章　指纹显现基础

自从指纹被誉为痕迹物证的“证据之首”后，现场指纹的发现、显现和提取工作就一直备受重视。近百年来，有关学者对此进行了不懈的努力，探索出许多行之有效的显现潜指纹的方法。随着科学技术的进步，新材料、新显现方法和显现设备不断涌现，为解决指纹显现的难题提供了新的思路和方法。

科学技术的快速发展，使更多新的科技手段和研究成果应用到法庭科学领域中，进一步为法庭科学的进步与发展提供了充分的科学依据。在法庭科学的人身认定领域中，人身的同一认定已经得到多样化的发展，DNA 检验鉴定技术和指纹鉴定技术并重成为法庭科学领域能够直接认定犯罪嫌疑人的两大技术。在所有个体识别方法中，指纹识别技术因其具有可靠适用的特点而被认为是重要的物证，也是基层现场勘查人员最为重视的物证之一。在世界各国，指纹识别被广泛应用于侦查破案中。

第一节　指纹形成及分类

指纹，即人体手部皮肤的花纹，包括手掌面的乳突花纹（指头纹、指节纹和掌纹)、屈肌褶纹、皱纹、伤疤及脱皮等，具有特殊的生理结构和特征体系。当手指在日常活动中与物体接触时，手指乳突纹可能在客体表面形成指纹印痕，指纹是这些乳突纹线的反向再现。

人类指纹具有特异性。指纹的特征、位置及相互关系是因人而异的，即使同一个人手上的不同手指的纹线也各不相同。每个手指的纹线都有自己独特的、区别于其他指纹的特征，从未发现过两个指纹的乳突纹线特征完全相同。指纹同样具有很好的稳定性，其纹线特征在胎儿时期已经形成，除大小变化外，终生保持不变。指纹的这两大特征构成了指纹鉴定的基础。指纹的“人各不同”为鉴别人身提供了客观条件；指纹的“相对稳定性”为指纹鉴定提供了鉴定条件。指纹识别技术也被认为是可靠的个人识别方法。

手接触客体时形成的印痕即为指纹。由于人在日常活动中会在不同客体上留有指纹，人在犯罪现场活动中也会在现场和相关物品上留下指纹，通过分析、比对现场指纹和已知个体指纹，就可以做出确定或排除某个作案嫌疑人的结论。

一、指纹的形成

当手接触客体对其施加作用力，客体对手产生反作用力，客体的表面形态或表面附着物发生变化，形成了反映手纹形态结构的指纹。也就是说，指纹的形成有手、承受客体、作用力和附着物四种因素影响，并影响形成指纹的质量，即直接影响指纹的清晰程度、变形程度和保留时间。

手本身的大小、形态、肌肉和骨骼发达程度，有无畸形、疾患，乳突花纹的细腻、粗糙、隆沟的清晰程度等，直接影响指纹的大小、形态和清晰程度等。承受客体的表面光滑度、干湿度、物理和化学性质等，直接影响指纹的清晰程度、指纹保留时间和乳突花纹特征的真实程度。手与客体间作用力的大小、方向影响指纹的清晰度、形态结构和特征变化的程度等。另外，无论是手上的附着物还是客体表面的附着物，其数量的多少、理化性质、固体还是液体，对指纹的清晰程度和保留的时间影响都较大。

二、指纹的种类

指纹的分类方法很多，主要从客体表面形态的变化、附着物的变化形态、指纹物质的色调、指纹物质的成分进行分类。通常情况下，犯罪现场获得的指纹可以分为三种：可见指纹、压痕指纹以及潜指纹。其中，潜指纹是现场勘查中最为常见的难题。它客观存在，但在通常情况下难以分辨和发现，因此需要一些发现以及增强显现的方法，以便能使其服务于侦查办案和法庭诉讼过程。潜指纹依据形成指纹的物质成分不同，主要有汗液潜指纹、油脂潜指纹、血潜指纹和油汗混合潜指纹。

第二节　指纹残留物成分及其检测方法

对于指纹残留物组成的了解是研究潜指纹显现技术的重要基础。许多学者认为，指纹残留物是由人体分泌物和环境污染物混合而成的，重点是人体分泌物。本节集中讨论指纹残留物成分的研究。

人体皮肤分泌物的研究，大多数集中在医学领域，如研究人体汗液的分泌与疾病的关系，汗液的成分以及排泄量与身体机能状况、温度、精神状态、服用药物之间的关系[1]。体育运动研究领域对运动员汗液十分感兴趣，通过检测汗液成分的变化，了解运动员运动训练情况，如运动员高温环境下训练汗液营养成分的变化[2]，足球运动员大运动量训练中汗液尿素氮含量的分析[3]等。

手部接触皮肤分泌物后形成的指纹，其主要的物质成分为汗液和油脂。目前，对指纹残留物质中汗液成分的研究，相对较为成熟，形成的检测方法有很多，尤其是汗液中氨基酸成分，已经得到很好的研究，如现在使用非常广泛的茚三酮显现法，就是针对氨基酸进行反应的。针对指纹残留物中油脂成分的研究，国内为空白，国外有少数机构进行研究并形成了一定的理论结果。

一、皮肤结构及其分泌物

（一）皮肤腺体结构

人体表面的组织统称为皮肤。从组织学角度看，人体皮肤由复层鳞状上皮细胞和结缔组织构成。皮肤被覆于体表，与人体所处的外界环境直接接触，对维持人体内环境稳定来说极其重要。皮肤由表皮、真皮和皮下组织构成，其中含血管、淋巴管、神经、肌肉及各种皮肤附属器，如毛发、汗腺、皮脂腺等。

汗腺，是皮肤十分重要的附属器。汗腺为一个细长的细胞索，由表皮向深层繁殖而成；其深部螺旋曲折，索的中心渐渐空虚，变成孔道，称为汗腺导管。内层由腺上皮细胞组成，外层由平滑肌组成。汗腺分为外泌汗腺和顶泌汗腺，即小汗腺和大汗腺。指纹技术中所指的汗腺是指医学上的小汗腺。

小汗腺，为单曲管状腺，由分泌部和导管部构成。分泌部位于真皮深部和皮下组织，由单层分泌细胞排列成管状，盘绕如球形；导管部由两层细胞组成，管径较细，其与腺体相连接的一段弯曲，其后的一段较直并上行于真皮，最后一段成螺旋状穿过表皮并开口于汗孔。小汗腺遍布全身，总数为160万～400万个，连接起来可达20～30公里长，平均有120～130个/cm^2。额头、腋部、臀部、手足掌面皮肤汗腺最为集中。这些部位的皮肤汗腺，平均有400～600个/cm^2，手掌与足底可达数千个，因而这些部位排汗量最多。

汗腺导管为细长上皮管腔组织。从汗腺球状体开始，几乎垂直或斜行穿过真皮，然后盘旋上升，穿过表皮深部经底层、棘层、颗粒层、透明层，到达角质层的乳突线，并在乳突线上开口，形成导管末端。导管末端的口，全称汗腺口，简称汗孔。汗孔一律分布在乳突纹线上，不会分布在小犁沟内，尽管汗孔随着年龄变化，乳突萎缩，汗孔在乳突线上的具体位置可能向乳突纹线边缘相对移动，然而始终不离开乳突线。汗孔分布在乳突纹线上对于指纹遗留具有重大意义。正因为汗腺导管在乳突线上开口，排泄的汗液沉积在乳突线上，当手接触到客体时，乳突线上沉积的汗液就会因静电作用被吸附在客体上而遗留下手印。

顶泌汗腺，或称为大汗腺，属大管状腺体，由分泌部和导管组成。分泌部位于皮下脂肪层，腺体为一层扁平、立方体状或柱状分泌细胞，其外有肌上皮细胞和基底膜带。导管的结构与小汗腺相似，但其直径是小汗腺的10倍，主要分布在腋窝、乳晕、脐周，偶见于面部、头部和躯干，顶泌汗腺的分泌主要受性激素影响，青春期分泌旺盛。

皮脂腺，是一种可产生脂质的器官，属泡状腺体，由腺泡和短的导管构成。腺泡无腺腔，外层为扁平或立方形细胞，周围有基底膜带和结缔组织包裹，腺体细胞破裂后脂滴释放并经导管排出。导管由复层鳞状上皮构成，开口于毛囊上部。皮脂腺位于立毛肌和毛囊的夹角之间，立毛肌收缩可促进皮脂排泄。皮脂腺分布广泛，存在于掌跖和指趾屈侧以外的全身皮肤。头、面及背上部等处皮脂腺较多，称为皮脂溢出部位。成人皮脂腺，大约每平方厘米内生长1个。皮脂腺分泌及排泄物主要包括甘油酯、蜡酯、鲨烯、胆固醇、游离脂肪酸等，皮脂具有滋润皮肤、防止干燥破裂和水分侵入人体的作用。

（二）皮肤的代谢

糖代谢。皮肤中的糖类物质主要为糖原、葡萄糖和粘多糖等。葡萄糖浓度约为血糖的2/3，表皮中的含量高于真皮和皮下组织，在有氧条件下，表皮中50%～75%的葡萄糖通过糖酵解途径分解提供能量。

蛋白质代谢。皮肤蛋白质包括纤维性和非纤维性蛋白质，前者包括角蛋白、胶原蛋白和弹性蛋白等，后者包括细胞内的核蛋白以及调节细胞代谢的各种酶类。角蛋白是中间丝家族成员，是角质形成细胞和毛发上皮细胞的代谢产物及主要成分，约有30种（包括20种上皮角蛋白和10种毛发角蛋白）；胶原蛋白有Ⅰ、Ⅲ、Ⅳ、Ⅶ型，胶原纤维主要成分为Ⅰ型和Ⅲ型，网状纤维主要为Ⅲ型，基底膜带主要为Ⅳ型和Ⅶ型；弹性蛋白是真皮内纤维的主要成分。

脂类代谢。皮肤中的脂类包括脂肪和类脂质，人体皮肤的脂类总量（包括皮脂腺、皮脂及表皮脂质）为皮肤总重量的3.5%～6%，最低为0.3%，最高可达10%。脂肪的功能是储存能量和氧化供能，类脂质是细胞膜结构的主要成分和某些生物活性物质合成的原料。表皮中最丰富的必需脂肪酸为亚油酸和花生四烯酸，真皮和皮下组织中含有丰富的脂肪，脂肪合成主要在表皮细胞中进行。

水和电解质代谢。皮肤是人体重要的储水库，儿童皮肤含水量高于成人，成人中女性略高于男性。皮肤中的水分主要分布在真皮内。皮肤中含有各种电解质，主要储存于皮下组织，其中钠离子、氯离子在细胞间液中含量较高，钾离子、钙离子、镁离子主要分布在细胞内。

（三）皮肤的分泌和排泄功能

皮肤的分泌和排泄功能主要通过汗腺和皮脂腺完成。

小汗腺的分泌和排泄。小汗腺几乎遍布全身，总数为160万～400万个，其分布与部位有关，掌跖部位最多而背部最少。小汗腺周围有丰富的节后无髓鞘交感神经纤维，神经介质主要是乙酰胆碱，小汗腺腺体的明细胞在其作用下分泌类似血浆的超滤液，后者经过导管对钠离子重吸收形成低渗性汗液并排出体外。小汗腺的分泌受到体外温度、精神因素和饮食的影响。外界温度高于

31℃时全身皮肤均可见出汗，称为显性出汗；温度低于31℃时无出汗的感觉，但在显微镜下可见皮肤表面出现汗珠，称为不显性出汗；精神紧张、情绪激动等大脑皮质兴奋时，可引起掌跖、前额等部位出汗，称为精神性出汗；口腔黏膜、舌背等处分布有丰富的神经末梢和味觉感受器，进食（尤其是辛辣、热烫食物）可使口周、鼻、面、颈、背等处出汗，称为味觉性出汗。正常情况下小汗腺分泌的汗液无色透明，呈酸性（pH 4.5 ~5.5），大量出汗时汗液碱性增强（pH 7.0 左右）。汗液中水分占99%，固体成分仅占1%，后者包括无机离子、乳酸、尿素等。

顶泌汗腺（大汗腺）的分泌和排泄。顶泌汗腺的分泌在青春期后增强，并受情绪影响，感情激动时其分泌和排泄增强。新分泌的顶泌汗腺液是一种黏稠的无味液体，细菌酵解可使之产生臭味；有些人的顶泌汗腺可分泌一些有色物质，呈黄、绿、红或黑色，使局部皮肤或衣服染色，称为色汗症。

皮脂腺的分泌和排泄。皮脂腺是全浆分泌，即整个皮脂腺细胞破裂，胞内物全部排入管腔，进而分布于皮肤表面，形成皮脂膜。皮脂是多种脂类的混合物，其中主要有角鲨烯、蜡酯、甘油三酯及胆固醇脂等。皮脂腺的分泌受各种激素（雄激素、孕激素、雌激素、肾上腺皮质激素、垂体激素等）的调节，其中雄激素可加快皮脂腺细胞的分裂，使其体积增大、皮脂合成增加，雌激素可抑制内源性雄激素产生或直接作用于皮脂腺，减少皮脂分泌。禁食可使皮脂分泌减少及皮脂成分改变，蜡酯和甘油三酯明显减少，此外表皮损伤也使损伤处的皮脂腺停止分泌[4]。

二、皮肤分泌汗液与油脂成分的研究进展

（一）国内研究进展

可以用比色法、紫外分光光度法、分子荧光光谱法、火焰发射光谱法、层析法、离子交换法、电泳法等方法对汗液成分进行测定。20世纪80年代，江苏省苏州市公安局、江苏师范学校等单位联合组成人体汗液研究小组，对该地区人体汗液进行初步分析研究，测出人体汗液成分达78种，均由无机物和有机物两大部分组成，其中水的含量最大，占汗液总量的99%以上[5]。人体汗液中无机物含量以氯、钠、钾、钙含量最高，占化学成分总量的82% ~83%，其中以氯、钠为最多，由此可见，汗液的无机成分主要是水、氯离子和钠离子。人体汗液主要成分含量如表2.1所示。

表 2.1　人体汗液主要成分

主要成分	含量（mg/mL）
水	990～994
钠、钙	1.2～2.25
氯离子	1.05～2.00
乳酸	0.60
尿素	0.40
氨基酸	0.07～0.25
葡萄糖	0.056

汗液中的有机成分主要有氨基酸、非蛋白氮、尿素氮、尿素、肌酐、乳酸、葡萄糖、肌酸等。氨基酸是汗液中重要的成分，平均汗液中可含 486.66mg/L 氨基酸，最低为 122.07mg/L，最高为 1787.5mg/L。构成人体蛋白质的氨基酸有 20 种，用层析法定性测出汗液中有 19 种氨基酸，分别为谷氨酰胺、天门冬氨酸、赖氨酸、色氨酸、甲硫氨酸、丙氨酸、精氨酸、谷氨酸、丝氨酸、苏氨酸、亮氨酸、异亮氨酸、苯丙氨酸、酪氨酸、缬氨酸、组氨酸、胱氨酸、甘氨酸、脯氨酸[5]。人体汗液部分氨基酸含量情况，如表 2.2 所示。

表 2.2　人体汗液部分氨基酸含量表

氨基酸种类	最低值（μg/mL）	最高值（μg/mL）	一般值（μg/mL）
甘氨酸	3.1	12.5	6.3
丙氨酸	1.5	18.0	4.3～9.0
丝氨酸			10.5
苏氨酸		24.0～28.0	12.0
亮氨酸	275.0	22.0	5.5～11.0
异亮氨酸	2.1	17.0	4.3～3.5
苯丙氨酸	2.1	8.2	4.1
缬氨酸	2.3	18.4	4.6～9.2
脯氨酸		21.0	4.3～10.5
色氨酸		36.0	9.0～18.0
酪氨酸		14.0～28.0	3.6

上述研究成果形成于20世纪80年代，研究结果比较全面，汗液中氨基酸成分的检测推动了指纹显现技术的发展。但是，在最近30年里，国内刑事科学技术领域的相关研究很少，仅医学领域和体育运动学领域对汗液中部分成分进行了研究，而这些研究对指纹显现的帮助不大。

（二）国外研究进展

1. 汗腺分泌物

对普通人来说，人体全部汗腺分泌的汗液，其中99%以上是水，其余为无机成分和有机成分，这与国内研究结果一致。汗腺大部分分布在脚底，每平方厘米620个，分布在背部最少约64个。汗液中的无机成分主要包括钠、氯、钾、钙、镁、碘（5.0～12.0μg/L）、溴（0.2～0.5mg/L）、氟（0.2～1.2 mg/L）、磷（10.0～17.0 mg/L）、铁（1.0～70.0 mg/L）[6]、锌、铜、锰、锡、汞等[7,8]。

汗液中的有机成分包括氨基酸、蛋白质、油脂和其他成分。表2.3所示为三个不同研究机构对人体汗液中氨基酸成分以及含量的研究结果，从表2.3中可以看出以丝氨酸含量100%，用归一化法得出其他氨基酸相对含量，不同研究机构的研究结果在氨基酸含量上有所差别，但是种类基本一致。

表2.3　不同研究机构对人体汗液中氨基酸相对含量的研究成果

氨基酸	文献9	文献10	文献11
丝氨酸	100	100	100
甘氨酸	67	54	59
鸟氨酸	32	45	45
丙氨酸	27	35	28
天门冬氨酸	22	11	22
苏氨酸	17	9	18
组氨酸	17	13	14
缬氨酸	12	10	9
亮氨酸	10	7	10
异亮氨酸	8	6	8
谷氨酸	8	12	5
赖氨酸	10	5	–
苯丙氨酸	7	5	5
酪氨酸	6	3	5

研究表明，汗液中氨基酸的浓度与人的状态有很大关系，在紧张时氨基酸的浓度比安静时大数倍至数十倍，性别不同其氨基酸含量也有差别。另外，在不同年龄段，氨基酸的含量也不同。汗液中氨基酸种类与提取部位有很大关系，人体背部汗液与手掌汗液中的氨基酸成分是不一样的，多数情况下，人体汗液中氨基酸浓度最高的是丝氨酸、甘氨酸和丙氨酸。[9-15]

人体汗液中蛋白质的含量为150~250mg/L，有400多种多肽成分[16]。

汗腺不能分泌油脂成分，但受到提取方法的影响，很难提取到真正无污染的汗液。有一种提取方法减少了分泌腺体之间的交叉污染，其操作如下：先在人体皮肤表面涂抹一层凡士林和石蜡油，然后覆盖上一层聚乙烯薄膜来收集，与传统的用棉球擦拭汗液的提取方法相比，结果汗液中依然含有低于0.01~0.1μg/mL的脂肪酸和低于0.01~0.12μg/mL的固醇类物质，但与直接擦拭相比污染要少得多[17]。除上述物质以外，汗液中还包含葡萄糖、肌酸、酶、免疫球蛋白等其他物质成分[18-20]。

2. 皮脂腺分泌物

皮脂腺大部分分布在脸部和头皮，为400~800个/cm^2。人体不同部位的皮脂腺所分泌的物质含量有一定的差别，如表2.4所示。

表2.4 人体各部位脂肪酸排泄量[21]（百分比含量）

部位	脂肪酸含量（μg/cm^2）	CH（%）	CE（%）	TG（%）	DG（%）	FA（%）	WE（%）	SQ（%）
前额	288	1.1	2.7	29.6	3.5	27.2	25.9	10.1
脸颊	144	1.1	3.4	39.4	2.7	15.4	26.9	11.2
前胸	122	1.3	2.6	29.7	5.4	24.9	25.7	10.3
后背	84	2.2	2.0	35.9	4.5	17.4	27.4	10.6
胳膊	76	4.8	4.3	34.3	2.4	18.4	27.7	8.1
腋下	57	4.3	4.5	47.1	1.9	7.6	24.9	9.6
腿	57	6.3	6.0	44.6	1.5	10.2	23.1	8.1

注：CH=胆固醇；CE=胆甾醇酯；TG=甘油三酸酯；DG=甘油二酸酯；FA=游离脂肪酸；WE=蜡酯；SQ=角鲨烯。

通过荧光标记法研究表明，胆固醇、胆甾醇酯和游离脂肪酸来源于人体表皮，而不是由皮脂腺分泌形成；角鲨烯、蜡酯、甘油三酸酯和磷脂是由皮脂腺分泌形成的。皮脂会受到空气氧化或者细菌分解的作用而发生变化，如汗液中的主要游离脂肪酸是由甘油三酸酯水解产生的。如果服用抗生素，会使得细菌活性降低，继而使得游离脂肪酸的含量减少。表2.5列举了不同研究机构对皮脂成分的研究结果。

表2.5　皮脂腺分泌皮脂的化学成分（百分比含量）

皮脂成分	文献22（%）	文献23（%）	文献24（%）	文献25（%）	文献26（%）	文献27（%）
甘油酯	43.2	46.4	31.7	35.4	16.1	33
脂肪酸	16.4	16.0	29.6	27.2	33.0	30
蜡酯	25.0	21.5	21.8	22.6	25.3	22
胆甾醇酯	2.1	2.9	3.3	2.5	2.0	2
胆固醇	1.4	1.8	2.4	0.7	3.8	2
角鲨烯	12.0	11.4	12.8	11.6	19.9	10

脂肪酸大部分是由皮脂腺分泌的皮脂经过水解作用形成的，主要由甘油三酸酯和蜡酯水解形成，脂肪酸在皮脂中的含量为15%～25%。一个人在不同时间分泌的脂肪酸含量以及种类是不同的，会受到饮食、身体状态、周围环境等因素的影响。汗液中大概50%的脂肪酸是饱和脂肪酸，以C_{16}与C_{14}为主要的碳链形式。

3. 各研究机构对指纹残留物的研究结果[28]

英国内政部（United Kingdom Home Office）对指纹的研究有着悠久的历史，在过去的35年里，其与许多研究机构合作，对指纹残留物进行研究。其研究结果表明，残留物成分中包括：氯离子1.0～15.0μg；钙离子0.03～0.3μg；硫0.02～0.2μg；尿素0.4～1.8μg；乳酸9.0～10.0μg；氨基酸1.0μg；苯酚0.06～0.25μg；钠0.2～6.9μg；钾0.2～5.0μg；氨水0.2～0.3μg。另外，指纹中氯离子含量会随着年龄的改变而变化，随着年龄的增长，氯离子含量会降低。指纹残留物中油脂成分的含量如下：角鲨烯14.6%，胆固醇3.8%，脂肪酸37.6%，蜡酯（含甘油二酯）25%，甘油三酸酯（含甘油一酸酯、胆甾醇酯）21%。

美国橡树岭国家实验室（Oak Ridge National Laboratory）致力于儿童指纹残留物成分与成年人之间差别的研究。儿童指纹残留物中包含更多的挥发性物质，所以指纹保留的时间较短，不会超过两天。儿童指纹残留物中含量高于成人的是胆固醇，使用异丙醇作为提取剂，还可提取到几种长链脂肪酸。该机构同时得到特殊的研究结果，在成人的指纹残留物中检测出尼古丁，即使在数周前就停止吸烟，也可以检测到微量的尼古丁。同时，在一些提供者的指纹中还检测出乙醇和吗啡。

西北太平洋国家实验室（Pacific Northwest National Laboratory）主要研究指纹残留物成分随时间的变化情况。共 79 名志愿者参与，年龄分布从 3 岁至 60 岁。实验结果表明，不饱和油脂在一周的时间内流失，这些不饱和油脂在室温下，很容易分解和消失，一旦水分和这些油脂成分消失，显现指纹的试剂便失去作用。相反，饱和油脂（如棕榈酸、硬脂酸）则相对稳定，可以保留较长时间。短链、低分子量的脂肪酸是陈旧指纹的主要成分，但目前针对短链脂肪酸的显现试剂十分有限。

萨凡纳河技术研究中心（Savannah River Technical Center Research）主要研究指纹残留物成分中油脂成分随时间的降解变化。指纹捺印在玻璃片上，在光照、遮光、室内、室外 4 种条件下老化。实验结果与其他研究机构的成果类似，不饱和油脂即使在低温、遮光的条件下，也十分容易分解消失。实验表明，角鲨烯暴露在周围环境的条件下，一个月之后，10% 的成分变为过氧化氢物，因此可以通过显现过氧化氢物来显现陈旧指纹。

三、指纹残留物质检测方法概述

（一）指纹残留物质中油脂成分的检测方法

如何分离、提取指纹残留物中的油脂和氨基酸，是对指纹残留物进行分析的前提。目前，针对油脂成分多采用有机溶剂提取。对于人体皮肤分泌的油脂，采取手指擦抹前额、头皮、脸颊等部位后捺印指纹，再从捺印客体上提取指纹残留物的方法。提取的溶剂多为二氯甲烷、氯仿、乙醇等有机溶剂。对于指纹残留物中的氨基酸来说，实验过程中多用聚乙烯薄膜手套套在手部提取汗液，多采用甲醇、水、盐酸等试剂提取。指纹残留物提取方法如表 2. 6 所示。

表 2. 6　指纹残留物提取方法

文献	提取方法
29、30	脱脂棉吸取汗液后氯仿浸泡提取
31	手抚摸额头后搓玻璃小球 15s，用氯仿浸泡玻璃小球提取
32	氯化钠：乙醇：吡啶（体积比 75：40：10）浸泡提取指纹残留物
33	戴手套若干小时，用二氯甲烷浸泡离心 5 天
34	在玻璃纸上捺印指纹，剪碎后二氯甲烷震荡提取
35	用 25mL 乙醇清洗双手提取
36	吸油纸提取手掌汗液
37	将手指伸入装有 1mL 70% 异丙醇的小瓶内震荡 1min，氩气挥干
38、39	用聚乙烯薄膜套在前臂，汗液附着在薄膜内壁收集提取

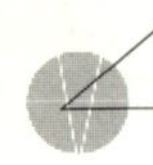

对于指纹残留物中油脂成分的分析，利用紫外吸收光谱[39]、薄层色谱法[14,29,40]、薄层色谱与光密度分析联用法[38]、薄层色谱与色谱联用法[40]、气相色谱（GC）、气相色谱质谱联用法（GC－MS）[31,39,41]等进行检验。目前，绝大部分研究使用气相色谱质谱联用法进行分析。

刑事科学技术对脂肪酸的研究主要集中在法医领域，用于鉴别人体脂肪及动植物油脂[42－44]。目前，常用的脂肪酸分析方法有银化薄层色谱法（Ag－TLC法）、GC法、GC－MS法等。这些方法中GC－MS法是最有效的。油脂中脂肪酸特别是长链脂肪酸一般不直接进行气相色谱分析，油脂及其脂肪酸酸性很强，是一种热敏性物质，在高温下不稳定，易发生聚合、脱酸、裂解等副反应，且沸点高，分析中易造成损失。若直接进行分析，柱温很高，色谱峰易拖尾，保留时间不重复，有时有假峰出现等。因此，对脂肪酸的色谱分析，一般都要进行前处理，对脂肪酸进行衍生化。

油脂、脂肪酸的衍生化，多采取甲酯化或乙酯化。将高沸点不易挥发的脂肪酸酯先水解或皂化得到脂肪酸和甘油，再使脂肪酸与甲醇或乙醇反应生成脂肪酸甲酯或者脂肪酸乙酯，使其变成低沸点易挥发的物质，或者油脂直接与甲醇发生醇解反应生成脂肪酸甲酯，从而降低汽化温度，提高分离效果，有利于气相色谱分离并测定其组分和含量。一般来说，对C_5以下的脂肪酸可以衍生化为乙酯、丙酯或苯甲酯，C_6以上的脂肪酸转变为甲酯[45]，这样可降低脂肪酸的极性，还有利于选择固定相和进行色谱分析操作。在现有的报道中，除在测定海豹油脂脂肪酸组成中EPF和DHA的含量时用到乙酯化方法外，其余的衍生化方法中，绝大多数用的是甲酯化方法。甲酯化的常用方法有：三氟化硼－甲醇法、酸催化甲酯化法、碱催化甲酯化法，重氮甲烷甲酯化法等[46]。

瞬时裂解甲基化气相色谱法（SPM－GC）是近年开展起来的一种快速分析酸性有机化合物，包括有机酸、多羟基醇和油脂类等物质而得到各自甲酯和醚成分的有效分析方法[47]。传统的油脂GC分析，由于油脂以甘油三酸酯的形式存在，而且脂肪酸羧基极性大，不易挥发，所以常规方法需要经过水解、皂化、酯化，将其转化为脂肪酸甲酯才能进样，前处理需要3～4h。裂解甲基化气相色谱法可以很好地解决上述问题，它通过强碱性季铵N－甲基氢氧化铵对酸进行去质子化，形成N－甲基季铵盐。然后，通过盐的热分解，产生叔胺和酸的甲基衍生物[48]，这一处理仅数分钟便可完成。

国外对指纹残留物中油脂成分的研究较多，采用气相色谱、气质联用进行分析是近些年的事情，以前较多使用薄层色谱进行分离分析，并联用其他技术进行定性。有文献通过薄层色谱法分离指纹残留物，后利用高效液相色谱分析，从而研究残留物随时间环境的变化[29]。有文献[49]取样本85份，志愿者将指纹捺印在玻璃纤维滤纸上，剪碎后用氯仿萃取。衍生化试剂：重氮甲烷。

有文献通过研究指纹残留物质的化学成分，明确其组成及含量，继而判断人的年龄、性别及个人生活习惯，为个体识别提供帮助。具体操作如下：志愿者清洁双手后，用指尖擦拭前额以及脸颊，然后双手揉搓干净的玻璃珠 15s，将手上的油脂转移至玻璃珠表面，然后将玻璃珠放入罐中，采用氯仿溶剂提取后，室温挥干，用 150mL 氯仿定容。DB－5MS 毛细管色谱柱。起始温度 50℃保持 1min，程序升温 10℃/min，终温 310℃保持 20min[31]。另有文献确定一种提取和分析指纹残留物质的方法，采取衍生化前处理，提高气相色谱对指纹残留物质中油脂和氨基酸的分离与分析效果。实验样本的制作如下：取油脂、氨基酸两种标准溶液各 25μL 滴加在 1cm×1cm 的 Mylar 膜上（经正己烷与甲醇浸泡），室温晾干。指纹样本的制作如下：志愿者将十指指纹捺印在 2cm×10cm 的 Mylar 膜上，指纹提供者在捺印前一个小时内不要洗手。使用提取试剂为 1% 氢氧化钠：乙醇：吡啶（体积比 75：40：10）。衍生化试剂采用氯甲基乙酯（ECF）。以－DB－17ms 毛细管色谱柱作为分析柱，初温 100℃保持 4.5min，升温程序 10℃/min 至 190℃，然后以 6℃/min 至 250℃保持 1.5min。载气为氦气。进样口温度 250℃。检测器扫描范围 50～500m/z。此实验方法可以检测出 10 种脂肪酸和 12 种氨基酸[32]。

本项目组对指纹残留物中油脂的检测方法进行了系统的考查[50]，确定了指纹残留物中油脂的检测方法，并确定了指纹残留物提取方法与衍生化方法。建立了一种以二氯甲烷：N，N－二甲基甲酰胺（1：1）为提取剂，N－甲基－N－三甲基硅烷基三氟乙酰胺（MSTFA）为衍生化试剂，并采用微波衍生化的前处理方法，用气质联用仪（GC－MS）测定指纹残留物中油脂成分的分析方法。指纹提供者在捺印指纹前清洗双手并用乙醇擦洗，晾干后十指在前额、脸颊上触摸，将指印捺印在锡纸上并剪碎放入螺纹口瓶，滴加二氯甲烷：DMF（1：1）直至淹没碎片，超声 20min 取出碎片，氮气吹干，加入 25μL MSTFA，175μL 二氯甲烷溶剂，加盖密封，800W 微波衍生化 1.5min。取 1μL 采用 GC－MS 分析，SCAN 模式 40－500（m/z），见图 2.1，表 2.7。

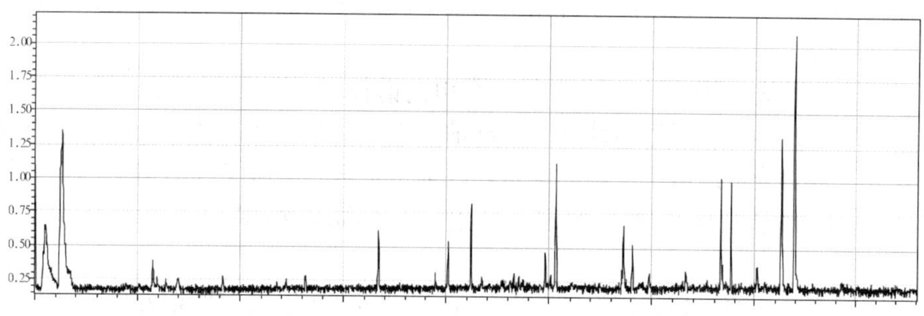

图 2.1　指纹中油脂成分的 GC－MS 分析图谱

表 2.7 指纹残留物质成分

	成分	t_R（min）		成分	t_R（min）		成分	t_R（min）
1	丙酸	5.216	6	十二烷酸	13.358	11	油酸	19.375
2	丁酸	5.616	7	十四烷酸	15.582	12	十八烷酸	19.591
3	尿素	7.875	8	十五烷酸	16.650	13	十九烷酸	21.892
4	甘油	8.445	9	棕榈酸	17.424	14	二十一烷酸	23.141
5	壬酸	9.583	10	十六烷酸	17.675	15	角鲨烯	23.442

（二）指纹残留物中氨基酸成分的检测方法

氨基酸分析技术始于20世纪30年代。早在1941年，Martin和Synge就在硅胶上进行N-乙酰基氨基酸的色谱分离研究；1944年，Consden、Gorden和Martin采用纸色谱法来分离氨基酸；1958年，Moore和Stein首先将离子交换树脂用于氨基酸的分析中，研制出了世界上第一台离子交换树脂和柱后茚三酮衍生检测法的自动氨基酸分析仪。20世纪80年代，毛细管电泳技术与电化学方法测定相结合，电导检测技术、安培检测技术、化学发光分析检测技术，成为氨基酸分析新的发展趋势。

下面简要介绍氨基酸的检测方法。甲醛滴定法：其原理是在中性或碱性水溶液中，α-氨基酸与甲醛反应生成亚甲基氨基衍生物，用来测定发酵液中氨基酸含量的变化。凯氏定氮法：用于测定样品中氮的含量，根据蛋白质和氨基酸中氮含量，从而得知含氮的氨基酸、蛋白质的总量。电化学分析法：选用合适的电极对不同的氨基酸进行分析，是氨基酸进行电化学分析的一种常用方法，具有简单、灵敏、无放射、无污染的特点。

气相色谱法（GC）。气相色谱法分析氨基酸须衍生化反应使之成为易于汽化的物质。应用较广的是生成三氟乙酰氨基酸正丁酯和生成七氟丁酰基氨基酸丁基酯。GC分析是一种效能高、选择性好、灵敏度高、操作简单、应用广泛的分离分析法。气相色谱法分析氨基酸成本低，并且便于与质谱联用，确定氨基酸的结构。

液相色谱法（HPLC）。随着高效液相色谱技术的迅速发展，氨基酸分析方法发展成为具有广泛适用性的现代柱前衍生氨基酸反相高效液相色谱分析技术，为氨基酸分析提供了广阔的前景。柱前衍生虽然克服了柱后衍生的一些缺点，但存在氨基酸衍生物不稳定、衍生反应的副产物多和试剂本身干扰等缺点。

毛细管电泳法（CE）。毛细管电泳是20世纪80年代中后期发展起来的一门分析技术，它具有进样少、灵敏度高、分辨率高等特点，与光学检测或电化学检测技术结合，可以对氨基酸进行分离分析[51-67]。

从上述文献可知，目前针对氨基酸的分析多采用色谱技术、毛细管电泳技术等。有文献使用一步衍生化法，衍生化试剂为异丁基氯甲酸酯，提取法为固相微萃取技术。色谱条件：DB-5 或者 DB-17 柱 30m×0.25mm×0.25μm，不分流，溶剂延时 45s，60℃保持 2min，30℃/min 升温至 150℃，3℃/min 升温至 280℃，进样口温度 260℃，检测器温度 300℃[61]。有文献总结氨基酸衍生化的一般方法，采用氯甲基乙酯（ECF）配合吡啶、乙醇或者三氟乙醇提取、衍生化同时进行，只需几分钟。衍生化试剂为氯甲基乙酯，提取方法为固相微萃取，色谱条件：70℃（保持 0min），20℃/min 升温至 80℃，5℃/min 升温至 320℃（保持 1.7min），进样口温度 280℃，检测器温度 300℃[62]。另有文献采用的衍生化方法是：硅烷化试剂 BSTFA 或者 MTBSTFA，但是要求在无水条件下，且高温衍生化，两步法，先酯化后酰化。提取方法为固相微萃取[63]。还有文献采用的衍生化试剂是氯甲基乙酯（ECF），选用 DB-17 色谱柱，60℃（保持 0min）6℃/min 升温至 300℃（保持 5min），进样口温度 240℃，检测器温度 280℃，氢火焰离子检测器[64]。

本研究建立一种以无水乙醇为提取剂，N-甲基-N-三甲基硅烷基三氟乙酰胺（MSTFA）为衍生化试剂，采用微波衍生化的前处理方法[68,69]，使用 GC-MS 测定指纹残留物质中氨基酸成分的分析方法。捺印指纹前用乙醇擦洗双手，晾干后戴塑料手套 20min，待出现汗液后将汗液捺印在 1.5cm×1.5cm 的锡纸上，锡纸在捺印前经过乙醇清洗处理。捺印后的指纹在室温条件下晾干，剪碎放入 2mL 螺纹口玻璃瓶中，滴加无水乙醇至淹没锡纸碎片，加盖密封，超声 20min。取出锡纸碎片，氮气挥干，加 20μL MSTFA，180μL 二氯甲烷，加盖密封，微波 800W，5min，降至室温后进样 1μL 进行 GC-MS 分析，见图 2.2。

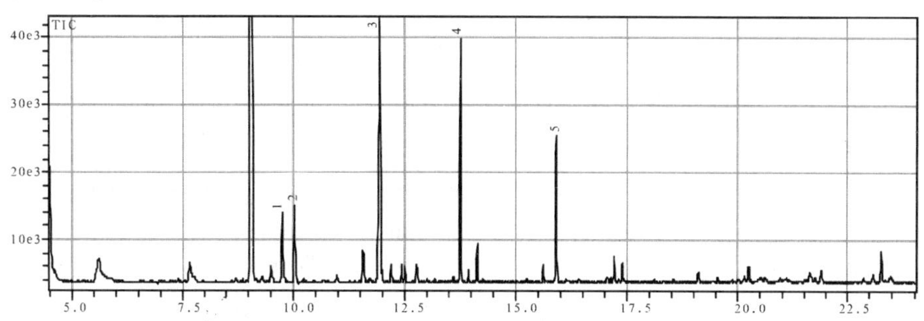

1. 缬氨酸（t_R=9.781min）；2. 甘氨酸（t_R=10.042min）；3. 亮氨酸（t_R=11.930min）；4. 丝氨酸（t_R=13.781min）；5. 谷氨酸（t_R=15.920min）

图 2.2　指纹中氨基酸成分的 GC-MS 分析图谱

该方法从指纹残留物中检测到的氨基酸成分含量较多的有5种，分别为缬氨酸、甘氨酸、亮氨酸、丝氨酸和谷氨酸。佩戴塑料手套产生汗液之后在锡纸上捺印一枚指纹，该方法收集的汗液量非常少，且提取试剂提取能力有限，所以检测出来的氨基酸成分仅有5种。该方法在指纹捺印以及提取方法上有待进一步改善。

参考文献

[1] 顾星，谭秦湘．自汗患者汗液中的钠、氯、钙、钾无机离子测定[J]．中国中医基础医学，2005，11（5）：371－372.

[2] 邱仞之，伍超英．高温热环境习服锻炼对全身汗液中营养成分含量的影响［J］．航天医学与医学工程，1992，5（3）：193－199.

[3] 雷志平．足球大运动量训练中汗液尿素氮含量的分析［J］．西安体育学院学报，1992，9（4）：48－51.

[4] 张学军．皮肤性病学［M］．人民教育出版社，2006：5－16.

[5] 赵向欣．中国刑事学科技术大全指纹技术［M］．中国人民公安大学出版社，2003：84－87.

[6] Mitchell H H, Hamilton T S. The dermal excretion under controlled environmental conditions of nitrogen and minerals in human subjects with particular reference to calcium and iron [J]. J Biol Chem, 1949, 178 (1): 360.

[7] Sato K. The physiology, pharmacology and biochemistry of the eccrine sweat gland [J]. Rev Physiol Biochem Pharmacol, 1979 (79): 51－131.

[8] Bayford F. Sweat [J]. Fingerprint Whorld, 1976 (1): 42－43.

[9] Hamilton P B. Amino acids on hands [J]. Nature, 1965, 205 (16): 284－285.

[10] Hadorn B, Hanimann F, Anders P, et al. Free amino acids in human sweat from different parts of the body [J]. Nature, 1967, 215 (22): 416－417.

[11] Oro J, Skewes H B. Free amino acids on human fingers: the question of contamination in microanalysis [J]. Nature, 1965, 207 (4): 1042－1045.

[12] Liappis N, Kelderbacher S D, Kesseler K, et al. Quantitative study of free amino acids in human eccrine sweat excreted from the forearms of healthy trained and untrained men during exercise [J]. Eur J Appl Physiol, 1979, 42 (4): 227－234.

[13] Gitlitz P H, Sunderman F W, Hohnadel D C. Ion－exchange chromatography of amino acids in sweat collected from subjects during sauna bathing [J]. Clin Chem, 1974, 20 (10): 1305－1312.

[14] Coltman C A, Rowe N J, Atwell R J. The amino acid content of sweat in

normal adults [J]. Am J Clin Nutr, 1966, 18 (5): 373 - 378.

[15] Jenkinson D, Mabon R M, Manson W. Sweat proteins [J]. Br J Dermatol, 1974, 90 (2): 175 - 181.

[16] Marshall T. Analysis of human sweat proteins by two - dimensional electrophoresis and ultra sensitive silver staining [J]. Anal Biochem, 1984, 139 (2): 506 - 509.

[17] Boysen T C, Yanagawa S, Sato K. A modified anaerobic method of sweat collection [J]. Journal of Applied Physiology, 1984, 56 (5): 1302 - 1307.

[18] Lobitz W C, Mason H L. Chemistry of palmar sweat. Arch Dermatol Syph, 1948, 57 (5): 908 - 915.

[19] Forstrom L, Goldyne M E, Winkelmann R K. IgE in human eccrine sweat [J]. J Invest Dermatol, 1975, 64 (3): 156 - 157.

[20] Naitoh K, Inai Y, Hirabayashi T. Direct temperature controlled trapping system and its use for the GC determination of organic vapor released from human skin [J]. Anal Chem, 2000, 72 (13): 2797 - 2801.

[21] Greene R S, Downing D T, Pochi P E, et al. Anatomical variation in the amount and composition of human skin surface lipid [J]. J Invest Dermatol, 1970, 54 (3): 246.

[22] Downing D T, Strauss J S, Pochi P E. Variability in the chemical composition of human skin surface lipids [J]. J Invest Dermatol, 1969, 53 (5): 322 - 327.

[23] Lewis C A, Hayward B. Human skin surface lipids [J]. Modern Trends in Dermatology, 1971 (4): 89 - 121.

[24] Nicolaides N, Foster R C. Esters in human hair fat [J]. J Am Oil Chem Soc, 1956, 33 (9): 404 - 409.

[25] Felger C B. The etiology of acne I Composition of sebum before and after puberty [J]. J Soc Cosmet Chem, 1969, 20 (9): 565 - 575.

[26] Nordstrom K M, Labows J N, McGinley K J, et al. Characterization of wax esters riglycerides and free fatty acids of follicular casts [J]. J Invest Dermatol, 1986, 86 (6): 700 - 705.

[27] Goode G C, Morris J R. Latent fingerprints: a review of their origin, composition and methods for detection [M]. Great Britain: AWRE Report, 1983: 36.

[28] Henry C Lee, R E Gaensslen. Advance in Fingerprint Technology [M]. New York: CRC Press, 2001: 85 - 90.

[29] Dikshitulu Y S, Lala Prasad, Pal J N, et al. Aging studies on fingerprint residues using thin – layer and high performance liquid chromatography [J]. Forensic Science International, 1986, 31 (4): 261 – 266.

[30] Seutter E, Goedhart – De Groot, Sutorius H M, et al. The quantitative analysis of some constituents of crude sweat [J]. Dermatologica, 1970, 141 (3): 226 – 233.

[31] Asano K G, Bayne C K, Horsman K M, et al. Chemical composition of fingerprints for gender determination [J]. J Forensic Sci, 2002, 47 (4): 805 – 807.

[32] Croxton R S, Baron M G, Bulter D. Development of a GC – MS method for the simultaneous analysis of latent fingerprint components [J]. J Forensic Sci, 2006, 51 (6): 1329 – 1333.

[33] Richmond – Aylor A, Bell S, Callery P, et al. Thermal degradation analysis of amino acids in fingerprint residue by pyrolysis GC – MS to develop new latent fingerprint developing reagents [J]. J Forensic Sci, 2007, 52 (2): 380 – 382.

[34] Archer NE, Charles Y, Elliott JA, et al. Changes in the lipid composition of latent fingerprint residue with time after deposition on a surface [J]. Forensic Sci Int, 2005, 154 (2): 224 – 239.

[35] Pons A, Timmerman P, Leroy Y. GC – MS analysis of human skin constituents as heptafluorobutyrate derivatives with special reference to long chain bases [J]. Journal of Lipid Research, 2002, 43 (5): 794 – 804.

[36] Pochi P E, Strauss J S, Downing D T. Age related changes in sebaceous gland activity [J]. J Invest Dermatol, 1979, 73 (1): 108 – 111.

[37] Buchanan M V, Asano K, Bohanon A. Chemical characterization of fingerprint from adults and children [J]. Proc of SPIE, 1997, 2941 (89): 89 – 95.

[38] Takemura T, Wertz P W, Sato K. Free fatty acids and sterols in human eccrine sweat [J]. Br J Dermatol, 1989, 120 (1): 43 – 47.

[39] Nikkari T. Comparative chemistry of sebum [J]. J Invest Dermatol, 1974, 62 (3): 257 – 267.

[40] Bramble S K. Separation of latent finger mark residue by thin – layer chromatography [J]. J Forensic Sci, 1995, 40 (6): 969 – 976.

[41] Jones N E, Davies L M, Brennan J S, et al. A new visibly – excited fluorescent component in latent fingerprint residue induced by gaseous electrical discharge [J]. J Forensic Sci, 2000, 45 (6): 1294 – 1298.

[42] 丁军凯，范垂昌，孙中芙．同时裂解甲基化气相色谱快速鉴别人体脂肪及动植物油脂 [J]．中国法医学杂志，1998，13 (4)：127 – 230.

[43] 冯辉，王永，王非．脂肪酸甘油酯的气相色谱分析［J］．实验与研究，1999（3）：138－140.

[44] 张炳谦，王季中，孙桂进．人体脂肪及动植物油脂的 GC－MS/MS 法分析［J］．中国人民公安大学学报（自然科学版），2004（4）：10－12.

[45] 佘珠花．气相色谱法中油脂脂肪酸衍生化方法及其选择［J］．粮食加工，2004，29（6）：64－66.

[46] 佘珠花．气相色谱油脂衍生化条件与油脂酸度关系探讨［J］．武汉工业学院学报，2005，24（1）：16－17.

[47] Kossa W C. Pyrolytic methylation GC：A short Review［J］. J Chromatogr sci，1979（17）：177－187.

[48] Mong G，Walter S，Cantu T. The chemistry of latent print from children and adults［J］. The Chesapeake examiner，1999，37（2）：4－6.

[49] Green S C，Stewart M E，Dowing D T. Variation in sebum fatty acid composition among adult human［J］. J Invest Dermatol，1984，83（2）：114－117.

[50] 赵永峰，杨瑞琴，王元凤．手印残留物质中油脂成分的衍生化气质联用法分析［J］．分析测试学报，2008，27（8）：878－880.

[51] 于泓，牟世芬．氨基酸分析方法的研究进展［J］．分析化学，2005，33（3）：398－404.

[52] 陈志慧．氨基酸分析技术的综述［J］．广东化学，2004，31（2）：69－71.

[53] 黎景丽，文一飚．对氨基酸的分离及其显色的研究［J］．中国调味品，2002，276（2）：6－12.

[54] 常碧影，杨文军．氨基酸分析与仪器性能评论［J］．现代科学仪器，2004（6）：6－9.

[55] 孙咏梅，张林，许志勤，等．气质联用法分离测定氨基酸［J］．实验技术，1996，14（6）：425－428.

[56] 付遍红，周小华，熊冬梅．柱前衍生氨基酸的色谱分析［J］．重庆大学学报（自然科学版），2000，23（4）：83－85.

[57] 高永清．直接分析氨基酸的两种方法［J］．分析仪器，2003（3）：40－43.

[58] 杜美菊，高秋梅．皮屑中氨基酸的分离提取［J］．商丘师专学报，1999，15（4）：72－73.

[59] 麦锦伦．氨基酸的色谱分析［J］．中国中医现代远程教育，2007（7）：47－48.

[60] 陆鼎一，程有庆．人体汗液中氨基酸的测定［J］．化学通报，1980，

339 (6): 19 -20.

[61] Kyoung Rae Kim, Jung Han Kim, Eun - ji Cheong. GC amino acid profiling of wine sample for pattern recognition [J]. J of Chromatography A, 1996, 722 (1): 303 -309.

[62] Bernal J L, Toribio M L, Diego J C, et al. Rapid and sensitive method of determining free amino acids in honey by GC with FID or GC - MS detection [J]. J of Chromatography A, 2004, 1047 (1): 137 -146.

[63] Fiamegos Y C, Stalikas C D. GC determination of amino acids via one - step phase - transfer catalytic pentafluorobenzylation - preconcentration [J]. J of Chromatography A, 2006, 1110 (1): 66 -72.

[64] Petr Husek. Simultaneous profile analysis of plasma amino and organic acids by capillary GC [J]. J of Chromatography B, 1995, 669 (2): 352 -357.

[65] Molnar - Perl I, Katona Z F. GC - MS of amino acids as their trimethylsilyl/t - butyldimethysilyl derivatives: in model solutions Ⅲ [J]. Chromatographia, 2000, 51 (1): 228 -236.

[66] 陈宁，张建华，桑向玲，等．微波加热 HFBA 衍生化 MDMA 和 MDA 方法的研究 [J]. 中国人民公安大学学报（自然科学版），2005，44 (2)：1 -3.

[67] 沈敏，沈保华．微波照射在衍生化反应中的应用 [J]. 法医学杂志 1997，13 (4)：200 -202.

[68] 赵永峰．GC -MS 分析手印残留物中油脂及氨基酸成分 [D]. 中国人民公安大学硕士学位论文，2010.

[69] 杨瑞琴，赵永峰．气相色谱 -质谱联用法分析手印残留物中氨基酸的研究 [J]. 分析测试学报，2008 (S1)：276 -277.

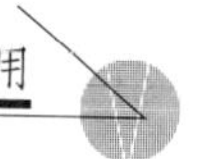

第三章　量子点水溶液显现潜指纹应用

量子点（Quantum Dots，QDs），是指尺寸小于或接近于激子玻尔半径的半导体纳米晶，属于零维的纳米材料，一般粒径范围在2～20nm。由于其尺寸约束在三维空间，并达到一定的临界尺寸，材料的行为具有量子特性，结构和性质也随之发生了转变。它尺寸小，具有大的比表面积，表面原子数、表面能和表面张力随粒径的下降急剧增加，故具有特殊的量子尺寸效应、表面效应及宏观量子隧道效应。

一、量子尺寸效应

当粒子尺寸下降到某一值时，金属费米能级附近的电子能级存在由准连续变为离散能级的现象；纳米半导体颗粒存在不连续的最高被占据分子轨道（HOMO）和最低未被占据分子轨道能级（LUMO），能隙变宽的现象，称为量子尺寸效应。当能级间距大于热能、磁能、静磁能、静电能、光子能量或超导态的凝聚能时，这时必须考虑量子尺寸效应，这会导致纳米微粒磁、光、声、热、电以及超导电性与宏观特性有着显著的不同。纳米粒子尺寸的变小导致的能隙变宽，吸收光谱将会表现出吸收带边蓝移；粒子尺寸的减小，致使电子在纳米粒子中的限域程度加强，激子吸收峰的振子强度明显增加。

二、小尺寸效应

当颗粒的尺寸减小到与光波波长、德布罗意波长以及超导态的相干长度或透射深度等物理特征尺寸相当或更小时，晶体周期性的边界条件将被破坏；非晶态纳米微粒的颗粒表面层附近原子密度减小，导致声、光、电、磁、热、力学等特性呈现新的小尺寸效应。例如，纳米材料的磁有序态向磁无序态的转变；超导相向正常相的转变；声子谱发生改变等。因此，人们可以通过改变纳米粒子的大小使之呈现所需的某一特性，以制备具有一定功能的材料或改善某一工艺等。

三、表面效应

纳米微粒尺寸小，表面能高，位于表面的原子占相当大的比例。例如，当纳米粒子尺寸为10nm时，表面原子所占的比例为20%；当尺寸为4nm时，表

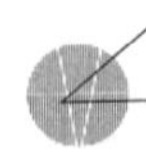

面原子所占的比例为40%；当尺寸为2nm时，表面原子所占的比例竟达80%。也就是说，随着粒径的减小，表面原子数迅速增加，这主要是因为表面积急剧变大所致。高的比表面，使处于表面的原子数越来越多，同时表面能迅速增加。

由于表面原子数增多，原子配位不足及高的表面能，使这些表面原子具有高的活性，极不稳定，很容易与其他原子结合而使其稳定化。这种表面原子的活性不但引起纳米粒子表面原子运输和构型的变化，同时也引起表面电子自旋构象和电子能谱的变化。因此，在纳米材料的研究领域中，寻找合适的方法和材料对纳米粒子的表面进行修饰，以实现对纳米粒子性质的精确调控成为一个重要的研究方向。

四、宏观量子隧道效应

微观粒子具有贯穿势垒（Potential barrier）的能力，称为隧道效应。而一些宏观物理量亦具有隧道效应，称为宏观量子隧道效应。例如，微颗粒的磁化强度，具有铁磁性的磁体，其粒子的尺寸达到纳米尺寸以后，性质由铁磁性变为顺磁性和软磁性。宏观量子隧道效应的研究有着重要的意义，它和量子尺寸效应将会是未来微电子器件的基础，或者它确立了现存微电子器件进一步微型化的极限。

五、库仑堵塞与量子隧穿

当体系的尺寸进入到纳米级时，体系是电荷“量子化”的，即充电和放电过程是不连续的，充进一个电子所需的能量 E_c 为 $e^2/2C$，这个能量就是库仑堵塞能。也可以说，库仑堵塞能是前一个电子对后一个电子的库仑排斥能，这就导致了对一个小体系的充放电过程，电子不能集体传输，而是一个一个单电子的传输。通常把小体系这种单电子输运行为称库仑堵塞效应。如果两个量子点通过一个“结”连接起来，一个量子点上的单个电子穿过能垒到另一个量子点上的行为称作量子隧穿。通常，库仑堵塞和量子隧穿都是在极低温情况下观察到的。由于库仑堵塞效应的存在，电流随电压的上升不再是直线上升，而是在I－V曲线上呈现锯齿形状的台阶。

六、介电限域效应

介电限域是纳米微粒分散在异质介质中由于界面引起的体系介电增强的现象，这种介电增强通常称为介电限域，主要来源于微粒表面和内部局域强的增强。当介质的折射率与微粒的折射率相差很大时，产生了折射边界，这就导致微粒表面和内部的场强比入射场强明显增加，这种局域强的增强称为介电限域。纳米微粒的介电限域对光吸收、光化学、光学非线性等会有重要的影响。

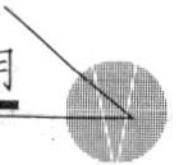

纳米粒子除了具有以上几个主要特征外，因不同的材料种类，还有其他一些性质，如库仑堵塞效应、量子隧穿效应等，基于这些特殊的物理化学性质，量子点材料展示了巨大的应用前景。

近年来，量子点的研究受到了前所未有的关注，显示了广泛的应用前景，譬如量子点 LED、量子点激光器、全息光存储、超快光开关、生物医学标记以及纳米传感器等。

第一节　量子点的简介

由于纳米颗粒尺寸的减少，吸收带明显蓝移，其光致发光的颜色从红色变到蓝色。以 CdTe 量子点为例，当它的粒径从 2. 5nm 生长到 4. 0nm 时，它的发射波长可以从 510nm 红移到 660nm。其他常见的量子点，包括Ⅱ－Ⅵ族的 CdS、CdSe、HgTe、ZnSe 和Ⅲ－Ⅴ族的 InP、InAs，都表现出这一典型的光谱特征，并且都有各自的发光范围，如图 3. 1 所示。

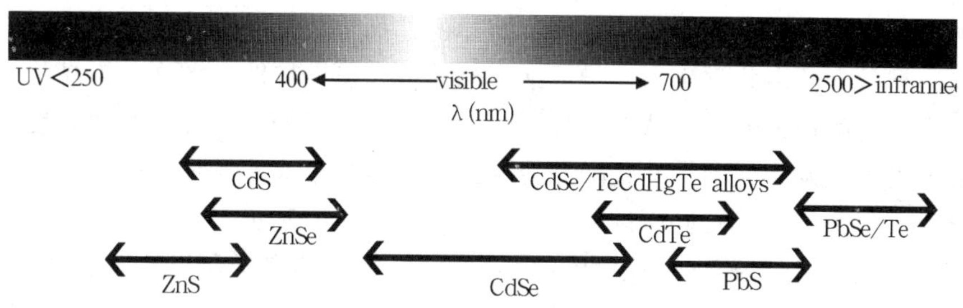

图 3. 1　不同量子点材料的发光波长范围

1962 年，Kubo 及其合作者提出了著名的“久保理论”[1,2]，也就是超微颗粒的量子限制理论或量子限域理论，从而推动科学家们进一步探索纳米尺度的微粒。20 世纪 80 年代初，“久保理论”日臻完善，用量子尺寸效应成功解释了超微颗粒的某些特性[3]。

1990 年 7 月，第一届国际纳米科学技术学术会议（在美国巴尔的摩），正式公布纳米材料科学为材料科学的一个新的分支。从此以后，纳米材料引起了世界各国材料界的极大兴趣和广泛重视，很快形成了世界性的“纳米热”。

纵观纳米材料发展的历程，大致可以划分为三个阶段：初级阶段（1990 年以前），主要是研究纳米颗粒粉体、块体的制备和表征方法，探索纳米材料区别于体相材料的奇特物理、化学性能。所涉及的纳米材料大都局限在单一材料和单相材料，即所谓的纳米晶或纳米相材料。第二阶段（1990 年至 1994 年），科学家们关注的是怎么利用纳米材料的特异性能来设计新的纳米材料，一般采用复合技术，如微粒和微粒（零维－零维）复合、微粒与块体（零维－三维）复合和复合纳米薄膜（零维－二维复合），通过以上方法合成的材料即所谓的纳米复合材料。这一阶段本领域研究的主导方向一度是纳米复合材料的合成及物性的探索。第三阶段（从 1994 年至今），科学家们主要关注的是通过组装而成的纳米结构的材料体系。其基本内涵是以纳米颗粒以及纳米丝、纳米管为基本单元在一维、二维和三维空间组装排列成具有纳米结构的体系，其中包括纳米阵列体系、介孔组装体系、薄膜嵌镶体系。纳米颗粒、纳米丝、纳米管可以是有序的排列。这一阶段研究的特点是突出按人们的意愿设计、组装、创造新的体系，使该体系具备人们所期望的特殊性质[4]。

半导体纳米晶是尺寸为纳米量级（$1nm = 10^{-9}m$）的超微颗粒，其尺寸大于原子簇，小于通常的微粒，粒径在 1～100nm 之间，一般由Ⅱ－Ⅵ族（如 CdS）和Ⅲ－Ⅴ（如 GaN）族元素构成。由于光谱禁阻的影响，当这些半导体纳米晶的直径小于其玻尔直径（一般小于 10nm）时，传统固体理论中量子跃迁选择定则的作用将大大减弱并逐渐消失，这些小的半导体纳米晶会表现出特殊的物理性质和化学性质。半导体纳米晶的结构导致了它具有尺寸量子效应和介电限域效应并由此派生出半导体纳米晶独特的发光特性，如许多粗晶状态下难以发光的间接带隙半导体 Si、Ge 等，当其粒径减小到纳米量级时会表现出明显的可见光发光现象，并且随着粒径的进一步减小，发光强度逐渐增强，发光光谱逐渐蓝移，其发光原理如图 3.2 所示。当一束光照射到半导体上时，半导体吸收光子后价带上的电子跃迁到导带，导带上的电子可以再跃迁回价带，放出光子；也可以落入半导体中的电子陷阱。当电子落入较深的电子陷阱后，绝大部分以非辐射的形式淬灭了，只有极少数的电子以光子的形式跃迁回价带或以非辐射的形式回到导带。

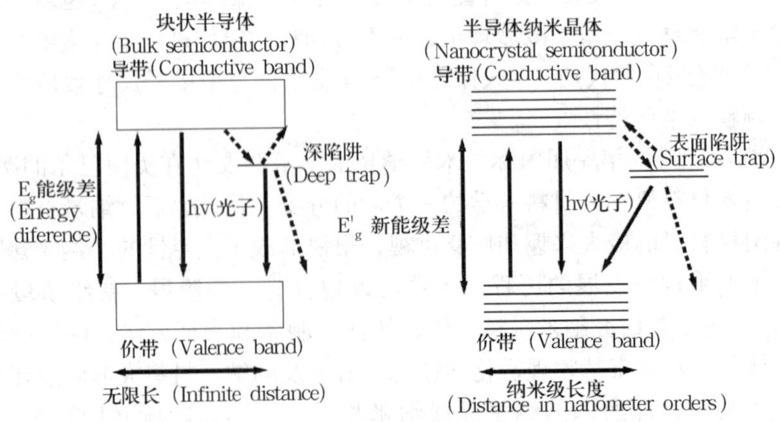

图 3.2 块状半导体和半导体纳米晶的光致发光原理

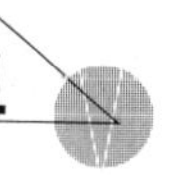

传统的有机染料有着不可逾越的缺陷：激发光谱窄，发射光谱宽且半高峰宽，有时有很长的拖尾；易光漂白和光解等。而与传统的有机染料相比，量子点具有常规有机荧光染料不可比拟的优越性[5-8]，如表3.1所示。

表3.1　量子点与有机荧光染料荧光性能的比较

类别	传统荧光试剂	半导体纳米晶
光稳定性	易漂白，光稳定性差	耐漂白，光稳定性好
颜色多样性	颜色单一	多种颜色可供选择 CdTe 可覆盖可见光区
激发谱范围	较窄 难以实现多组分同时激发	范围宽，连续分布 一元激发，多元发射
发射光谱	较宽，易重叠，对称性差 荧光发射半峰宽达100nm以上	峰形尖锐，对称性好 荧光发射半峰宽小于40nm
荧光寿命	2ns左右	长达20～50ns
生物毒性	水解产物对生物体有杀伤作用	对生物毒性较小
检测便利性	对测量的光学系统要求严格	对仪器要求不高

通过比较发现，半导体纳米晶具有激发光谱宽、发射光谱窄且斯托克位移较大（可达300～400 nm）的优点，因此对于激发光源的选择范围比较广泛。这有利于在其连续的激发谱中选取更为合适的激发波长，从而使样品的背景荧光降到最低点，提高分辨率和灵敏度。半导体纳米晶具有的抗光漂白稳定性也非常有利于对显现后的潜指纹进行成像固定。

纳米材料制备技术的日趋成熟及其在生物样品荧光检测领域的强大优势，拓展了指纹研究技术工作人员的思路，同时也为打破指纹显现技术近年来的瓶颈状态奠定了基础。

量子点真正应用于生物医学领域的关键是其水溶性。1998年，聂波研究小组[8]发表文章报道解决在有机相中生成的量子点的疏水性问题。他们将巯基乙酸包覆到CdS/ZnS的ZnS外壳上，游离在外的羧基使量子点具有良好的水溶性，而且为生物分子（如蛋白、肽、核酸）的共价耦联提供了连接位点。目前，量子点与生物分子或有机分子连接主要有以下两种方式。

（1）共价耦联。由于量子点表面带有羧基、氨基等亲水性基团，因此选择合适的交联剂，使量子点能够与生物分子中的氨基或羧基结合，从而完成量子点对生物分子的标记。较为典型的例子是通过1－乙基－3－（3－二甲氨基丙基）碳二亚胺盐酸盐（1－Ethyl－3－（3－dimethyllaminopropyl）carbodiimide hydrochloride，EDC）和N－羟基琥珀酰亚胺（N－

Hydroxysuccinimide，NHS）的共同作用有效地促进伯氨和羧基的缩合反应，如图 3.3 所示。该方法虽然操作步骤相对复杂一些，但结合牢固，大分子不易受环境的影响而脱落。同时，生物分子连接到纳米粒子表面后仍保持生物活性，尤其是分子识别能力没有受到太大影响，可以实现抗原—抗体之间的识别、活体标记及特异性标记等。

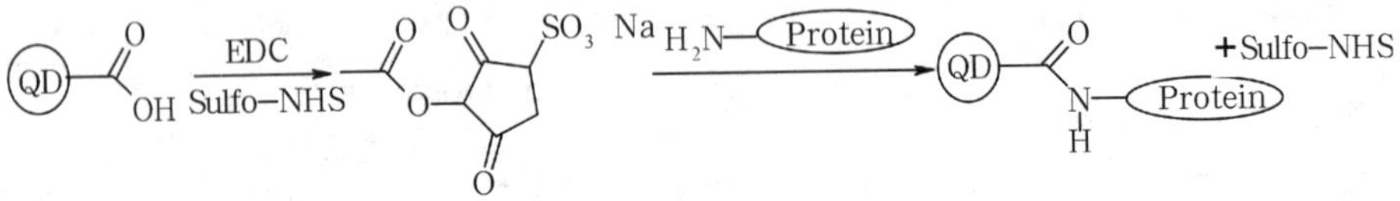

图 3.3　EDC/Sulfo－NHS 法共价结合示意图

（2）静电引力。这是一种被动吸附方法，带电荷的量子点可以与带相反电荷的生物分子通过静电相互作用吸附耦联，该方法适用于简单的研究。表面带负电的量子点与带正电的蛋白可通过静电吸引连接起来，而不需要其他试剂，且已经成功地用于细胞成像以及潜指纹显现。通过静电相互作用结合生物分子的方法简单、快速，但与共价耦联结合的方法相比，这种静电结合不够稳定，易受溶液的 pH 值、离子强度和温度等条件的影响。静电结合情况如图 3.4所示。

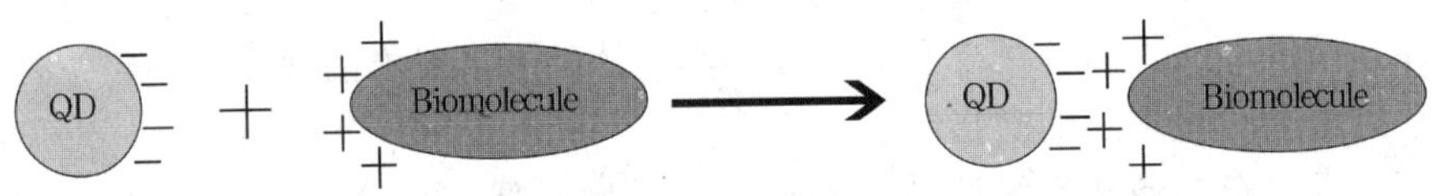

图 3.4　静电结合示意图

第二节　量子点的合成方法

量子点可以是原子或者原子团簇，也可以是核壳结构（core－shell）的纳米材料，核壳结构主要分为两个类型：一种是以宽带隙的半导体为壳、窄带隙的半导体为核构成，如 CdSe/CdS[9－11]、CdSe/ZnS[12－15]等；另一种是以窄带隙的半导体为壳、宽带隙的半导体为核构成，如 CdS/PbS[16]、CdS/HgS[17,18]、CdS/Ag_2S[19]等。还有多层结构的纳米材料，如 CdS/HgS/CdS[20]、CdSe/CdS/ZnS[21]，以及成分均匀的合金结构的纳米粒子，如 CdSeTe 等。通常，制备量子点的方法可以分为两类：一类是在有机溶剂中合成，称为有机相合成法；另

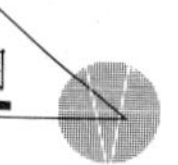

一类是直接在水中合成，称为水相合成法。

一、有机相合成法

1993 年，Murray 等人[22]第一次提出使用有机金属法（见图 3.5）合成量子点。他们用三辛基氧膦（TOPO）作为溶剂、有机金属 $Cd(CH_3)_2$ 作为阳离子前驱体、S（或 Se、Te 等）作为阴离子前驱体，进行反应，合成出高质量 CdE（E = S，Se，Te）量子点。但是，$Cd(CH_3)_2$ 容易爆炸，使得这个反应过程非常危险。2001 年，Qu 等人[23]提出使用 CdO 取代 $Cd(CH_3)_2$，这样可以安全地制备高质量的量子点。而且，据报道，$CdCO_3$ 和 $Cd(Ac)_2$ 等其他的一些镉盐同样能作为镉源和脂肪酸一起参与反应[24]。同年，Talapin 等人[25]还报道使用三辛基氧膦 - 三辛基膦 - 十六烷基胺（TOPO - TOP - HDA）混合溶剂的体系能够合成具有高度单分散性的量子点。随后，Qu 和 De 等人[26-27]在 Peng 和 Talapin 方法的基础上，通过优化反应条件，精确地控制量子点大小和发射峰的位置等特征物理量，进而得到所需要的量子点。

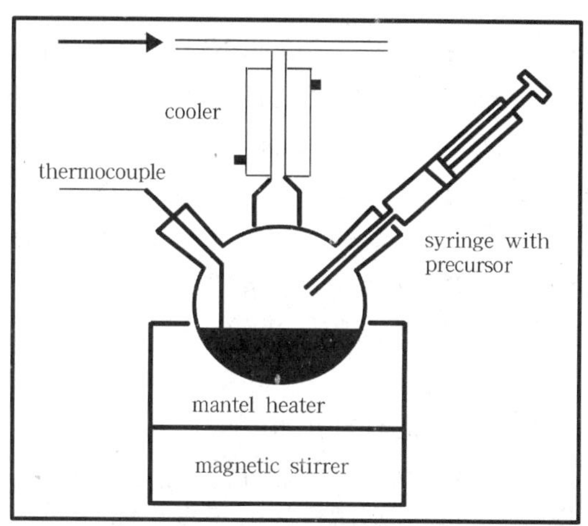

图 3.5 有机法制备高效率量子点的流程图

由于 TOPO 和 TOP 价格昂贵，且毒性大，人们尝试使用其他环保的溶剂代替它们。2002 年至 2005 年间，Yu 等人[28-32]使用溶剂十八烯（ODE）合成了一系列单分散的量子点（CdS，InAs，InP，PbSe，ZnSe，ZnS）。与 TOPO 法相比，这种溶剂较环保且便宜。通过烷基胺活化，高质量的 ZnSe 能够直接在 ODE 中合成，量子产率达到 50%，半峰宽只有 14nm。2005 年，Deng 等人[33]报道了采用长链烷烃（如石蜡）而不用 TOPO 和 TOP 直接合成了闪锌矿晶型的 CdSe 量子点。高沸点的酯类和酮类被报道同样可以用来制备 CdSe 量子点，十六烷酸酯在控制量子点的尺寸分布方面展现出显著的优势[34,35]。

二、水相合成法

在有机相中制备半导体量子点，其工艺基本完善，制备的量子点质量较高。但是，其有几个方面的缺点：合成条件苛刻、步骤复杂、成本较高、毒性较大；产物在空气中容易氧化，很不稳定；憎水性的表面使得它们在生物学领域应用时比较困难，虽然可以通过相转移法转移至水相，但在配体交换的过程中，量子点量子产率会有较明显的下降。以上缺点限制了其推广应用。因此，研究在水溶液中直接合成半导体量子点具有重要意义。

若简单地将反应前驱体放入水中，前驱体虽然进行了化学反应，但是并没有按照晶格进行有序性生长，而是原子团簇的简单堆积，开始时由于纳米尺寸的高表面活性，原子团簇迅速聚集，随后材料就聚沉了，因此并不能合成出量子点。在反应体系中，加入一种含有巯基的小分子化合物，可以对体系进行分散，这样不仅解决了反应分散性的问题，而且还修补了晶体的表面缺陷，提高了量子点的稳定性。

1993 年，Rajht 等人[36]报道了直接在水溶液中用巯基甘油作为修饰剂合成 CdTe 量子点的方法。此后，用巯基试剂修饰量子点成为研究热点，巯基乙醇[37]、巯基乙酸[38]、巯基丙酸[39]、甘油三酯[40]、半胱氨酸[41]、2－巯基乙胺[42]等一些带巯基的试剂均被用来制备水溶性量子点。这些巯基化合物之所以能作为修饰试剂，其原因在于巯基上的 S 原子容易与 Cd 或 Zn 离子产生配位作用，而极性羧基则可以增加量子点的水溶性。目前，在水相中合成量子点的方法也有很多，如溶胶－凝胶法（胶体化学法）[43－48]、水热法[49]、微波辐射法[50,51]等。

上述利用巯基试剂作稳定剂直接在水相中合成水溶性量子点的方法与有机金属法相比，操作更加简单、成本更低、毒性小、重复性好。水相方法合成量子点的优点在于可以大量地合成高质量的量子点。同时，制备的量子点可以直接应用于生物体系，不需要进行相转移。但是，巯基试剂并不是很稳定，容易从量子点表面脱附，导致量子点的团聚和沉淀。此外，除 CdTe 和 HgTe 以外，大部分水相合成的量子点发光性能很差，通常需要一些后处理来提高量子产率。

第三节 量子点的表征

项目组对合成的量子点材料进行表征，方法如下：向合成的水溶性的量子点中加入丙酮搅拌沉淀样品，之后将沉淀溶解于去离子水中，继续加丙酮搅拌沉淀样品，如此洗涤 2～3 次，最终将粉末置于真空干燥箱中 40℃ 干燥，待

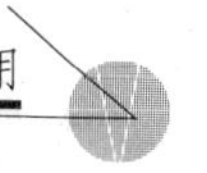

表征。

一、透射电镜（TEM）表征

采用日立 H－800 型透射电子显微镜进行产物的粒度分析。取适量样品，用无水乙醇作溶剂，超声分散 10～15min，然后将适量悬浮液滴到铜网上，待无水乙醇蒸发后，用透射电子显微镜观察样品的颗粒大小和分散情况，测试时加速电压为 200kV。

高分辨透射电子显微镜（HRTEM）采用日本电子 JEOL－3010 型，制样方法同上，加速电压 300kV。

二、X 光衍射（XRD）表征

采用日本理学 D/MAX－2500VB2 型 X 光衍射仪（XRD）对产物进行物相分析。将待测粉末样品放在样品槽内，用玻璃片压实后，放入 X 光衍射仪样品架中，测量条件为：用铜靶辐射源（λ＝1. 54056Å），工作电压和电流分别为 40kV，200mA，扫描速度为 10°/min，扫描范围为 10°～90°。

三、荧光分析

采用日本岛津 F－2500 FL 型荧光光谱仪测定量子点的荧光光谱。将待测的溶液置于比色皿中，放入荧光光谱仪样品架中，测量条件为：激发狭缝为 5nm，发射狭缝为 5nm，光电倍增管的工作电压（负高压）选为 400V，扫描速度为 1200nm/min。

四、UV－Vis 分析

采用岛津 UV－Vis 250 IPC 分光光度计进行样品的紫外－可见吸收光谱测试。准确量取量子点溶液 5mL 于 50mL 的容量瓶中，加去离子水稀释到刻度待测。将待测溶液样品置于比色皿中，放入紫外－可见吸收光谱仪样品架中，以 300nm/min 的速度对样品进行 200～800nm 扫描。

五、红外分析

采用岛津 AV3700 傅立叶红外光谱仪测定样品的红外光谱。将制备的 SiO_2 溶胶滴在氟化钙片上，自然干燥，放入红外测试仪样品架中测定。

六、闪光光解测定

采用中国科学院理化技术研究所的 LP920 型英国爱丁堡分析仪器激光闪光光解仪，采用 10Hz Nd：YAG 纳秒激光器，激发波长为 400nm，激光脉冲宽度为20ns，按10nm波长间隔依次扫描，最终信号由数字示波器录谱，测量在室温下进行。

第四节 量子点显现潜指纹研究概况

量子点显现潜指纹的原理基于光致发光现象。自然界中的发光方式多种多样，光致发光是很常见的一种。光致发光，是指用紫外光、可见光或红外光激发发光材料而产生的发光现象，大致有吸收、能量传递和光发射三个主要阶段。光的吸收和发射都是发生在能级之间的跃迁，都经过激发态，而能量传递则是由于激发态的运动。激发光辐射的能量可直接被发光中心吸收，也可被发光材料的基质吸收。在第一种情况下，发光中心吸收能量向较高能级跃迁，随后跃迁回到较低能级或基态能级而产生发光。在第二种情况下，基质吸收能量，在基质中形成电子－空穴对，它们可能在晶体中运动，被束缚在各个发光中心上，发光是由于电子与空穴的复合而引起的。当发光中心离子处于基质的能带中时，会形成一个局域能级，处在基质导带和价带之间，即位于基质的禁带中。不同的基质结构，发光中心离子在禁带中形成的局域能级的位置不同，从而在光激发下，会产生不同的跃迁，导致不同的发光色[52－54]。

光致发光法作为探测潜指纹的常规方法研究始于1976年[55]，近20年里，它在潜指纹显现法中扮演的角色越来越重要。该方法最大的优点在于能够提供特别高的分析灵敏度，甚至可以检测出单个光子。使用该方法需要同时具备两个要素：一是物质能够吸收激发光，因为没有吸收就没有发射；二是其发射光波长应该同激发光波长不同，这样才有可能在背景中识别出潜指纹纹线。

光致发光法最初利用的是来自潜指纹遗留物自身发出的荧光，但在有些情况下，潜指纹遗留物质自身发出的荧光较弱，无法达到检测要求，虽然使用激光光源可以弥补上述缺陷，但是该设备成本较高、难以普及。到了20世纪70年代末，人们开发出不同种类的荧光粉末用于染料溶液浸显法[56]，以此提高光致发光的强度，但是浸显的时候，潜指纹物质与载体之间的结合易被溶液破坏。20世纪80年代初，人们首先对潜指纹样品进行“502”胶熏染，然后再进行荧光染料浸染，最终可以得到更理想的显现结果[57]。时至今日，这种“502”胶熏染法同浸显法的结合依然是光滑客体表面潜指纹显现最为成功的方法之一。多种染料可以应用于浸显过程。1982年，有学者首次报道在茚三酮显现潜指纹之后使用$ZnCl_2$做后期处理，显现渗透性表面的潜指纹，这种方法至今依然流行[58]。为了提高该方法的灵敏度，人们开始尝试茚三酮的同系物，特别是苯茚三酮[59]、5－甲氧基茚三酮[60]等。由于光致发光的强度相对较弱，茚三酮显现潜指纹后使用$ZnCl_2$做后期处理的方法稍显逊色。然而，日

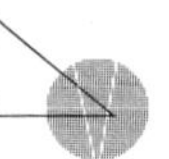

本学者开展的研究显示使用 $InCl_3$ 替代 $ZnCl_2$ 做增强处理可以获得更好的效果[61,62]。此外，DFO 可以替代茚三酮/$ZnCl_2$，它已经成为目前许多实验室的常规方法之一。

Menzel 对光致发光现象中的荧光寿命在潜指纹检验中的应用作了探讨和研究[56]。他第一个提出如何利用背景荧光和潜指纹发光寿命之间的时间差，来改善潜指纹的可检测性。该技术主要依靠荧光粉末的滞后荧光（磷光）寿命比背景荧光长这一性质，通过控制成像系统的快门，选择背景荧光几乎完全衰减、大部分潜指纹荧光继续存在的最佳时机，对潜指纹进行拍照成像。虽然该方法从崭新的角度开辟了潜指纹显现技术的新方向，其研究结果令人鼓舞，但由于其操作步骤复杂，所需设备普及性差，所以并未在实践中推广。

光致发光法虽然已经广泛应用，然而该方法所利用的具有荧光性能的有机物质激发光谱窄且发射光谱宽，发射光与背景光不易分辨；而且，其荧光性能受环境因素（如 pH 值）干扰大；该类荧光物质抗光漂白能力差，荧光稳定性差；此外，其成像发光时间短（几纳秒），不适合时间分辨成像等成像技术。因此，技术人员将研究的重点投向新型光致发光材料的开发与利用，纳米材料便是其中的一种。

1999 年至今，美国、瑞士、印度、澳大利亚、以色列、英国等国的多个实验组先后开展了该方面的研究工作，涉及多种纳米材料。国内外许多学者对如何利用分散于溶液中的纳米材料对潜指纹进行显现进行了探索和研究。近年来技术工作人员开始将纳米技术与光致发光法相结合，并应用于潜指纹的显现。该方法显现潜指纹的基本原理是将手印残留的氨基酸、油脂或汗垢与纳米材料结合，利用纳米材料的光致发光现象，检测标记到潜指纹物质上的纳米材料所发出的荧光，从而得到清晰的指纹图像。

一、国外研究进展

（一）CdS 纳米材料显现指纹研究

1999 年，Menzel 等人率先开展了 CdS 纳米复合材料光致发光法显现潜指纹的研究，开创了纳米复合材料应用的新领域[63-65]。他们首先根据文献报道方法合成了表面包覆 SDS（十二烷基苯磺酸钠）的 CdS 纳米颗粒，并将其分散在庚烷或正己烷中。对于捺印在易拉罐表面的潜指纹首先进行“502”熏显，然后浸入纳米颗粒溶液中数次，自然晾干。用正己烷轻轻冲洗表面多余的纳米颗粒沉积，显露出潜指纹的细节特征。

随后他们重点考察了利用树形分子制备 CdS 纳米颗粒的情况[63-65]。他们向不同种类的树形分子溶液中倒入硝酸镉以及硫化钠溶液，通过树形分子的空间结构控制 CdS 粒子的生长，使其粒径处于纳米级，并配置成甲醇溶液或甲醇与水的混合溶液，以备潜指纹浸显使用。他们认为不同浓度的纳米簇同第四代树形分子结合时，CdS 纳米簇的大小是不变的。对于未经提前使用“502”胶熏染的样品而言，甲醇溶液中浸显不会得到理想结果，因为强溶解性的甲醇容易将潜指纹残留物质溶解掉；然而，使用“502”熏染后，无论在铝箔还是聚乙烯上的潜指纹都可以稳定显现，如图 3.6 所示。他们认为纳米复合物同潜指纹成分之间发生化学反应，包括树形分子上胺基同潜指纹残留物中的羧酸作用，可能还有胺基同氰基丙烯酸酯的作用。

图 3.6 “502”熏显后用 CdS/PAMAM G5.0 甲醇液染色聚乙烯塑料表面潜指纹光致发光法显现结果[66]

Menzel 等人对 CdS/PAMAM 纳米复合材料的研究起步较早，但是由于该项目组负责人健康的原因，项目组解体，在随后的几年中未见相关报道。

最近，Dilag 等人[67]研究了壳聚糖包覆的 CdS 量子点粉末在潜指纹显现中的应用。镉离子首先在壳聚糖空腔内与之发生螯合，随后快速加入硫化钠形成 CdS/壳聚糖纳米粒子。研究者应用该量子点显现了铝箔上的潜指纹，对于其他客体的潜指纹并未做深入研究。

（二）纳米 SiO_2 显现潜指纹应用研究

2008 年，有学者[68]以 1，10－菲罗啉（OP）作为敏化剂、四乙氧基硅烷（TEOS）为模板，按照溶胶－凝胶法合成了 Eu^{3+} 掺杂的 SiO_2 纳米粒子，该粒子与潜指纹残留物有特异性吸附能力而且具有强的荧光，将其应用于潜指纹显现，获得理想效果，如图 3.7 所示。

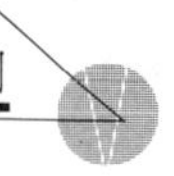

图 3.7　玻璃表面新鲜潜指纹显现效果[68]

同年，Theaker 等人使用包埋技术将各种颜色的染料（包括荧光染料）同二氧化硅颗粒相结合，并获得兼具疏水性和丰富色彩的新型二氧化硅颗粒[69]，其中，部分产物为纳米级颗粒，部分产物为微米级颗粒。他们分别通过悬浮液法和粉末法的方式对上述两种不同类型的产物加以利用，并将其作为新型试剂应用到潜指纹显现中，最终获得了非常清晰的显现效果。图 3.8 为包埋了罗丹明 6G 的纳米二氧化硅悬浮液对玻璃表面潜指纹的显现效果，其中图像 a 为室光下拍摄情况，b 为紫外光下拍摄情况。

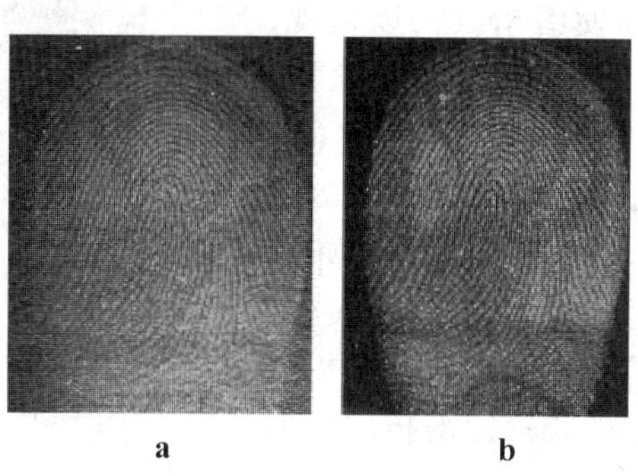

a：自然光；b：紫外光

图 3.8　罗丹明 6G 包埋纳米二氧化硅悬浮液显现玻璃表面潜指纹[69]

（三）纳米金显现潜指纹应用研究

2006 年，Choi 等人按照文献方法合成了表面键合油胺的纳米金粉末，用其显现潜指纹，并同四种传统的粉末法（铝粉、黑色粉末、磁性粉末以及白色粉末）进行了比较[70]。四种非渗透性客体表面潜指纹显现的结果如表 3.2 所示。研究表明，使用纳米金粉末可以获得理想的显现效果。实验所用纳米金粉末外表面键合的油胺中长碳链不仅提高了纳米金颗粒的稳定性，同时也增强了颗粒与潜指纹中油脂成分的选择性结合能力，但成本较高不利于推广。

表 3.2　纳米金粉末显现效果同多种传统粉末显现效果的比较[70]

	纳米金粉末	黑色粉末	磁性粉末	铝粉	白色粉末
玻璃	***	**	***	***	**
漆木	***	**	***	***	**
铝片	-	-	*	-	-
塑料	*	*	*	*	*

注："-"非常差；"*"较差；"**"理想；"***"非常理想。

2007 年，Sametband 等人根据文献报道方法，利用长链烷基硫醇对金的稳定作用，合成了三种表面包覆烷基硫醇的纳米金颗粒，其表面分别包覆十八烷基硫醇、十四烷基硫醇以及癸烷硫醇[71]。他们将合成后的纳米金颗粒分散到石油醚中，利用烷基硫醇的亲酯作用，使纳米金颗粒同潜指纹残留物进行选择性吸附，然后采用原位催化的方式使物理显影液中的银离子被还原，从而使潜指纹得以显现，显现结果如图 3.9 所示。研究结果表明，当纳米金在石油醚中的浓度为 0.04%（w/v）时，浸显 3min 可以获得比较理想的显现结果。该方法显现渗透性客体（如纸张）以及非渗透性客体（如硅片、玻璃、塑料等）上的潜指纹均有效。电镜分析结果表明烷基硫醇碳链的长短同潜指纹显现效果之间存在一定联系：碳链越长，显现出的潜指纹越清晰。

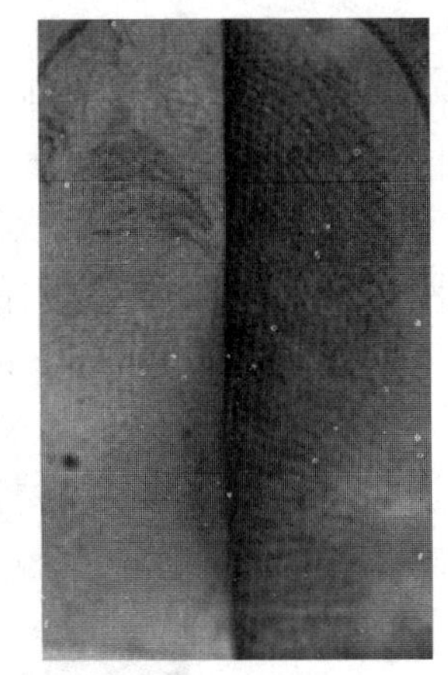

左：物理显影液；
右：Au - NP - C18 处理后再使用物理显影液

图 3.9　纸张表面油潜指纹比对结果[71]

Becue Andy 等人则对传统多重金属沉积法（MMD）进行改进，使其在保留灵敏度和适用性的同时，操作步骤能够得到进一步简化[72]。传统的 MMD 法通常需要两个步骤：一是使用胶体金颗粒对潜指纹纹线进行选择性标识；二是通过硝酸银法使标识后的潜指纹得到显现。Becue Andy 等人使用环糊精对金纳米颗粒进行功能化处理，使得到的产物既保留了金纳米颗粒的靶向标识功能，又能够吸附染料，增大了潜指纹显现结果的反差。这种方式不仅使显现成本得到降低，而且使操作步骤得到大幅度简化。

Leggett 等人的研究结果显示，使用抗体对纳米颗粒进行功能化处理之后，可以在显现潜指纹实现个体区别的同时，对被检客体潜指纹中是否含有某一种

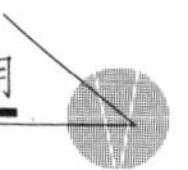

毒品或其代谢产物进行判断[73]。他们首先通过3-（2-吡啶二巯基）丙酸N-羟基琥珀酰亚胺酯（SPDP，一种异型双功能交联剂）使纳米金颗粒表面标记可替宁（cotinine，一种尼古丁代谢产物，常出现在吸烟者的汗液中）抗体，所得产物结构如图3.10所示。他们利用获得的功能化纳米颗粒对潜指纹进行处理，反应一段时间后水洗；然后，他们使用荧光标记的二抗体对潜指纹进行二次处理，反应一段时间后水洗。通过上述方式，潜指纹可以得到清晰的显现（可见三级特征），如图3.11所示。此外，他们通过实验证明纳米金的存在是必要的，因为单独使用可替宁抗体对潜指纹样本进行处理时，只能判断尼古丁代谢物的存在，但是没有办法获得清晰的潜指纹图像。

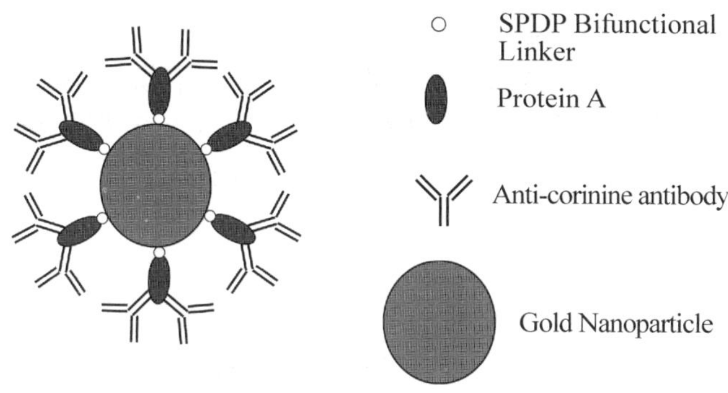

图3.10　可替宁抗体标记纳米金示意图[73]

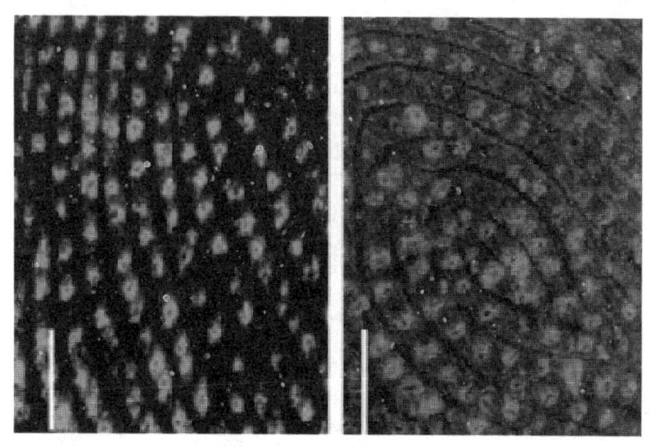

左：男性吸烟者出汗10min后中指；右：女性吸烟者环指

图3.11　在汗孔周围迅速检测到的高浓度可卡因代谢物[73]

（四）其他纳米材料在潜指纹显现中的应用

2005年，美国塞克萨斯大学的Luna Cesar则利用纳米技术对现有潜指纹显现方法进行完善，针对传统的物理显影液法（PD physical develop）反差不够这一问题[74]，他们以柠檬酸作为稳定剂，成功合成了高质量的银纳米颗粒(silver nanoparticles，SNPs)。利用酸性条件下，包覆柠檬酸的 SNPs 与潜指纹残留物之间的静电吸附作用，提高 PD 法的选择性和灵敏度，改善潜指纹显现效果。

Sodhi 等人对基于纳米 Al_2O_3 颗粒的荧光粉末进行了探索和研究[75]。他们选择曙红 Y（一种常见的荧光染料）和大豆中提取的疏水性物质进行实验。首先，使用正已烷萃取豆种数小时；其次，将滤液添加至 Al_2O_3 纳米颗粒中，超声后挥干溶剂即可得到包覆疏水性物质的 Al_2O_3 纳米颗粒；最后，使用曙红 Y 水溶液浸泡上述物质，自然挥干，即可以得到适当粒度的粉末状物质，其中染料的含量为 1.5% ~2%。将合成产物刷显潜指纹时，使用 550nm 光线照射，可以获得理想的显现效果。这种潜指纹显现技术虽然是基于纳米材料的，在灵敏度上有较大幅度的提高，但该方法没有从根本上摆脱粉末法对技术人员身体健康的损害，也没有避开有机荧光染料在发光性质方面的弊端。

2007 年，Choi 等人按照图 3. 12 的方法合成了一种新型二萘嵌苯二酰亚胺荧光染料，并使其有效吸附到纳米 TiO_2 颗粒表面，获得表面包覆有机荧光染料的纳米 TiO_2 粉末[76]。用其显现潜指纹，在 505nm 波长激发下，使用 575 nm 长通滤光片，可以获得潜指纹显现照片，如图 3. 13 所示。这种新型纳米荧光粉末可以有效显现玻璃以及聚乙烯塑料表面的潜指纹；虽然其荧光强度低于两种市售荧光粉末，但是其背景吸附较小，因此得到的手印图像反差较大。

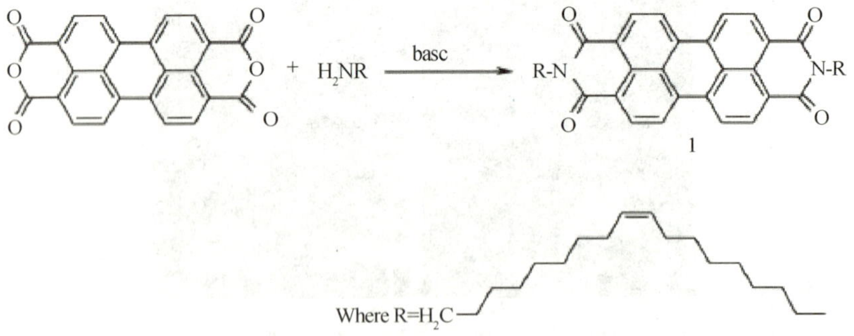

图 3. 12 二萘嵌苯二酰亚胺合成方法[76]

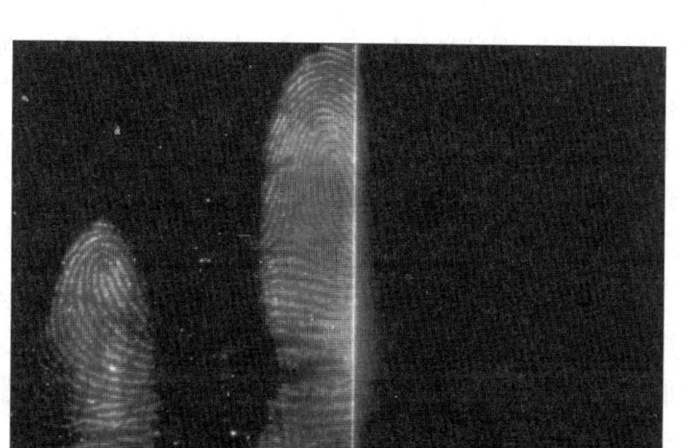

左：新型染料处理后的 TiO_2 颗粒；右：未处理的 TiO_2 颗粒

图 3.13　玻璃表面新鲜指纹显现结果：505nm 光源激发下使用 575 长通滤光器检测[76]

2009 年，瑞士 Becue 研究小组[77]合成了 CdTe 量子点溶液，用于显现四种非渗透客体（玻璃、铝片、透明聚丙烯、黑色聚乙烯）上的血手印。对该法显现血指纹的效率进行了评估，对显现的灵敏度进行了研究，初步探讨了经济成本和毒性风险。

二、国内研究现状

近年来，国内学者也逐渐认识到纳米显现液在潜指纹显现中的应用前景，并进行了相关探索。本项目组率先开展了这方面的研究。我们首次以纳米 CdS/PAMAM G5.0 复合纳米材料为显现液，对三种常见胶带黏面上和三种常见金属表面上的油潜指纹进行显现，并将该材料的显现效果与常用的罗丹明 6G 显现液的显现效果进行比较[78,79]。结果表明，纳米 CdS/PAMAM G5.0 对于常见胶带黏面上和金属表面的油潜指纹具有理想的显现效果，其荧光强度、选择性吸附性能非常优异；长时间浸泡后背景吸附小，与潜指纹纹线的反差大；潜指纹纹线流畅，显现细节特征能力强，其中对陈旧油潜指纹也有比较理想的显现效果；可以通过室光反射和紫外可见荧光两种形式成像，适用范围更广，显现效果照片见彩图 1。

项目组成员赵科研究了 CdS/PAMAM G7.0 的制备及在非渗透性表面潜指纹显现中的应用[80]。应用该纳米材料对多种非渗透客体表面、不同遗留时间的潜指纹进行显现，并将显现结果与粉末法和传统的荧光染料法进行比对。实验表明，该荧光材料在 365nm 光激发下可以发出较强的可见荧光；与粉末法和传统的荧光染料法相比，PAMAM G7.0 可以同潜指纹残留物进行高选择性结合，潜指纹纹线与背景之间的反差大。

项目组[79]用 PAMAM G4.0 – NH_2 为包覆物合成了 CdS 量子点，该量子点在 365nm 紫外光激发下发出浅黄 – 绿和橙色荧光，用于非渗透客体上经“502”胶熏显后的潜指纹。

项目组[81–85]利用巯基乙酸为修饰剂在水相条件下合成了 2 ~ 3nm 的荧光 CdSe 量子点，并用于显现光滑客体上的潜指纹。2010 年，项目组报道了以巯基乙酸为修饰剂在水相条件下合成了粒径为 5nm 的荧光 CdTe 量子点，并用于显现光滑客体上的潜指纹。项目组还研究了纳米荧光粒子 YVO_4: Eu 的合成及其在潜指纹显现中的应用。

2009 年，项目组[86]采用柠檬酸钠 – 鞣酸还原法制备出胶体金，其粒径为 10 ~ 35nm，并利用多重金属沉积法对玻璃表面新鲜的汗潜指纹、油潜指纹进行了显现。

另外，在国内研究量子点应用于潜指纹显现的单位还有吉林大学和陕西师范大学。吉林大学黄校亮研究了 CdTe 半导体纳米粒子的水相微波合成以及在潜指纹检测中的应用。他们工作的亮点在于使用微波法合成纳米材料，并且在显现过程中使用气动雾化喷显法和超声雾化显现法，但显现效果不是特别理想，需要控制溶液颗粒分布，提高显现效果。陕西师范大学霍宇飞报道了 CdTe /CdS 核壳量子点的合成和潜指纹检测研究。用水相合成法分别合成了巯基乙酸和谷胱甘肽修饰的 CdTe /CdS 核壳量子点，讨论了不同反应时间对量子点大小的影响。在应用过程中，他们只研究了玻璃和铝片等光滑客体上的潜指纹显现。

参考文献

[1] Kubo R. Electronic properties of metallic fine particles [J]. J Phys Soc Jpn, 1962 (17): 975 –986.

[2] Kawabata A, Kubo R. Electronic properties of Fine metallic particles II plasma resonance absorption [J]. J Phys Soc Jpn, 1966 (21): 1765 –1772.

[3] Halperin W P. Quantum size effects in metal particles [J]. Rev Mod Phys, 1986, 58 (3): 533 –605.

[4] 张立德，牟季美. 纳米材料与纳米结构（第 7 版）[M]. 科学出版社，2006: 5 –7.

[5] Faulk W P, Taylor G M. An immunocolloid method for the electron microscope [J]. Immunochemistry, 1971, 8 (11): 1081 –1083.

[6] 杨文胜，高明远，白玉白. 纳米材料与生物技术（第 7 版）[M].

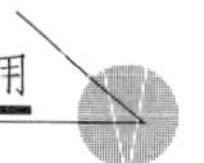

化学工业出版社，2005：25－94.

［7］徐力，郭轶，解仁国，等．水相合成纳米晶标记牛血清白蛋白［J］．功能材料与器件学报，2003，9（2）：201－204.

［8］聂波，张建成，沈悦，等．水溶量子点的制备及其荧光性能的研究［C］．见：国际材料科学与工程学术研讨会论文集：上册．中国机械工程学会，2005：247－249.

［9］Wang Q，Pan D C，Jiang S C，et al. Luminescent CdSe and CdSe/CdS core－shell nanocrystals synthesized via a combination of solvothermal and two－phase thermal routes［J］．J Lumin，2006，118（1）：91－98.

［10］Wei T Y. Architectural control synthesis of CdS and CdSe nanoflowers，branched nanowires，and nanotress via a solvothermal approach in a mixed solution and their photocatalytic property［J］．J Phys Chem B，2006，110（24）：11704－11710.

［11］钟萍，俞英，陈波，等．水溶性 CdSe/CdS 纳米晶合成条件的优化研究［J］．化学研究与应用，2006，18（3）：225－229.

［12］Chen Y F，Ji T H，Rosenzweig Z. Synthesis of glyconanospheres containing luminescent CdSe－ZnS quantum dots［J］．Nano Lett，2003，3（5）：581－584.

［13］郁美娟，刘维学，王德平，等．巯基乙酸稳定的 CdSe/ZnS 核壳结构量子点的制备与表征［J］．硅酸盐学报，2007，35（7）：822－827.

［14］Nazzal A Y，Wang X Y，Qu L H，et al. Environmental effects on photoluminescence of highly luminescent CdSe and CdSe/ZnS core/shell nanocrystals in polymer thin films［J］．J Phys Chem B，2004，108（18）：5507－5515.

［15］Yang Y G，Chen O，Angerhofer A，et al. Radial－position－controlled doping in CdS/ZnS core/shell nanocrystals［J］．J Am Chem Soc，2006，128，124（38）：12428－12429.

［16］Fox M A，Dulay M T. Heterogeneous photocatalysis［J］．Chem Rev，1993，93（1）：341－357.

［17］Mews A，Eychmüller A，Giersig M. Preparation，characterization，and photophysics of the quantum well system cadmium sulfide/mercury sulfide/cadmium sulfide［J］．J Phys Chem，1994，98（3）：934－941.

［18］Kamalov V F，Little R，Logunov S L. Picosecond electronic relaxation in CdS/HgS/CdS quantum dot quantum well semiconductor nanoparticles［J］．J Phys Chem，1996，100（16）：6381－6384.

［19］Han M Y，Huang W，Chew C H. Large nonlinear absorption in coated

Ag_2S/CdS nanoparticles by inverse microemulsion [J]. J Phys Chem B, 1998, 102 (11): 1884 - 1887.

[20] Vossmeyer T, Katsikas L, Giersig M, et al. CdS nanoclusters: synthesis, characterization, size dependent oscillator strength, temperature shift of the excitonic transition energy, and reversible absorbance shift [J]. J Phys Chem, 1994, 98 (31): 7665 - 7673.

[21]唐爱伟，滕枫，高银浩，等. 单核/双壳结构 CdSe /CdS /ZnS 纳米晶的合成与发光性质 [J]. 发光学报，2006，27 (2)：234 - 238.

[22]Murray C B, Norris D J, Bawendi M G. Synthesis and characterization of nearly monodisperse CdE (E = sulfur, selenium, tellurium) semiconductor nanocrystallites [J]. J Am Chem Soc, 1993, 115 (19): 8706 - 8715.

[23] Qu L H, Peng Z A, Peng X G. Alternative routes toward high quality CdSe nanocrystals [J]. Nano Lett, 2001, 1 (6): 333 - 337.

[24] Peng Z A, Peng X. Formation of high - quality CdTe, CdSe, and CdS nanocrystals using CdO as precursor [J]. J Am Chem Soc, 2001, 123 (1): 183 - 184.

[25] Talapin D V, Rogach A L, Kornowski A, et al. Highly luminescent monodisperse CdSe and CdSe/ZnS nanocrystals synthesized in a hexadecylamine - trioctylphosphine oxide - trioctylphosphine mixture [J]. Nano Lett, 2001, 1 (4): 207 - 211.

[26] Qu L H, Peng X G. Control of photoluminescence properties of CdSe nanocrystals in growth [J]. J Am Chem Soc, 2002, 124 (9): 2049 - 2055.

[27] De D C, Hickey S G, Wuister, S F, et al. Single - step synthesis to control the photoluminescence quantum yield and size dispersion of CdSe nanocrystals [J]. J Phys Chem B, 2003, 107 (2): 489 - 496.

[28] Yu W W, Peng X G. Formation of high - quality CdS and other II - VI semiconductor nanocrystals in noncoordinating solvents: nable reactivity of monomers [J]. Angew Chem Int Ed, 2002, 41 (13): 2368 - 2371.

[29] Battaglia D, Peng X G. Formation of high quality InP and InAs nanocrystals in a noncoordinating solvent [J]. Nano Lett, 2002, 2 (9): 1027 - 1030.

[30] Yu W W, Falkner J C, Shih B S. Preparation and characterization of monodisperse PbSe semiconductor nanocrystals in a nancoordinating solvent [J]. Chem Mater, 2004, 16 (17): 3318 - 3322.

[31] Li L S, Pradhan N, Wang Y J, et al. High quality ZnSe and ZnS nanocrystals formed by activating zinc carboxylate precursors [J]. Nano Lett, 2004, 4 (11): 2261 - 2264.

[32] Jasieniak J, Bullen C, Van E J. Phosphine – free synthesis of CdSe nanocrystals [J]. J Phys Chem. B, 2005, 109 (44): 20665 –20668.

[33] Deng Z T, Cao L, Tang, F Q. A new route to zinc – blende CdSe nanocrystals: mechanism and synthesis [J]. J Phys Chem B, 2005, 109 (35): 16671 –16675.

[34] Asokan S, Krueger K M, Alkhawaldeh A, et al. The use of heat transfer fluids in the synthesis of high – quality CdSe quantum dots, core/shell quantum dots, and quantum rods [J]. Nanotech, 2005, 16 (10): 2000 –2011.

[35] Wu D G, Kordesch M E, VanPatten P G. A new class of capping ligands for CdSe nanocrystal synthesis [J]. Chem Mater, 2005, 17 (25): 6436 –6441.

[36] Rajht, mićić O I, Nozik A J. Synthesis and characterization of surface – modified colloidal cadmium telluride quantum dots [J], J Phys Chem, 1993 (97): 11999 –12003.

[37] 汪乐余，运友，昌青，等．功能性 CdS 纳米荧光探针荧光增敏法测定人血清白蛋白 [J]．高等学校化学学报，2003，24 (4)：612 –614.

[38] Zhang H, Wang D Y, Yang B. Manipulation of aqueous growth of CdTe nanocrystals to fabricate colloidally stable one – dimensional nanostructures [J]. J Am Chem Soc, 2006, 128 (31): 10171 –10180.

[39] 陈智，宋秀云，张继梅，等．水相 CdTe 纳米晶的制备及其量子产率的计算 [C]．//第六届功能性纺织品及纳米技术研讨会论文集．中国纺织工程学会，2006：131 –134.

[40] Norio M, Gao M Y. Preparation and photoluminescence of water – dispersible ZnSe nanocrystals [J]. Mater Lett, 2004, 58 (30): 3898 – 3902.

[41] 陈启凡，王文星，葛颖新，等．半胱胺包被的碲化镉量子点的直接水相制备及其与 DNA 链接 [J]．分析化学，2007，35 (1)：135 –138.

[42] 秦元斌，杨曦，于俊生．巯基乙胺稳定的水溶性 CdTe 纳米粒子的合成与表征 [J]．无机化学学报，2006，22 (5)：851 –855.

[43] Rogach A L, Kornowski A, Gao M Y. Synthesis and characterization of a size series of extremely small thiol –stabilized CdSe nanocrystals [J]. J Phys Chem B, 1999, 103 (16): 3065 –3069.

[44] Han H Y, Sheng Z H, Liang J G. A novel method for the preparation of water – soluble and small – size CdSe quantum dots [J]. Mater Lett, 2006, 60 (29 –30): 3782 –3785.

[45] 唐爱伟．水相中 CdSe 与核/壳 CdSe/CdS 量子点的制备与发光特性研究 [J]．无机材料学报，2006，21 (2)：322 –328.

[46] 万异，林章碧，张家骅，等．水相合成 CdTe 量子点标记亲和素前后光谱变化的研究 [J]．分析仪器，2004 (3)：41 - 44.

[47] 林章碧，苏星光，张皓．用水溶液中合成的量子点作为生物荧光标记物的研究 [J]．高等学校化学学报，2003，24 (2)：216 -220.

[48] Murase N, Gao M Y, Goponik N. Synthesis and optical properties of water solution ZnSe nanocrystals [J]. Int J Mod Phys B, 2001, 15 (31): 3881 - 3884.

[49] Ge Y X, Chen Q F, Li M Y. Direct aqueous synthesis of high quality cysteamine - stablized CdTe crystal [R]. Beijing, BCEIA, C56, 2005 - 10.

[50] 陈启凡，杨东芝，徐淑坤，等．微波辐射法制备水溶性的 CdTe 量子点及其光谱性质的研究 [J]．光谱学与光谱分析，2007，27 (4)：650 - 653.

[51] Rogach A L, Nattatri D, Ostrander J W. Electrochemical synthesis of CdTe nanocrystal/polypyrrole composites for optoelectronic applications [J]. Chem Mater, 2000, 10 (9): 2163 - 2166.

[52] Harada H, Tanaka K J. Photoluminescence from Pr^{3+} - doped chalcogenide glasses excited by bandgap light [J]. J Non - Cryst Solids, 1999, 246 (3): 189.

[53] Wu X, Hömmerich U, Mackenzie J D, et al. Photoluminescence study of Er - doped AIN [J]. J Lumin, 1997, 72 - 74: 284 - 286.

[54] Rebohle L, Tyschenko I E, Froeb H, et al. Blue and violet photoluminescence from high - dose Si^{+} - and Ge^{+} - implanted silicon dioxide layers [J]. Microelectron Eng, 1997, 36 (1 - 4): 107 - 110.

[55] Jones N, Stoilovic M, Lennard C, et al. Vacuum metal deposition: factors affecting normal and reverse development of latent fingerprint on polyethylene substrates [J]. Forensic Sci Int, 2001, 115 (1): 73 - 88.

[56] Menzel E R. Fingerprint Detection with lasers [M]. New York: Marcel Dekker, 1980.

[57] Menzel E R, Burt J A, Sinor T W, et al. Laser detection of latent fingerprints: treatment with glue containing cyanoacrylate ester [J]. J Forensic Sci, 1983, 28 (2): 307 - 316.

[58] Herod D W, Menzel E R. Laser detection of latent fingerprints: ninhydrin followed by zinc chloride [J]. J Forensic Sci, 1982, 27 (3): 513 - 518.

[59] Menzel E R, Almog J. Latent fingerprint development by frequency - doubled neodymium: yttrium aluminum garnet (Nd: YAG) laser: benzo (f)

ninhydrin [J]. J Forensic Sci, 1985, 30 (2): 371 -382.

[60] Almog J, Hirshfeld A. 5 - Methoxyninhydrin: a reagent for the chemical development of latent fingerprints that is compatible with the copper - vapor laser [J]. J Forensic Sci, 1988, 33 (4): 1027 -1030.

[61] Takatsu M, Sumida N, Tateishi Y, et al. Fluorescent Enhancement of Ninhydrin and 5 - Methoxyninhydrin Developed Fingerprints by Indium Trichloride [J]. Jpn J Sci Tech Iden, 2000, 5 (1): 23 -32.

[62] Takatsu M, Sumida N, Shimoda O, et al. Detection of Latent Fingerprints on Colored Papers by Fluroescence Using Ninhydrin/InCl3 Treatment Followed by Pulsed Green Laser Excitation [J]. Jpn J Sci Tech Iden, 2002, 7 (1): 45 -52.

[63] Menzel E R, Savoy S M, Ulvick S J, et al. Photoluminescent semiconductor nanocrystals for fingerprint detection [J]. J Forensic Sci, 2000, 45 (3): 545 -551.

[64] Menzel E R, Takatsu M, Murdock R H, et al. Photoluminescent CdS/dendrimer nanocomposites for fingerprint detection [J]. J Forensic Sci, 2000, 45 (4): 770.

[65] Bouldin K K, Menzel E R, Takatsu M, et al. Diimide - enhanced fingerprint detection with photo luminescent CdS/dendrimer nanocomposites [J]. J Forensic Sci, 2000, 45 (6): 1239 -1242.

[66] Menzel E R. Fingerprint detection with photoluminescent nanoparticles [M]. Advances in Fingerprint Technology, 2nd ed, Lee H C, Gaensslen R E, eds, CRC Press, Boca Raton, 2001.

[67] Dilag J, Kobus H, Ellis A V. Cadmium sulfide quantum dot/chitosan nanocomposites for latent fingerprints detection [J]. Forensic Sci Int, 2009, 187 (1 -3): 97 -102.

[68] Liu L, Gill S K, Gao Y P, et al. Exploration of the use of novel SiO_2 nanocomposites doped with fluorescent Eu^{3+}/sensitizer complex for latent fingerprint detection [J]. Forensic Sci Int, 2008, 176 (2): 163.

[69] Theaker B J, Hudson K E, Rowell F J. Doped hydrophobic silica nano - and micro - particles as novel agents for developing latent fingerprints [J]. Forensic Sci Int, 2008, 174 (1): 26.

[70] Choi M J, McDonagh A M, Mcbean K E, et al. Preparation and evaluation of metal nanopowders for the detection of fingerprints on nonporous surfaces [J]. J Forensic Identification, 2006, 56 (5): 756.

[71] Sametband M, Shweky I, Banin U, et al. Application of nanoparticles for the enhancement of latent fingerprints [J]. Chem Commun, 2007 (11): 1142 – 1144.

[72] Becue A, Champod C, Margot P. Use of gold nanoparticles as molecular intermediates for the detection of fingerprints [J]. Forensic Sci Int, 2007, 168 (2): 169.

[73] Leggett R, Smith E E L, Jickells S M, et al. "Intelligent" fingerprinting: Simultaneous identification of drug metabolites and individuals by using antibody – functionalized nanoparticles [J]. Angew Chem Int Ed. 2007, 46 (22): 4100.

[74] Luna C. Fluorescent tag for physical developer: controlling the size and deposition of silver nanoparticles over latent fingerprints on porous surfaces [D]: [Master's thesis]. University of Texas, 2005.

[75] Sodhi G M, Kaur J. Nanoparticle size fingerprint dusting composition based on fluorescent eosin y dye [J]. Fingerprint World, 2006, 32 (125): 146.

[76] Choi M J, Smoother T, Martin A A, et al. Fluorescent TiO_2 powders prepared using a new perylene diimide dye: applications in latent fingerprints detection [J]. Forensic Sci Int, 2007, 173 (2): 154.

[77] Becue A, Moret S, Champod C, et al. Use of quantum dots in aqueous solution to detect blood fingerprints on non – porous surfaces [J]. Forensic Sci Int, 2009, 191 (1 – 3): 36 – 41.

[78] 杨瑞琴，周庆颖，王元凤，等．纳米 CdS/PAMAM G5.0 显现胶带粘面油潜手印应用 [J]. 无机化学学报，2008，24 (11)：1874 – 1879.

[79] Jin yu – Juan, Luo Yun – Jun, Li Guo – Ping, et al. Application of photoluminescent CdS/PAMAM nanocomposites in fingerprint detection [J]. Forensic Sci Int. 2008, 179 (1): 34 – 38.

[80] 赵科，杨瑞琴，靳玉娟．PAMAM G7.0 的制备及在非渗透性表面手印显现中的应用 [J]. 刑事技术，2009 (5)：13 – 16.

[81] 石志霞，王元凤，刘建军，等．水溶性荧光 CdSe 量子点的合成及其在指纹显现中的应用 [J]．无机化学学报，2008 (7)：1186 – 1190.

[82] 丁优仙，于迎春，刘建军，等．不同晶型纳米 CdS 的合成及其光催化活性 [J]．化学研究，2009，20 (2)：12 – 16.

[83] Y C Yu, Z X Shi, Y X Shi, et al. Studies on the water – soluble fluorescent CdSe QDs and their application in fingerprint display (M11 – 30). The 9th Asia – Pacific Microscopy Conference (APMC9), Nov 2 – 7, 2008, Jeju, Korea.

[84] J J Liu, Z X Shi, Y C Yu, et al. Water – soluble multicolored

fluorescent CdTe quantum dots: synthesis and application for fingerprint developing. Journal of Colloid and Interface Science, 2010, 342: 278 - 282.

[85]辛娟，于迎春，刘建军，等. 纳米荧光粒子 YVO_4: Eu 的合成及其在指纹显现中的应用 [J]. 化学研究，2010，21 (2)：1 - 6.

[86] 陈顺昌，杨瑞琴. 胶体金的制备及其在手印显现中的应用 [J]. 材料导报，2009，23 (12)：9 - 12.

第四章　CdS/PAMAM 量子点显现潜指纹应用研究

树形分子（Dendrimer）是近 10 年来合成出的一种新型高分子材料，它以小分子为生长点，通过逐步控制重复反应得到一系列分子量不断增长的结构类似的化合物，其组成一般具有以下共性：一是中心核区域；二是辐射状连接中心核的分支单元内部区域；三是附着在分子最外层的大量官能团部分，通常将每一步化学反应所得的化合物用代数来表示，如 0.5 代、1.0 代、1.5 代、2.0 代，以此类推。这种化学结构随代数的增长，可以向四周辐射增长，最终形成具有内部空腔和大量分支的球形结构。由于化学反应步骤可以控制，所得的大分子具有高度分支的精确结构，而且半代树形分子和整代树形分子往往各自具有相同的官能团，所以可将树形分子看作是一系列结构和分子量不断增长的同系物。树形分子的大小由所用溶剂、溶液浓度以及端基的空间位阻（尤其是代数较高的树形分子）共同决定。

本章论及的是聚酰胺－胺型树形分子（PAMAM），它是最早合成的树形分子之一，也是目前研究最广泛、最深入的树形分子之一。项目组实验所用的 PAMAM 均为合作单位北京理工大学自制的分析级树形分子产品，其结构如图 4.1 所示，整代（如 1.0 代、2.0 代）PAMAM 为 $-NH_2$ 端基型，半代（如 0.5 代、1.5 代）PAMAM 为 $-COOCH_3$ 端基型，所有代数 PAMAM 的重复单元为 $-CH_2CH_2C(O)NH\ CH_2CH_2N-$。

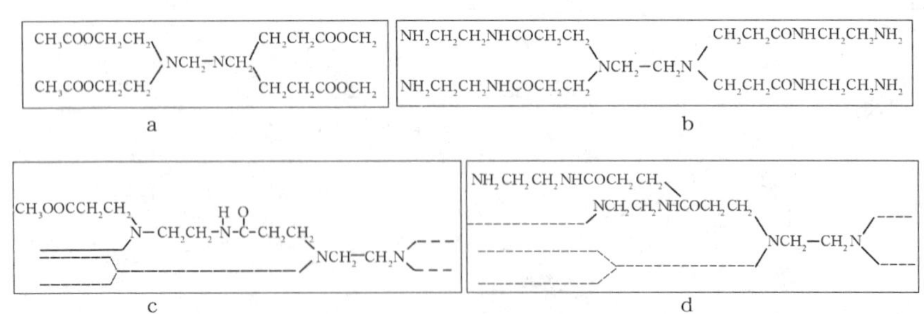

a：第 0.5 代；b：第 1.0 代；c：第 1.5 代；d：第 2.0 代

图 4.1　不同代数 PAMAM 结构示意图

目前，采用扩散法合成 PAMAM 树形分子已较为成熟。该方法采用以乙二胺为中心核，通过第一步与丙烯酸甲酯进行 Michael 加成反应，生成 0.5 代 PAMAM 树形分子；第二步通过 0.5 代 PAMAM 与过量的乙二胺进行酰胺化反应，得到 1.0 代 PAMAM 树形分子。交替进行以上两个反应步骤，即可得到不同代数的 PAMAM 树形分子，具体合成路线见图 4.2。

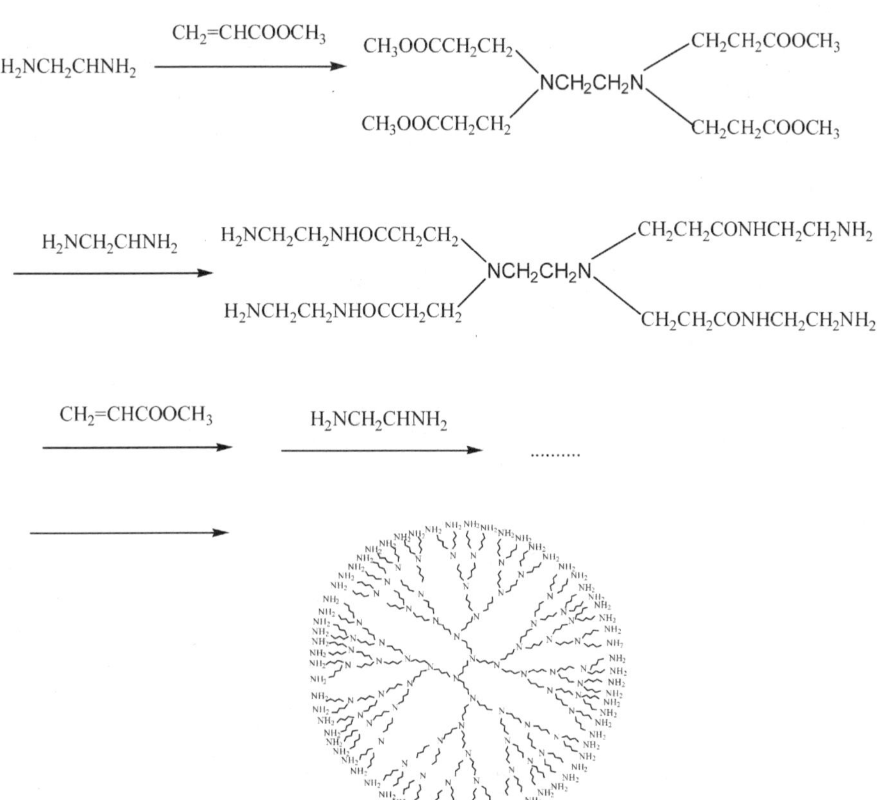

图 4.2　PAMAM 树形分子合成路线

量子点的光学性质不但受其颗粒大小的制约，还受到其尺寸分布、颗粒形状及稳定性等因素的影响。由于 PAMAM 树形分子内部存在可容纳纳米粒子的空腔，可以为量子点合成反应提供模板，因此反应物在树形分子内部可以进行原位生长，反应速率可以得到一定程度的控制。将纳米粒子同树形分子相结合，则可获得复合纳米材料，其广泛应用于靶向给药、催化、污水处理以及光学器件等方面，它既保持了优异的光致发光性能，同时又获得了同手印残留物质发生化学结合的能力。

第一节 胺端基型树形分子模板合成的 CdS 量子点的合成与表征

CdS/PAMAM G5.0 纳米复合材料甲醇液[1]的具体合成步骤是：首先配置 PAMAM G5.0 甲醇液，加入一定量的乙酸镉，使乙酸镉同 PAMAM G5.0 之间的摩尔浓度比控制在 10 以内，室温下搅拌反应 48 小时，使 Cd^{2+} 与树形分子充分配位，然后使用稀盐酸将 pH 值调为 7，加入等物质量的硫化钠，搅拌反应一段时间制得 CdS/PAMAM G5.0 纳米复合材料。以甲醇：水（1:9）混合液或水为溶剂替代甲醇，分别配置出甲醇与水混合体系复合纳米材料以及水体系复合纳米材料，配置方法基本同上。

一、制备复合纳米材料原料浓度的优化

（一）PAMAM G5.0 浓度的选择

PAMAM G5.0 为高分子材料，具有三维对称球形结构，末端带有 64 个 $-NH_2$。合成复合纳米材料过程中，一方面 PAMAM 可以起到模板作用，利用其分子内纳米级空腔限制 CdS 颗粒生长；另一方面 PAMAM 末端 $-NH_2$ 可以作为活性基团，与潜指纹残留物中的其他官能团进行化学结合，如图 4.3 所示。复合纳米材料性能受 PAMAM 及 CdS 的浓度影响很大。

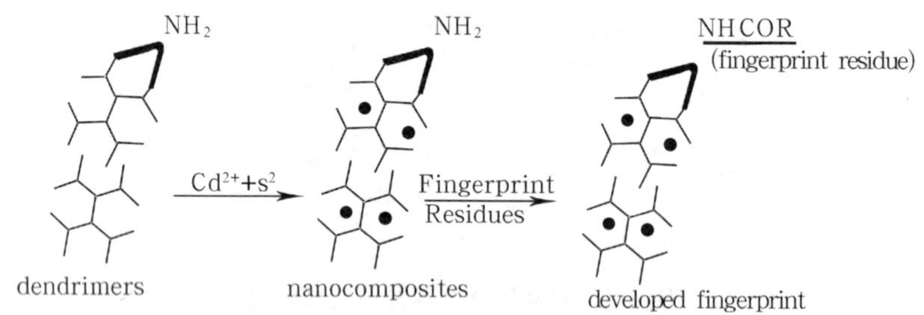

图 4.3 CdS/PAMAM G5.0 与潜指纹中残留物结合示意图

PAMAM 易溶于水和甲醇，但是当溶液中 PAMAM 浓度高于 10^{-4}mol/L 时，其黏度较大，如用于显现潜指纹，则易在客体表面形成背景干扰性沉积；同时，常温放置时，浓度高于 10^{-4}mol/L 的 PAMAM G5.0 溶液稳定性差，溶质易出现团聚或沉积现象，因此项目组初步确定复合纳米材料中 PAMAM G5.0 的浓度为 10^{-4}mol/L。

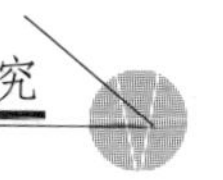

（二）CdS 浓度的优化

复合纳米材料中纳米级 CdS 是决定荧光强度的主要物质，一方面，CdS 浓度的增加意味着具有荧光性物质的总量增大；另一方面，如果离子浓度过大，则 CdS 生长速度过快，平均粒径较大，产物荧光性能下降。因此，为克服上述矛盾，需要选择适中浓度，以最大限度地提高产物荧光性能。研究显示[2]，合成纳米 CdS 时，由于空间位阻作用，Cd^{2+} 主要与 PAMAM G5.0 最外层伯胺基配位，其配位能力有限。当 CdS 与 PAMAM 摩尔浓度比高于 10 时，PAMAM 的模板作用减弱，不能有效限制 CdS 粒子的生长，产物粒径较大，且分布不均匀。因此，初步确定纳米复合材料中 CdS 的浓度为 PAMAM G5.0 浓度的 10 倍，即 CdS 的浓度为 10^{-3}mol/L。

二、稳定 CdS/PAMAM G5.0 溶液的表征

（一）荧光光谱分析

采用 PAMAM 大分子配体时，其分子末端有较多的配位反应活性点，使配体与金属离子间有较强的相互作用；此外，PAMAM 的大分子结构具有空间阻隔作用，可以进一步减轻采用小分子配体（如柠檬酸等）时易出现的偏析现象，因此我们最终得到光学性能优异的产物。

图 4.4 中的 a、b 分别是浓度为 $10^{-3}/10^{-4}$mol/L 的 CdS/PAMAM G5.0 复合纳米材料的激发光谱及发射光谱。由图 4.4 可知，该材料激发光谱范围较宽，主要集中在长波紫外区，激发光谱峰位于 365nm 附近。不同的溶剂体系，激发光谱峰位置不尽相同。从图 4.5 和表 4.1 中可以看出，该纳米复合材料荧光强度高，可以发出蓝色和红色两种荧光，其中蓝色荧光为 CdS 发射光谱特征荧光峰，相对强度较大；红色荧光为激发光的半频峰，相对强度较小。对于甲醇体系，λ_{ex} = 355nm 时，发射光谱最强谱峰位于 440nm；对于水体系，λ_{ex} = 377nm 时，发射光谱最强谱峰位于 466nm。

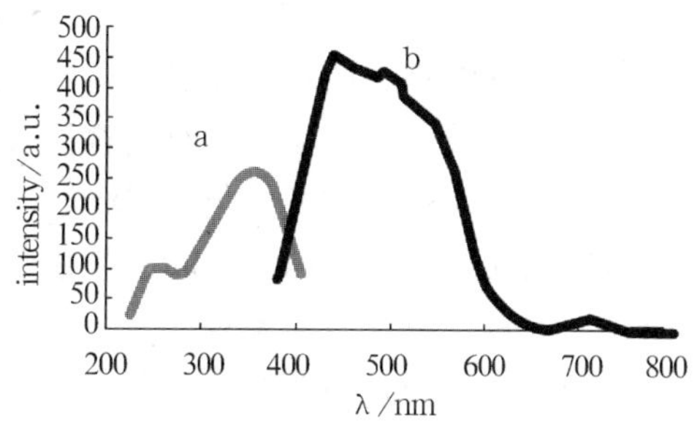

a. 激发光谱；b. 发射光谱

图 4.4 CdS/PAMAM G5.0 荧光光谱

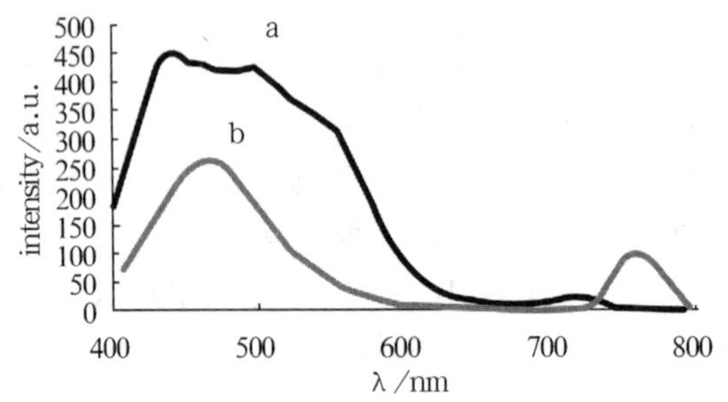

a. 甲醇体系；b. 水体系

图 4.5 不同溶剂体系中 CdS/PAMAM G5.0 发射光谱

表 4.1 CdS/PAMAM G5.0 复合纳米材料的激发波长与发射波长

溶剂体系	激发波长	发射波长
甲醇	355nm	440nm，718nm
水	377nm	466nm，761nm

值得注意的是，同水体系相比，甲醇体系的两个发射峰值整体呈现蓝移，而且蓝色荧光强度增大，红色荧光强度减小。因为在甲醇体系中，PAMAM G5.0 胺基质子化程度小、模板作用强，合成产物粒径小，在颗粒尺寸下降的同时能隙变宽，吸收波长向短波方向移动。该现象证明了 PAMAM 模板作用的存在。

在实践中，人们发现许多客体在蓝绿光激发下会产生较强的背景荧光；相对而言，在紫外光激发下产生的背景荧光干扰较小。但是，适合紫外激发光的、真正有效的染料溶液却呈稀缺状态。CdS/PAMAM G5.0 荧光光谱表征结果表明，这种新型材料恰好可以弥补上述稀缺状态，为紫外可见荧光法显现潜指纹提供良好的基础。

图 4.6 显示为暗室里，在 365nm UV－LED 照射下 CdS/PAMAM G5.0 甲醇液发射荧光效果，从图 4.6 中可以直观地看到该材料在荧光性能方面的强大优势。在实际应用过程中，在许多情况下，承载指纹的客体表面的光学性能容易导致蓝色荧光被淹没在激发光里，由于激发光与发射光波段接近，因此即使使用滤光设备也很难利用蓝色荧光对指纹成像；这时，红色荧光的重要性便凸显出来，通过选择长波段滤光设备，可在激发光被完全滤除的情况下对指纹纹线清晰成像，虽然红色荧光的强度较弱，但在实践中完全可以通过适当延长曝光时间而获得足够的亮度反差。

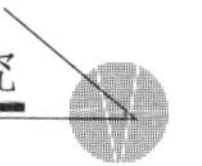

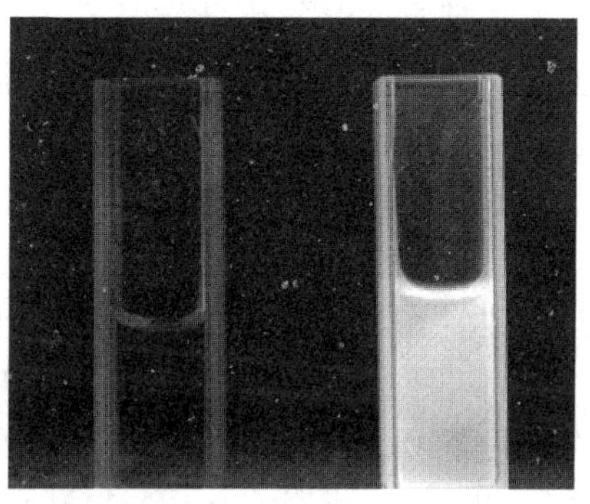

左：参比水溶液；右：CdS/PAMAM G5.0 甲醇液

图 4.6 UV－LED 照射下 CdS/PAMAM G5.0 甲醇液荧光效果

（二）CdS/PAMAM 复合纳米材料与 DFO 的荧光光谱比较

由于 PAMAM G4.5 可以通过配位和空间限域起到内模板作用，因此合成出的复合纳米材料具有良好的荧光性能。图 4.7 中谱线 a 为 CdS/PAMAM4.5 复合纳米材料的荧光光谱，可见该材料的激发光谱较宽，谱峰位于 350nm；λ_{ex} = 350nm 时，发射光谱谱峰位于 461nm。结合实验室已有条件，确定使用这种材料对潜指纹进行光致发光显现时，以 UV－LED 作为激发光源，配合蓝色滤光片成像。图 4.7 中谱线 b 为常规 DFO（1，8－二氮－9－芴酮）显现潜指纹配方（将 0.4g DFO 溶于 40mL 甲醇及 5mL 乙酸中，使用 1，1，2－三氯三氟乙烷稀释至 1L）的荧光光谱，可见，CdS/PAMAM4.5 复合纳米材料的荧光强度约为 DFO 显现液的 65 倍，荧光性能远远优于 DFO。值得注意的是，该比对结果是在 CdS/PAMAM 浓度远远低于 DFO 浓度的情况下进行的，足以见得 CdS/PAMAM 在荧光方面具备的优势。

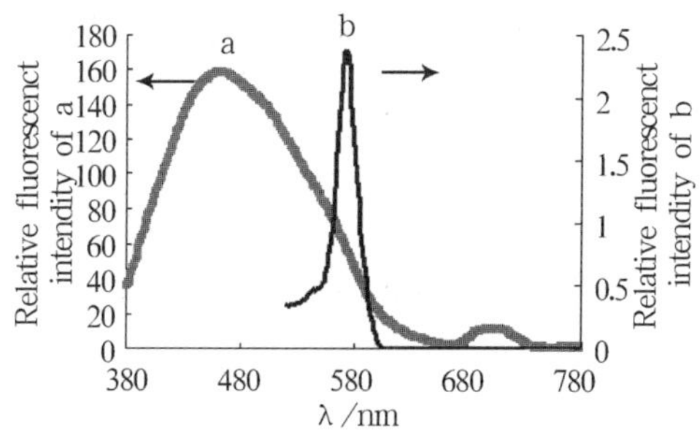

a. CdS/PAMAM G4.5 $\lambda_{em}/\lambda_{ex}$ = 461nm/350nm；

b. DFO $\lambda_{em}/\lambda_{ex}$ = 572nm/490nm

图 4.7 CdS/PAMAM G4.5 及 DFO 荧光光谱

由于 PAMAM G5.0 末端带有胺基，因此它具有内外双重模板作用，以外模板作用为主。在这种条件下，模板对于纳米粒子的控制能力有限，因此合成出的产物粒径相对较大且不均匀，其荧光性能（强度、峰位）都会发生变化。图 4.8 中谱线 a 为 CdS/PAMAM 复合纳米材料的荧光光谱，其激发光谱谱峰位于 370nm；λ_{ex} = 370nm 时，发射光谱谱峰位于 444nm。这种荧光性质决定使用这种材料对潜指纹进行光致发光显现时，同样可以把 UV - LED 作为激发光源，并配合蓝色滤光片成像。图 4.8 中谱线 b 为常规 DFO 指纹显现配方的荧光光谱，可见 CdS/PAMAM G5.0 复合纳米材料的荧光强度约为 DFO 显现液的 14 倍，荧光性能远远优于 DFO，但没有 CdS/PAMAM G4.5 理想。这种荧光强度的差异同文献报道一致。

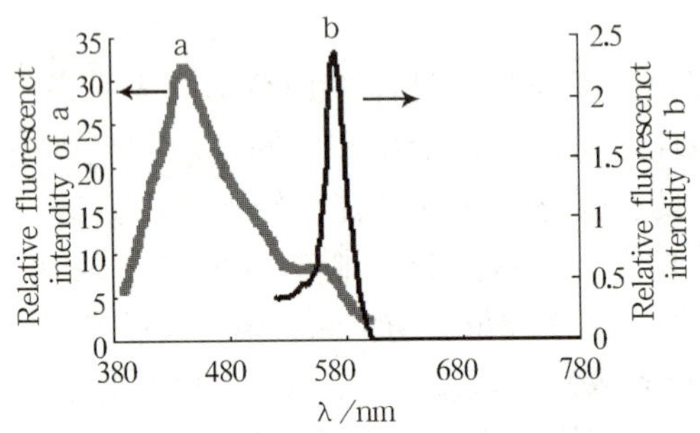

a. CdS/PAMAM G5.0 $\lambda_{em}/\lambda_{ex}$ = 446nm/370nm；b. DFO $\lambda_{em}/\lambda_{ex}$ = 572nm/490nm

图 4.8　CdS/PAMAM G5.0 及 DFO 荧光光谱

（三）透射电镜分析

图 4.9 为甲醇体系制备的 CdS/PAMAM G5.0 纳米簇的透射电镜照片。由图 4.9 可以看出，甲醇体系中制得的 CdS 纳米颗粒呈规则球状，大小均匀，平均粒径约为 5nm。粒径均匀的纳米材料有助于显现潜指纹。

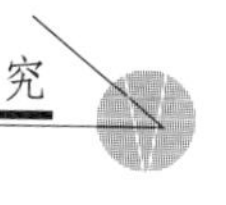

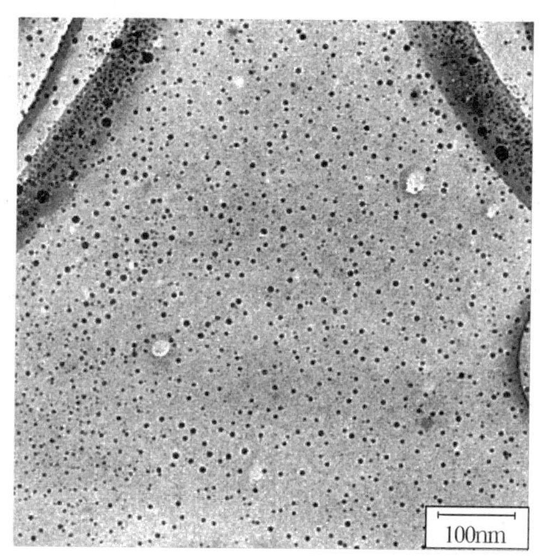

图 4.9　甲醇体系中 CdS/PAMAM G5.0 透射电镜表征结果

第二节　CdS/PAMAM 显现潜指纹应用研究

手印残留物中含有多种油脂类物质，如脂肪酸及相应的酯类。同指纹残留物中氨基酸及蛋白质类物质相比，油脂的含量更为丰富，且稳定性好。然而，目前的化学显现法大多利用氨基酸显色原理，如茚三酮法、DFO 法等，虽然这些反应的灵敏度及反应速率比较理想，但是由于氨基酸的稳定性较差，许多陈旧指纹中氨基酸类物质含量非常低，因此这类显现方法的使用有一定的局限性。如能针对油脂类物质进行化学显现，显现灵敏度则可以得到进一步提高，同时陈旧指纹的显现问题也可得到相应解决。

此外，“502”熏显法是一种公认的高灵敏度显现方法，尤其是进行真空熏显时，显现出的纹线细腻、特征丰富，而且不容易熏显过度。但是，很多情况下“502”熏显处理后的纹线同背景之间反差不够，因此各种有机荧光染料水溶液被用来对“502”熏显后的潜指纹进行增显处理。有机荧光染料在使用过程中存在诸多弊端。因此，项目组考虑使用 $-NH_2$ 端基型复合纳米材料替代有机荧光染料，利用纳米材料外部的 $-NH_2$ 基团同“502”熏显处理后裸露出的酯基进行胺解反应，从而对潜指纹纹线进行选择性结合，实现“502”熏显后潜指纹增显效果。

一、潜指纹样本的制备

志愿者首先在流水下使用肥皂洗三遍手，自然晾干后，擦蹭额头数次，在客体上捺印并获得油潜指纹样本；志愿者在同样条件下洗手三遍，自然晾干20min后，在客体上捺印并获得汗潜指纹样本。

选取捺印在易拉罐表面的油潜指纹样本对常温、不同浸显时间、不同溶剂体系浸显效果进行考察。选取锡纸表面油潜指纹对“502”熏显处理后CdS/PAMAM增显效果进行考察。将新型显现试剂与罗丹明6G、“502”熏显法以及“502”熏显后罗丹明6G的增显效果进行比对时，仍然选取上述潜指纹样本制备方法，对捺印在玻璃表面的汗潜指纹、油潜指纹样本进行研究。其中罗丹明6G水溶液的浓度为$10^{-4}mol \cdot L^{-1}$。

BBD显现液按照如下方法配置：将300 g BBD溶于100mL丙酮中，充分搅拌至溶解，存放在棕色瓶中低温保存，作为储备液。使用时，将10mL储备液加入90mL无水乙醇，充分混合，即可作为工作液使用。

捺印后的样本置于室温下保存，陈旧指纹样本也是在室温未密封状态下保存的。所有潜指纹样本图像均使用Nikon D80相机（日本Nikon公司）拍摄获得。

二、显现时间的考察

同传统的荧光染料浸显法相比，我们的方法显现时间比较长。通常情况下，12h以上可见明显显现效果，12～36 h之间显现效果呈增强趋势，36h以上背景吸附明显，干扰大。由于显现过程中PAMAM G5.0的$-NH_2$端基同潜指纹残留物中的酯基及羧基发生胺解反应，而该反应在常温条件下进展缓慢，因此需要的浸泡时间较长，这与Menzel等人的研究结果一致。图4.10为CdS/PAMAM G5.0水溶液显现易拉罐表面油潜指纹效果。

红外光谱分析结果显示，常温下72h以内，胺解反应进展微弱；然而在实际显现过程中，72h内就能观测到明显的显现效果，据此可以推测，在显现过程中发生化学变化的同时还存在物理吸附作用。这种物理吸附过程可以这样描述：首先潜指纹残留物中含有酯基、羧基等官能团的物质为纳米粒子的沉积提供一个“核”，纳米粒子做无规则热运动撞击核，并在范德华力、氢键等力作用下被核吸附、聚集。

由于纳米粒子的粒径较小，因此在溶液中的布朗运动快，沉降速度慢。表4.2为根据爱因斯坦布朗运动公式和斯托克沉降定律，总结出的纳米粒子粒径与布朗运动、沉降运动关系。

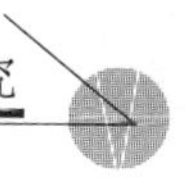

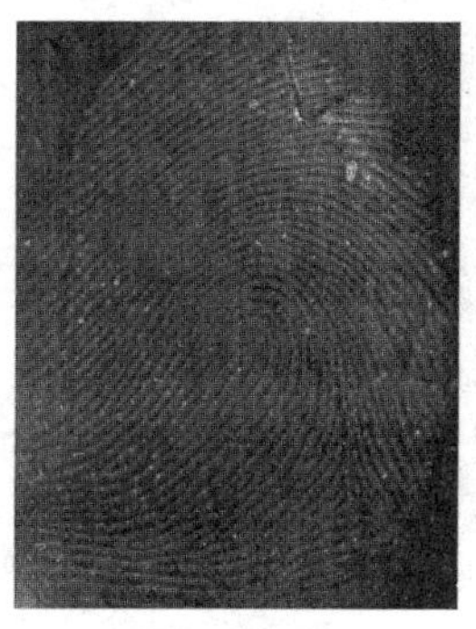

图 4.10　CdS/PAMAM G5.0（水体系）显现易拉罐表面油潜指纹

表 4.2　粒子粒径与布朗运动、沉降运动的关系

粒径/nm	1	10	100	1000	10000
布朗运动平均位移距离/nm	6.552×10^{3}	2.072×10^{3}	6.552×10^{2}	2.072×10^{2}	6.552×10^{1}
沉降高度/nm	1.265×10^{-6}	1.265×10^{-4}	1.265×10^{-2}	1.265	1.265×10^{2}

从表 4.2 中可以看出，当粒径为 100nm 时，每秒布朗运动路程为 655nm，而沉降距离仅为 0.01265nm，无规则布朗运动约为沉降运动的 6 万倍。此外，复合纳米材料同油脂类物质的亲和作用小，因此溶液稳定性好、溶质沉积慢。这使得复合纳米材料的显现速度（约 12h 以上）远小于传统的荧光染料（如罗丹明 6G，其浸显时间仅为数秒至数分钟）。这也解释了我们制备的 CdS/PAMAM 量子点溶液显现潜指纹速度慢的现象。

三、客体荧光干扰情况

由于 CdS/PAMAM G5.0 的激发波段位于长波紫外区（365nm 左右），因此在该波段光源的激发下，某些浅色客体容易发出较强的反射光、散射光或者蓝色可见荧光，如塑料、纸张、白色瓷砖等。这些背景荧光会对显现后指纹成像造成干扰。然而，从 CdS/PAMAM G5.0 的发射光谱可以看出，除了400～500 nm 之间的最强发射峰外，该纳米荧光材料在 700～800nm 范围内还存在另一强度较大的发射峰，它同背景的蓝色荧光形成较大反差，可以用于成像。图 4.11 是封口胶表面油潜指纹的显现效果，从图 4.11 中可以看出，潜指纹残留物结合荧光材料之后发出的荧光可以同做为背景的蓝色荧光形成反差。

左：空白比对；右：显现结果

图 4.11　封口胶表面油潜指纹的显现效果

四、油潜指纹显现效果

对于各种非渗透性客体（如易拉罐、玻璃、瓷砖、塑料等）表面的油潜指纹，PAMAM G5.0 与之亲和力较强；然而，由于油脂在甲醇中的溶解度大，因此溶液中甲醇的存在对油潜指纹有一定的破坏作用。实验发现：甲醇体系无法在常温条件下对油潜指纹进行长时间浸显；甲醇－水混合体系对油潜指纹存在微弱的破坏作用，具体表现为指纹纹线变得纤细，汗孔特征逐渐消失；水体系在数天内对油潜指纹几乎没有破坏，可以完整地保留潜指纹的三级特征，如图 4.12 所示。因此，在对未经“502”熏显的裸指纹样本进行显现时，应尽量避免显现量子点溶液体系中存在甲醇或其他有机溶剂。

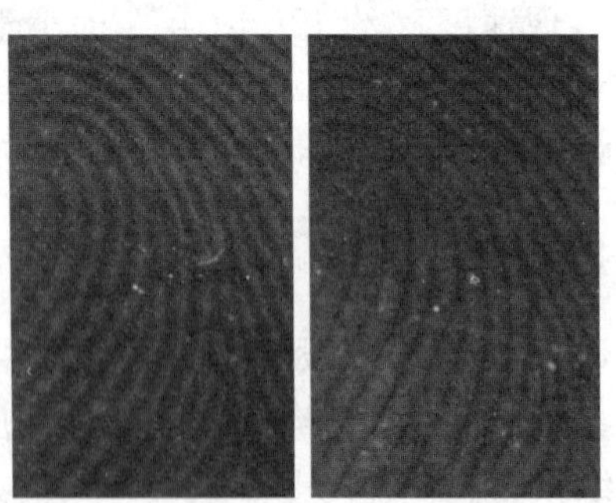

左：甲醇－水体系；右：水体系

4.12　黑塑料表面油潜手印显现效果

五、对“502”熏显指纹增强显现效果

与甲醇－水混合体系以及水体系相比，甲醇体系下合成的复合纳米材料，

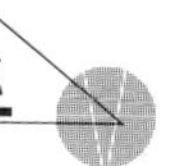

其荧光效果最好，但是用于显现油潜指纹时易产生破坏作用。鉴于上述原因，项目组考虑将“502”熏显技术同量子点荧光材料浸染技术相结合，从而实现对“502”熏显手印的增强显现，全面改善潜指纹显现效果。

“502”胶的主要成分为氰基丙烯酸乙酯。通过“502”熏显方法处理潜指纹的重要特点是它能对客体表面的潜指纹残留物起固定作用，使得后期荧光染料浸染时，不会将留在承受客体表面的潜指纹纹线破坏掉。

首先使用“502”熏显法对潜指纹残留成分进行原位固定，再使用CdS/PAMAM G5.0（甲醇体系）浸显，通过这种方式可以获得长时间安全浸显的效果。同时，由于“502”熏显过程中，氰基丙烯酸乙酯挥发后遇到指纹物质时发生阴离子型聚合反应，在指纹纹线处生成固态聚合物，且反应产物中含有丰富的酯基，从而可以为PAMAM G5.0提供更多的靶向结合位点，提高纳米荧光显现试剂的显现速率及显现效果。

彩图2为锡纸表面潜指纹经“502”熏显后使用CdS/PAMAM G5.0甲醇液增显效果，其中图a未使用滤光片拍摄，图b使用黄色滤光片拍摄。通过比较，可以看到使用黄色滤光片时得到的图像反差更明显、纹线更清晰。

图4.13、图4.14和彩图3分别为一些客体表面CdS/PAMAM G5.0甲醇液增显效果。虽然荧光光谱表征结果显示，CdS/PAMAM G5.0能在长波紫外光照射下发射较强蓝光，但对于许多光滑客体，激发光在客体表面发生镜面反射，因此不使用滤光片时，背景反射光同CdS/PAMAM G5.0发射的蓝光反差小；使用黄色滤光片时，则能滤除大量干扰光线，获得理想的显现效果。虽然CdS/PAMAM G5.0在700nm左右的发射光强度较小，但由于反差大，因此适当延长曝光时间，仍然可以获得非常理想的显现效果。

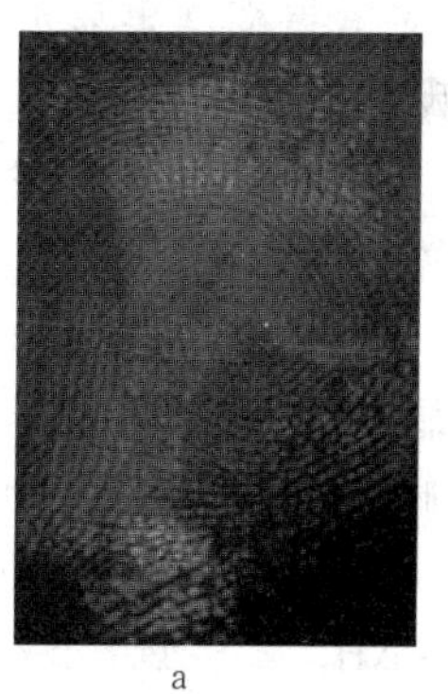

a

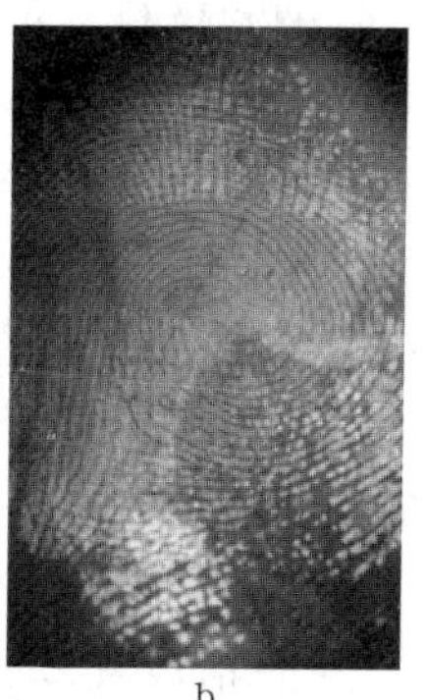

b

a：未使用滤光片；b：使用黄色滤光片

图4.13　易拉罐表面“502”熏显潜指纹CdS/PAMAM G5.0甲醇液增强效果对比照片

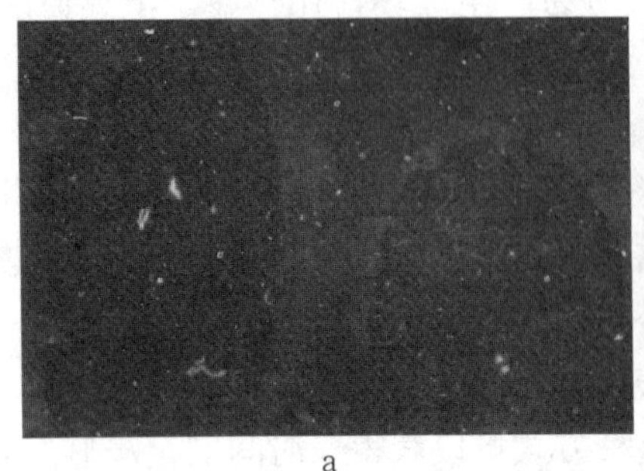
a

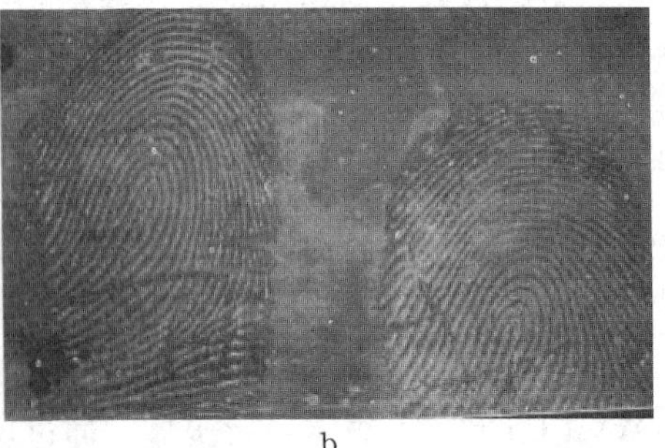
b

a：未使用滤光片；b：使用黄色滤光片

图 4.14　玻璃表面“502”熏显潜指纹 CdS/PAMAM G5.0 甲醇液增强效果

虽然将乙酸镉同 PAMAM G5.0 之间的摩尔浓度比控制在 10 以内时合成产物的稳定性和荧光性能都非常理想，但由于这种材料的显现时间过长，因此实验探索将浓度比扩大至 20 ~ 30 倍，以获得快速显现的效果。为了弄清高浓度 CdS/PAMAM G5.0 显现潜指纹的最佳时间，实验将同一人捺印在黑色电工胶带表面的多枚指纹进行系列时间显现。显现时间分别为 0min、0.5min、1min、2min、3min、7min、10min、30min、60min、180min 等，显现结果如图 4.15 所示。实验发现，增大浓度以后，确实能够显著提高显现速度，显现时间为 3min 即可以获得明显的手印图像，60min 时会出现过度显现。由于浓度扩大以后，材料稳定性变差，容易团聚，因此某些指纹的细节特征容易丢失，必须很好控制显现时间才可以得到理想指纹图像。

总之，通过 PAMAM G5.0 模板作用，合成表面带有丰富 $-NH_2$ 端基的 CdS/PAMAM G5.0 复合纳米材料。荧光光谱表征结果显示出合成产物具有优异的、适合潜指纹显现的荧光性能；我们探索了常温条件下，CdS/PAMAM G5.0 复合纳米材料在潜指纹显现中的应用途径，并利用材料末端胺端基同手印残留物功能基团（“502”熏显后指纹纹线表面富集的酯端基）之间的胺解反应，成功实现潜指纹显现。研究结果表明，CdS/PAMAM G5.0 复合纳米材料不仅能够通过 12h 以上的长时间浸显获得理想的显现效果，而且能够同“502”熏显技术形成互补，提升显现清晰度；此外，通过增加 CdS 与 PAMAM G5.0 的浓度比，还可以进一步缩短显现时间，提高工作效率。与许多现有常规方法相比，对于陈旧指纹样本，$-NH_2$ 端基型 CdS/PAMAM G5.0 复合纳米材料可以获得显著优异的显现效果，它在潜指纹显现领域具有很大的潜力。

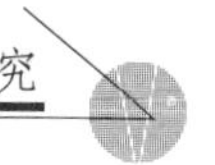

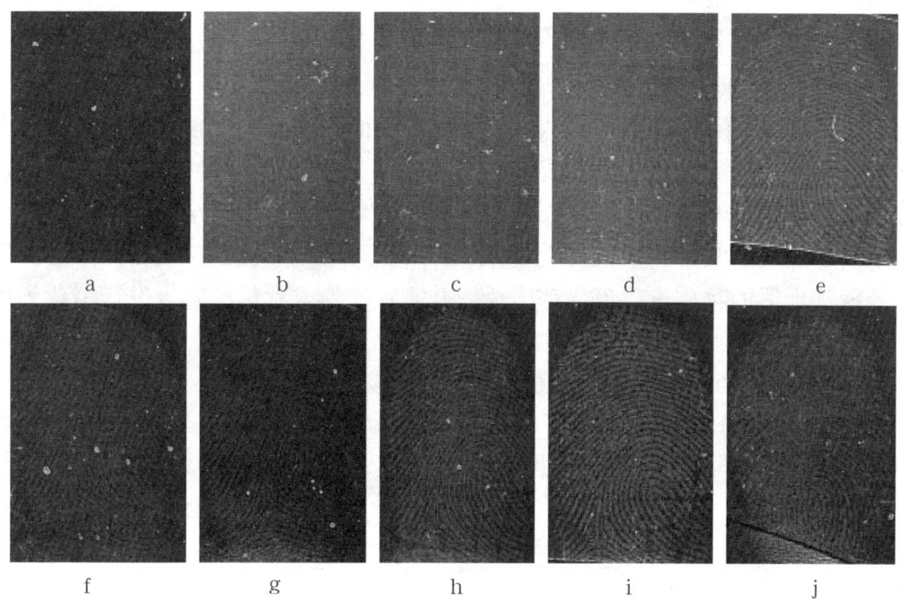

a：0min；b：0.5min；c：1min；d：2min；e：3min；f：7min；g：10min；h：30min；i：60min；j：180min

图 4.15　黑色电工胶带黏面油潜指纹快速显现结果

第三节　FT－IR 法考察树形分子模板合成复合纳米材料同潜指纹残留物作用机理研究

近 20 年来，纳米材料因其具有独特的理化性质，如量子尺寸效应、小尺寸效应和表面效应等，已受到越来越多的关注[3－5]。与传统的有机荧光染料（如罗丹明 6G）相比，半导体纳米晶在荧光强度、稳定性、谱线宽度等方面具有显著优势[6－8]。法庭科学领域技术人员也逐渐将其纳入新型潜指纹显现材料的行列中，欲利用其优异的光致发光性能打破近年来潜指纹显现技术的瓶颈状态[9－11]。

具有独特球形支化结构的树形分子（PAMAM）同各种纳米晶结合而成的复合材料已经广泛应用于靶向给药、催化、污水处理以及光学器件研究等方面，一些文献和本项目组都报道使用 CdS/PAMAM 纳米复合材料显现潜指纹[12－17]，但关于显现原理的研究还未见报道。项目组利用傅立叶变换红外光谱法对 PAMAM 与氨基酸或脂肪酸类物质的反应进行监测，找到反应原理，并优化出最佳反应条件，用于潜指纹显现。此方法能快速、准确地对反应进程进行认定，并有效地指导指纹显现技术的改善。

一、PAMAM 与潜指纹残留物结合机理

（一）半代树形分子与潜指纹残留物结合机理

半代型 PAMAM 外端是酯端基，因此我们使用氨基酸考察其结合机理。向 2mL 具塞玻璃瓶中加入 1.5mL 浓度为 0.1mol · L^{-1} 的 L－丙氨酸水溶液，然后称取适量半代型 PAMAM G4.5，均匀搅拌，在特定条件下反应一段时间。反应完毕后，氮气下吹干剩余液体，加入 200μL 丙酮溶解，振荡 5min，离心，取上清液挥干后的物质进行溴化钾压片，并测定。粉末状标品直接进行溴化钾压片分析。

1. PAMAM 与氨基酸及脂肪酸反应监测指标的确定

由于 PAMAM G4.5 表面带有 64 个酯基，因此这些官能团可与潜指纹残留物中带有胺基的物质发生胺解反应，生成酰胺类物质，推测反应过程如图 4.16 所示。

$$R-\overset{O}{\overset{\|}{C}}-OR' \xrightarrow{R'NH_2} R-\overset{O}{\overset{\|}{C}}-NHR' + HOR'$$

图 4.16 胺解反应通式

为了考察该反应的实际进展情况，将 PAMAM G4.5 与丙氨酸的混合物放入 150℃烘箱中反应 12h，并将产物及两种反应物进行 FTIR 分析，以期能找到反应最终产物，结果如图 4.17 所示。

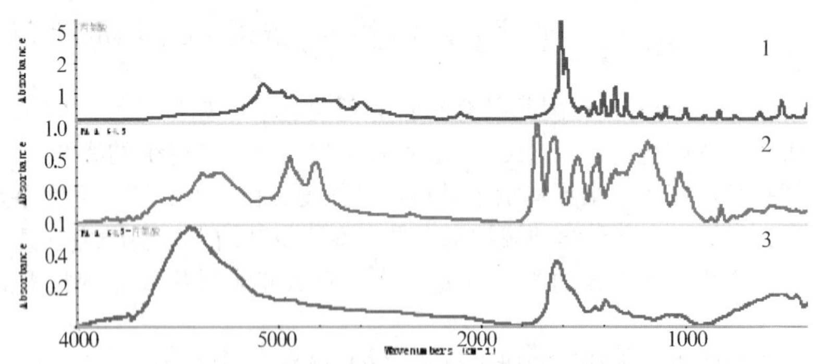

1. 树形化合物；2. 丙氨酸；3. 反应产物

图 4.17 PAMAM G4.5 与丙氨酸的反应物及产物红外光谱图

由图 4.17 可见，4.5 代 PAMAM 光谱中，3455cm^{-1}为酰胺的 N－H 伸缩振动谱带；2953cm^{-1}和 2829cm^{-1}两个较明显的吸收峰是饱和 C－H 伸缩振动谱带，1740cm^{-1}处的较强吸收为酯基的 C＝O 伸缩振动谱带，与之对应的 1281cm^{-1}是

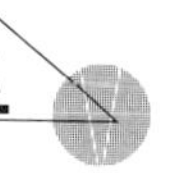

C－O－C基反对称伸缩振动，$1645cm^{-1}$、$1550cm^{-1}$、$1282\sim1250cm^{-1}$三个吸收峰很强，且强度依次减弱，它们分别是酰胺吸收带Ⅰ、Ⅱ、Ⅲ，即羰基伸缩振动、N－H弯曲和C－N伸缩振动的组合吸收以及C－N－H的组合吸收，$3080cm^{-1}$则是$1550cm^{-1}$的倍频，$690cm^{-1}$谱带为N－H面外摇摆振动。由于PAMAM G4.5有较少的碳氢结构，因此$2900cm^{-1}$和$1460cm^{-1}$附近吸收带的强度很弱。

与丙氨酸发生反应之后，产物光谱的主要变化在于$1740cm^{-1}$处的酯羰基吸收消失，同时酰胺特征吸收有所增强，这种变化与图4.18反应的化学过程一致。在研究PAMAM与氨基酸反应进程的时候，为了消除样品量的影响，选用相对峰高比$H_{1267/1735}$来确定胺解反应的进程。

2. 常温条件下PAMAM G4.5与氨基酸反应情况

测试样品为PAMAM G4.5、丙氨酸及二者反应产物的混合物。随着反应时间的增加，（$1735cm^{-1}$）处来源于PAMAM的酯基的C＝O伸缩振动峰出现缓慢衰减趋势；与之相对，酰胺特征峰之一的（$1267cm^{-1}$）C－N－H组合吸收峰相对增长，二者的平均相对峰高比（$H_{1267/1735}$）为0.325（反应0h）、0.330（反应12h）、0.336（反应36h）、0.346（反应48h）、0.358（反应60h），即比值随反应时间呈现递增，但递增趋势微弱，反应60h后$H_{1267/1735}$的递增幅度仅为10.15%。常温条件下，PAMAM G4.5与氨基酸的反应进展缓慢，这主要是由于在发生胺解反应的过程中，树形分子末端基团需要离去酯基，离去基团稳定性较差，因此离去能力较弱[17]；与此同时，PAMAM G4.5树形分子呈球形结构，官能团密集，发生胺解反应时需要进行结构调整，存在一定的空间位阻，因此反应进展微弱。需要指出的是，由于常温下该反应速率已经很小，如有水存在，则反应速率近乎为0。

3. 加热条件对胺解反应的影响

使用红外光谱法测定了在不同温度、不同反应时间下，反应液吸收强度光谱$H_{1267/1735}$值，并考察了$H_{1267/1735}$值随加热条件的变化趋势。从图4.20可以看出，在30℃或60℃两种加热条件下，胺解反应在4h内$H_{1267/1735}$值几乎没有变化；当温度升至90℃时，$H_{1267/1735}$出现明显递增，4h内可见显著胺解反应发生；120℃条件下，反应可在短时间内快速进行，1735 cm^{-1}处的酯基C＝O伸缩振动峰大幅度衰减，且在3h后$H_{1267/1735}$值进入缓慢增长阶段。由于树形分子末端酯基很难完全反应，因此，反应产物的红外光谱中始终在$1735cm^{-1}$处有酯羰基吸收。由于实践中胺解反应条件较苛刻，而且PAMAM G4.5同潜指纹残留物的物理吸附作用弱，所以使用以PAMAM G4.5为模板合成的纳米材料显现潜指纹需要较长时间。一方面，为了让显现试剂PAMAM G4.5同纹线中的氨基酸充分反应，需要提高反应温度、延长反应时间；另一方面，为了避免潜指纹残留物中的氨基酸在长时间高温下受热分解，需要最大限度地降低温度、缩短反应时间，所以，显现反应和潜指纹残留物保护之间存在一定的矛盾。从实验结果可以看出，120℃条件下加热3h是PAMAM G4.5显现潜指纹的最佳条件，在实际操作过程中，可以根据显现效果，进一步缩短反应时间，如图4.18。后来的实验证明，我们无法很好地利用半代型树形分子来显现潜指纹，这个反应机理也预测和证实了我们失败的原因。常温下，半代型树形分子PAMAM G4.5无法与汗潜指纹残留物发生靶向结合。在后续研究中，我们利用这种材料显现潜指纹花费了很长时间却没取得大的进展。

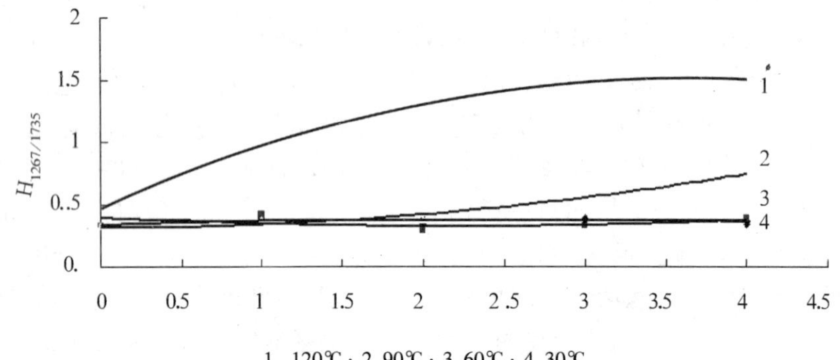

1. 120℃；2. 90℃；3. 60℃；4. 30℃

图4.18　不同温度下相对峰高比 $H_{1267/1735}$ 与加热时间关系曲线

（二）整代树形分子与潜指纹残留物结合机理

整代型PAMAM外端是胺基，因此，我们使用油酸考察脂肪酸与PAMAM G5.0的结合机理。向2mL具塞玻璃瓶中，加入1.5mL浓度为0.1mol·L^{-1}的油酸甲醇液，然后称取适量PAMAM G5.0，均匀搅拌，特定条件下反应一段时间。反应完毕后，取200μL液体于研钵中，待溶剂挥干后进行溴化钾压片，并测定。

在半代树形分子与潜指纹残留物结合机理研究基础之上，对整代树形分子的结合机理也进行了研究和探索。

同PAMAM G4.5相似，PAMAM G5.0表面带有64个胺基，因此这些官能团可与潜指纹残留物中带有酯基或羧基的物质发生胺解反应，生成酰胺类物质，反应过程如前图4.3所示。实验选择油酸和PAMAM G5.0两种物质，使其在120℃烘箱中反应6 h，并通过红外光谱监测反应前后物质的红外光谱图的变化情况，结果如图4.19所示。

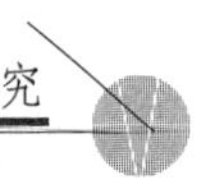

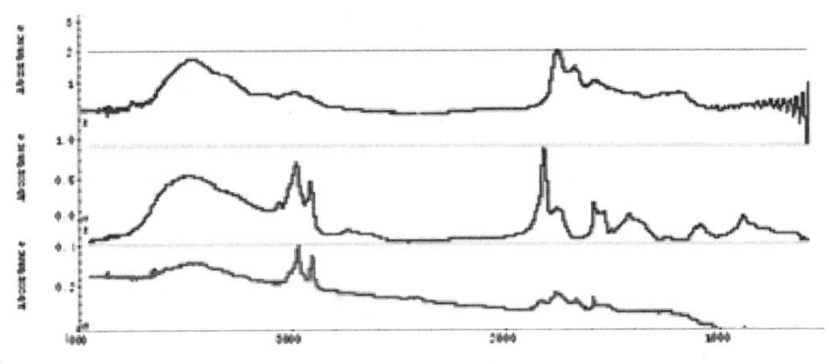

1. 油酸；2. 树形分子；3. 反应产物

图 4.19 PAMAM G5.0 与油酸的反应物及产物红外光谱

由图 4.19 可见，整代树形分子 PAMAM G5.0 的红外光谱中，3455cm^{-1}为酰胺N－H伸缩振动谱带；2953cm^{-1}和 2829 cm^{-1}两个较明显的吸收峰是饱和 C－H伸缩振动谱带，1701～1733cm^{-1}范围内无 C＝O 吸收，由于 PAMAM G5.0 内部有许多酰胺键，因此在 1645cm^{-1}、1550cm^{-1}、1282～1250cm^{-1}仍然能够看见酰胺特征吸收带，1468cm^{-1}则是 CH_3－C 逆对称变角振动，1406cm^{-1}是脂肪胺 C－N 伸缩振动。

随着反应进行，油酸 C＝O 基团吸收以及 PAMAM G5.0 中脂肪胺 C－N 伸缩振动均呈相对递减趋势；烃基 C－H 伸缩振动吸收强度相对稳定。因此，我们选用相对峰高比 $H_{1703/2919}$来考察整代树形分子胺解反应的进程。

考察了 120℃条件下，相对峰高比 $H_{1703/2919}$的变化情况，以解决耗时过长、物质分解同反应不完全之间的矛盾。

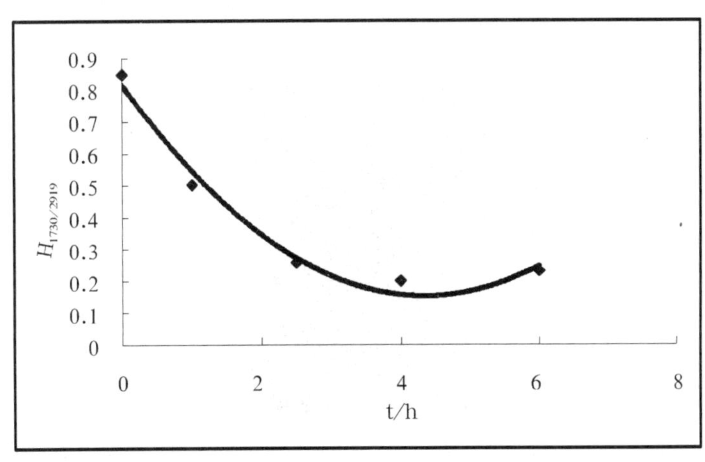

图 4.20 120℃下相对峰高比 $H_{1703/2919}$与加热时间关系曲线

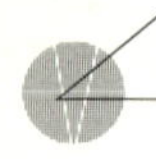

如图4.20所示为相对峰高比$H_{1703/2919}$与反应时间t之间的关系曲线，通过曲线可以看出该反应前2.5h内，反应速度较高，相对峰高比$H_{1703/2919}$变化幅度较大；随着反应的逐渐进行，相对峰高比$H_{1703/2919}$强度变化逐渐趋于平缓，反应进入平衡状态。因此，将120℃条件下反应2.5h作为整代树形分子同脂肪酸反应的最佳条件。

二、优化条件在潜指纹显现中的应用

潜指纹残留物由无机成分（氯化钠、水等）和有机成分（油脂、氨基酸等）共同组成[18,19]，其中一些有机组分含有胺基，可与PAMAM G4.5树形分子外侧的酯基发生胺解反应，从而结合上硫化镉纳米晶，其结合机理如图4.21所示。

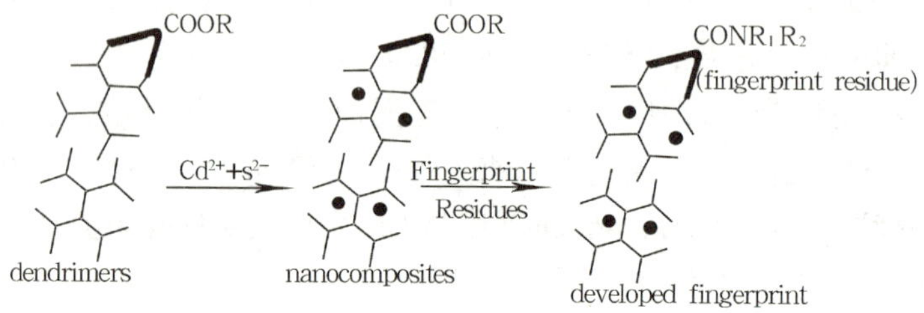

图4.21 CdS/PAMAM G4.5显现潜在潜指纹示意图

使用CdS/PAMAM G4.5甲醇液一种水溶性膜进行浸泡，晾干后紧压在潜指纹样本表面，置于烘箱中加热，在120℃条件下反应。结合后的潜指纹在365nm紫外光照射下发出可见荧光，从而与客体背景形成反差，得以显现，结果如图4.22所示。

左：未处理；右：CdS/PAMAM G4.5处理

图4.22 载玻片上汗潜手印CdS/PAMAM G4.5光致发光显现效果

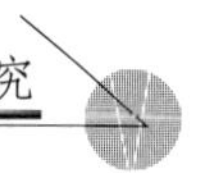

虽然 120℃ 反应 3h 可以获得较为理想的显现效果，但实际考察发现，120℃下反应 30min 也能获得具有鉴定价值的显现效果，而且从降低潜指纹有效物质高温分解的角度考虑缩短显现时间更有意义。该方法适合于多数非渗透性客体表面的潜指纹显现，同时不受客体背景颜色的影响；由于这种显现方法以化学变化为基础，因此灵敏度较高；此外，当 PAMAM 末端修饰不同基团时，它可以选择性攻击潜指纹残留物中的油脂或氨基酸，因此适合多种类型潜指纹的显现，如油潜指纹、汗潜指纹、油汗混合潜指纹等；对于犯罪现场常见的陈旧潜指纹而言，CdS 纳米晶的荧光性能对其产生很大的增强显现效果，它有望成为数年来潜指纹显现技术瓶颈状态的突破口。

PAMAM G5.0 树形分子同潜指纹残留物结合的机理如图 4.23 所示。

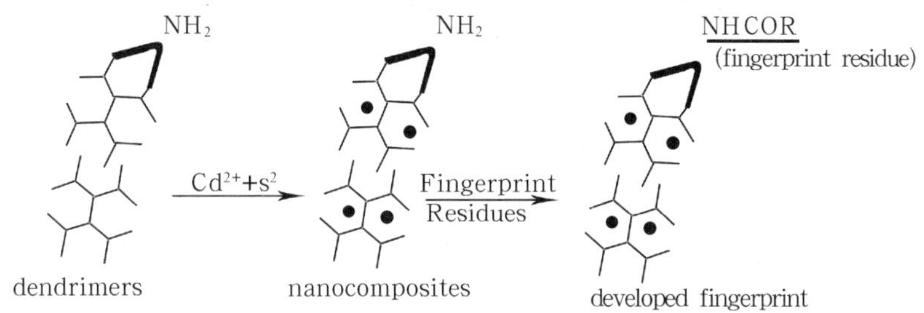

图 4.23 CdS/PAMAM G5.0 显现潜在指纹示意图

树形分子末端也存在足够的功能团可与潜指纹残留物进行反应。

由红外光谱分析结果可知，在 120℃条件下反应 2.5h 左右，PAMAM G5.0 同油酸之间的反应进入缓慢平衡阶段。因此，本书将该条件应用于玻璃表面油潜指纹显现，使用 CdS/PAMAM G5.0 甲醇液对水溶性膜进行浸泡，晾干后紧压在指纹样本表面，置于烘箱中加热。图 4.24 为玻璃表面油潜指纹经高温压膜方式处理后的显现效果，其中上半枚指纹为空白比对，下半枚指纹为光致发光后的显现效果。通过比对可以看出，经上述方法处理后，潜指纹可以得到理想的显现。

三、结论

树形分子因外部带有功能性基团，如胺基、羧基、酯基等，所以能够同潜指纹残留物中的有机成分发生键合。无论是整代树形分子还是半代树形分子，它们均可以通过胺解反应形式与潜指纹残留物进行化学键合。反应过程中，某些基团的红外吸收发生不同程度的递增或衰减。选取某两个特定吸收峰的相对峰高比可以对反应进程进行监测。红外光谱分析结果表明，常温情况下，胺解

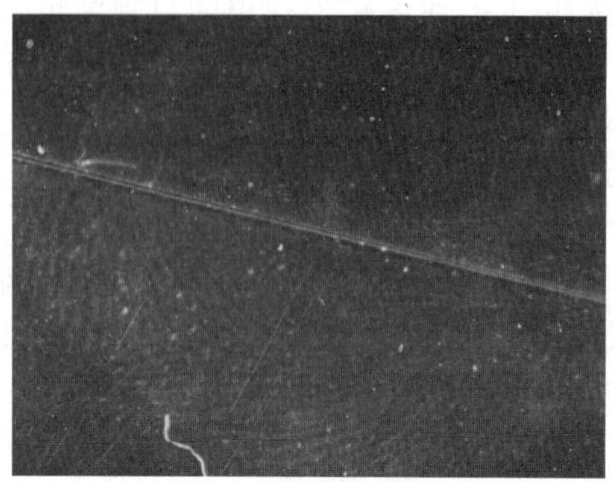

上：未处理；下：CdS/PAMAM G5.0 处理

图 4.24 载玻片上油潜指纹 CdS/PAMAM G5.0 光致发光显现效果

反应进展缓慢，120℃条件下反应 30min，相对峰高比发生明显变化；同样温度下反应 3h 左右，反应基本进入平衡阶段。以水溶性膜高温加压的方式，对光滑客体表面各种类型潜指纹进行处理，可以通过 CdS/PAMAM 与潜指纹残留物之间的选择性结合显现指纹。这部分理论推导反应机理只是初步研究结果，在以后的项目研究中还会进一步开展。

参考文献

[1] 丛日敏，罗运军，李国平，等. PAMAM 树形分子与 Cd^{2+} 的配位作用研究及 CdS/PAMAM 纳米复合材料的制备与表征 [J]. 化学学报，2005，63 (5)：421-426.

[2] Menzel E R，Savoy S M，Ulvick S J，et al. Photoluminescent semiconductor nanocrystals for fingerprint detection [J]. Journal of Forensic Sciences，2000，45 (3)：545-551.

[3] 孙宝全，徐咏蓝，衣光舜，等. 半导体纳米晶的光致发光特性及其在生物材料荧光标记中的作用 [J]. 分析化学，2002，30 (9)：1130-1136.

[4] 陈良冬，李雁，袁宏银，等. 量子点在肿瘤研究中的应用 [J]. 癌症，2006，25 (5)：651-656.

[5] 陈秀英，彭孝军. DNA 分子荧光探针 [J]. 化学通报，2004，67 (1)：1-9.

[6] 滕枫，唐爱伟，高银浩，等. 水溶胶 CdSe/CdS 核/壳结构纳米晶制备及光学性质的研究 [J]. 光谱学与光谱分析，2005，25 (5)：651-654.

[7] Marcel B J，Mario M，Pater G，et al. Semiconductor nanocrystals as fluorescent biological labels [J]. Science，1998，281 (5385)：2013-2016.

[8] Sooklal K, Hanus L H, Ploehn H J, et al. A blue - emitting CdS/dendrimer nanocomposite [J]. Advanced Materials, 1998 (10), 1083 - 1087.

[9] Sodhi G M, Kaur J. Nanoparticle size fingerprint dusting composition based on fluorescent eosin y dye [J]. Fingerprint Whorld, 2006, 125 (32): 146 - 147.

[10] Becue A, Champod C, Margot P. Use of gold nanoparticles as molecular intermediates for the detection of fingermarks [J]. Forensic Science International 2007, 168 (2 - 3): 169 - 176.

[11] Sametband M, Shweky I, Banin U, et al. Application of nanoparticles for the enhancement of latent fingerprints [J]. Chemical Communications, 2007, 12 (11): 1142 - 1145.

[12] 王元凤，杨瑞琴，王彦吉．纳米材料显现潜在指纹的研究概况 [J]. 中国人民公安大学学报（自然科学版），2007 (1): 1 - 5.

[13] Menzel E R. Photoluminescence detection of latent fingerprints with quantum dots for time - resolved imaging [J]. Fingerprint Whorld, 2000, 101 (26): 119 - 123.

[14] Menzel E R, Takatsu M, Murdock R H, et al. Photoluminescent CdS/Dendrimer Nanocomposites for Fingerprint Detection [J]. Journal of Forensic Sciences, 2000, 45 (4): 770 - 773.

[15] Bouldin K K, Menzel E R, Takatsu M, et al. Diimide - enhanced fingerprint detection with photoluminescent CdS/dendrimer nanocomposites [J]. Journal of Forensic Sciences, 2000, 45 (6): 1239 - 1242.

[16] Menzel E R, Savoy S M, Ulvick S J, et al. Potoluminescent semiconductor nanocrystals for fingerprint detection [J]. Journal of Forensic Sciences, 2000, 45 (3): 545 - 551.

[17] Menzel E R. Fingerprint Development Methods [P]. The United Sates. Patent, application No. 09/487, 702, 2000.

[18] Lee H C, Gaensslen R E, editors. Advances in fingerprint technology: 2nd ed [M]. Boca Raton: CRC Press, 2001: 63 - 68.

[19] Mong G, Walter S, Cantu T. The chemistry of latent prints from children and adults [J]. Fingerprint Whorld, 2001, 104 (26): 66 - 69.

第五章　CdSe 量子点显现潜指纹应用研究

在第四章我们采用树形分子 PAMAM 为模板制备了 CdS 复合纳米材料，在手印显现方面具有优势。树形分子具有毒害小、末端功能基团多样化、与金属离子配合稳定等优势[1]；但是，其成本较高、合成周期长；保存过程中树形分子容易产生絮状沉淀，从而使复合纳米材料变性；同时，由于空间排阻作用的影响，树形分子末端功能基团与手印残留物之间的结合缓慢[2]。因此，本章旨在寻找一种更为简便、有效的复合纳米材料合成途径，并简化显现步骤，提高显现效率。

早期的纳米晶都是在有机相中制备的[3]，因为有机溶剂对潜指纹纹线具有很大的破坏作用，因此它不适于用作显现手印试剂；同时，其制备条件比较苛刻，中间产物在制备过程中易被氧化，制备工艺不够成熟，因此这类强荧光性能的纳米材料未能成功地应用于手印显现。

相对而言，水相中合成的量子点更适于生物及法庭科学方面的检测[3]，但是该类方法得到的量子点在结构和性能等方面依然存在缺陷，例如：其量子点结晶不完善，表面电子陷阱较多，容易引发电子在能带间的非辐射跃迁，从而降低荧光发光效率。近几年来，通过引入稳定剂、核壳结构以及真空后处理等工艺，水相中合成核壳结构纳米材料的技术日趋成熟，且该类方法具有操作简便、成本低廉等优点[4]。这也为后续批量化合成和推广应用带来可能。

以巯基乙酸、巯基乙醇为代表的巯基化合物能有效替代树形分子，通过巯基与镉离子之间的配合作用，降低量子点生成反应速率，并控制 CdS 镉（CdSe）粒子的生长。本章重点讨论了以巯基化合物为稳定剂，水相制备 CdSe 以及核壳结构的 CdSe/CdS 等纳米复合材料的合成工艺，及其在潜指纹显现方面的应用前景。

第一节　CdSe 量子点的制备与表征

CdSe 量子点的制备过程简要介绍如下。

一、CdSe 量子点的制备过程

（一）Se 前驱体的制备

1. 前驱体 1：硒氢化钠（NaHSe）的制备

向装有搅拌磁子的玻璃瓶中依次加入水和（定量）$NaBH_4$，并轻轻振荡玻璃瓶，完全溶解后加入（一定量）硒粉。振荡玻璃瓶直至所有的反应物由黑色变为乳白色，盖上塞子，置于磁力搅拌器上，恒温反应一段时间。

2. 前驱体 2：亚硫酸硒化钠（Na_2SeSO_3）的制备

将一定量的硒粉加入 Na_2SO_3 水溶液中，氮气保护下脱氧，水浴加热回流，直至 Se 粉全部溶解。

（二）硒化镉 CdSe 量子点的制备

在圆底烧瓶中加入去离子水，通氮气后，加入一定量的 $CdCl_2$，溶解后再加入一定体积的巯基乙醇（或巯基乙酸），用 NaOH 溶液调节 pH 值约为 11，继续通入氮气后，加入一定体积的前驱体 1 溶液，使 Cd^{2+}、巯基供体及 Se 前驱体的摩尔比为 1∶2.4∶0.5，沸水中回流，得到黄色透明的量子点溶液。

（三）硒化镉/硫化镉 CdSe/CdS 核壳量子点的制备

在圆底烧瓶中加入去离子水，通氮气，加入一定量的 $CdCl_2$，溶解后再加入一定体积的巯基乙醇（巯基乙酸），用 NaOH 溶液调节 pH 值约为 11，继续通氮气。在氮气保护和剧烈搅拌条件下，将所得的溶液加入上述 CdSe 量子点溶液中，再用分液漏斗缓慢滴加一定浓度 Na_2S 溶液，沸水中回流，可得核壳摩尔浓度比为 1∶4 的 CdSe/CdS 核壳量子点溶液。

二、制备 CdSe 量子点条件的优化以及表征

（一）稳定剂的影响

使用巯基化合物（巯基乙酸或巯基乙醇）包覆的复合纳米材料显现潜指纹，关键在于羧基（或醇羟基）的反应活性。由于复合纳米材料中，羟基与配位原子比较靠近，因此其反应活性受到配体原子的制约；一旦形成配合物，这种螯合结构使本来刚性就较强的分子变得更加不灵活，紧邻刚性螯合结构的羟基的反应活性也会随之变得更低。

一方面，Cd^{2+} 与 -SH 之间配位数的高低将决定羧基（醇羟基）活性的保留程度；另一方面，要得到高清晰度、高分辨率的手印纹线，又要求复合纳米材料外表包覆足够数量的羧基（醇羟基），以提高它同手印残留物的结合能力，即复合纳米材料表面配位的巯基化合物越多越好，这就要求我们在其中找到一个平衡点。此外，巯基试剂的种类对配位效果也存在影响；其分子末端功能基团还影响着材料与手印残留物质的结合。

项目组选取两种典型巯基化合物，通过调节浓度改变复合纳米材料中巯基与镉离子的配位数，考察了合成产物的荧光效果，并比较了不同种类稳定剂合成产物的荧光效果，实验结果如图 5.1 所示。由图可知，采用进口巯基乙酸作稳定剂、当镉离子与巯基之间摩尔浓度比为 1∶5 时，产物的荧光性能相对较好。在以后的应用过程中，我们选用进口巯基乙酸作为巯基试剂进行合成复合纳米材料。

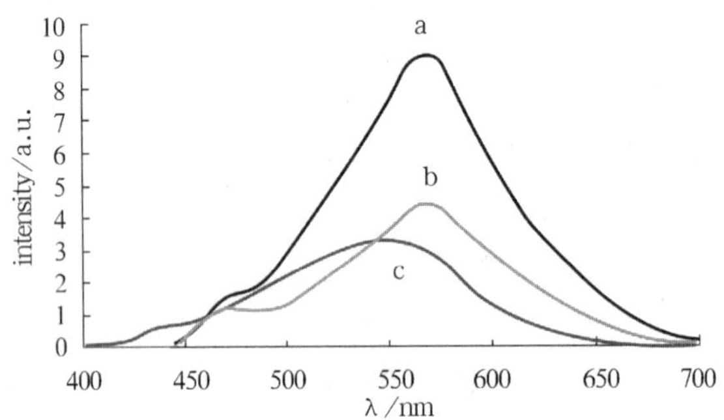

a：进口巯基乙酸；b：国产巯基乙酸；c：巯基乙醇

图 5.1　不同稳定剂对纳米硒化镉荧光强度的影响

（二）Se 前驱体的影响

通常情况下，同 CdS 相比，CdSe 的合成条件较为苛刻，造成这一现象的主要原因在于 Se 前驱体的稳定性较差。实验过程中，分别选择不同途径合成 Se 前驱体进行比较，即以 $NaBH_4$ 溶解 Se 制备的 NaHSe 为 Se 前驱体和以 Na_2SO_3 溶解 Se 制备的 Na_2SeSO_3 为 Se 前驱体。

以 $NaBH_4$ 溶解 Se 制备的 Se 前驱体的总反应为：

$$4NaBH_4 + 2Se + 7H_2O = 2NaHSe + Na_2B_4O_7 + 14H_2\uparrow$$

$$NaHSe + CdCl_2 + NH_3 \cdot H_2O = CdSe\downarrow + NaCl + NH_4Cl + H_2O$$

以 Na_2SO_3 溶解 Se 制备的 Se 前驱体的总反应为：

$$SO_3^{2-} + Se = SeSO_3^{2-}$$

$$Cd^{2+} + SeSO_3^{2-} + H_2O = CdSe + 2H^+ + SO_4^{2-}$$

$$Cd^{2+} + HSe^- + OH^- = CdSe + H_2O$$

$$(CdSe)_n + HSe^- + Cd(SR)^+ + OH^- = (CdSe)_{n+1}(SR)^- + H_2O$$

$$(CdSe)_n + Cd(RSH)^{2+} = (CdSe)_nCdSR^+ + H^+$$

$$(CdSe)_n + nH_2O = nCd^{2+} + nHSe^- + nOH^-$$

图 5.2、图 5.3 和图 5.4 分别为不同稳定剂条件下，两种硒前驱体合成途径对于产物荧光性能的影响。由荧光光谱表征结果可以看出，以巯基乙酸为稳

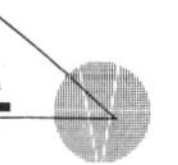

定剂合成 CdSe 时，无论是国产巯基乙酸还是进口巯基乙酸选用 Na_2SeSO_3 为 Se 前驱体都可以使产物的荧光强度得到较大幅度的提高；以巯基乙醇为稳定剂合成 CdSe 时，选用 Na_2SeSO_3 为 Se 前驱体合成的产物荧光性能存在一定优势，这种优势不明显，但是可以看到产物的发射波长出现蓝移趋势，因此能够判断出其产物粒径相对较小。综合而言，选用 Na_2SeSO_3 为前驱体时，合成的产物荧光性能更好，也更适于显现潜指纹。

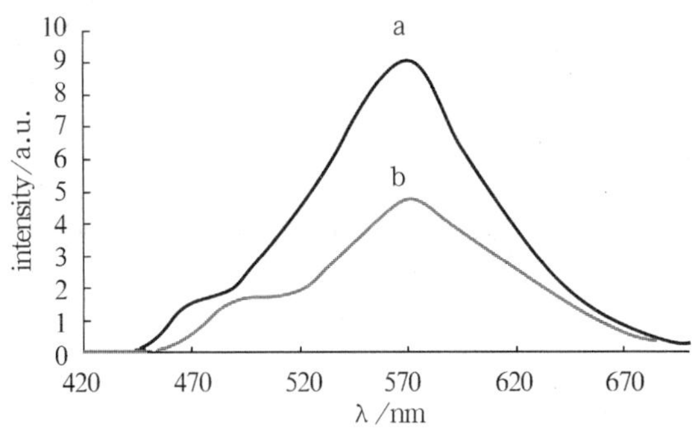

a：以 Na_2SeSO_3 为 Se 前驱体；b：以 NaHSe 为 Se 前驱体

图 5.2 以进口巯基乙酸为稳定剂合成的纳米 CdSe

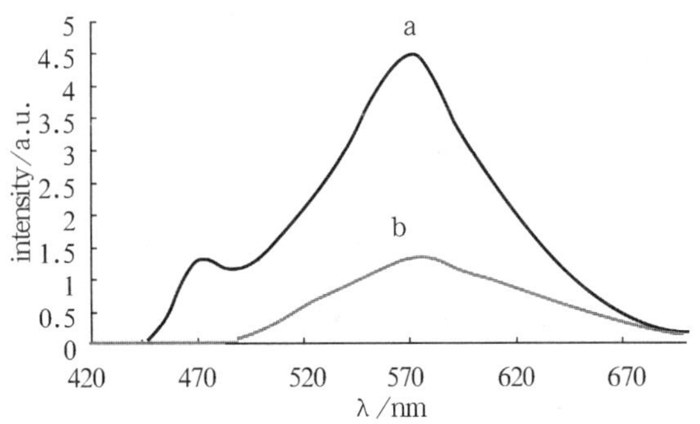

a：以 Na_2SeSO_3 为 Se 前驱体；b：以 NaHSe 为 Se 前驱体

图 5.3 以国产巯基乙酸为稳定剂合成的纳米 CdSe

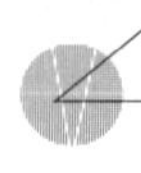

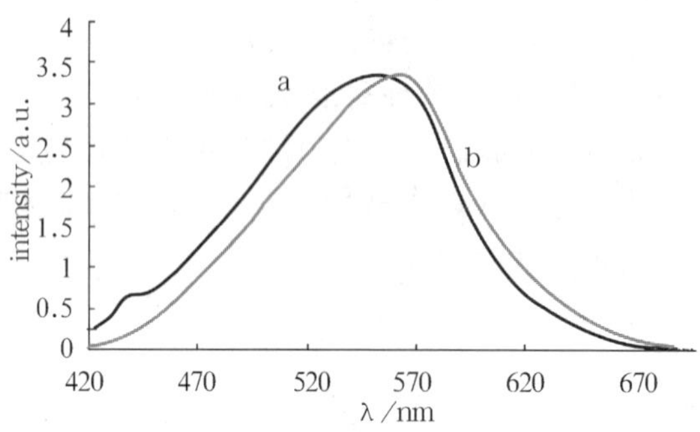

a：以 Na_2SeSO_3 为 Se 前驱体；b：以 NaHSe 为 Se 前驱体

图 5.4　以巯基乙醇为稳定剂合成的纳米 CdSe

（三）水浴时间的选择

以 Na_2SO_3 溶解 Se 粉制备的样品中，水浴时间延长至 60min 时有利于荧光现象的出现。水浴时间较短时，溶液中的量子点为无定形态，表面结构缺陷多，从而大大降低了样品的荧光强度，随着水浴时间的延长或经真空热处理后，量子点逐渐生长完善，结晶度增高，结晶性能变好，表面缺陷减少，消除了电子跃迁的非辐射弛豫途径，使样品的荧光性能大大增强。

（四）pH 值的影响

水相中的 Cd^{2+} 表面包覆巯基乙酸，在碱性环境中，羧基电离带负电荷，因此，合成产物因带有同种电荷而相互排斥，溶液体系稳定性好；与此相对，酸性环境中，随着 H^+ 浓度的上升，颗粒外部的双电层结构被破坏，溶液稳定性降低，纳米粒子容易沉聚。因此，确定在碱性环境下合成 CdSe 量子点。项目组分别对 pH 值为 8 和 pH 值为 11 两种碱性环境下合成产物的显现效果进行考察，结果如彩图 4 所示。从比对结果可以看出，pH 值为 8 时所得产物显现潜指纹的效果更好。因此，确定在弱碱性条件下合成 CdSe 量子点。

（五）[Cd^{2+}]/[Se^{2-}] 的影响

同块体材料相比，纳米级的粒子比表面积很大，位于表面的原子或离子数目显著增加，这些表面结构以及粒子状态的变化严重影响了纳米粒子的性能。尤其当纳米粒子表面缺陷结构较多时，半导体材料禁带中的电子陷阱就会随之增加，电子或空穴在价带与导带之间跃迁时很容易被电子陷阱捕获而猝灭，造成非辐射形式发生的电子跃迁数量增加，而可以放出光子的辐射跃迁的数目则相应减少，纳米荧光材料的荧光效率就会相应降低。如能对纳米粒子表面进行

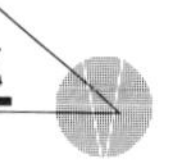

适当钝化或包覆，则表面陷阱的数目可以减少，纳米荧光材料的荧光性能可以得到相应的提高。

合成过程中，由于具有氧化性，过量的 $NaBH_4$ 以及 Na_2SO_3 可能导致包覆在 CdSe 表面的巯基化合物解吸分解脱氧，溶液中游离的氧原子和新分解生成的氧原子或氧离子扩散到 CdSe 表面，与表面吸附的 Cd^{2+} 反应生成氧化镉层。

当［Cd^{2+}］/［Se^{2-}］为5：1时，纳米颗粒表面附着一定量的 Cd^{2+}，因此可以生成适当厚度的 CdO 壳层，它有效减少了纳米粒子的表面缺陷，提高其荧光强度；当［Cd^{2+}］/［Se^{2-}］为10：1时，吸附在纳米颗粒表面的 Cd^{2+} 数量较大，因此生成的 CdO 壳层过厚，从而影响了纳米粒子的荧光性能。彩图5为两种［Cd^{2+}］/［Se^{2-}］配比合成产物应用于手印显现的效果。两种［Cd^{2+}］/［Se^{2-}］配比条件下都能够合成荧光性能优异的产物。但是，从显现后手印的细节特征来看，二者有差别，［Cd^{2+}］/［Se^{2-}］为5：1条件下合成的量子点溶液对手印纹线吸附均匀，纹线完整而且细腻，特征点丰富。因此，我们确定材料合成过程中［Cd^{2+}］/［Se^{2-}］的配比为5：1。

（六）核壳结构的影响

如前所述，适当厚度的核壳结构，可以对纳米颗粒表面进行进一步修复，从而有效地去除存在于纳米颗粒表面的大量非辐射复合缺陷中心，并使荧光强度得以增强。图5.5为 $\lambda_{Ex}=360nm$ 时，核壳结构 CdSe/CdS 与非核壳结构的 CdSe 的荧光发射光谱比较荧光性能图。

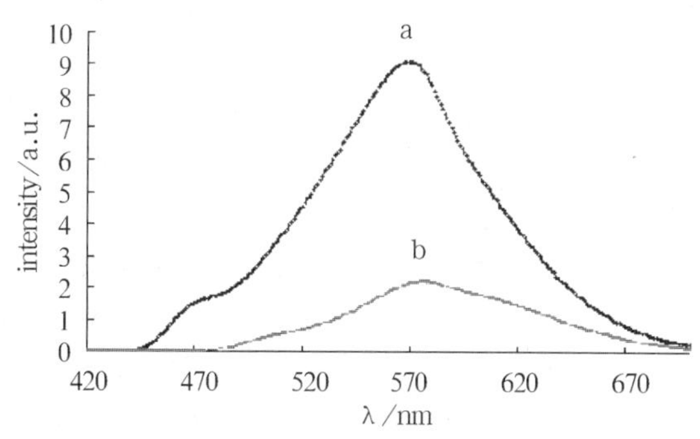

a：核壳结构；b：非核壳结构

图5.5 核壳结构与非核壳结构量子点水溶液荧光光谱比较

从光谱分析结果可以看出，核壳结构对于提高量子点荧光强度有显著促进效果，即增加核壳结构后，量子点的荧光强度增加约一倍。在同种条件下，将上述两种溶液应用于黑色电工胶带黏面潜指纹显现。显现后的指纹纹线未见明显差异，这可能是由于显现过程中，量子点以手印残留物为位点，逐渐聚集生长，局部量子点浓度增加，从而导致不同结构量子点之间荧光强度的差异被掩盖而造成的。从节约资源、简化实验步骤的角度考虑，实验选择非核壳结构的纳米 CdSe 水溶液即可。然而，从改善显现效果、提高显现试剂稳定性的角度考虑，则应选择核壳结构的 CdSe/CdS 量子点水溶液。

通过大量实验，优选确定了显现试剂的合成条件为：以巯基乙酸为稳定剂，以亚硫酸硒钠为硒前驱体，在 pH 值为 8 的溶液中，按照 [Cd^{2+}] / [Se^{2-}] 配比为 5∶1 的离子比反应合成 CdSe 量子点。

第二节 CdSe 量子点显现潜指纹应用研究

一、潜指纹样本的制作

所有潜指纹样本均取自志愿者。志愿者首先在流水下使用肥皂洗三遍手，自然晾干后，擦蹭额头数次，在客体上捺印并获得油指纹样本；同样条件下洗手三次，自然晾干 20min 后，在客体表面捺印并获得汗指纹样本。

实验在考察显现时间、pH 值及 Tween 20 等影响因素的作用时，选取黑色电工胶带黏面作为承载比对指纹的客体，并将指纹样本剪半。其中显现时间分别为 5min、10min、15min、45min、2h、5h 以及 10h；考察 pH 值的影响作用时，使用盐酸调节显现试剂的 pH 值为 3、7、11 并进行比对；根据文献报道，分别配置 Tween 20 浓度为 0.1% 及 0.5% （w/v） 的显现试剂，并将其同未添加 Tween 20 的显现试剂进行比对。

将新型显现试剂与传统小颗粒悬浮液（SPR）法以及罗丹明 6G 作比对时，仍然选取上述指纹样本制备方法。其中传统 SPR 试剂按照文献[5-8]报道的方法制备，罗丹明 6G 水溶液的浓度为 $10^{-4}mol \cdot L^{-1}$。

探索新型显现试剂适用客体种类时，选取黑色电工胶带、黄色电工胶带、蓝色电工胶带、透明胶带、黄色封箱胶带黏面以及易拉罐、玻璃、黑塑料、黑色瓷砖、漆木、IP 卡、锡纸、塑面纸、CD 盘等多种客体进行考察。

捺印后的样本置于室温下保存，陈旧潜指纹样本也是在室温未密封状态下保存。所有潜指纹样本图像均使用 Nikon D80 相机拍摄获得。

二、批量指纹显现考察方法

指纹捺印人员首先使用肥皂洗手 3 次，自然晾干，触摸额头或鼻梁 10 次，然后使用右手大拇指在透明胶带黏面连续捺印 10 枚指纹，获得纯油指纹样本；然后，再次触摸额头或鼻梁 10 次，重新获得 10 枚连续捺印的潜指纹样品；重复上述步骤，直至获得 100 枚潜指纹样本。将新鲜油潜指纹样本自然晾置 10

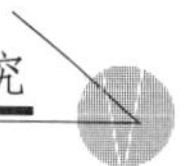

min 后，使用巯基乙酸包覆的纳米 CdSe 量子点对上述 100 枚连续捺印的潜指纹进行浸显，并记录显现效果。

三、CdSe 量子点显现潜指纹应用

彩图 6 为优化前后，显现试剂对透明胶带黏面潜指纹显现效果的比对结果。优化后的显现试剂，不仅表现出优越的荧光性能，而且它与潜指纹残留物的选择性亲和能力也得到显著提升。其显现出的纹线干净、完整、均匀、边缘特征清晰且细节特征丰富。

统计 100 枚手印批量显现结果，如表 5. 1 所示。

表 5. 1 批量潜指纹显现结果

考察指标		考察结果
潜指纹样本总数		100
具有同一认定价值		78%
指定特征点显出率	50% 以下	21%
	50% ～80%	20%
	80% 以上	59%
背景干扰程度	强	13%
	中	36%
	弱	51%

（一）显现条件优化

1. 显现时间

对于捺印在黑色电工胶带黏面的新鲜指纹，巯基乙酸包覆的 CdSe 可以在 5min 内对其进行有效显现，15min 可以获得清晰的显现效果。如果样品为陈旧指纹（7～15 天），则显现时间需要相应延长，一般 30min 即可。对于特别陈旧的指纹，如捺印时间为一个月以上的样品，则可以对其进行隔夜浸显。操作人员无须担心浸显时间过长而带来的背景荧光干扰，因为纳米材料的粒度及表面包覆的功能性化合物已经赋予它很高的选择性。即便长时间浸显，只要在清水中浸泡 2～3min，并配合适当的振动，就可以获得理想的反差。需要注意的是，对于捺印在玻璃、瓷砖等客体表面的潜指纹，显现后漂洗过程需要认真对待，否则非常容易出现背景吸附过高的结果。同 PAMAM 包覆的纳米荧光材料相比，巯基化合物包覆的纳米荧光材料对潜指纹可以进行快速显现，工作效率显著提高。

2. Tween 20 的影响

Tween 20 作为一种常见的非离子型表面活性剂，可以充当胶束介质，用以增强溶液的稳定性。许多法庭科学工作人员已成功将其纳入指纹显现液配方之中，以在增强显现与降低背景干扰之间找到最佳平衡点[9-12]。Saunders[9]认为配方中 Tween 20 的浓度为 0.5%（w/v）时，显现效果最为理想；Schnetz[11]认为 Tween 20 的浓度过高容易造成指纹残留物与显现物质之间的作用弱化，因此应将 Tween 20 的浓度调至 0.1%（w/v）。在前人研究结果的基础上，项目组分别选取三种 Tween 20 浓度（0、0.1%、0.5%），并进行潜指纹显现比对实验，结果如彩图 7 所示。

实验结果表明 Tween 20 的浓度对于本实验显现效果几乎没有影响。这主要是因为与传统的悬浮液不同，项目组所使用的显现试剂粒径在纳米级、表面包覆巯基乙酸的稳定颗粒，它具备良好的稳定性，不需要其他稳定剂去除长时间显现过程中出现的背景干扰，因此 Tween 20 的加入量对颗粒以及实验结果几乎没有影响，这一点与传统小颗粒悬浮液方法不同。

3. pH 值的影响

由于合成的纳米颗粒包覆巯基乙酸或巯基乙醇，它们具有一定的电离性，因此，pH 值将从以下两方面对显现结果产生作用。首先，潜指纹残留物中含有许多带有氨基的物质，溶液 pH 值的不同将会影响氨基带电性能；其次，pH 值的变化将导致纳米复合粒子表面带电性质和带电量随之发生变化，从而影响纳米材料的稳定性以及同潜指纹物质结合的能力。

实验过程中，为了防止 pH 值改变时溶液因平衡状态改变而团聚沉积，首先，向溶液中添加浓度为 0.1%（w/v）的 Tween 20；其次，使用盐酸将溶液的 pH 值从 11 分别调至 7 和 2.65，并搅拌均匀；最后，将同一枚潜指纹样本均分成三份，分别放入三种 pH 值的显现液中进行显现，实验结果如表 5.2 所示。

表 5.2　不同 pH 值下显现液的性能

pH 值	溶液状态	显现结果
11	澄清透明	不理想
7	稍有悬浮	理想
2.65	有悬浮	较理想

通过比对显现结果可以发现，碱性条件下的显现结果最差，中性及酸性条件下的显现结果都比较理想，但是前者溶液稳定性更好。产生这种现象的主要原因如下：

（1）纳米颗粒的比表面积大，呈热力学不稳定状态；pH 值较高时，颗粒表面的有机物电离程度大，不同颗粒表面均带上同种负电荷，在排斥力作用下，纳米颗粒可以稳定存在于溶液中；随着 pH 值不断下降，巯基乙酸中羧基的电离程度逐渐降低，纳米粒子表面包覆的有机物多数呈未电离状态，即颗粒间排斥作用力大大减弱。不同粒子之间会通过自发团聚的形式，降低比表面积，趋近热力学稳定状态，因此提高 pH 值有利于改善溶液稳定性。

（2）潜指纹残留物主要通过静电吸附方式同纳米材料结合，pH 值较低时，潜指纹残留物中含胺基的物质带正电荷，从而促使带负电荷的纳米材料与之结合；反之，pH 值较高时，胺基带正电趋势小，吸引纳米材料静电结合的能力差，因此，降低 pH 值有利于促进胺基带电，从而提高对纳米材料的吸附能力。

（3）过高或过低的 pH 值容易使显现液对潜指纹残留物中的油脂的溶解能力增强，从而提高显现液对指纹纹线的破坏速度。

由此可见，单纯提高或降低 pH 值无法同时满足多方面的要求，而接近中性的环境可以获得最佳显现效果。因此，我们选择中性量子点溶液作为显现最佳试剂。

（二）显现方法比较

1. 与普通小颗粒悬浮液比较特异性结合能力

利用量子点在荧光性能方面的优势，对潜指纹进行显现，即通过化学键合以及物理吸附的方式，使量子点与潜指纹残留物进行特异性结合，并通过光致发光的途径使其得以显现。然而，通过选择不同的激发光源对显现后的潜指纹样本进行成像，可以发现该类纳米材料不仅可以提供优异的荧光性能，即利用荧光使潜指纹得以显现，而且，与小颗粒悬浮液类似，它还可以利用自身的反射、散射等其他光学性能对潜指纹进行成像。这大大拓展了该类纳米材料在潜指纹显现工作中的应用范围，使其不再因激发光源的特殊性而受到局限。在实际工作中，普通室光、蓝光、长波紫外光均可作为拍摄光源，对纳米显现试剂显现后的潜指纹样品进行照射成像。彩图 8 为根据文献报道配置而成的 TiO_2 小颗粒悬浮液与 CdSe 纳米显现液的显现效果比对图像[13,14]。

图像是在室光光照射下获得的，亮色部分为乳突纹线，暗色部分为小犁沟。通过比对可以发现，两种显现试剂均可以对潜指纹的一、二级特征进行有效显现，但是显现结果有差别。首先，使用优化 TiO_2 小颗粒悬浮液时，颗粒的选择性吸附差，小犁沟部分吸附颗粒较多，造成背景干扰大，反差小；而纳米级的显现试剂抗背景干扰能力强，其选择性结合程度非常高，小犁沟部分几乎看不到背景吸附，纹线与背景反差非常大。其次，TiO_2 小颗粒悬浮液对潜

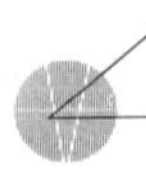

指纹的显现速度较快，如未及时将样品从显现液中取出，则很可能因为背景吸附过大而造成显现过度，且显现结果不可逆；纳米颗粒在溶液中主要遵循布朗运动，其沉积速度较慢，实验结果可控性强，如短时间内未见明显反差，可以相应延长显现时间，在 24 h 内，显现指纹的清晰度几乎不会因为显现时间的延长而受到影响。同时，由于纳米颗粒粒度较小，因此形成的纹线细腻，从图片中清晰的汗孔特征可以判断，这种新型显现液可以对潜指纹三级特征进行有效反映；而 TiO_2 小颗粒悬浮液则无法做到这一点，从彩图 8 左侧图片中，只能隐约看到汗孔轮廓。具体应用发表的相关论文见文献[13,14]。

2. 与罗丹明 6G 比对光学性能

罗丹明 6G 是一种典型荧光染料，已被国内外许多法庭科学工作者作为潜指纹显现试剂或后处理试剂使用[15,16]。在长波紫外光的激发下，罗丹明 6G 能够发射可见荧光，从而显色。在实验中，使用罗丹明 6G 同巯基化合物包覆的纳米材料进行显现效果方面的比较，结果如彩图 9 所示。

实验结果表明，对于多数非渗透性客体，两种荧光试剂均能实现理想的显现；罗丹明 6G 发射的荧光强度大于巯基化合物包覆的纳米荧光材料；巯基化合物包覆的纳米材料显现的潜指纹更为清晰，反映出的手印细节特征更丰富；巯基化合物包覆的纳米材料对于光源的适应能力更强，无论在长波紫外光、蓝光还是室光照射下，均能对潜指纹进行高质量成像，而罗丹明 6G 只能依靠长波紫外光激发产生的荧光进行清晰成像。此外，根据美国职业安全及保健管理局 1980 年的化学品毒性效果注册记载，罗丹明 6G 被列为实验用致癌物。通过皮肤吸收的危险剂量为每年 1g/10kg 体重。使用低浓度量子点水溶液替代罗丹明 6G，可以有效降低潜指纹显现试剂对操作人员身体健康造成的威胁。

3. 与龙胆紫比较胶带黏面显现效果

龙胆紫是一种遇到汗液中的油脂成分就产生深紫色印迹的染料[17]。意大利警察首次将其应用于显现胶带上的潜指纹。之后，人们能通过研究发现，龙胆紫对于检验遗留在胶带黏面、装饰胶和保护膜表面的潜指纹非常有效。它也可以用来检验其他客体表面的潜指纹。龙胆紫显现法是一种简单、有效、经济的方法，能将未经其他方法处理过的、黏性客体表面的潜指纹显现出来；但是，它在实际应用过程中存在以下几个问题：

（1）龙胆紫属于剧毒化学品，安全性差，使用时需小心处理；

（2）龙胆紫显现试剂不适合大面积显现；

（3）龙胆紫显现液不能重复使用，必须坚持小剂量使用；

（4）龙胆紫只适于浅色客体表面潜指纹显现，对深色客体表面潜指纹显现能力差。

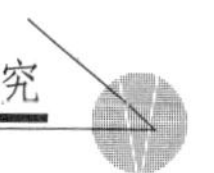

前述实验结果表明，巯基乙酸包覆的纳米材料对胶带黏面潜指纹具有较好的显现效果。因此，实验选取同一枚潜指纹，比对龙胆紫和巯基乙酸包覆的纳米材料在相同条件下的显现效果，以期能找到一种安全、高效、简便的显现法处理胶带黏面潜指纹。

彩图10为黄色封箱胶带黏面新鲜油潜指纹比对显现效果。由彩图10可以看出：（1）日光照射下，龙胆紫显现结果的反差较大，但是纹线不够清晰，局部细节特征消失；经巯基乙酸包覆的纳米材料显现后，虽然纹线与背景的反差较小，但是已经足够用于识别纹线特征，而且显现出的纹线细腻、完整、特征点丰富。（2）紫外光照射下，巯基乙酸包覆的纳米材料的显现效果比较理想，反差优势明显，同时显出的纹线细腻、边缘清晰，汗孔的形状、位置清晰可见。

这样的比较结果表明：对于浅色胶带（如透明胶带、黄色封箱胶带等）黏面上的潜指纹，巯基乙酸包覆的纳米材料与龙胆紫均具有理想的显现效果，但是前者优于后者。

图5.6为黑色电工胶带黏面新鲜油潜指纹显现效果比较。

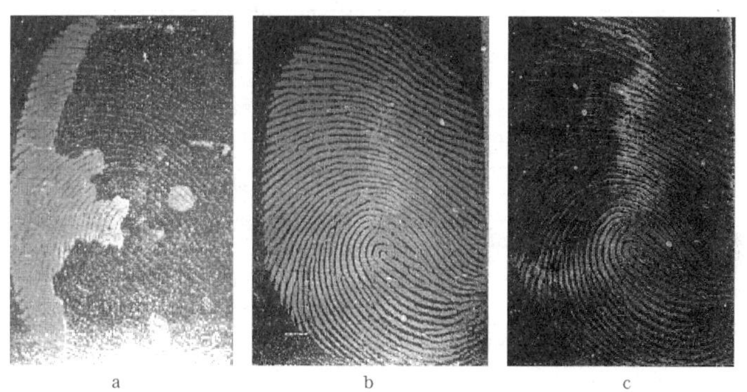

a：龙胆紫显现效果，室光照射下拍摄；b：巯基乙酸包覆纳米材料显现效果，室光照射下拍摄；c：巯基乙酸包覆纳米材料显现效果，紫外光照射下拍摄

图5.6 巯基乙酸包覆CdSe与龙胆紫分别显现黑色电工胶带黏面潜指纹比较

由图5.6可以看出：（1）室光照射下观测结果表明，龙胆紫与黑色电工胶带表面潜指纹的亲和能力较差，潜指纹的二、三级指纹特征无法识别；同样条件下，巯基乙酸包覆的纳米材料对其表面潜指纹的亲和能力强，三级特征丰富，显现出的潜指纹具有很高的鉴定价值；（2）紫外光照射下，巯基乙酸包覆的纳米材料的显现效果比较理想，反差优势明显，同时纹线细腻、边缘清

晰，汗孔的形状、位置清晰可见。

这样的比对结果表明：对于深色胶带（如黑色电工胶带等）黏面的潜指纹，龙胆紫的显现能力较弱，而巯基乙酸包覆的纳米材料具有非常理想的显现效果。

为了探索巯基乙酸包覆的纳米材料显现潜指纹效果的稳定性，对批量显现效果进行了考察。指纹捺印人员首先使用肥皂洗手 3 次，自然晾干，触摸额头或鼻梁 10 次，然后使用右手大拇指在透明胶带黏面上连续捺印 10 枚指纹，获得纯油指纹样本；然后，再次触摸额头或鼻梁 10 次，重新获得 10 枚连续捺印的指纹样品；重复上述步骤，直至获得 100 枚指纹样本。将新鲜纯油指纹样本自然晾置 10min 后，使用龙胆紫显现液对上述 100 枚连续捺印的指纹进行浸显，并记录显现效果。

统计上述 100 枚潜指纹显现结果，如表 5.3 所示。对比分析表 5.3 与表 5.2 数据可以发现，两种显现试剂显现效力有较大差距，巯基乙酸包覆的纳米材料具有明显优势。

表 5.3　潜指纹批量显现结果

考察指标		考察结果
潜指纹样本总数		100
具有同一认定价值		18%
指定特征点显出率	50% 以下	82%
	50～80%	9%
	80% 以上	9%
背景干扰程度	强	0
	中	94%
	弱	6%

为了探索该类荧光材料的适用范围，实验选取多种非渗透性客体进行考察。表 5.4 为不同客体表面潜指纹的显现情况。分别选取 365nm、415nm、440nm 以及室光对显现后的潜指纹进行照射成像，结果如表 5.4 所示。实验结果表明，该材料对于多数非渗透性光滑客体表面的潜指纹具有普遍良好的显现效果，尤其适于各种类型胶带黏面上的潜指纹显现，而且可以解决现有胶带黏面显现试剂的安全问题[18]。由于白色瓷砖存在荧光背景问题，因此显现效果不理想。

表 5.4 不同客体表面潜指纹显现情况

客体	最佳显现波段	显现效果	客体	最佳显现波段	显现效果
黑色电工胶带黏面	440nm	+ + +	本色木	365nm	+ +
蓝色电工胶带黏面	365nm	+ + +	黑瓷砖	365nm	+ + +
黄色电工胶带黏面	415nm	+ + +	白瓷砖	–	–
透明胶带黏面	365nm	+ + +	IP 卡	365nm	+ + +
黄色封箱胶带黏面	365nm	+ + +	蓝塑料	365nm	+
易拉罐	365nm	+ +	黑塑料	365nm	+ + +
塑面纸	415nm	+ +	锡纸	415nm	+ +
CD 盘	415nm	+ + +	玻璃	365nm	+ +

注：“ + ” 为可以显现；“ + + ” 为效果理想；“ + + + ” 为效果非常理想。

参考文献

[1] 王京红，刘明贤，曾娅玲，等．高荧光性 CdSe/PDDA 自组装膜的制备及表征［C］. // 钮晓鸣主编．纳米科技发展——2006 年上海纳米科技与产业发展研讨会论文选．华东理工大学出版社，2006：91 –95.

[2] Menzel E R，Takatsu M，Murdock R H，et al. Photoluminescent CdS/dendrimer nanocomposites for fingerprint detection ［J］. Journal of Forensic Sciences，2000，45（4）：758 –761.

[3] Steigerwald M L，Alivisators A P，Gibson J M，et al. Surface derivatization of semiconductor cluster molecules ［J］. Journal American Chemical Society，1998，110（10）：3046 –3050.

[4] 钟萍，俞英，陈波，等．水溶性 CdSe/CdS 纳米晶合成条件的优化研究［J］. 化学研究与应用，2006，18（3）：225 –229.

[5] Becue A，Champod C，Margot P. Use of gold nanoparticles as molecular intermediates for the detection of fingermarks ［J］. Forensic Science International，2007，168（2 –3）：169 –176.

[6]Stauffer E，Becue A，Singh A V，et al. Single – metal deposition（SMD）as a latent fingermark enhancement technique：an alternative to multimetal deposition（MMD）［J］. Forensic Science Internaitonal，2007，168（1）：e5 – e9.

[7] Luna C. Fluorescent tag for physical developer：controlling the size and deposition of silver nanoparticles over latent fingerprints on porous surfaces ［D］：Master's thesis. EL Paso：University of Texas，Department of Chemistry，2005.

[8] Jones N. Metal deposition techniques for the detection and enhancement of latent fingerprints on semi – porous surfaces [D]: Doctoral thesis. Sydney: University of Technology, Sydney, Department of Forensic Science, 2002.

[9] Saunders G. Multimetal deposition technique for latent fingermark development [R]. The International Association for Identification. Pensacola, 74th Annual Education Conference. USA, 1989.

[10] Allman D S, Maggs S J, Pounds C A. The use of colloidal gold/multi – metal deposition for the detection of latent prints – a preliminary evaluation [R]. Central Research and Support Establishmet Report No. 747, Home Office Forensic Science Service, U. K. 1992.

[11] Schnetz B, Margot P. Technical note: latent fingermarks, colloidal gold and multimetal deposition (MMD) Optimisation of the method [J]. Forensic Science International; 2001, 118 (1): 21 –28.

[12] Choi M J, Mcbean K E, Wuhrer R, et al. Investigation into the binding of gold nanoparticles to fingermarks using scanning electron microscopy [J]. Journal of Forensic Identification, 2006, 56 (1): 24 –32.

[13] 石志霞，王元凤，刘建军，等. 水溶性荧光CdSe量子点的合成及其在指纹显现中的应用 [J]. 无机化学学报，2008，24 (7): 181 –185.

[14] Yuan Feng Wang, Rui Qin Yang, Yan Ji Wang, et al. Application of CdSe nanoparticle suspension for developing latent fingermarks on the sticky side of adhesives [J]. Forensic Science International 2009, 85: 96 –99.

[15] Lee H C, Gaensslen R E. Advances in Fingerprint Technology [M]: second ed. Boca Raton: CRC Press, 2001: 63 –84.

[16] 程京，易晏，杨其华. 激光指纹术 [M]. 清华大学出版社，2005: 45 –66.

[17] Kobus H J, Warrener R N, Stoilovic M. Two simple staining procedures which improve the contrast and ridge detail on fingerprints developed with super glue (cyanoacrylate ester) [J]. Forensic Science International, 1983, 23 (2 – 3): 233 –240.

[18] 张晓梅，李德仲，张忠良，等. 胶带粘面汗潜手印荧光显现剂研究 [J]. 中国人民公安大学学报（自然科学版），2005 (3): 25 –29.

第六章　CdTe 量子点显现潜指纹应用研究

近年来，基于半导体纳米晶体具有独特的光学和电学特性[1]，其已被用于发光二极管、纳米激光器、多晶薄膜太阳电池等研究领域[2]，而它作为荧光标识在纳米生物技术和生物传感器领域中的应用已展现出一个崭新的、有着广泛开发和应用的高新技术前景，特别是它在医学、临床检验学、免疫学、生物学等研究领域中的潜在应用前景已引起国际科学界的广泛关注[3]。Ⅱ-Ⅵ型半导体量子点有高量子效率和高质量光发射[4]，随尺寸改变在可见光区具有宽的发射范围，其中在水相合成的 CdS、CdSe 纳米粒子体系其发射光谱较弱，且可调光谱范围较窄，而 CdTe 量子点随尺寸变化其发射光谱可覆盖整个可见光区，从而成为研究的热点之一[5]。CdTe 量子点的制备分有机溶剂相和水相两种。有机溶剂合成的 CdTe 量子点，其制备条件比较苛刻，成本较高，给推广应用带来了一定的困难；水相合成的半导体纳米晶体具有成本低、污染小、易批量生产等优势，不仅能直接用于生物标记，而且通过对量子点的表面进行功能修饰，也可应用于其他领域，因而水相合成备受关注[6]。

纵观 CdTe 量子点的简短发展历史和目前的研究热点不难发现，CdTe 量子点是一个理想的研究对象。1993 年，Rajh 等人[7]首次报道直接合成巯基甘油包裹的 CdTe 量子点，拉开了水相合成方法研究的序幕；1996 年，Rogach 等人[8]使用巯基化合物为稳定剂，在水相中成功合成出 CdTe 量子点，加速了水相合成方法的研究；1998 年，Gao 等人[9]使用巯基乙酸为稳定剂，$Cd(ClO_4)_2$ 和 NaHTe 分别提供 Cd 源和 Te 源，在水相中合成了 CdTe 量子点，其尺寸能够随加热时间的长短加以精确的调控，而且，当过量的修饰剂和 Cd^{2+} 存在时，通过调节溶液的 pH 值，能使其发光效率达到 18%。随后，Gaponik 小组[10]进一步研究，他们改用 H_2Te 气体为 Te 源，并比较了多种巯基化合物的修饰作用。更有意义的是，他们发现适当地后处理 CdTe 量子点，能够使其发光效率达到 44%，该方法制备的量子点的稳定性很好，沉淀干燥后放置 1~2 年不变质，并能够重新分散到水溶液中。这一结果已经达到甚至超过某些金属有机合成的方法，是水相方法研究的一座里程碑。后来大量的研究使制备过程越来越简单，得到的量子点质量越来越高。例如，微波合成[11-14]、超声合成[15]、水热合成[16,17]等方法，使合成时间从几天缩短至几个小时甚至几分钟，同时，量子点的发光效率也大幅提高，荧光峰的半高宽也接近于金属有机法。2007年，He等人发布研究成果，[14]使用微波方法合成CdTe量子点，其荧光量子产率最高可达98%，这一结果使许多金属有机方法望尘莫及。除了零维的量子点，随后也先后报道了一维的CdTe材料如纳米棒[18]、纳米线[19-21]及纳米管[22]、二维的CdTe纳米薄片[23]等水相合成法。到目前为止，水相合成CdTe量子点的研究最多，发展也最为成熟。

CdTe（Eg=1.56eV）是一种典型的Ⅱ-Ⅵ族半导体材料，其发射波长可通过控制它的大小来"调谐"，从绿光可一直延伸至近红外区，因而利用CdTe量子点可以制成多色量子点（Multi-color Quantum Dots）。再者，在水相中合成的CdTe量子点不仅能直接用于生物标记，而且通过对量子点的表面进行功能修饰，也可应用于潜指纹显现。2008年，吉林大学的刘岩[24]、黄校亮[25]的毕业论文中介绍使用高效气动雾化装置将CdTe纳米晶喷洒到潜指纹上，实现了潜指纹的显现。2009年，瑞士Becue研究小组[26]合成了CdTe量子点溶液，用于显现玻璃、铝片、透明聚丙烯、黑色聚乙烯四种非渗透客体上的血指纹，并对方法的灵敏度进行了研究，同时还对经济成本和毒性进行了初步探讨。但以上报道均未对CdTe量子点显现潜指纹的影响因素做进一步研究。

为了使量子点颗粒可以均匀分散于水相溶液中，通常需要在纳米颗粒外层包覆上具有双亲性修饰基团的修饰剂，修饰剂的一端通过巯基和金属离子（如镉、锌等）的配位作用相连，另一端的亲水性基团（如羧基）可以和指纹纹线上的某些组分产生特异性靶向结合，可以实现对指纹纹线的精确吸附。吸附在指纹纹线表面的量子点纳米颗粒在紫外光的激发下产生肉眼可见的发射荧光，在暗室中利用CCD数码相机拍照固定即能得到可视化的指纹图像，最终完成潜指纹特征的如实、全面再现。本章选用了四种巯基试剂作为配位剂，分别是巯基乙酸、巯基丙酸、巯基丁二酸和2，3-二巯基丁二酸。由于前期很多工作以巯基乙酸作为修饰剂，试图通过改变修饰剂使合成的量子点显现潜指纹更加具有优势，着重考察了巯基丙酸、巯基丁二酸和2，3-二巯基丁二酸三种修饰剂包覆CdTe和CdTe/CdSe制备得到量子点。

以多种类型的CdTe体系量子点溶液为研究对象，综合考察指纹显现方法涉及的各种因素对指纹显现效果的影响。总体来说，量子点溶液显现指纹成像效果是指纹显现效果和成像固定效果的综合作用，指纹显现效果主要受溶液pH值、显现时间、显现温度、添加表面活性剂、显现操作方法、个体指纹差异等因素影响，成像固定效果主要受激发光源波长、相机曝光时间等因素影响。本章内容将以新鲜的油潜指纹为例，对以上影响因素进行较为全面深入的研究，建立优化的指纹显现方法，并为新型显现试剂和显现方法的开发研制提供指导和依据。

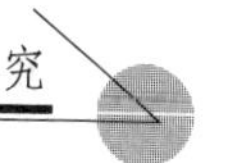

第一节　CdTe 量子点的合成与表征

CdTe 量子点制备原理与表征介绍如下。

一、CdTe 以及 CdTe/CdSe 量子点的制备

Te 前体和 Se 前体的制备原理如下：

Te 前体的制备：

$$4NaBH_4 + 2Te + 7H_2O \rightarrow 2NaHTe + Na_2B_4O_7 + 14H_2\uparrow$$

Se 前体的制备：

$$Na_2SO_3 + Se \rightarrow Na_2SeSO_3$$

以巯基乙酸修饰剂为例，量子点与其复合过程如下：

金属离子与修饰剂的络合：

$$Cd^{2+} + TGA \rightarrow Cd\ (TGA)^{2+}$$

量子点的合成：

$$Cd\ (TGA)^{2+} + HTe^- + OH^- \rightarrow (CdTe)\ TGA + H_2O$$

（一）制备步骤

1. Se、Te 前驱体的制备

（1）Na_2SeSO_3 的合成。称取一定量的 Na_2SO_3 于三口烧瓶中，加入纯净水溶解，通氮气搅拌，将一定量的粉加入到 Na_2SO_3 的水溶液中，磁力搅拌下加热至沸腾，回流反应一段时间，黑色 Se 粉完全溶解，得到澄清的 Na_2SeSO_3 水溶液。

（2）NaHTe 的合成。用氮气吹扫小锥形瓶，称取一定量的 $NaBH_4$ 于小锥形瓶中，加入纯净水，再快速加入一定量的 Te 粉，水浴下反应一段时间后，黑色 Te 粉逐渐溶解，溶液变为紫色，最终变为无色透明溶液。

2. 水溶性荧光量子点的合成及其表面修饰

（1）CdTe 量子点溶液的制备。将一定量的 $CdCl_2$ 溶于纯净水中，通氮气搅拌，之后滴加一定量的修饰剂（巯基乙酸、巯基乙醇、柠檬酸、L－半胱氨酸），用 NaOH 溶液调节混合溶液的 pH 值，继续通氮气并剧烈搅拌，向溶液中快速滴加不同量的 NaHTe 溶液，然后加热回流一定时间，得到不同颜色的 CdTe 量子点溶液。

（2）CdTe/CdSe 量子点的合成。

具体制备工艺如下：量取一定量的 CdTe 于三口烧瓶中，通氮气剧烈搅拌，逐滴加入 Na_2SeSO_3 于三口烧杯中，加热溶液至沸腾，回流反应得到红色透明溶液。

（二）制备过程回流时间对所合成 CdTe 材料的影响

在波长为 365nm 的紫外光照射下，不同回流时间制备的 CdTe 量子点的荧

光照片如彩图 11 所示，彩图 11 中 a 、b、c、d、e 分别对应于 0h、2h、4h、7h 和 24h 的回流时间，荧光颜色表现为绿色→橙红色。

量子点之所以能够发光，其原理如图 6.1 所示[27]，当量子点受到热、电或光照等外界激发时，产生电子－空穴对（激子），一些电子从价带跃迁到导带，在价带中形成空穴（即图 6.1 中的 h^+，通常被认为是带有一个正电荷的离子）。当电子从导带返回到价带时，就会与价带中的空穴作用，这种作用主要有三种途径：（1）电子和空穴直接复合，产生激子态发光；（2）通过表面缺陷态间接复合，产生缺陷发光；（3）通过杂质能级间接复合，产生发光现象。这三种情况的发光相互竞争，一般来说，尺寸越小的量子点，其表面缺陷越多，对电子和空穴的俘获能力越强，所产生的缺陷荧光也就越强。

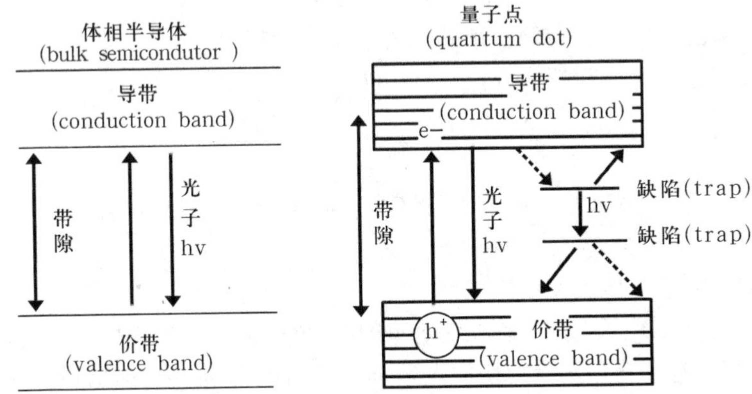

图 6.1 体相半导体（左）与量子点（右）发光原理示意图

为什么量子点所发射的荧光波长会随着回流时间的延长而改变呢？图 6.2、图 6.3 分别是 CdTe 量子点溶液的紫外－可见吸收光谱图和荧光发射光谱图。从图 6.2、图 6.3 中可以看出，随着回流时间的延长，CdTe 水溶液的紫外－可见吸收峰、荧光发射峰的峰位均有明显红移，原因是：一方面回流时间的延长加速了粒子的奥氏熟化过程，使粒径增大，从而引起峰位红移。根据图 6.2 对应的最大吸收峰位（λ），采用经验公式（6.1）可计算出 CdTe 纳米晶的粒径（D）。

$$D = (9.813 \times 10^{-7})\lambda^2 - (1.715 \times 10^{-3})\lambda^2 + (1.006)\lambda - 194.8 \quad (6.1)$$

对应于 0h、2h、4h、7h 和 24h 的回流时间，由图 6.3 中样品的最大吸收峰位可计算出 CdTe 纳米晶的粒径分别为 1.56nm、2.61nm、2.85nm、2.94nm 和 3.02nm。由计算结果可知，随着回流时间的延长，纳米晶的粒径在不断变大，但回流 7h 后，粒径增长明显放缓，趋于不变。另一方面，由于量子点粒径大小与其荧光发射波长间有强关联性（量子尺寸效应），随着

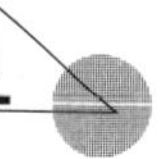

回流时间持续到24h，CdTe纳米晶的荧光发射峰位由525nm红移至591nm，见图6.3。

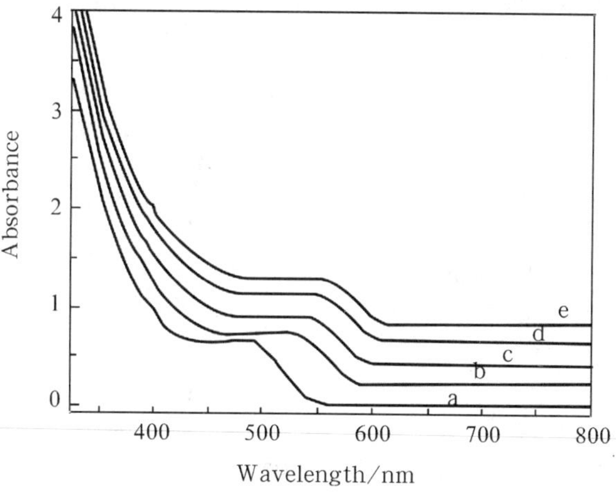

a：0h；b：2h；c：4h；d：7h；e：24h

图6.2 不同回流时间下CdTe溶液的紫外－可见吸收光谱

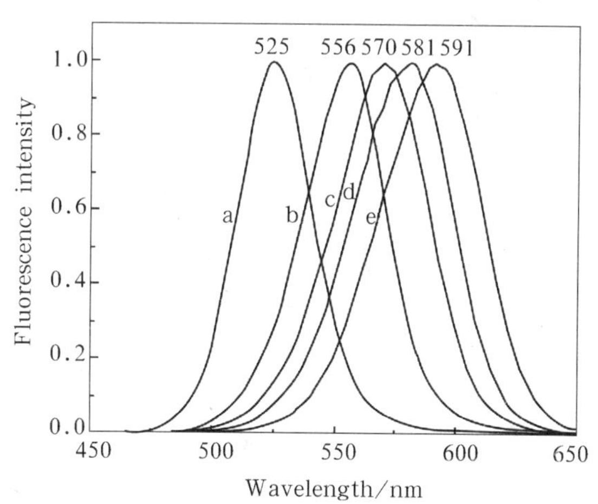

a：0h；b：2h；c：4h；d：7h；e：24h

图6.3 不同回流时间下CdTe量子点的荧光发射光谱

二、CdTe量子点材料的表征

（一）荧光光谱的表征

测试了巯基丙酸－碲化镉量子点溶液（MPA－CdTe），巯基丁二酸－碲化镉量子点溶液（MSA－CdTe），2，3－二巯基丁二酸－碲化镉量子点溶液（BEA－CdTe），巯基丁二酸－碲化镉/硒化镉核壳结构量子点溶液（MSA－CdTe/CdSe）四种新型量子点水溶液的荧光光谱，得到的吸收光谱和发射光谱如图6.4和图6.5所示。

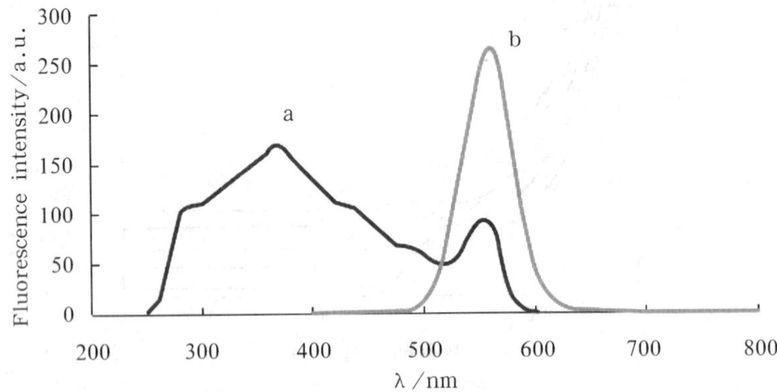

a：吸收光谱；b：发射光谱

图6.4　量子点溶液的荧光吸收和发射光谱

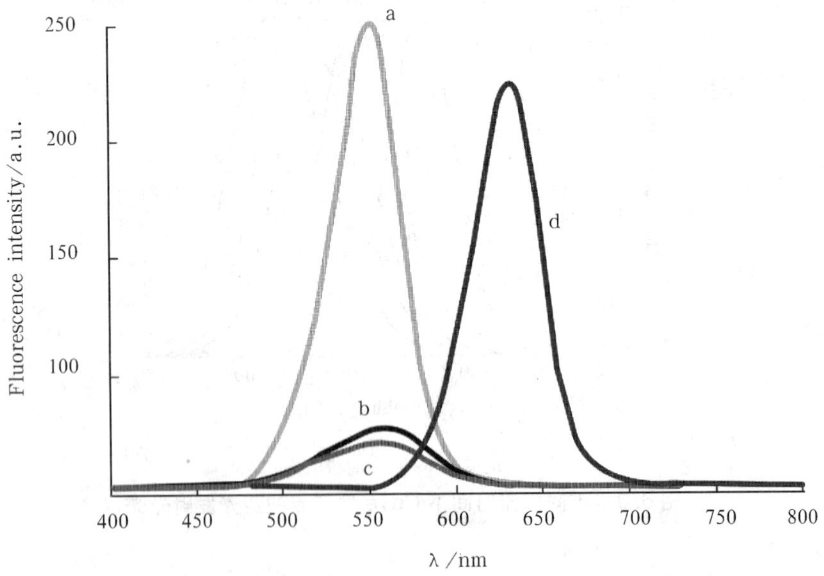

a：MSA－CdTe；b：MPA－CdTe；c：BEA－CdTe；d：MSA－CdTe/CdSe

图6.5　不同量子点溶液的发射光谱

从图 6.4 中可以看出，使用的量子点溶液具有非常优异的荧光性能，吸收光谱的峰形宽且连续，发射光谱的峰形窄且对称，同时还有较大的斯托克位移，特别是在 365nm 处有个非常强烈的吸收峰，便于操作者选用紫外光作为激发光源，滤除杂光干扰，并显著滤除背景荧光，降低背景干扰，提高指纹纹线的分辨率和显现灵敏度。

图 6.5 是本章使用的四种量子点溶液在 365nm 激发光下的荧光发射光谱。从图 6.5 中可以看出，巯基丁二酸修饰的单核结构 CdTe 量子点和核壳结构 CdTe/CdSe 量子点的荧光性能明显优于巯基丙酸和二巯基丁二酸修饰的量子点，其相对荧光强度较强、半峰宽较窄，说明其表面缺陷较少，激子态发光较强。核壳结构量子点相比单核结构量子点的发射光谱有明显红移，原因是量子点颗粒粒径增加和核壳调控的共同作用。我们预测巯基丁二酸的外围两个羧基也将有助于与潜指纹残留物相结合，在这方面，巯基丁二酸的结合力将优于前面章节的巯基乙酸，从而可以更好地显现潜指纹。

（二）XRD 表征

图 6.6 是由水相中分离出的 CdTe 粉末样品的 XRD 图。由图 6.6 可见，样品的衍射峰低矮且宽化，表明合成样品的晶粒度很小，对应的 3 个衍射峰分别是 CdTe 的（111）、（220）、（311）晶面的特征峰，完全符合 CdTe 的标准衍射卡峰位（PDF No. 19 - 0191）。图 6.6 中除了 CdTe 的衍射峰之外还存在着少量 Te 粉的衍射峰，这可能是由于样品用丙酮洗涤过程中少量 Te 粉被氧化出来的缘故。

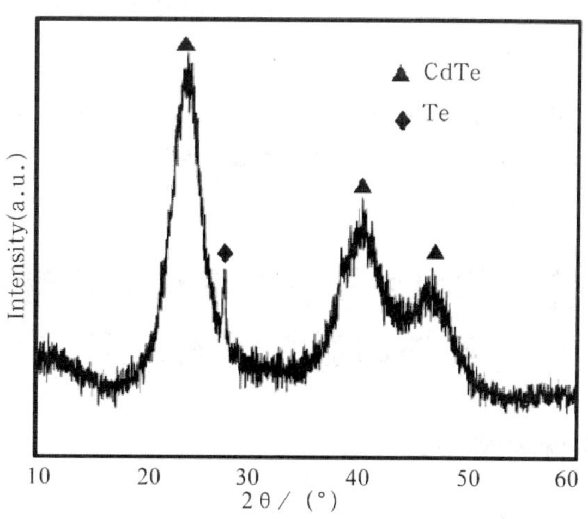

图 6.6　CdTe 量子点的 XRD 谱图[28]

（三）HRTEM 表征

图6.7是四种量子点材料的透射电镜图。从图6.7中可以看出，单核和核壳结构的量子点纳米晶颗粒均匀包覆在有机物中，纳米晶颗粒呈规则球状分布，粒径大小较为均匀，分布集中，平均粒径约为5nm，表明本书使用的几种量子点溶液均具有较为优异的分散性和稳定性。

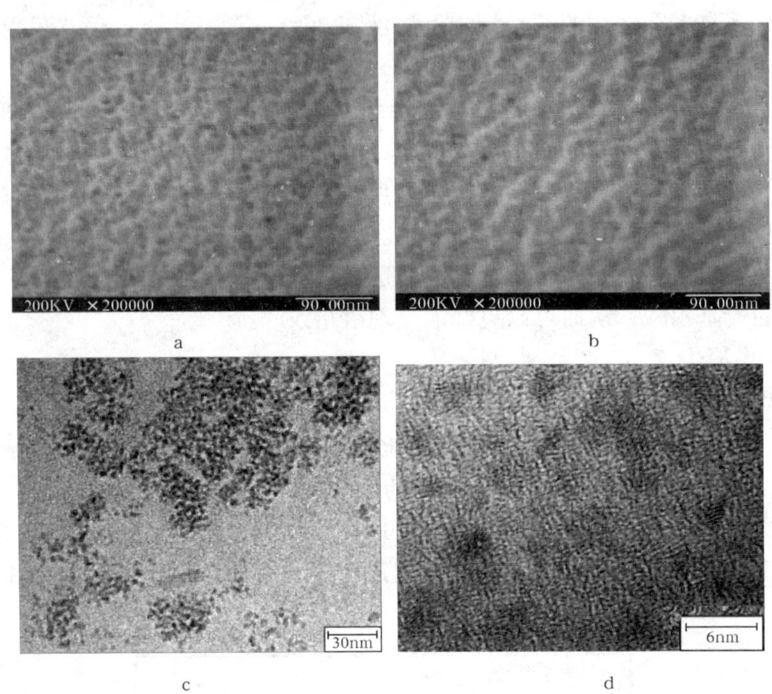

a　　　　b

c　　　　d

a：MSA－CdTe；　b：MPA－CdTe；　c：BEA－CdTe；　d：MSA－CdTe/CdSe

图6.7　量子点溶液的透射电镜图[28]

第二节　CdTe量子点溶液显现潜指纹效果的影响因素研究

一、指纹检材的制备与显现

（一）指纹检材的制备

所有指纹检材均采自志愿者。首先让志愿者在自然情况下轻轻擦蹭额头或鼻翼后捺印，制成油汗混合潜指纹检材；其次让志愿者在流水下将手洗干净，晾干，戴上手套直至手指出汗，脱下手套后捺印，制成汗液潜指纹检材；最后

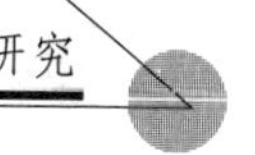

让志愿者在流水下将手洗干净，晾干，擦蹭额头或鼻翼后捺印，制成油潜指纹检材。

（二）潜指纹显现过程

量子点溶液法：将检材顺着手指的方向从中间剪成两部分，一部分完全浸入制备好的量子点溶液中，浸显一段时间（0.5～10h）后用镊子取出，用自来水漂洗5～10s，除去检材表面残留的显现液，置于干净的载玻片上自然晾干；另一部分检材则按传统显现方法处理或不处理以作比对。喷显方法是将量子点溶液放入普通喷壶中，对准疑似有潜指纹处喷洒显现。

龙胆紫染色法：将胶带放入试剂中浸泡30s，取出后用蒸馏水冲洗几遍，自然晾干；小微粒悬浮液法：将胶带放入悬浮液中浸泡10s，取出后在无水乙醇中漂洗5s，自然晾干；罗丹明6G显现法：将胶带放入试剂中浸泡10s，取出后在无水乙醇中漂洗5s，自然晾干。

（三）用于比较的传统方法显现试剂的配制

分别配制0.05%的龙胆紫染色液、二硫化钼小颗粒悬浮液以及0.1%的罗丹明6G水溶液。

（四）手印的固定

将显出的检材置于暗室内，利用365nm光源激发拍照固定。

二、CdTe量子点溶液显现潜指纹的影响因素

项目组从显现时间、温度、pH值、添加表面活性剂等多方面考察了所制备的量子点溶液对显现潜指纹的影响。

（一）显现时间的影响

显现时间是评价潜指纹显现方法优劣的指标之一。为了提高办案效率，办案人员会在保证显现效果的基础上尽量选用快捷的显现方法。量子点溶液应用于指纹显现领域后，因其优异的显现效果而得到了相关领域专家的关注和重视，但显现时间太长的缺陷也严重限制了该技术的进一步发展和应用普及。在项目研究初期，采用巯基乙酸修饰的CdTe量子点溶液需要6～12h的显现时间才能得到较好指纹纹线，[29]通过改进量子点体系和显现方法将显现时间缩短为15～30min。[30]虽然量子点溶液的显现时间已得到显著缩短，但却需要面对办案现场不断提高的快速检测需求。

经过三年的大量实践，显现时间大大缩短，可以在几秒钟内完成潜指纹显现。以黄色封箱胶带表面的新鲜油潜指纹为研究对象，考察不同显现时间对显现效果的影响，并在保证显现效果的前提下缩短显现时间。为减少不同指纹样本差异带来的影响，将每个指纹检材从中间分成两份，然后分别浸入量子点溶液中显现1s、3s、30s和60 s，不同显现时间条件下的显现效果如图6.8所示。

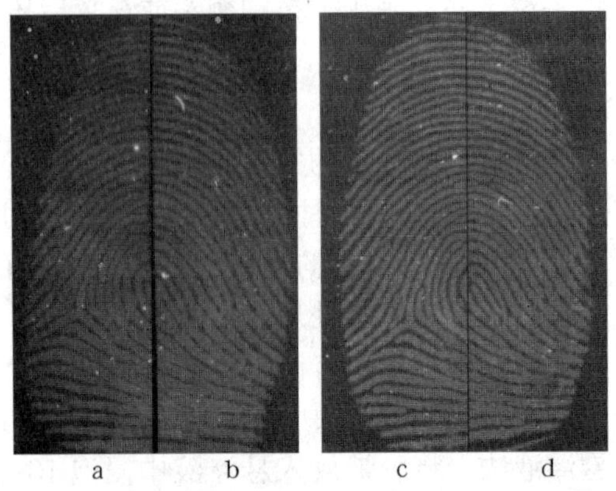

a：1s；b：3s；c：30s；d：60s

图 6.8　量子点溶液不同显现时间下的指纹显现效果

从图 6.8 可以得出，随着显现时间增加，纹线亮度增强，背景反差增大。最关键的是，采用取代巯基乙酸包覆 CdTe 的新体系 CdTe 量子点溶液仅需要 1 ~ 3s 的显现时间就可以得到清晰的指纹纹线，且纹线流畅、细节特征显著，完全可以满足指纹鉴定的需求。

实验结果表明，随着显现时间延长，潜指纹的显现效果有一定程度的提高。从不同修饰剂的表现可以发现，巯基丁二酸修饰的 CdTe 量子点体系强于巯基丙酸和 2，3 - 二巯基丁二酸，但总体看来，各体系量子点溶液在几秒钟的显现时间均有良好表现，显现的纹线质量优异。

综上所述，研制的新型量子点体系和显现方法显著缩短了显现时间，将至少 15min 的显现时间缩短到 1 ~ 3s，展示出了极为优异的快速显现能力，符合了现场快速检测的发展趋势。但是，在具体应用过程中需要注意的是，显现时间还受指纹新旧程度和客体种类的影响，如陈旧指纹或者光滑客体上的指纹往往需要更长的显现时间，因此我们需要根据指纹实际情况和需求调整合适的显现时间。显现时间显著缩短的意义不仅仅是节约时间、提高效率，它还为量子点溶液喷雾显现潜指纹的实现提供了技术支持和保障。

选用量子点体系的显现时间显著短于我们以前巯基乙酸包覆 CdTe 量子点方法的原因，可能有以下几个方面：一是键合了巯基丁二酸等修饰剂的 CdTe 量子点拥有更为优异的荧光强度，即使在短时间内靶向结合相同数量的量子点也能得到更明亮的发射荧光；二是碱性量子点溶液的带电特性有利于和指纹物质的电荷吸附结合；三是巯基丁二酸可以提供比巯基乙酸多一个的羧基基团，而羧基基团可以为靶向吸附氨基酸等手印残留物质提供结合位点，因此，更多的结合位点有助于提高靶向吸附的速率和效率。

研究还发现，当显现时间延长至1h后，指纹纹线依然清晰细腻，背景反差明显，无过度显现现象，如图6.9所示。该实验证明了量子点溶液对潜指纹优异的选择性和抗背景干扰能力，而且本方法的显现操作简便，受操作人员操作技能和熟练程度的影响非常有限，可以实现不同操作人员的实验结果重现，对于确保证据的有效性和说服力意义重大。而常用的龙胆紫等染色方法往往对显现时间有较为严格的要求，时间太短难以得到清晰纹线，时间太长则会造成显现过度、纹线被背景覆盖，这就对操作技能提出了很高的要求，为指纹的显现效果带来了不确定性因素和显现失败的风险。

图6.9　黄色封箱胶带表面油潜指纹浸显3h的显现效果

（二）显现温度对显现潜指纹的影响

量子点溶液的显现温度显著影响潜指纹的显现效果，因为量子点溶液的温度对量子点的荧光强度和荧光量子产率有显著影响。根据日本学者Yoshiyuki Nonoguchi等人的研究[31]，溶液温度越低，荧光强度和荧光量子产率越高；随着温度的升高，荧光强度和量子产率明显降低；当溶液温度高于200K时，量子点的荧光性能变化速度趋于缓慢，直至基本保持不变，见图6.10。原因可能有两个：一是CdTe纳米晶的表面离子在低温条件下更为稳定；二是温度升高，分子运动速度加快，增加了激发态的电子碰撞猝灭的概率。

显现温度对指纹显现效果的影响不仅体现在荧光强度和荧光量子产率方面，还体现在量子点和纹线上指纹物质的结合速率方面。量子点溶液温度越高，纳米晶颗粒的运动速度越快，结合到纹线上指纹物质的速度亦相应加快。但是，量子点温度的升高会使量子点颗粒因为奥氏熟化作用而产生凝聚现象，荧光发射波长红移，溶液稳定性减弱。

因此，溶液温度对指纹显现效果的影响需要从正反两方面综合考虑：一方面，溶液温度降低，荧光强度增强，但量子点纳米颗粒和指纹物质靶向吸附速

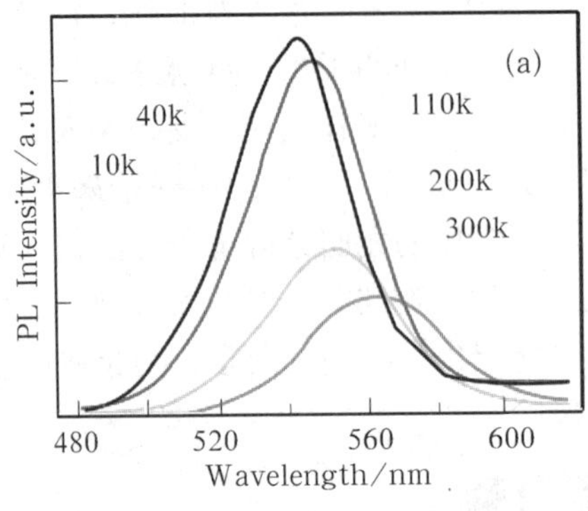

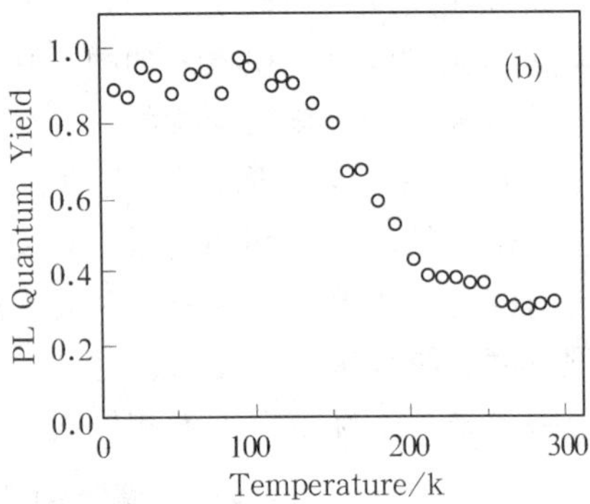

图 6.10 量子点荧光强度（a）和量子产率（b）随温度的变化[31]

率和效率降低；另一方面，溶液温度升高，量子点纳米颗粒和指纹物质靶向吸附速率和效率增加，但荧光强度和稳定性减弱。这就需要我们根据实验确定优化的温度条件，在荧光性能和靶向结合性能间达到合适的平衡点，实现显现效果的最优化。由于我们选用的量子点纳米晶颗粒均匀分散于水相中，为防止水在低于0℃条件下固化，显现温度应高于0℃。水浴调节量子点溶液温度分别为5℃、25℃、40℃、50℃，各显现温度条件下得到的指纹效果如彩图 12 和表 6.1 所示。

表 6.1 不同显现温度的指纹显现效果

显现温度（℃）	5	25	40	50
MPA – CdTe	+ +	+ + +	+ +	+
MSA – CdTe	+ +	+ + +	+ +	+
BEA – CdTe	+	+ +	+	+
MSA – CdTe/CdSe	+ +	+ + +	+ +	+

注：“ + ” 较差；“ + + ” 理想；“ + + + ” 非常理想。

从彩图 12 可以得出，在显现温度为 5℃时纹线虽较为细腻，但纹线亮度不够，与背景对比不明显，这是由于量子点溶液与指纹残留物结合得较少造成的；显现温度为 25℃时，显现的纹线最为清晰明亮、细腻流畅；显现温度提高到 40℃以上时，纹线亮度增强，但乳突线和小犁沟界限变模糊、细节特征减少，缘于温度升高显现速度增快，量子点与指纹残留物结合点多，但造成一定纹线变化。

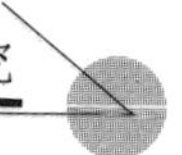

从表 6.1 的实验结果可以看出，随着显现温度升高，显现效果趋于提高，并在显现温度为 25℃时达到最高，随后出现下降。这是因为显现温度升高，量子点颗粒的运动速度加快，相同时间内可以有更多的量子点纳米晶体与指纹物质相结合，使得指纹纹线亮度增加；但是升高温度的同时会破坏溶液和指纹物质的稳定性，且会由于奥氏熟化效应而引发纳米颗粒团聚，降低溶液使用寿命和选择性，反而使得纹线乳突线和小犁沟界限变模糊、细节特征减少。尽管过高和过低的温度条件都会对指纹显现效果造成制约，但在 5～25℃的较宽温度范围内均能得到良好的纹线质量，非常有利于适应复杂的现场温度条件，利于该技术的普及推广。综合衡量显现温度对指纹显现效果、溶液使用寿命和操作便捷性等因素，推荐的温度条件为 25℃左右的常温环境。

（三）CdTe 量子点溶液的 pH 值对显现潜指纹的影响

为了提高水溶性量子点的发光性能和溶解度，本章所用量子点的外层均包覆有双亲性的修饰基团——巯基羧酸，该类修饰基团可以有效减少量子点的表面缺陷，改善荧光性能[9]。而巯基羧酸的带电特性受溶液酸碱度环境的影响显著，通过改变溶液 pH 值就可以调节量子点的稳定性和荧光性能，修饰基团带电特性还会影响到修饰剂和指纹物质的吸附结合。

量子点溶液 pH 值显著影响量子点溶液的稳定性。在酸性条件下，溶液中大量存在的氢离子不仅抑制巯基与二价镉离子（Cd^{2+}）的配位能力，还会抑制羧基电离为带负电基团 COO^-，使得同性电荷排斥作用减弱而引发量子点颗粒集聚沉淀。在中性和碱性条件下，二价镉离子（Cd^{2+}）和巯基的配位能力较强，且羧基易电离为电负性的 COO^-，使得量子点颗粒在同性电荷排斥力的作用下表现出较好的稳定性。因此，从理论上来说，溶液碱性越强，溶液稳定性越好。为了考察量子点溶液酸碱性对溶液稳定性的影响，采用 0.1mol/L 浓度的 NaOH 和 HCl 溶液调节量子点溶液的酸碱度，pH 值调节区间为 7～12，量子点溶液的稳定性变化如表 6.2 所示。

表 6.2　量子点溶液稳定性随 pH 值变化

pH 值	7	8	9	10	11	12
MSA－CdTe	×	√	√	√	√	√
MPA－CdTe	×	√	√	√	√	×
BEA－CdTe	√	√	√	√	√	×
MSA－CdTe/CdSe	×	×	√	√	√	√

注：表中“√”表示溶液澄清透明；“×”表示溶液浑浊或有沉淀。

从表 6.2 可以看出，尽管采用不同修饰基团的量子点溶液的稳定性随溶液酸碱性的影响不尽相同，但稳定性的总体变化趋势基本一致。在一定范围内，随着溶液碱性强度增加，稳定性提高。前面章节已经从理论上阐述，溶液稳定性随着溶液碱性强度增加而提高，但是实验发现溶液的实际稳定性和理论并非完全一致。当碱性强度增加到 12 或以上时，溶液产生浑浊甚至沉淀，稳定性遭到破坏。这可能是由于在强碱性条件下，修饰基团中的巯基易被氧化，量子点结构遭破坏而使溶液产生浑浊，稳定性下降。但从总体看来，采用的各不同体系量子点溶液均可以在 pH 值为 8 ~ 11 这个较为宽泛的酸碱度条件下保持良好稳定性，不仅有利于溶液的长期稳定保存，也为显现溶液 pH 值优化提供了较大的选择空间。

量子点溶液 pH 值还会显著影响量子点溶液的荧光强度。溶液酸碱度改变引发荧光基团的电荷状态和修饰剂分子与镉离子间的配位比变化，进而影响金属离子 - 有机配位体荧光配合物的荧光量子产率。在一定范围内，溶液 pH 值增大可以使量子点表面的缺陷减少，荧光量子产率增加，荧光强度增强。本章采用的多种不同体系的量子点溶液的最佳荧光性能可能会有差异，同样采用前面章节所述方法调节量子点溶液的酸碱强度，考察溶液 pH 值对不同体系量子点溶液相对荧光强度的影响，结果如图 6.11 所示。

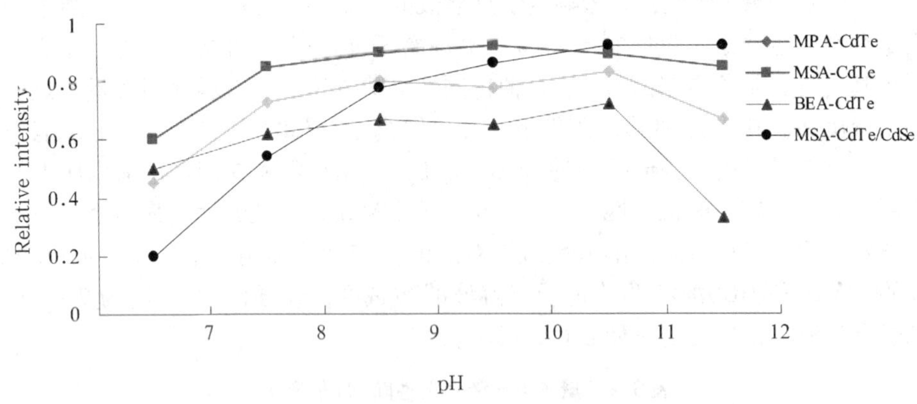

图 6.11　溶液 pH 值对量子点相对荧光强度的影响

从图 6.11 可以看出，各体系量子点溶液的荧光强度和稳定性的变化趋势基本一致，在适当范围内，都是随着溶液碱性强度增加而增强。这是因为溶液碱性强度增加，巯基与 Cd^{2+} 的配位能力增强，量子点表面包覆 Cd^{2+} - SR 复合物增加，表面缺陷减少，荧光强度增加；同时部分 Cd^{2+} 与过量 OH^- 形成氧化物覆盖在量子点表面，亦可以减少表面缺陷，增强荧光强度。但是，当碱性强度增加到一定程度后，荧光强度趋于稳定，甚至减弱。这一方面是因为大量

$Cd(OH)_2$ 在量子点表面的积累，造成量子点纯度减弱；另一方面是因为强碱环境影响了溶液的稳定性，量子点晶体结构遭到不可逆破坏，使得荧光强度减弱。

从不同修饰剂对量子点体系荧光强度的影响角度来看，巯基丁二酸修饰的CdTe量子点体系明显强于其他体系，该体系的荧光强度相对更高，且受酸碱环境的影响波动相对较小。总体来说，各量子点体系在pH值为9～11的范围内均有较优异的荧光强度，为显现方法的酸碱度优化提供了相对宽泛的选择条件。

量子点溶液pH值除了影响溶液稳定性和荧光强度外，溶液酸碱性还决定了量子点晶体表面和纹线上指纹物质的带电特性，并进而影响量子点纳米晶体颗粒和手印物质的靶向结合能力。因此，量子点溶液显现的指纹效果的最终结果是溶液稳定性、荧光强度和靶向结合能力的综合作用结果，三者之间需要找到一个合适的平衡点以实现显现效果的最优化。

选取黄色封箱胶带黏面新鲜的油潜指纹作为对象，研究溶液pH值对指纹显现效果的影响，得出不同量子点体系的最优化的酸碱条件。每枚指纹检材均分为两份，分别用不同pH值的四种量子点溶液浸泡显现5min，清水漂洗干净，自然晾干后在紫外光下拍照固定，指纹显现效果分别如彩图16和表6.3所示。

表6.3　量子点pH值对指纹显现效果的影响

pH值	7	8	9	10	11	12
MPA－CdTe	+	＋＋	＋＋＋	＋＋＋	＋＋＋	＋＋
MSA－CdTe	+	＋＋	＋＋＋	＋＋＋	＋＋＋	＋＋＋
BEA－CdTe	+	+	＋＋	＋＋	＋＋＋	+
MSA－CdTe/CdSe	+	+	＋＋	＋＋	＋＋＋	＋＋＋

注：“＋”较差；“＋＋”理想；“＋＋＋”非常理想。

从表6.3的实验结果可以看出，不同pH值量子点溶液显现的指纹效果存在较大差异。随着pH值升高，显现效果大致呈现先增强再减弱的趋势，并在pH值等于11时达到最佳显现效果，此时的指纹细节特征明显，纹线清晰连贯，粗细均匀，纹线边缘细腻流畅。原因可能是该条件下量子点溶液的稳定性和荧光性能较好，量子点带电基团达到了较好的平衡状态，可以更加快速、牢固地吸附到纹线上的指纹物质。

从不同体系的量子点显现效果考虑，巯基丁二酸修饰的量子点体系强于其他体系，这也和前面的溶液稳定性和荧光性能参数相吻合。但从总体来说，溶液pH值在9～11范围的效果均较为优异，可以满足指纹鉴定的需求。较为宽泛的pH值选择范围，展现出了量子点溶液良好的酸碱耐受性，为指纹显现带来了诸多便利：一是便于在适宜 pH 值范围内调节量子点的荧光强度，实现最好显现效果；二是便于根据指纹承载客体选择溶液酸碱度环境，满足不同材料客体的酸碱度需求；三是合适的酸碱环境利于物证的保存及其他后续显现方法的联用，如金属铝在强酸强碱环境中易被腐蚀，这时候就倾向于在保证显现效果的基础上选择尽量靠近中性的 pH 值。

（四）添加表面活性剂对显现潜指纹的影响

表面活性剂浓度均为 1%，油汗混合潜指纹检材均为捺印后保存 24h 的指纹检材。添加四种表面活性剂的 CdTe 溶液显现油汗潜指纹的效果，如彩图 13 所示。

表面活性剂是法庭科学工作者常用的一种指纹显现液配方，添加表面活性剂后的显现液可以有效增强指纹显现效果、降低背景干扰、提高显现液稳定性。本项目组开始曾选择十六烷基三甲基溴化铵阳离子表面活性剂、十二烷基硫酸钠阴离子表面活性剂、咪唑啉两性表面活性剂和吐温 20 非离子表面活性剂四种有代表性的表面活性剂加入到 CdTe 溶液中，考察它们对显现效果的影响。其中，非离子型表面活性剂吐温 20 实现了指纹显现效果增强的目的。为了考察各种不同表面活性剂对量子点体系的显现效果影响，选取了几种具有代表性的表面活性剂加入到量子点溶液中，添加浓度为 0.1%（w/w），潜指纹的显现效果如彩图 13 和表 6.4 所示。

表 6.4　添加表面活性剂对指纹显现效果的影响

添加试剂	CTAB	SDS	吐温 20	两性咪唑啉	空白
MPA - CdTe	-	+	+	+ + +	+ + +
MSA - CdTe	+	+ +	+	+ + +	+ + +
BEA - CdTe	-	+	+	+ +	+ +
MSA - CdTe/CdSe	-	+ +	+	+ + +	+ + +

注："-"非常差；"+"较差；"+ +"理想；"+ + +"非常理想。

从彩图 13 和表 6.4 可以看出，添加阳离子表面活性剂后的量子点溶液无法显现出清晰连贯指纹纹线，且背景吸附引起了强烈的荧光干扰，是因为带正电的表面活性剂和带负电的量子点纳米颗粒在静电吸附作用下发生聚沉，溶液量子点结构遭到不可逆破坏；添加阴离子表面活性剂后的量子点溶液显现的指纹纹线亮度减弱，纹线不均匀，有断裂迹象，可能是因为带负电的表面活性剂和量子点颗粒在结合指纹物质时产生了吸附竞争，纹线因此而结合了相对较少量的量子点；添加非离子表面活性剂后的量子点溶液显现的指纹纹线亮度减弱，但纹线依然连贯流畅，可能是因为表面活性剂的加入影响了量子点的荧光量子产率和荧光强度；添加两性表面活性剂后的量子点溶液显现的指纹纹线亮

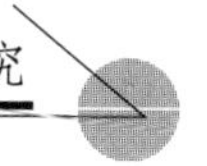

度有一定程度增强，可能是因为两性表面活性剂增强了量子点溶液的导电性能，使得纹线处指纹物质可以在同样的时间内结合更多的量子点纳米颗粒，更为详细的作用机理尚不明确，有待于进一步的实验研究。

实验结果表明，采用的新型量子点溶液在不添加任何表面活性剂的条件下就可以显现出连贯流畅、清晰细腻的指纹纹线，表明该溶液具有良好的稳定性、分散性和荧光性能。

（五）显现方式的影响

操作方法的选择对潜指纹的显现效果会造成显著影响，合适的操作方法有助于得到清晰完整的纹线，不当的操作方法轻则致使显现效果不佳，甚至会对指纹检材造成不可逆破坏。最为常用的液体指纹显现试剂操作方法主要有浸显法、喷显法和滴显法，其中滴显法主要适用于小面积表面客体，且和浸显法有一定程度类似，故不纳入本章的考察内容。本章结合实际应用主要以浸显法和喷显法为研究内容，对量子点溶液喷显法和浸显法的显现效果进行了比较研究，彩图 14 是黄色封箱胶带和黑色塑料袋表面油潜指纹的喷显和浸显效果图，显现时间均为 10s。

彩图 14 的实验结果显示，对于黄色封箱胶带客体，虽然浸显法显现的指纹纹线相对喷显更为明亮，但二者的纹线效果均比较优异，表明量子点对指纹物质具有非常迅速的结合能力和优异的选择性；对于黑色塑料客体，浸显 10s 可以显出指纹纹线，而同样时间内喷显法没有显出明显指纹纹线，塑料客体由于静电作用而带负电荷，阻碍了同样带负电荷的量子点与指纹物质的靶向吸附，降低了它们之间的吸附效率和吸附速率。而且黑色塑料表面非常光滑，喷显方法会丢失一些指纹残留物质，从而使指纹显现效果较差。潜指纹的承载客体是选择显现操作方法的决定性因素，本章对日常接触的客体种类进行了实验研究，结果如表 6.5 所示。

表 6.5 不同客体适宜的显现操作方法

客体	浸显	喷显	客体	浸显	喷显
黄色封箱胶带	√	√	铝合金	√	√
黑色电工胶带	√	√	白铁皮	√	√
透明胶带	√	√	锡纸	√	√
透明塑料	√	×	玻璃	√	×
黑塑料	√	×	易拉罐	√	×
PE 手套	√	×	黑皮革	√	×
保鲜膜	√	×	墙体	×	√

注：表中“√”表示适宜显现；“×”表示不适宜显现。

从表6.5中可以看出，常见的几种胶带类客体和金属类客体在浸显和喷显操作方法下均可以得到具备鉴定价值的指纹纹线；塑料皮革类和玻璃客体仅适用于浸显，喷显难以得到足够清晰的纹线。实验发现，渗透性客体墙体表面的潜指纹可以在喷显操作下显现出较为清晰的纹线，而浸显操作则因为溶液大量渗透入墙体带来强烈背景荧光干扰而致使显现失败。这个发现对于实际办案有很大帮助，因为墙体遗留指纹通常除了粉末法没有太好的显现方法，量子点溶液喷显法可以作为一个很好的补充。

成功应用量子点溶液喷雾显现指纹法对于拓展量子点溶液的适用范围意义重大，特别是对于墙体、金属类客体的影响更为深远。对于体积较大且不易、不便破拆的金属客体（如车体、电梯等），喷显法是更为高效的选择，图6.12是不锈钢表面油潜指纹的喷显效果图，喷显时间为10s。实验结果显示，不锈钢表面油潜指纹的喷显效果优异，显现的指纹纹线清晰连贯、细节特征明显，绿色纹线和黑色背景形成了强烈反差，非常有利于指纹鉴定。

图6.12　不锈钢表面潜指纹的量子点溶液喷显效果

本部分内容研究了操作方法对指纹显现效果的影响，对常见客体的浸显和喷显效果进行了对比，并在此基础上给出了每种客体适用的操作方法，但在应用中还需要根据实际情况灵活选择和应用。浸显法和喷显法各有其优缺点，浸显操作虽难以应用于大体积客体却可以循环利用量子点溶液，而喷显操作虽突破了客体体积的束缚却需要消耗相对更多的量子点溶液，既提高了经济成本又带来环境污染，最关键的是有毒性的重金属量子点喷雾对环境有一定影响。因此，我们选择操作方法的总体原则是，在确保显现效果和操作方法可行的基础上，浸显法优先于喷显法，喷显时间越少越好。

（六）激发光波长的影响

前面论述的溶液pH值、显现温度、显现时间、添加表面活性剂和操作方法等都是从指纹显现过程研究各种因素对显现效果的影响。广义的指纹显现不仅包括指纹显现过程，还应该包括显现后指纹的固定过程。可视化的指纹图像同样需要固定方法来如实、全面、清晰再现。激发光波长的选择是潜指纹显现后固定效果的重要影响因素，在激发光强度保持稳定的前提下，不同波长的激发光会对量子点的发射荧光产生显著影响，还会影响指纹承载客体的反射光、背景荧光。对于没有荧光背景或荧光背景较弱的客体来说，通常选用肉眼不可见的365nm紫外光作为激发光源，以避免激发光源的可见光反射对纹线荧光的干扰。但是对于具有一定荧光背景的客体来说，纹线的荧光可能会湮没在背景荧光中而难以得到清晰纹线，此时可以通过选择合适的激发光波长提高纹线和背景的对比度，改善显现效果。

本章选择具有荧光背景的黑色电工胶带黏面的油潜指纹为例，考察不同激发光波长对显现效果的影响，选择的激发光源波段分别为白光、365nm、440nm、490nm、540nm、590nm，显现效果如彩图15所示。

从彩图15可以看出，不同波长激发光下的指纹显现效果具有明显差异。常用的365nm紫外光激发波长下的显现效果并不十分理想，指纹纹线和背景处的颜色相近、对比度不够，造成纹线不清晰。在可见光范围内，除了440nm蓝色激发光的背景较强烈而难以清晰显现纹线外，本书选用的几种波段激发光的显现效果均较好，特别是白光和490nm激发光，显现的指纹纹线和背景反差明显。通过空白实验对比发现，未经量子点溶液显现而直接在各种激发光条件下拍照固定的指纹检材基本分辨不出指纹纹线。潜指纹显现后可见光条件下拍照固定的效果较好的原因可能有以下方面：一是可见光激发的量子点荧光强度虽不及365nm紫外光，但仍远强于背景荧光；二是量子点材料靶向附着在纹线上，使得纹线和空白处形成一定的高度落差，相对凸出的纹线反射回更多的可见激发光而使纹线更为明亮。

（七）照相机曝光时间的影响

在量子点溶液显现指纹后的拍照固定过程中，相机曝光时间也是影响最终显现效果的重要因素。通常情况下，相机曝光时间设定为3s，但在有些情况下，该曝光时间难以拍到清晰纹线。例如，陈旧指纹的残留物在存放过程中不断挥发分解，往往会因为含有极微量的残留物而只能吸附少量的量子点颗粒，同样，3s的曝光时间会难以捕获到足够的发射荧光光子而产生清晰的纹线。在此情况下，增加显现时间和曝光时间都可以达到增强指纹纹线的目的，但增加显现时间可能会对指纹检材造成不可逆破坏，因此，我们倾向于增加相机曝光时间。本书以不锈钢表面的油潜指纹为例，研究相机曝光时间对显现效果的影响，结果如图6.13所示。

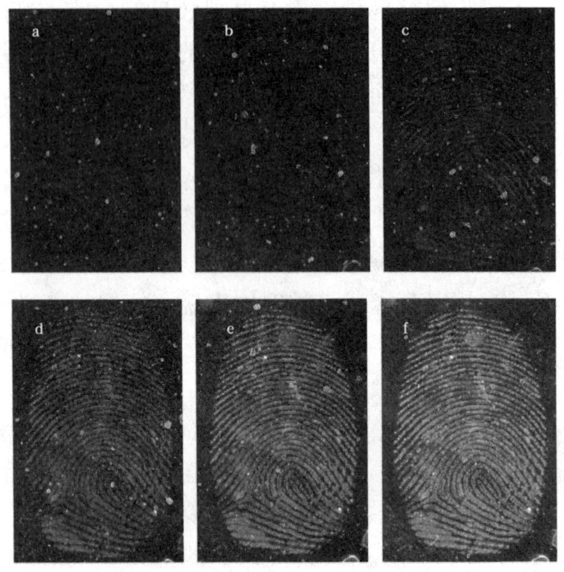

a: 1s; b: 3s; c: 5s; d: 10s; e: 20s; f: 30s

图6.13 相机曝光时间对指纹显现效果的影响

从图6.13可以看出，随着相机曝光时间的不断增加，显现效果增强，指纹纹线亮度和完整性改善。曝光时间少于5s，基本分辨不出指纹纹线；曝光时间为10s，纹线较为清楚，但不够连贯、细节特征不够明显；曝光时间大于20s，纹线变得清晰连贯，细节特征明显。由此可见，增加相机曝光时间可以达到指纹增显的目的。不同种类客体需要的曝光时间是不同的，比如，拍摄不锈钢表面的指纹需要的曝光时间要远远长于铝片，可能是因为不锈钢表面含有的铁离子造成了量子点的荧光猝灭。曝光时间的选择可以在实际应用中根据需求进行调节。

第三节 CdTe量子点溶液显现油潜指纹研究

一、客体适用性的考察

指纹显现方法的适用客体范围越广、种类越多，越利于方法的普及应用，因此客体适用性是评价指纹显现方法优劣的重要参考。指纹承载客体类型按照渗透性能可分为非渗透性客体、半渗透性客体和渗透性客体，量子点溶液由于其本身物质状态所限往往更适于显现非渗透性客体，渗透或半渗透性客体由于背景吸附会产生强烈的荧光干扰，致使显现失败。选取黄色封箱

胶带、透明胶带、锡纸和铝合金等常见非渗透性客体为研究对象，按捺新鲜的油潜指纹后经四种新型量子点溶液显现，显现效果分别如彩图 17 和表6.6所示。

从彩图 17 中可以看出，胶带类客体和金属类客体上的指纹显现效果均非常优异，纹线清晰连贯、细腻流畅、背景反差明显，能够清晰再现小棒、小点甚至汗孔等细节特征，可以为指纹识别提供丰富的鉴定信息。实验结果还表明，本方法在显现其他常见的客体（如玻璃、皮革及塑料等）表面潜指纹时，也得到了较好的显现效果，表明该量子点溶液具有较为广泛的客体适用性。

表6.6 不同客体的潜指纹显现效果

显现客体	黄色胶带	透明胶带	铝片	锡纸
MSA - CdTe	+ + +	+ + +	+ + +	+ + +
MPA - CdTe	+ + +	+ +	+ + +	+ +
BEA - CdTe	+ + +	+ +	+	+ +
MSA - CdTe/CdSe	+ + +	+ + +	+ + +	+ +

注：“ + ” 较差；“ + + ” 理想；“ + + + ” 非常理想。

实验结果表明，四种量子点溶液在胶带类和金属类客体的显现效果均较为优异，显现效果基本在“ + + ”以上，特别是巯基丁二酸修饰的量子点的显现效果均为“ + + + ”。按照显现效果的高低排序，不同修饰剂量子点的显现效果为 MSA > MPA > BEA，MSA 修饰的单核和核壳结构量子点的显现效果无明显差异。

二、胶带转印法显现渗透性客体表面油潜指纹

渗透性客体表面的油潜指纹，直接使用量子点溶液浸泡显现和喷雾显现法均难以得到清晰纹线。本色木客体表面潜指纹的显现一直是个难题，由于木质具有很强的吸水性和渗透性，量子点渗入其中产生非常强烈的背景荧光干扰致使一般的显现方法难以成功。而采用胶带转印法将本色木客体表面的指纹物质原位转移固定至胶带黏面后，再用浸显法就能得到清晰可鉴的指纹纹线，如彩图 18 所示。

胶带转印法有助于研究强背景荧光客体（如银行卡、易拉罐等）表面潜指纹的显现，将黏附有新鲜的油潜指纹的银行卡、易拉罐等强荧光背景客体浸于量子点溶液中显现一段时间，清水漂洗干净并晾干后用黄色封箱胶带提取转移，再经 365nm 紫外灯照射激发下 CCD 相机拍照固定，得到了与原指

纹镜像相反的指纹显现效果图，如彩图 19 所示。

银行卡、易拉罐等客体表面潜指纹用 CdTe 量子点显现后直接拍照固定无法得到指纹纹线，而用胶带粘取显现后的指纹再拍照，可以得到清晰连贯的纹线。该实验表明，量子点颗粒可以吸附到此类客体表面，只是因为强烈的背景荧光干扰掩蔽了量子点发出的绿色荧光。胶带转印方法不仅解决了此类客体的指纹显现难题，还可以有效去除背景图案的影响和干扰，得到干净的纹线和清晰的细节特征，为指纹鉴定提供便利，提高鉴定准确性。

三、胶带粘连指纹的快速显现

犯罪现场提取的胶带并不全处于理想的平滑状态，而往往是粘连缠绕在一起的，粘连指纹的显现恰恰又是潜指纹显现领域的技术难题，因此，本项目组经过几年的努力和实践，希望可以利用量子点溶液优异的显现效果和灵敏度，在此方面有所突破。粘连胶带显现前需要剥离，剥离方法主要有直接剥离、加热剥离、液氮冷冻剥离及化学试剂剥离等。直接剥离法和加热剥离法容易破坏指纹纹线，冷冻剥离法安全性和实用性差，现在一般选用化学试剂剥离法。化学试剂剥离是使用特殊的试剂降低胶带胶黏剂的黏性而将胶带分开，具有速度快、操作简便、指纹破坏小等优点。根据文献和本项目组前期研究[32]，无水乙醇 - 丁酮（$V_{乙醇}$: $V_{丁酮}$ = 1 : 1）混合液可以使压敏胶的黏性在短时间内迅速消失，可采用该试剂进行剥离。衡量显现试剂对粘连指纹显现能力的主要指标是粘连时间，但是粘连时间又不能完全反映粘连客体上指纹的变化情况。胶带黏面是一种高温度敏感度的特殊客体，温度升高有可能会加速破坏指纹纹线，因此，有必要先对胶带存在的客观环境温度因素进行考察。

（一）客体所处环境温度影响

以胶带的黏面和光面粘连为例，将粘连胶带分别在 -20℃、5℃、25℃、40℃条件下保存 2h 后，用无水乙醇 - 丁酮（$V_{乙醇}$: $V_{丁酮}$ = 1 : 1）混合液剥离，漂洗干净后，在相同条件下经量子点溶液显现固定，显现效果如彩图 20 所示。

实验结果显示，随着环境温度升高，指纹的显现效果下降。-20℃和 5℃条件下存放的胶带粘连指纹显现得到的纹线非常细腻，随着温度不断升高，纹线变粗，特别是在 40℃条件下保存的指纹显现后的纹线模糊成一团、乳突线与小犁沟边界基本消失、细节特征丢失。造成该现象的原因是，胶带黏面的压敏胶对温度较为敏感，温度升高使胶黏剂融解，指纹物质随胶体流动而扩散迁移。

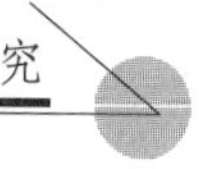

（二）胶带存放时间的影响

犯罪现场的胶带物证最为常见的环境温度为室温 25℃左右，因此，此温度条件下研究保存时间对粘连指纹显现效果的影响。胶带黏面和光面粘连的指纹检材分别保存 2h、6h、12h、24h 后，剥离显现的效果如彩图 21 所示。

从彩图 21 可以看出，相同条件下指纹的粘连时间越长，显现后的成像效果越差。粘连时间 6h 内的指纹，仍然可以得到较为清晰连贯的纹线，细节特征也较为明显；粘连时间超过 12h 时的指纹，指纹的乳突纹线和小犁沟融合交汇在一起，细节特征逐渐丢失。

为了比较不同量子点溶液显现粘连指纹的性能差异，相同温度条件下（约为 25℃）存放粘连胶带指纹检材 6h，剥离后分别使用前述四种不同的 CdTe 量子点溶液浸显，得到的指纹效果如彩图 22 所示。

实验结果显示，不同量子点溶液显现粘连指纹的性能不尽一致。按照显现效果高低排序，不同修饰剂量子点的显现效果为 MSA > BEA > MPA，MSA 修饰的单核和核壳结构量子点明显好于其他两种试剂。

（三）胶带不同粘连方式对指纹显现的影响

粘连胶带可分为三种形式：一是胶带的黏面和光面粘连；二是胶带的黏面和黏面粘连；三是胶带的黏面与其他物体粘连，如人体皮肤、木具、金属等，本部分内容将分别对以上粘连情况进行研究。胶带黏面分别和黏面、光面粘连 6h，人体皮肤粘连 15min，剥离后的显现效果如图 6.14 所示。

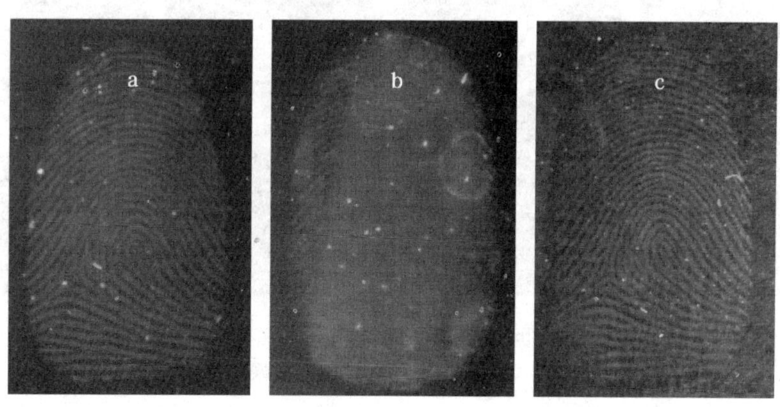

a：黏面－光面；b：黏面－黏面；c：黏面－皮肤

图 6.14　不同粘连方式的指纹效果

实验结果显示，黏面－光面的显现效果显著强于黏面－黏面，因为前者胶带光面外层的隔离剂阻止了压敏胶的黏附扩散，而后者胶面间的压敏胶扩散速度快使得指纹纹线模糊、细节特征稀少。但是，黏面－黏面检材可以得到两张镜像对应的指纹图像，它们可以互为补充、互相印证，为指纹鉴定提供丰富信息。粘连检材剥离后的指纹经常会碰到纹线缺失的问题，这是由于粘连体之间夹带的气泡引起的。

综合以上研究，量子点溶液对粘连指纹具有良好的显现性能，显现效果随粘连时间的延长而下降，随保存温度的升高而下降，而且相同条件下不同修饰剂量子点的显现效果为 MSA > BEA > MPA，MSA 修饰的单核和核壳结构量子点无显著差异。

四、水浸指纹

犯罪嫌疑人作案后，为了毁灭物证，往往把作案工具等丢弃在水中，或是用水冲洗以图消灭证据。同时，案发现场也会因各种原因被水体浸泡或淋洗，与案件相关的指纹可能会受到破坏，因此对水浸客体的显现效果进行考察就成为法庭科学领域的重要研究课题。影响水浸指纹显现效果的因素主要有水浸时间、浸泡水体和客体种类等，下面我们将逐一进行研究。

（一）水浸时间

选取黄色封箱胶带表面新鲜油潜指纹为研究对象，置于雨水中分别浸泡 2h、6h、12h、24h，取出后直接用量子点溶液浸显，指纹显现效果如图 6.15 所示。

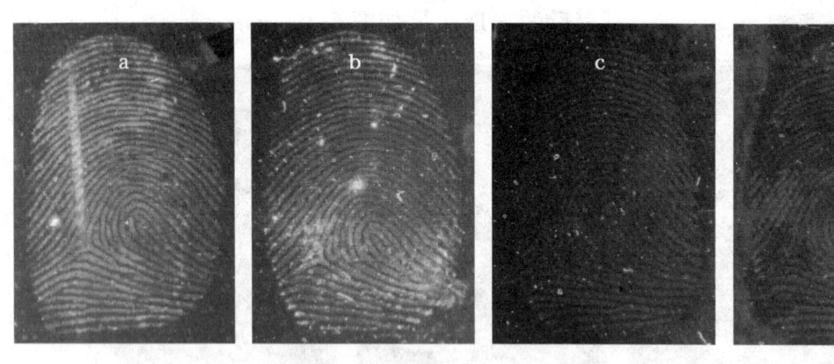

a：2h；　b：6h；　c：12h；　d：24h

图 6.15　水浸时间对指纹显现效果的影响

实验结果显示，浸泡 24h 内的检材可以得到较为清晰连贯的纹线，随着水浸时间延长，显现效果下降。原因有两个：一是指纹物质中的水溶性成分在水中不断溶解，甚至分解；二是胶带压敏胶在水体中也会发生溶解扩散。

为了比较不同量子点溶液显现水浸指纹的性能差异，在相同水体条件下浸泡指纹检材 6h 后，分别经四种不同的量子点溶液浸显，得到的指纹效果如彩

图 23 所示。结果显示，不同量子点的显现效果排序为 MSA > BEA > MPA，MSA 修饰的单核和核壳结构量子点好于其他两种试剂。

（二）不同水源浸泡客体

最为常见的浸泡水源主要有自来水、雨水和河水等，选取黄色封箱胶带表面新鲜的油潜指纹为研究对象，置于三种水体中浸泡 2h，取出后直接用量子点溶液浸显，指纹显现效果如彩图 24 所示。

实验结果表明，相对干净的水体具有更好的显现结果，不同水体的显现效果排序为自来水 > 雨水 > 河水。自来水和雨水浸泡 24h 的检材经浸显后仍可以得到具备一定鉴定价值的细节特征，而河水浸泡的客体难以显现出纹线。原因可能是指纹物质在纯净的自来水中较为稳定，而雨水和河水中含有的化学物质和菌类会加快纹线的溶解破坏速度和降解速度，浸泡相同时间后含有相对少量的指纹成分。

（三）不同种类水浸客体

将不锈钢、锡纸、黑塑料、黄色封箱胶带等案发现场常见的客体进行了研究，将遗留有油潜指纹的客体在自来水中浸泡 48h 后用量子点溶液显现，显现效果如彩图 25 所示。

实验结果显示，不锈钢和锡纸表面指纹经自来水浸泡 48h 后仍可以得到良好的显现效果，纹线清晰连贯、细节特征明显，但相较于未经浸泡的指纹来说，不锈钢上指纹的乳突纹线和小犁沟纹线出现一定程度的粘连，这是因为乳突线上的指纹物质在水体作用下发生了溶解扩散现象。黑色塑料客体表面的指纹浸泡 48h 后显现的纹线不够连贯，细节特征减少。不同客体浸泡相同时间后的效果差异，可能是因为金属客体更加稳定，对指纹物质的黏附能力更强。

综合以上研究，量子点溶液对水浸指纹具有良好的显现性能，显现效果随着检材浸泡时间的延长而下降，不同水体浸泡后的效果也有明显差异，随着水体洁净度下降而下降。相同条件下，不同修饰剂量子点的显现效果排序为 MSA > BEA > MPA，MSA 修饰的单核和核壳结构量子点无显著差异，但明显优于其他两种试剂。

五、显现灵敏度考察

量子点溶液显现指纹的反应机理是利用指纹物质和量子点颗粒的电荷吸附作用，而产生作用的指纹物质主要是人体皮肤分泌的油脂、氨基酸等成分。人体肤质存在差异，干性肤质的人遗留的指纹比油性肤质的人较难以显现，因为其分泌的油脂、氨基酸等较少。同时，犯罪嫌疑人由于洗手或连续接触物体等情况，纹线的指纹物质减少，这就对指纹显现方法的灵敏度提出了更高的要求。

本章应用量子点溶液显现法，对指纹显现灵敏度进行了考察研究。志愿者在黄色封箱胶带上连续按捺 8 枚指纹，且每次按捺应尽量保持均匀一致的力度，相同条件下显现后得到的效果如彩图 28 所示。

为了进一步研究量子点溶液优异的灵敏度，选择常见的灵敏试剂罗丹明 6G 作为对比试剂，将相同的指纹均匀分为两份，一份用量子点溶液显现，另一份用“502”熏显后经罗丹明 6G 显现，最佳激发波长激发照射下拍照固定，量子点溶液和罗丹明 6G 的灵敏度实验结果如表 6.7 所示。

实验结果显示，随着按捺序号的增加，客体上遗留的指纹物质减少，显现效果也相应下降。对于量子点溶液显现法，第 1 ~4 枚指纹的显现效果非常好，细节特征明显、纹线清晰连贯；第 5 ~8 枚指纹的显现效果较好，细节特征较多，纹线较清晰但不够连贯；第 9 ~12 枚指纹的显现效果虽然不够清晰连贯，但仍能得到一些细节特征，具有一定的鉴定价值。

表 6.7　量子点和罗丹明 6G 显现连续按捺 8 枚指纹的灵敏度比较

捺印序号	MSA – CdTe	MPA – CdTe	BEA – CdTe	MSA – CdTe/CdSe	罗丹明 6G
1	+ + +	+ + +	+ + +	+ + +	+ + +
2	+ + +	+ + +	+ + +	+ + +	+ + +
3	+ + +	+ + +	+ + +	+ + +	+ + +
4	+ + +	+ +	+ +	+ + +	+ +
5	+ + +	+ +	+ +	+ + +	+ +
6	+ + +	+ +	+ +	+ +	+
7	+ +	+	+	+ +	+
8	+ +	+	+	+ +	+

注：“+”较差；“+ +”理想；“+ + +”非常理想。

由表 6.7 可见，量子点溶液显现法具有良好的灵敏度，显现效能明显优于传统的灵敏荧光试剂罗丹明 6G，因为量子点溶液拥有更为优越的荧光强度和特异性吸附能力。相同条件下，不同修饰剂量子点的显现灵敏度排序为 MSA > MPA > BEA。MSA 修饰的单核和核壳结构量子点溶液的灵敏度差异不大，可以显现连续按捺 8 次以上的指纹，但是需要适当延长显现时间。

六、陈旧指纹的显现考察

陈旧指纹的显现效果是评判指纹显现方法优劣的重要指标，它不仅受指纹遗留状态、承载客体等因素的影响，还受潜指纹保存环境如温度、时间、湿度、光照等条件的影响，我们将对保存温度、保存时间等进行探讨。

（一）保存温度的影响

以黄色封箱胶带表面新鲜的油潜指纹为研究对象，相同条件下分别在 -20℃和 30℃环境中避光保存 30 天，取出后直接用量子点溶液浸泡显现，得到的指纹效果如彩图 26 所示。

实验结果显示，不同温度环境中保存相同时间的指纹的显现效果具有非常大的差异：-20℃条件下保存 30 天的油潜指纹能够显现得到近乎完美的指纹，纹线非常明亮清晰，纹线边缘细腻连贯，细节特征明显；30℃条件下保存 30 天后显现的指纹只能隐约看见纹线走向，很难辨认出清晰的细节特征。原因可能是胶带中的压敏胶和指纹物质在低温环境下非常稳定、不易流动，而在较高温度时流动性较强，使得乳突线和小犁沟融合扩散而模糊成一团。因此，在评价某种方法的陈旧指纹显现能力时需要考虑保存温度和保存时间的综合影响。

（二）指纹遗留不同时间的影响

在常温 25℃条件下，先将遗留有新鲜油潜指纹的黄色封箱胶带、黑色塑料、不锈钢和锡纸检材分别避光保存 1、7、15、30、60 天，后经量子点溶液显现，显效效果如表 6.8 所示。

表 6.8　指纹遗留时间对显现效果的影响

保存时间（天）	黄色胶带	黑色塑料	不锈钢	锡纸
1	+ + +	+ +	+ + +	+ + +
7	+ +	+ +	+ + +	+ + +
15	+	+	+ + +	+ + +
30	+	-	+ + +	+ + +
60	-	-	+ +	+ +

注：“ - ”非常差；“ + ”较差；“ + + ”理想；“ + + + ”非常理想。

实验结果显示，随着保存时间延长，指纹显现效果下降。在常温条件下，不锈钢和锡纸这样的金属客体保存 60 天仍可以得到清晰纹线，而黄色胶带和黑色塑料保存 15 天即难以得到清晰纹线。原因可能是指纹遗留物质在金属表面稳定性高，不易在表面发生化学反应或者渗透进客体内部，而胶带和塑料表面的指纹物质可能会和载体含有的有机成分产生反应，或者是渗透入客体内部。

表 6.9 是锡纸表面油潜指纹放置不同时间后的四种量子点溶液的显现效果，实验结果显示，MSA 修饰的量子点溶液对陈旧指纹具有更为优异的显现

效果，避光保存60天之内的陈旧指纹可以得到完美显现，甚至是保存1年之久的指纹仍可以得到较为清晰连贯的纹线。相同条件下，不同修饰剂量子点溶液显现陈旧指纹的效果排序为MSA > MPA > BEA，MSA修饰的单核和核壳结构量子点无显著差异。

表6.9　不同量子点溶液对锡纸表面陈旧指纹的显现效果

保存时间（天）	MSA - CdTe	MPA - CdTe	BEA - CdTe	MSA - CdTe/CdSe
15	+ + +	+ + +	+ +	+ + +
30	+ + +	+ + +	+ +	+ + +
60	+ + +	+ +	+	+ + +
360	+ +	+	-	+ +

注：“ - ”非常差；“ + ”较差；“ + + ”理想；“ + + + ”非常理想。

综合以上研究，潜指纹的保存温度、保存时间和承载客体等因素共同影响着陈旧指纹的显现效果。指纹显现效果随着保存温度升高而下降，随着保存时间延长而下降，稳定的金属客体的显现效果好于胶带和塑料。

七、指纹检材显现后的保存考察

司法机关的案件侦办和审理过程往往需要较长的时间，这就需要提取显现的物证检材在较长时间内保持良好的效果，因此，显现后的指纹检材的物证保存问题也是选择指纹显现方法时的重要参考因素。本部分内容将对量子点溶液显现后的指纹荧光持续时间和形态变化进行研究，将透明胶带表面新鲜的油潜指纹显现后直接拍照固定，分别避光保存24h、48h和72h后再次拍照固定，并和本项目组曾使用过的荧光性能优异的巯基乙酸（TGA）修饰的CdTe量子点溶液对比其指纹效果差异，如彩图27所示。彩图27中黄色纹线是TGA - CdTe显现，绿色纹线是MSA - CdTe显现。

实验结果显示，巯基丁二酸修饰的新型量子点溶液显现后的指纹保存72h后仍具有非常清晰明亮的纹线，无明显荧光衰减现象，而TGA - CdTe量子点显现的纹线荧光衰减显著，保存72h后细节特征大幅丢失。该量子点溶液显现的纹线经过多次紫外光照射，仍具有稳定的发射荧光，表明其具有良好的抗光漂白性能。相同条件下，三种不同修饰剂量子点的物证保存效果为MSA > MPA > BEA，修饰基团的区别对量子点的稳定发光产生显著影响。另外，量子点溶液二次浸显和增加相机曝光时间可以有效提高纹线的荧光亮度，改善显现效果，延长物证的有效保存时间。

综合以上研究，量子点溶液具有良好的荧光稳定性和抗光漂白能力，经其

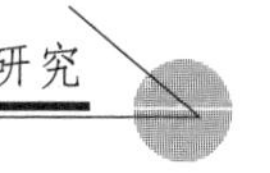

显现的指纹检材可以有效保存3天以上，利于物证长时间保存。通过量子点溶液二次浸显和相机曝光时间的增加，可以进一步延长物证保存时间。

八、CdTe量子点显现指纹与传统方法比较

这里主要比较了量子点溶液显现指纹法和常见的龙胆紫、罗丹明6G显现法，对比不同方法的优缺点，为操作人员选择合适的潜指纹显现方法提供一定的参考和依据。

（一）量子点和龙胆紫染色法比较

龙胆紫染色法是较为常用的潜指纹显现方法，常用来显现浅色的非渗透性客体表面的油潜指纹，具备显现效果良好、操作简单等优点。项目组选取黄色封箱胶带和铝合金等浅色客体作为研究对象，比较了量子点溶液和龙胆紫染色法的显现效果，龙胆紫溶液染色后自然光条件下拍照固定，量子点溶液显现后紫外光条件下拍照固定，结果如彩图29所示。

实验结果显示，量子点溶液显现潜指纹的效果显著优于龙胆紫溶液染色法，前者显现的纹线更为清晰明亮、细腻连贯，细节特征明显，无背景吸附，且可以有效去除背景图案的影响和干扰。

综合对比量子点溶液和龙胆紫染色剂，量子点溶液显现潜指纹的优势如下：一是显现速度快，用时短；二是操作简便，显现效果的人为差异小；三是纹线质量高，背景污染小，抗背景干扰能力强；四是灵敏度高；五是显现复杂条件指纹检材的适应性强；六是客体适用性广，龙胆紫仅适用于显现浅色背景客体，而量子点溶液则可以显现浅色和深色客体。

（二）量子点和罗丹明6G染色法比较

罗丹明6G因其优异的荧光强度而成为指纹显现领域的常用试剂，且取得了较好显现效果，其最佳激发光的波长范围为490～510nm。试验中选取黄色封箱胶带和铝合金作为研究客体，比较了量子点溶液和罗丹明6G染色法的潜指纹显现效果，量子点溶液直接浸泡显现，而罗丹明6G染色前需要先经“502”胶熏显，结果如彩图30所示。

实验结果显示，量子点溶液显现潜指纹的效果显著优于罗丹明6G溶液染色法，前者显现的纹线更为清晰明亮、细腻连贯，背景反差大，细节特征更加明显，且不需要任何前处理步骤。

综合对比量子点溶液和龙胆紫染色剂，前者优点如下：一是显现速度快，量子点溶液仅需要数秒；二是显现效果好，纹线清晰细腻、背景反差大；三是选择性好，背景吸附少、无过度显现现象；四是客体适用性广，受背景颜色制约小；五是操作简便，无须前处理，经济环保。

第四节 CdTe 量子点溶液显现血等特殊介质成痕指纹

血潜指纹是黏附血液的手指在客体表面留下的特殊痕迹，是暴力犯罪现场常见的物证检材，对于犯罪嫌疑人认定具有至关重要的作用，因此血潜指纹的显现是法庭科学领域重要的研究内容。

现在常用的血指纹显现方法主要利用的原理有两种：一种是利用显现试剂与血液中血红素的反应使其发生氧化还原反应而染色，代表性的显现试剂有四甲基联苯胺[33,34]和孔雀绿等；另一种是利用显现试剂与血液中的蛋白结合而染色，代表性的显现试剂有氨基黑 10B[35]和考马斯亮蓝[36]等。但是，上述显现试剂应用于指纹显现的方法存在毒性危害大、操作复杂烦琐等诸多缺点，而且适宜显现的客体范围较受局限，往往只能用来显现颜色较浅的客体。

基于量子点优异的光致发光性能和血红蛋白特异性标识性能，Becue 研究小组[26]首次使用巯基乙酸修饰的 CdTe 量子点水溶液成功显现了黑色塑料袋等深色客体表面的血潜指纹。项目组[37]利用巯基乙酸修饰的 CdTe 量子点溶液对深色客体表面的血潜指纹进行了显现研究。鉴于上述成功经验，本节使用几种新型的巯基试剂修饰的 CdTe 量子点溶液对血等特殊介质成痕指纹的显现进行研究，以期获得更好的显现效果，因为它拥有比前文所述两种量子点试剂更优异的荧光性能和更多的标识基团（羧基）。

此外，由于人手接触的物质种类千变万化，容易在客体表面遗留下黏附有特殊介质的潜指纹。除了人体血液外，常见的特殊成痕介质还有牛奶、化妆品和精液等。本节将对这些特殊介质成痕指纹的量子点显现效果进行研究，增加该方法的指纹介质适用范围，提高其普遍适用性，解决了现场勘查中指纹类型判断的难题。

一、检材制备和显现

（一）指纹检材的准备

手指先蘸取适量血液后在客体表面垂直捺印指纹，避免平行移动引起的纹线模糊，将检材置于通风处干燥备用。

指纹检材置于无水乙醇中固定 5min，清水漂洗干净后直接浸入量子点溶液中显现 5min，再用清水漂洗，自然晾干后在暗室中用 365nm 紫外光激发，CCD 数码相机拍照固定，光圈系数 F8，曝光时间 3s。

（二）对比试剂配制

四甲基联苯胺：称取 1g 四甲基联苯胺于烧杯中，加入 100mL 无水乙醇溶解，可加少许丙酮助溶，再加入 5mL 浓度为 30% 的过氧化氢，不断搅拌直至溶解。

氨基黑 10B：称取 1g 氨基黑 10B 于烧杯中，加入 90mL 无水乙醇溶解，再加入 10mL 醋酸，搅拌均匀备用。

二、固定方法优化考察

由于血液是水溶性成分，其浸泡在水溶性的量子点溶液中会发生溶解扩散，进而破坏纹线致使显现失败，因此，在显现血潜指纹前需要将蛋白质变性使其固定。固定效果的好坏直接影响到显现效果的优劣，影响固定效果的因素主要有固定试剂和固定时间。

（一）不同固定试剂考察

常用的蛋白质固定试剂主要有盐酸、氢氧化钠、5 - 磺基水杨酸和无水乙醇等；根据前期研究得知，5 - 磺基水杨酸和无水乙醇作为固定试剂进行比较，固定时间均为 5min，再经量子点溶液显现的效果如图 6. 16 所示。

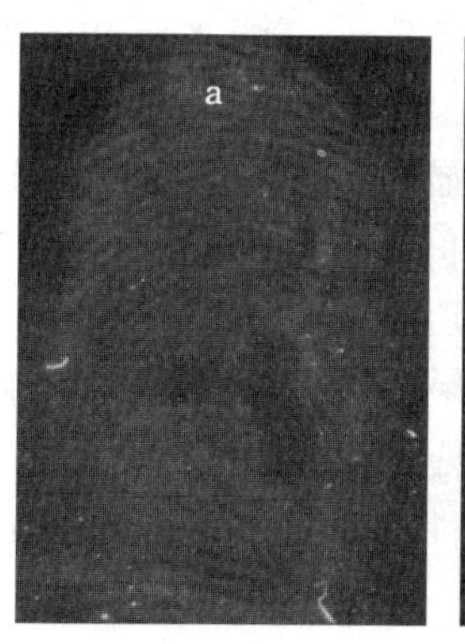

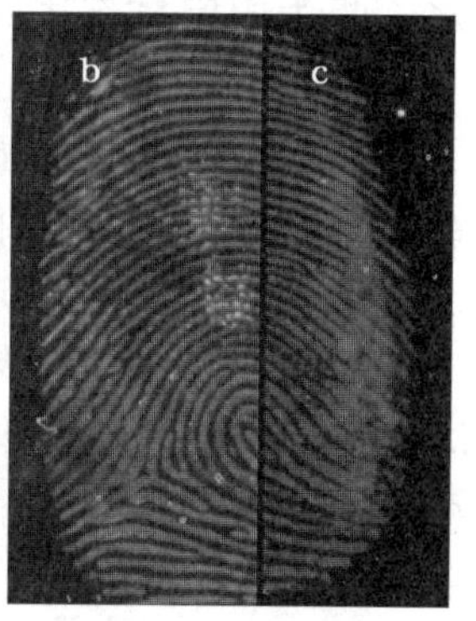

a：未固定；　b：无水乙醇；　c：5 - 磺基水杨酸

图 6. 16　不同试剂固定后的血潜指纹显现效果

实验结果显示，未经固定就使用量子点溶液显现的血潜指纹的纹线模糊不清、残缺不全，且细节特征不明显，这是因为血液中的成分在水性溶液中易溶解扩散而使纹线破坏。而经过无水乙醇和 5 - 磺基水杨酸固定后的血潜指纹显现效果要优于前种方法，且后两者之间的显现效果差异不大，显现纹线均清晰流畅、细节特征明显。但是，经过强酸强碱试剂固定的指纹检材漂洗不彻底的话，会对酸碱敏感性的量子点溶液造成破坏，因此推荐使用无水乙醇作为固定试剂。

（二）固定时间考察

影响固定效果的因素除了固定试剂外，还包括固定时间，相同固定试剂的不同固定时间的显现效果也会产生明显差异。以固定效果优异的无水乙醇为固定试剂，将不锈钢表面的血潜指纹检材分别置于无水乙醇中浸泡0.5min、1min、5min，漂洗干净后再经量子点溶液显现，指纹显现效果如彩图31所示。

实验结果显示，指纹显现效果随着固定时间的延长而增强，固定0.5min后显现的指纹纹线模糊、乳突线和小犁沟多处扩散交汇在一起；固定1min后显现的纹线质量有所提升，纹线扩散交汇情况减少；固定5min后显现的纹线清晰连贯、细腻流畅，细节特征明显，无纹线扩散现象。造成这种现象的原因是，较长的固定时间可以使水溶性蛋白质变性更为充分，并牢固吸附在客体表面而不易溶解在水溶性环境中。但是，固定时间增加至5min以上时，蛋白质因充分固定而使得显现效果趋于稳定，因此，确定项目组采用无水乙醇固定血潜指纹的时间为5min。

（三）固定剂固定血指纹后量子点溶液显现时间考察

以黄色封箱胶带表面的新鲜血潜指纹为对象，研究显现时间对显现效果的影响。选用无水乙醇为固定试剂固定5min，清水漂洗干净后分别置于量子点溶液中浸泡0.5min、1min、3min、5min，指纹显现效果如彩图32所示。

实验结果显示，指纹显现效果随着显现时间的延长而增强，显现时间少于3min，则难以得到清晰的纹线，显现时间延长至5min时，纹线明亮清晰、细腻连贯，之后趋于稳定。相比于文献报道的最少40min显现时间，我们所选用的方法只需要5min就可以得到良好效果，大大提高了显现速率和办案效率。相比前面显现油潜指纹仅需1～3s，显现血潜指纹所需时间大幅增加，原因可能是无水乙醇固定蛋白质使得其中的活性基团失活，量子点结合位点减少，结合速度和效率下降所致。

（四）量子点显现血潜指纹适用客体考察

量子点溶液主要适用于显现非渗透性客体表面的指纹，因为渗透性客体会产生严重的背景吸附。本部分内容利用四种新型量子点溶液研究了皮革、胶带、塑料和金属等深色客体表面血潜指纹的显现效果，显现方法参照前面所述的优化条件，显现效果如图6.17所示。

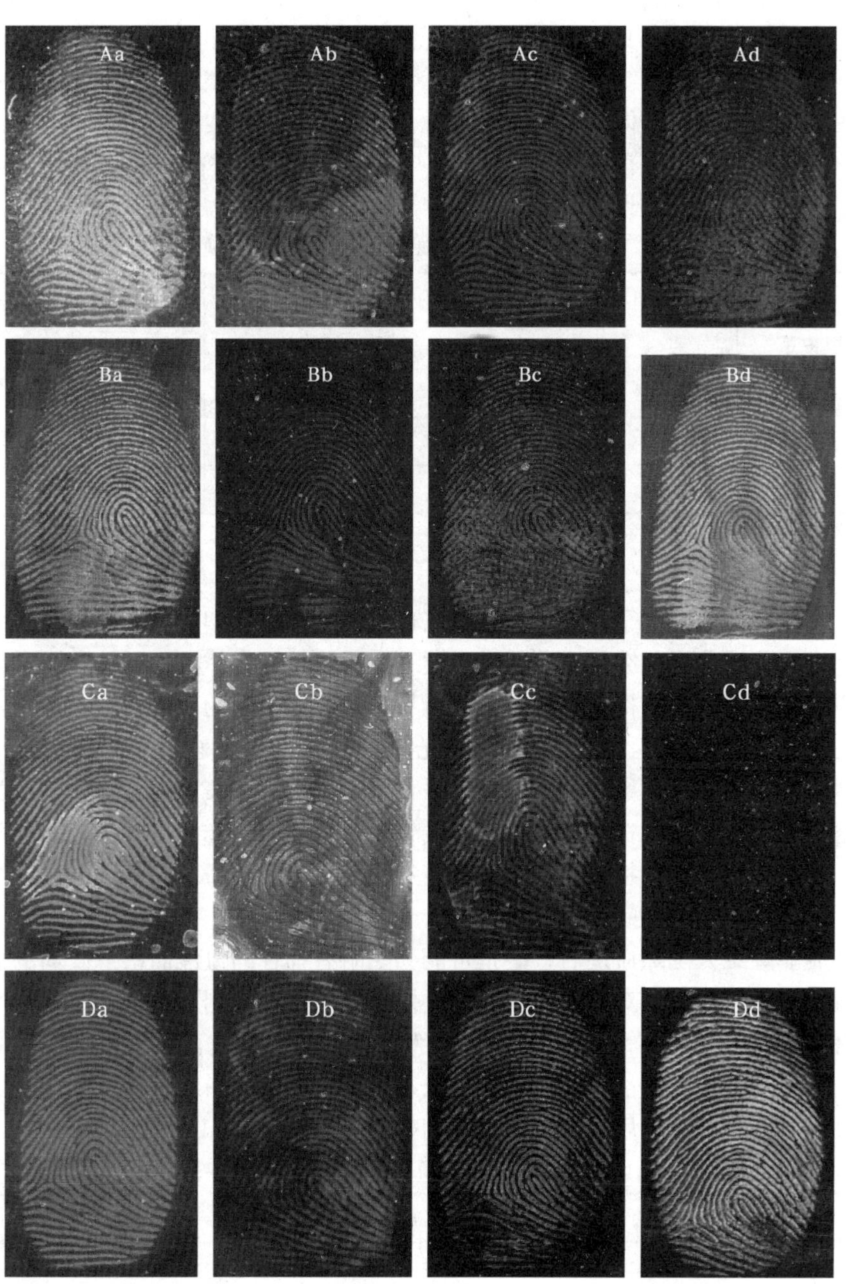

A：黑色皮革；B：黑色电工胶带；C：黑塑料；D：铝合金

a：MSA－CdTe； b：MPA－CdTe； c：BEA－CdTe； d：MSA－CdTe/CdSe

图6.17 不同客体表面血指纹的显现效果

实验结果显示（见表6.10），量子点溶液显现血潜指纹的效果较为优异，纹线总体质量良好，纹线均匀细腻，无传统染色法的纹线不均匀现象，无背景吸附。从不同显现客体的显现效果来说，金属>胶带>皮革>塑料；从不同修饰剂的量子点溶液来说，MSA>MPA>BEA，且MSA修饰的单核和核壳结构量子点溶液的显现效果差异不大。

表6.10 不同客体表面血潜指纹的量子点显现效果

客体	MSA－CdTe	MPA－CdTe	BEA－CdTe	MSA－CdTe/CdSe
黑皮革	+ + +	+ + +	+ + +	+ + +
黑塑料	+ + +	+ +	+ +	+ +
黑胶带	+ + +	+ + +	+ +	+ + +
铝合金	+ + +	+ +	+ + +	+ + +

注：“+ +”理想；“+ + +”非常理想。

实验还发现，量子点溶液不仅可以良好显现金属、塑料和皮革等深色非渗透性和无背景荧光的客体表面血潜指纹，对于渗透性客体或强背景荧光客体也可以取得较好效果。褐色硬板纸和红色易拉罐表面遗留的血潜指纹，无水乙醇固定后量子点浸显，再经365nm紫外光激发拍照，显现效果如彩图33所示。

实验结果显示，纸张和易拉罐等强背景荧光的客体表面的血潜指纹经量子点溶液显现后获得了良好的结果，纹线较为清晰连贯，和背景产生较明显的反差，可以分辨出细节特征，具备较高鉴定价值。

（五）显现灵敏度

犯罪嫌疑人洗除血迹后，手指可能会黏附有稀释的血液而留下微弱的血潜指纹，因此迫切需要对该类指纹显现效果良好的灵敏试剂。用蒸馏水将血浆逐级稀释成血浆浓度为50%、10%、1%和0.1%的储备液，手指分别蘸取上述储备液和空白血样溶液并在黄色封箱胶带表面垂直捺印指纹，再经无水乙醇固定和量子点溶液显现后的指纹效果分别如图6.18和表6.11所示。

表6.11 不同浓度血潜指纹的量子点显现效果

血样浓度（%）	MSA－CdTe	MPA－CdTe	BEA－CdTe	MSA－CdTe/CdSe
50	+ + +	+ + +	+ +	+ + +
10	+ + +	+ +	+ +	+ + +
1	+ +	+	+	+ +
0.1	+	－	－	+

注：“－”非常差；“+”较差；“+ +”理想；“+ + +”非常理想。

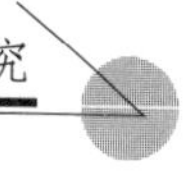

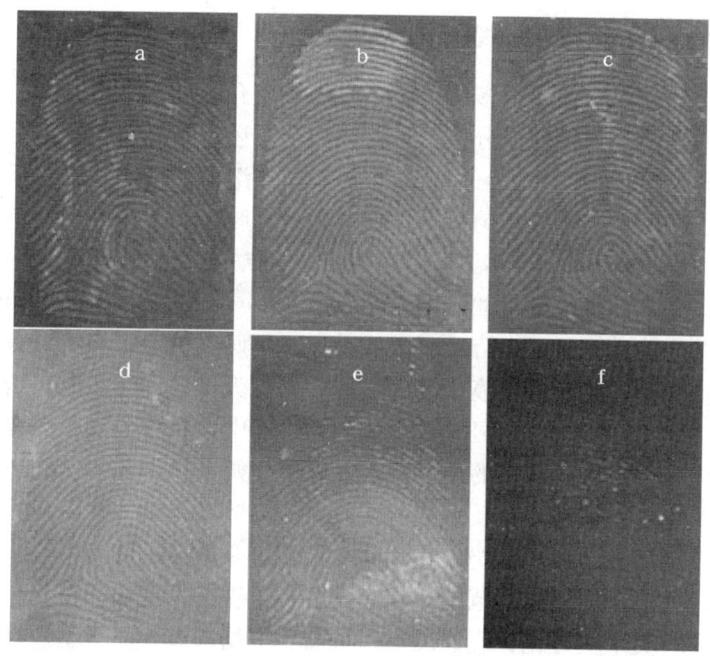

a：100%；b：50%；c：10%；d：1%；e：0.1%；f：0

图6.18　黄色封箱胶带表面不同浓度血潜指纹的显现效果

实验结果显示，不同配位剂修饰的量子点溶液的显现灵敏度具有较大的差异，相同浓度条件下的显现效果排序为 MSA > MPA > BEA，且 MSA 修饰的单核和核壳结构量子点溶液的显现效果差异不大。巯基丁二酸修饰的量子点溶液具有最高的灵敏度，甚至是0.1%浓度血潜指纹仍能得到较多细节特征，具备相当鉴定价值。从显现效果来看，10%～50%血浆浓度的血指纹显现效果最好，超过此范围显现质量均有所下降，原因是血浆非常黏稠，在手指表面黏附成厚厚一层，按捺形成指纹的乳突纹线和小犁沟易粘在一起而丢失细节特征。

（六）量子点显现陈旧血潜指纹的考察

手指蘸取50%浓度血浆样品后在黑色瓷砖和不锈钢表面按捺指纹，分别避光干燥保存1、15和30天，经无水乙醇固定后再用量子点溶液浸泡显现，得到的指纹效果如彩图34所示。

实验结果显示，量子点溶液可以良好显现保存时间30天以上的陈旧指纹，且保存时间的长短对显现效果无显著影响，相比于油潜指纹受遗留时间影响较大。血潜指纹的显现效果稳定性增强的原因可能是：血液成分比油脂更加稳定而不易挥发分解，黑色瓷砖和不锈钢客体的性质稳定而不会使纹线渗透和扩散。为保证陈旧指纹的良好显现效果，放置时间长的指纹检材应适当延长显现时间。

三、特殊介质成痕指纹

潜指纹的承载客体多种多样，潜指纹的成痕介质也是千变万化的，除了汗液、血液和油脂等内源性成分，常见的成痕介质还有食品、化妆品等，针对这些特殊介质成痕指纹的研究可以有效拓展量子点溶液的适用范围。手指蘸取适量的牛奶、护手霜，涂抹均匀后分别在黄色封箱胶带、铝合金和黑色皮革表面垂直按捺指纹，自然风干后无须任何前处理步骤，直接将检材浸入量子点溶液进行显现，得到的指纹效果如彩图 36 所示。

实验结果显示，量子点溶液可以成功显现牛奶、护手霜等特殊介质形成的潜指纹，特别是牛奶介质成痕指纹的显现效果极为优异，纹线明亮清晰、细腻连贯，甚至强于油潜指纹的显现效果。因为牛奶中含有大量氨基酸成分，可以为量子点颗粒提供数量众多的结合位点。除了牛奶和护手霜，实验还成功显现了防晒霜等化妆品和精液介质形成的指纹。

量子点溶液成功显现牛奶、化妆品、精液等介质形成的潜指纹，说明量子点溶液适用成痕介质且适用范围非常广泛，利于现场物证快速检测。因为现场指纹的介质种类千变万化，现场勘查人员需要根据指纹介质类型选择合适的显现方法，而指纹组成介质的判断并非易事。量子点溶液的成痕介质适用性广泛，解决了潜指纹显现方法的选择难题，方便快捷，具有重要的实用价值。

四、显现后物证保存考察研究

潜指纹检材经过可视化显现提取后往往还需要保存相当长时间，以备案件侦查和审理，因此，显现后的指纹检材的物证保存时间也是选择指纹显现方法时的重要参考因素之一。手指蘸取 50% 浓度血样后在铝合金表面按捺指纹，自然风干，无水乙醇固定后再用量子点溶液浸泡显现，分别避光保存 1、3 和 5 天后拍照固定，观察指纹的荧光持续时间和形态变化，得到的指纹效果如彩图 35 所示。

实验结果显示，量子点溶液显现后的血潜指纹检材可以保存较长时间，显现的指纹检材保存 5 天以内的成像效果无显著差异，纹线始终清晰明亮，无明显衰减，非常有利于物证的长时间有效稳定保存。量子点溶液显现后的纹线经多次紫外光照射后仍具有稳定的发射荧光，表明其具有良好的荧光稳定性和抗光漂白能力。实验还发现，量子点溶液二次浸显和延长相机曝光时间，可以有效改善成像效果、延长保存时间。

五、量子点显现指纹方法与传统显现方法比较

四甲基联苯胺和氨基黑 10B 是司法实践基层普遍采用的血潜指纹的灵敏显

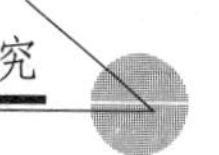

现试剂，主要是利用它们和血液成分的染色反应在浅色客体表面显现出可见纹线。试验选择铝合金和黄色封箱胶带为承载客体，手指蘸取10%浓度血样后在其表面按捺指纹，将指纹均分为两份，一份用脱脂棉蘸取常规显现试剂涂显，另一份用量子点溶液浸显，得到的指纹显现效果如彩图37所示。

实验结果显示，量子点溶液显现血潜指纹的效果要显著强于常规灵敏试剂四甲基联苯胺和氨基黑10B，经量子点溶液显现的指纹纹线更加清晰连贯、细腻流畅，细节特征也更为明显。[38-41]

量子点溶液和四甲基联苯胺、氨基黑10B等血潜指纹的常规显现试剂相比，具有以下优点：一是显现效果好，纹线清晰细腻，背景反差大；二是选择性好，背景吸附少，无过度显现现象；三是客体适用性广泛，受背景颜色制约小，适用于深色和浅色客体；四是灵敏度高，可成功显现0.1%浓度的血潜指纹，细节特征更清晰；五是操作简便，纹线质量易于控制；六是重复性好，显现效果受操作人员和操作水平的影响小；七是纹线信息全面准确，量子点原位吸附可以有效避免涂抹操作对细节特征的破坏，防止产生伪特征。[38,39]

六、小结

以血等特殊介质成痕指纹为研究对象，通过选择合适的固定试剂、固定时间和显现时间，得出了优化的血潜指纹量子点溶液显现方法。在最优的显现条件下，主要从客体适用范围、灵敏度、陈旧指纹、特殊介质成痕指纹、物证保存等方面对血潜指纹的显现效果进行了较为深入的研究，并将该方法和四甲基联苯胺、氨基黑10B等常规试剂进行了对比。

（1）确定了最优化的固定方法，固定方法包括固定试剂和固定时间两个方面。通过对比无水乙醇和酸碱试剂的固定效果，确定无水乙醇为固定试剂可以得到更好的显现效果，且其不会对量子点溶液造成破坏。而固定时间最少需要5min，以使水溶性蛋白质充分变性而牢固黏附在客体表面。

（2）研究优化了血潜指纹的显现时间，显现时间最少仅需5min，显著短于文献报道的同类型方法，但长于本书量子点溶液的油潜指纹显现时间，原因可能是无水乙醇固定蛋白质使得其中的活性基团失活，量子点结合位点减少，结合速度和效率下降。

（3）客体适用性研究表明：量子点溶液主要适合显现胶带、金属、塑料、皮革等非渗透性客体表面的血潜指纹，效果优异而无传统染色法的纹线不均和背景吸附现象。从不同显现客体的显现效果来说，金属 > 胶带 > 皮革 > 塑料；从不同修饰剂的量子点溶液来说，MSA > MPA > BEA。实验还成功显现出渗透性客体（如深色硬板纸）和强背景荧光客体（如红色易拉罐）表面的血潜指纹，纹线清晰，细节特征明显，具备较高鉴定价值。

（4）显现灵敏度研究表明量子点溶液对微弱血潜指纹具有很高的灵敏度，可以成功显现0.1%浓度血样形成的潜指纹，优于现有灵敏显现试剂四甲基联苯胺和氨基黑10B。实验发现，10% ~50%血浆浓度的血指纹显现效果最好，因为血样黏稠度合适而均匀覆盖在手指表面，遗留的纹线界限分明，连贯均匀。

（5）量子点溶液对保存30天以上的陈旧血潜指纹具有很好的显现效果，得到的纹线清晰而细腻。血潜指纹显现效果的稳定性强于油潜指纹，原因是血液成分比油脂更加稳定而不易挥发和分解。实验中需要注意，应适当延长陈旧指纹的显现时间。

（6）量子点溶液具有广泛的介质适用范围，可成功显现牛奶、化妆品、精液等特殊介质形成的潜指纹。特别是牛奶成痕指纹的显现效果非常优异，纹线明亮清晰、细腻连贯，可能因为其含有的丰富氨基酸提供了数量众多的结合位点。量子点溶液优异的成痕介质适用性，非常有利于现场物证的快速检测，省却了指纹介质判断和显现方法选择等难题。

（7）物证保存研究表明量子点溶液显现的血潜指纹检材可以稳定长期保存，放置5天内的检材成像效果稳定，纹线无明显衰减，说明量子点溶液具有良好的荧光稳定性和抗光漂白能力。通过量子点溶液二次浸显和延长相机曝光时间等方法，可以有效改善成像效果，进一步延长物证保存时间。

（8）研究对比了量子点溶液和四甲基联苯胺、氨基黑10B等常规试剂的血潜指纹显现效果，得出了量子点溶液显现效果的以下几大优势：一是纹线清晰细腻、背景反差大；二是选择性好，背景吸附少，无过度显现现象；三是客体适用性广泛，受背景颜色制约小，适用于深色和浅色客体；四是灵敏度高，可成功显现0.1%浓度的血潜指纹；五是操作简便，纹线质量易于控制；六是重复性好，人为因素干扰小；七是纹线特征准确可靠，量子点原位吸附可以有效避免涂抹操作对细节特征的破坏，防止产生伪特征。

本章使用的四种CdTe量子点溶液在血潜指纹的显现方面展现出了良好的性能，特别是巯基丁二酸修饰的量子点性能非常优异，不同修饰基团的显现性能排序大致为MSA > MPA > BEA。相同配位剂MSA修饰的单核和核壳结构碲化镉量子点溶液在显现性能上较为接近，前者略好于后者。但是，理论上核壳结构比单核结构量子点拥有更强的荧光强度、生物适配性和调控性能，针对核壳结构量子点的研究还有待于进一步的发展。

参考文献

[1] Alivisatos A P. Semiconductor clusters, nanocrystals, and quantum dots [J]. Sci, 1996, 271: 933 -937.

[2] 郑华靖，郑家贵，冯良桓，等．光谱分析气体状态对近空间升华沉积 CdTe 多晶薄膜的影响［J］．光谱学与光谱分析，2005，25（7）：1071.

[3] 王韦，张纪梅，郭宁，等．半导体 CdTe 纳米晶的合成及其光学性能［J］．应用化学，2006，23（4）：435.

[4] 陈辰嘉，王学忠，Bellani V，等．高组分稀磁半导体 $Cd_{1-x}Mn_xTe$/CdTe 超晶格的荧光谱研究［J］．光谱学与光谱分析，2006，26（3）：396.

[5] 秦元斌，杨曦，于俊生．巯基乙胺稳定的水溶性 CdTe 纳米粒子的合成与表征［J］．无机化学学报，2006，22（5）：851.

[6] 王柯敏，王益林，李朝辉，等．CdTe 量子点荧光猝灭法测定铜离子的研究［J］．湖南大学学报（自然科学版），2005，32（3）：1－5.

[7] Rajh T, Micia O I, Nozik A J. Synthesis and characterization of surface－modified colloidal CdTe quantum dots［J］. J Phys Chem, 1993, 97: 11999－12003.

[8] Rogach A L, Katsikas L, Kornowski A, et al. Synthesis and characterization of thiol－stabilized CdTe nanocrystals［J］. Ber Bunsen－Ges Phys Chem, 1996, 100（11）: 1772－1778.

[9] Gao M, Rogach A L, Kornowski A, et al. Strongly photoluminescent CdTe nanocrystals by proper surface modification［J］. J Phys Chem B, 1998, 102（43）: 8360－8363.

[10] Gaponik N, Talapin D V, Rogach A L, et al. Thiol－capping of CdTe nanocrystals: an alterative to organometallic synthetic routes［J］. J Phys Chem B, 2002, 106: 7177－7185.

[11] Li L, Qian H, Ren J. Rapid synthesis of highly luminescent CdTe nanocrystals in the aqueous phase by microwave irradiation with controllable temperature［J］. Chem Commun, 2005（4）: 528－530.

[12] He Y, Lu H－T, Sai L－M, et al. Microwave－assisted growth and characterization of water－dispersed CdTe/CdS core－shell nanoerystals with high photoluminescence［J］. J Phys Chem B, 2006, 110（27）: 13370－13374.

[13] He Y, Lu H－T, Sai L－M, et al. Synthesis of CdTe nanocrystals through program process of microwave irradiation［J］. J Phys Chem B, 2006, 110（27）: 13352－13356.

[14] He Y, Lu H－T, Sai L－M, et al. Microwave－assisted synthesis of water－dispersed CdTe nanocrystals with high luminescent efficiency and narrow size distribution［J］. Chem Mater, 2007, 19（3）: 359－365.

[15] Wang C L, Zhang H, Zhang H, et al. Application of ultrasonic irradiation in aqueous synthesis of highly fluorescent CdTe/CdS core－shell

nanocrystals [J]. J Phys Chem C, 2007, 111 (6): 2465 – 2469.

[16] Zhang H, Wang L, Xiong H, et al. Hydrothermal synthesis for high – quality CdTe nanocrystals [J]. Adv Mater, 2003, 15 (20): 1712 – 1715.

[17] Guo J, Yang W, Wan C. Systematic study of the photolumininescence dependence of thiol – capped CdTe nanocrystals on the reaction conditions [J]. J Phys Chem B, 2005, 109 (37): 17467 – 17473.

[18] Li J, Hong X, Li D, et al. Mixed ligand system of cysteine and thioglycolic acid assisting in the synthesis of highly luminescent water – soluble CdTe nanorods [J]. Chem Comrnun, 2004 (15): 1740 – 1741.

[19] Tang B, Niu J, Yu C, et al. Highly luminescent water – soluble CdTe nanowires as fluorescent probe to detect copper (Ⅱ) [J]. Chem Commun, 2005 (33): 4184 – 4186.

[20] Tang Z, Kotov N A, Giersig M. Spontaneous organization of single CdTe nanoparties into luminescent nanowires [J]. Sci, 2002, 297: 237 – 240.

[21] Zhang H, Wang D, Mohwald H. Ligand – selective aqueous synthesis of one dimensional CdTe nanostructures [J]. Angew Chem Int Ed, 2006, 118 (5): 762 – 765.

[22] Niu H, Gao M. Diameter – tunable CdTe nanotubes templated by 1D nanowires of cadmium thiolate polymer [J]. Angew Chem Int Ed Engl, 2006, 45 (39): 6462 – 6466.

[23] Tang Z, Zhang Z, Wang Y, et al. Self – assembly of CdTe nanocrystals into free – floating sheets [J]. Sci, 2006, 314: 274 – 278.

[24] 刘岩．水相碲化镉半导体纳米晶体的合成及其应用研究 [D]. 吉林大学博士学位论文，2008.

[25] 黄校亮．水相微波法合成 CdTe 半导体纳米粒子的合成及其在指纹检测中的应用 [D]. 吉林大学硕士学位论文，2008.

[26] Becue A, Moret S, Champod C, et al. Use of quantum dots in aqueous solution to detect blood fingerprints on non – porous surfaces [J]. Forensic Sci Int, 2009, 191: 36 – 41.

[27] Catherine J M. Optical sensing with quantum dots [J]. Anal Chem, 2002, 74 (19): 520 – 526.

[28] 石志霞．Ⅱ – Ⅵ族半导体量子点的合成及其在指纹显现中的应用 [D]. 北京化工大学硕士学位论文，2009.

[29] 王永刚．CdTe、ZnO 和 Fe3O4 纳米材料显现手印应用研究 [D]. 中国人民公安大学硕士学位论文，2010.

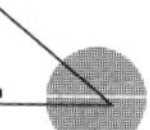

[30] 夏彬彬 . CdS、CdSe 和 CdTe 量子点溶液显现手印综合评价研究 [D]. 中国人民公安大学硕士学位论文，2011.

[31] Nonoguchi Y，Nakashima T，Kawai T. Temperature - Dependent Exciton Recombination Dynamics of CdTe Nanocrystals [J]. Journal of Physical Chemistry C，2006，112 (49)：19263 - 19267.

[32] 夏彬彬，杨瑞琴，王彦吉，等 . CdSe/TGA 与 CdS/PAMAM 量子点溶液显现胶带粘面油汗手印性能比较研究 [J]. 刑事技术，2010 (5)：39 - 42.

[33] 王珂，杨瑞琴，夏彬彬，等 . 水溶性荧光量子点 $Zn_xCd_{1-x}Se$ 的合成以及在血潜手印显现中的应用 [J]. 材料导报，2010，24 (12)：21 - 24.

[34] 陈蕊丽，徐雯，温倩文，等 . 胶带粘面的血潜手印显现方法实验研究 [J]. 刑侦技术，2009 (5)：23 - 26.

[35] 王贵青 . 氨基黑 10B 显现血手印实验研究 [J]. 云南警官学院学报，2012 (3)：68 - 71.

[36] 陈振乾 . 考马斯亮蓝显现蛋白手印研究 [J]. 四川警官高等专科学校学报，2006，18 (3)：36 - 39.

[37] 夏彬彬，杨瑞琴，王彦吉，等 . 深色物体表面血手印的 CdSe 量子点标记荧光显像 [J]. 应用化学，2011，28 (6)：689 - 694.

[38] 杨瑞琴，夏彬彬，王彦吉，等 . CdTe 量子点溶液显现潜指纹影响因素研究 [J] . 中国人民公安大学学报，2012 (2)：1 - 5.

[39] Cai Kaiyang，Ruiqin Yang，Yanji Wang. Super fast detection of latent fingerprints with water soluble CdTe quntum dots [J] . Forensic Science International，2013. 226：240 - 243.

[40] 蔡铠阳，杨瑞琴，王彦吉 . 巯基丁二酸包覆的 CdTe 量子点溶液显现潜指纹影响因素研究 [J] . 材料导报，2012，26 (7)：101 - 103.

[41] 蔡铠阳，杨瑞琴，王彦吉 . 巯基丁二酸修饰的锑化镉量子点溶液显现不同客体表面潜指纹 [J] . 应用化学，2012，29 (11)：1335 - 1339.

第七章 掺镉硒化锌显现潜指纹应用研究

2008 年，本项目组[1]利用纳米材料 CdS/PAMAM G5.0 对三种常见金属上的油汗指纹进行了显现，并且与常规方法做了比较。相比于罗丹明 6G 和 BBD 显现液，纳米 CdS/PAMAM G5.0 显现金属表面的指纹具有更理想的效果，它的选择性吸附性能、荧光强度优异；显现后的指纹纹线流畅、细节特征明显；既可以在日光下成像又可以在紫外灯下成像，因此应用更加广泛。

为了尽量减少镉的含量，使合成的纳米材料更加绿色、环保，根据文献报道，以 Se 粉、Na_2SO_3、$Zn(NO_3)_2 \cdot 6H_2O$、$Cd(NO_3)_2 \cdot 2H_2O$ 为原料，采用巯基丙酸（MPA）为表面修饰剂，最终制得了分散均匀、粒径在 3 ~ 5nm 之间的 $Zn_{0.77}Cd_{0.23}Se$ 量子点溶液，大大简化了合成工艺。

Hines 等人利用 $Zn(C_2H_5)_2$ 为前驱体，以十六胺和三辛基膦（TOP）为配体合成了 ZnSe 量子点[2]。2004 年，LiLs，Pradhan N，Wang Y，et al[3]研究出以硬脂酸锌为前驱体，在十八胺和十八碳烯中制备出高质量的 ZnSe 量子点。Mn 掺杂制备的 ZnSe 量子点也有报道[4]。水相中合成的 ZnSe 量子点基本以巯基乙酸（TGA）为稳定剂，氯化锌、硼氢化钠和 Se 粉为原料。这种合成方法成本较低、合成条件宽松，但是量子产率相对较低。

黄朝表等人[5]在水相中，以巯基乙酸（TGA）为稳定剂合成了具有短波荧光的 ZnSe 量子点，实验结果表明，通过补加 Zn^{2+} 和 TGA 可以增加 ZnSe 量子点表面 ZnS 壳层的厚度，更好地钝化其表面以增加量子点的稳定性，同时可以提高光诱导荧光增敏效率。这项研究为进一步提高水相法合成的其他类型的量子点的荧光量子产率和稳定性提供了一条新的思路。

为了研究光诱导荧光增敏的 pH 效应，李舒艳等人[6]在水相中以巯基乙酸为稳定剂，通过 Zn^{2+} 和 NaHSe 反应合成了 ZnSe 量子点溶液。研究发现新合成的溶液几乎没有荧光强度，而经紫外光照处理后量子产率显著提高；研究还发现 pH 值的变化直接影响 ZnSe 量子点溶液的稳定性。

Vladimir 等人[7]为了探索添加镉的量的不同对荧光的影响，以巯基乙酸为稳定剂合成了 ZnSe 量子点溶液以及不同配比的 $Zn_{1-x}Cd_xSe$ 溶液，发现镉的添加直接影响了发光的蓝移。$Zn_{1-x}Cd_xSe$ 溶液的最大发射波长在 390 ~ 460nm 范围内，荧光量子产率在 20% ~ 30% 之间。实验的重复性较好，具有潜在的应用价值。Deng 等人[8]合成了水溶性的 ZnSe 以及不同比例的 $Zn_xCd_{1-x}Se$（0 <

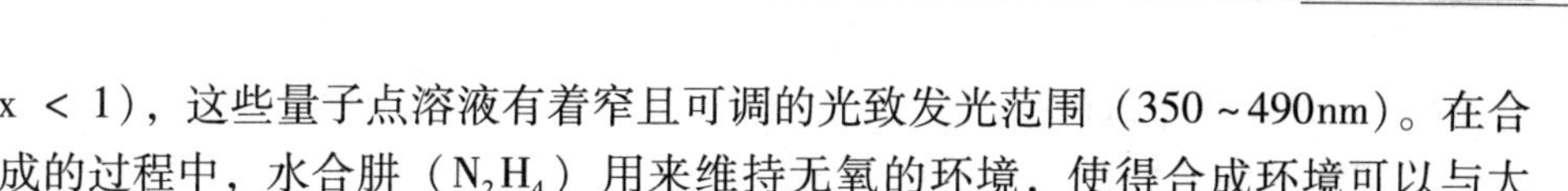

x < 1)，这些量子点溶液有着窄且可调的光致发光范围（350～490nm）。在合成的过程中，水合肼（N_2H_4）用来维持无氧的环境，使得合成环境可以与大气相通，不需要氮气保护。

第一节　$Zn_{0.77}Cd_{0.23}Se$ 量子点溶液的制备及其表征

采用巯基丙酸（MPA）为修饰剂，以 $Zn(NO_3)_2 \cdot 6H_2O$、$Cd(NO_3)_2 \cdot 2H_2O$ 和 Na_2SeSO_3 分别作为 Zn 盐、Cd 盐和 Se 的前体，水合肼为抗氧化剂，在有氧条件下合成了水溶性的 $Zn_xCd_{1-x}Se$ 量子点。

一、水溶性荧光量子点 $Zn_xCd_{1-x}Se$ 的合成

（一）合成步骤

1. Se 盐前体 – Na_2SeSO_3 溶液的制备

在三口烧瓶中加入去离子水和一定量的 Na_2SO_3，通 N_2 除氧，搅拌，再加入一定量的 Se 粉，加热回流至沸腾，回流反应得到 Na_2SeSO_3 前体。

2. 巯基丙酸（MPA）修饰 Cd 盐前体的制备

取一定量的 $Cd(NO_3)_2 \cdot 2H_2O$ 于去离子水的三口烧瓶中，加入几滴 MPA，用 NaOH 调节溶液 pH。

3. 水溶性 $Zn_xCd_{1-x}Se$ 量子点的合成

在装有去离子水的三口烧瓶中加入一定量的 $Zn(NO_3)_2 \cdot 6H_2O$，加入数滴巯基丙酸（MPA），调节溶液 pH，然后加入一定量的水合肼，并加入 Na_2SeSO_3 溶液，随后将混合溶液加热到沸腾，回流后加入 MPA 修饰的 Cd 盐前体，继续回流，即可得到 Cd 掺杂的水溶性 $Zn_xCd_{1-x}Se$ 量子点。调节［Zn/Cd］比，改变合成 $Zn_xCd_{1-x}Se$ 量子点中的 x 值。反应方程式如图 7.1 所示。

图 7.1　$Zn_xCd_{1-x}Se$ 量子点的合成过程（$X = Zn_xCd_{1-x}Se$）

（二）合成条件的优化

1. 回流时间的选择

回流反应 2h 过程中，可以看到溶液由无色变为淡黄色，最后变为亮黄色。ZnSe 量子点发射波长在 430nm 左右，而 CdSe 量子点的最佳发射波段在 580 nm 左右，由于复合纳米晶的禁带宽度介于硒化锌和硒化镉之间，所以 $Zn_xCd_{1-x}Se$ 量子点的荧光发射波长介于 430～580nm 之间。水浴时间较短时，溶液的量子点呈无定形状态，表面结构缺陷多，从而大大地降低了样品的荧光强度，随着水浴时间的延长，量子点逐渐生长完善，结晶性能变好，使得溶液的荧光性能大为增强。在回流 25min 到 2h 的过程中，随着回流时间的延长，加速了粒子的奥氏熟化过程，使得粒径增大，溶液的荧光光谱出现了红移。因此，我们选择回流时间为 2h，以利于量子点溶液的稳定。

2. 修饰剂对荧光强度的影响

考察修饰剂巯基丙酸（MPA）、巯基乙醇（ME）、巯基乙酸（TGA）对量子点荧光强度的影响。从图 7.2 可以看出，在合成 $Zn_xCd_{1-x}Se$ 过程中，MPA 对其荧光强度和稳定性均强于 ME 和 TGA 等修饰剂，而用巯基乙酸（TGA）修饰的 $Zn_xCd_{1-x}Se$ 溶液聚沉，稳定性不好。用修饰剂 ME 合成样品稳定性较好，但与指纹纹线结合不好，对潜指纹显现不明显。所以，选用 MPA 作为稳定剂和修饰剂。

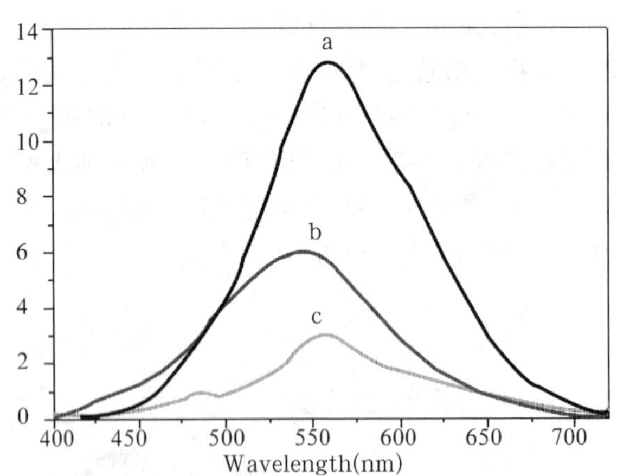

a：巯基丙酸（MPA）；b：巯基乙醇（ME）；c：巯基乙酸（TGA）

图 7.2　不同修饰剂对 $Zn_xCd_{1-x}Se$ 量子点荧光强度的影响

3. pH 的影响

水相中的 $Zn_xCd_{1-x}Se$ 表面包覆巯基丙酸（MPA），在弱碱环境下，Cd^{2+} 与 R－SH 有很强的配位作用，溶液中 MPA 与 Cd^{2+} 紧密地附着在 $Zn_xCd_{1-x}Se$ 粒子表面，在 $Zn_xCd_{1-x}Se$ 表面包覆着一些 Cd^{2+} – SR 复合物，同时也有部分 Cd^{2+} 与过量的 OH^- 形成 $Cd(OH)_2$，覆盖在 $Zn_xCd_{1-x}Se$ 表面形成复合物，因此，$Zn_xCd_{1-x}Se$ 量子点外表包覆巯基量的增加与复合结构的形成都能够使 $Zn_xCd_{1-x}Se$ 粒子表面缺陷减少，使其发射峰荧光强度增强；而在强碱性环境下，过量的 $Cd(OH)_2$ 覆盖在 $Zn_xCd_{1-x}Se$ 表面，产物纯度减弱，同时 Cd^{2+} – SR 的配位能力增强，由于空间位阻以及电荷排斥作用，吸附在 $Zn_xCd_{1-x}Se$ 外表面的 Cd^{2+} – SR 复合物逐渐减少，同时巯基化合物中的 – SH 也易被氧化，从而使 $Zn_xCd_{1-x}Se$ 荧光强度降低。因此，实验选择在弱碱性条件下合成 $Zn_xCd_{1-x}Se$ 量子点溶液。

4. 硒与镉的比例

在复合晶体形成过程中，镉离子的取代引起了阴阳离子间距变大，取代结果使得复合晶体电子云分布发生偏移，从而使得电子跃迁能量发生变化。随着镉含量的增加，$Zn_xCd_{1-x}Se$ 量子点溶液的禁带宽度便相应地变窄，发光强度向红光方向移动。ZnSe 最佳发射波长在 430nm 左右，发蓝紫光。当 $x = 0.95$ 时，出现的最大发射峰红移到 518nm 出峰；当 $x = 0.77$ 时，荧光谱图红移到最大发射波长为 565nm。继续增加镉的含量，谱图继续红移，但红移多少很大程度上取决于其禁带宽度的大小，见图 7.3。

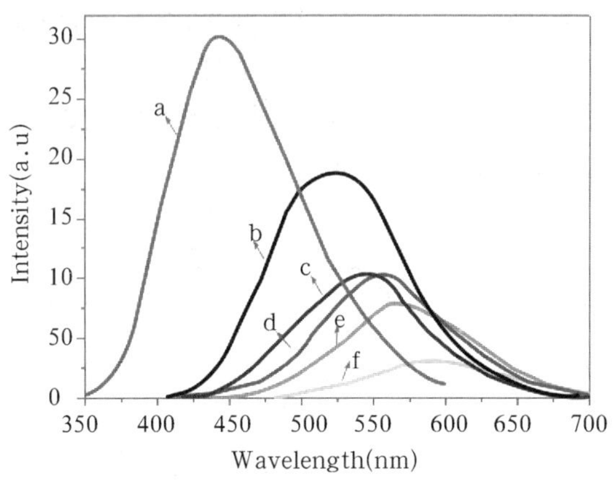

x 值为 a：1；b：0.95；c：0.82；d：0.77；e：0.65；f：0.53

图 7.3　不同 Zn、Cd 比例的 $Zn_xCd_{1-x}Se$ 量子点荧光发射光谱

Zn、Cd、Se 在合成时的比例不同，反应在荧光谱图中的荧光强度亦不同，其中当 Zn：Cd = 1：0.1 时荧光强度最强，经指纹的批量统计显现后发现，此时溶液与指纹结合后反应到指纹纹线上亮度很弱。尽管 $x = 0.77$ 时荧光谱图的强度不是最强的，但经比较此时溶液与指纹的结合最好，荧光强度最强。显现潜指纹

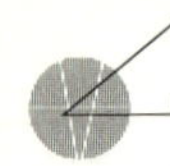

时，其荧光强度的大小取决于结合上多少量子点溶液，故 x =0.77 时，量子点溶液吸附到潜指纹的量越多，与指纹结合越好。因此，结合潜指纹显现情况，我们选用最佳掺杂摩尔配比为 x =0.77 的 $Zn_{0.77}Cd_{0.23}Se$ 的量子点作为潜指纹显现的最佳条件。

此外，镉的毒性较大，对人体的肾、肺、肝、睾丸、脑、骨骼及血液系统均可产生很大伤害。以往项目组研究显现潜指纹的镉系列量子点（CdS，CdSe，CdTe），镉的比例过高，不利于操作人员的健康。实验选用 Zn：Cd 比例为0.77：0.23，将镉的比例控制在低比例范围内，尽量满足绿色、环保的要求。

二、水溶性荧光量子点 $Zn_xCd_{1-x}Se$ 的表征

取 300mL 合成的 $Zn_xCd_{1-x}Se$ 量子点溶液，加入同体积的丙酮，搅拌使其沉淀。沉淀分离后用少量去离子水溶解，然后再加丙酮沉淀，如此操作 2～3 次，最后得到黄色的 $Zn_xCd_{1-x}Se$ 粉末，用 XRD 表征材料。

（一）荧光光谱分析

水溶性荧光量子点 $Zn_{0.77}Cd_{0.23}Se$ 的荧光发射谱图与激发谱图如图 7.4 所示，以 365nm 波段做荧光激发光源时，$Zn_{0.77}Cd_{0.23}Se$ 量子点的最佳发射波长在 565nm 左右。同时以 565nm 做量子点的激发光谱时，可以看到溶液在 290～475nm 间都有激发，说明用 290～475nm 间的任意波长激发，都可以得到荧光发射光谱谱图。不同激发波长会影响发射光谱的强度，水溶性荧光量子点 $Zn_{0.77}Cd_{0.23}Se$ 的最佳激发波长在 440nm。

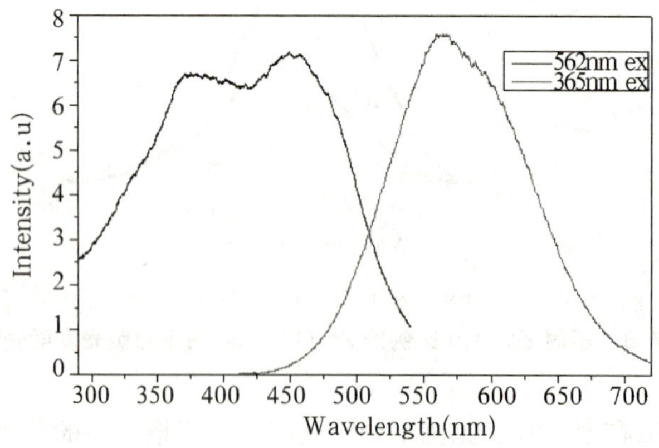

图 7.4　$Zn_{0.77}Cd_{0.23}Se$ 的荧光激发谱图

实验时取 365nm 波段光源作为激发光源，激发溶液后肉眼看到的是黄色荧光，如彩图 38 所示。这样的荧光性能有利于显现潜指纹时消除背景杂色、背景荧光和激发光源的干扰，从而检测出清晰明亮的指纹纹线。

（二）透射电镜分析

图 7.5a 为以巯基丙酸为修饰剂合成的 $Zn_{0.77}Cd_{0.23}Se$ 的透射电镜图，可以看出制得的 $Zn_{0.77}Cd_{0.23}Se$ 纳米颗粒大体呈球状，平均粒径约为 5nm。图 7.5b 为 $Zn_{0.77}Cd_{0.23}Se$ 的 HRTEM 照片，可以清楚看到 $Zn_{0.77}Cd_{0.23}Se$ 的晶格条纹，粒径尺寸分布均匀，分散性较好。

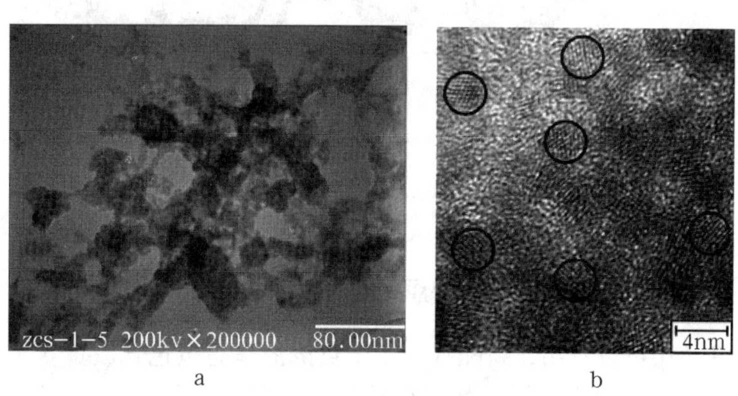

a：TEM； b：HRTEM

图 7.5 $Zn_{0.77}Cd_{0.23}Se$ 的电镜表征图

（三）X 射线衍射分析

图 7.6 为从水相中分离出的 ZnSe 和 $Zn_{0.77}Cd_{0.23}Se$ 粉末样品的 XRD 图，由 ZnSe 的衍射峰看出，对应的三个衍射峰分别是 ZnSe 的（111）、（220）、（311）晶面的特征峰，完全符合 ZnSe 的标准衍射卡峰位（PDF#80－0021）。随着镉组分的加入，$Zn_{0.77}Cd_{0.23}Se$ 纳米晶衍射峰位置发生移动，这是由于 Cd^{2+} 半径大于 Zn^{2+} 半径，当 Cd^{2+} 进入硒化锌晶格替代部分锌后，会导致 $Zn_{0.77}Cd_{0.23}Se$ 晶格常数增大，从而 $Zn_{0.77}Cd_{0.23}Se$ 纳米晶的衍射峰向低角度方向移动。

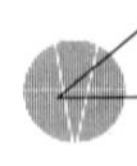

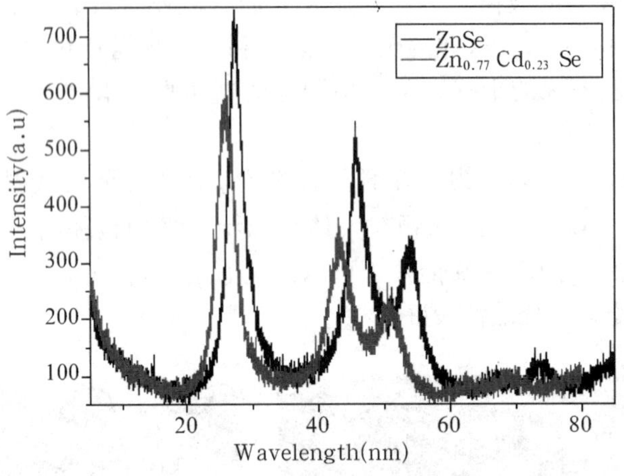

图 7.6　X 射线衍射分析

三、$Zn_{0.77}Cd_{0.23}Se$ 量子点溶液稳定性分析

从图 7.7 中可以看出，新配置的量子点溶液呈亮黄色，放置 6 个月以后，量子点溶液发生了聚沉，说明量子点颗粒的长大。量子点溶液的聚沉可以用 Ostwald 熟化现象来解释，Ostwald 熟化是 Wilhelm Ostwald 在 1896 年发现的一种描述固溶体中多相结构随着时间变化而变化的现象。

从左至右：新制备、放置 3 个月、放置 6 个月

图 7.7　$Zn_{0.77}Cd_{0.23}Se$ 量子点溶液

一些具有高能的因素会导致大的析出物长大，而小的析出物萎缩类似大球吃小球的过程，如图 7.8 所示。

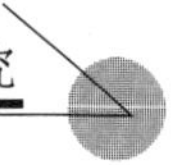

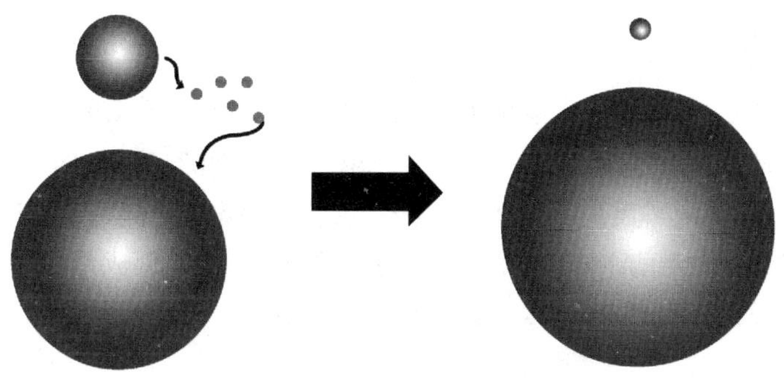

图 7.8　Ostwald 熟化示意图

量子点的原始尺寸大部分取决于核形成到核生长这一阶段，随着时间的增加，就会经历 Ostwald 熟化过程，在这个过程中小颗粒量子点的高表面自由能促使它们溶解并沉积在大颗粒量子点上，随着量子点数量减少而粒径变大，聚沉会导致量子点表面自由能降低，这个过程在热力学上是自发过程。导致体系较长时间稳定存在的原因应该是体系存在一系列亚稳定状态，而从亚稳态到最终的热力学平衡态则需要较长的时间，因此体系的稳定性在动力学上可以得到保障。

此外，从图 7.9 中可以看出，放置一个月的量子点溶液的发射光谱的强度有所下降，而相应的激发光谱的强度略微增强。因此，为了保证潜指纹的荧光强度，显现潜指纹时最好选用刚配置的量子点溶液，同时为了避免溶液的聚沉，溶液应当放置在避光处。

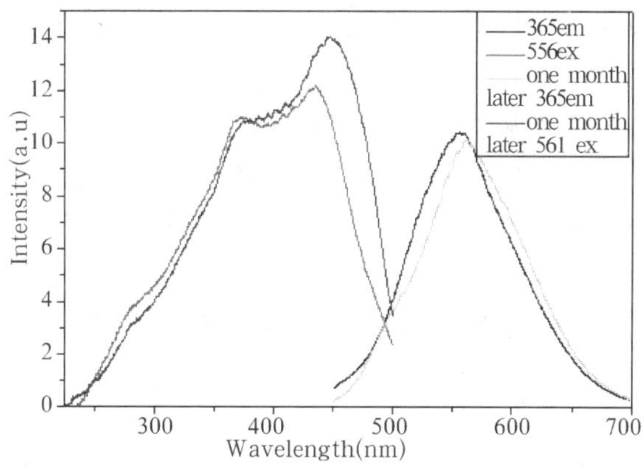

图 7.9　放置一个月后量子点溶液荧光光谱的变化图

四、小结

以巯基丙酸（MPA）为修饰剂合成了水溶性荧光量子点 $Zn_xCd_{1-x}Se$ 溶液，通过合成条件的优化，最终合成了适宜于潜指纹显现的量子点溶液，确定了合成的回流时间为2h、反应溶液为弱碱环境，硒与镉的比例为0.77：0.23。通过透射电镜、荧光光谱以及X衍射光谱表征结果显示出合成产物具有优异的、适合指纹成像的荧光性能，具有潜在的应用价值。

第二节 $Zn_{0.77}Cd_{0.23}Se$ 显现潜指纹优化条件研究

一、检材制作与显现条件

（一）检材制作

志愿者在自然状态下在客体上以适度力量捺印指纹样本。

（二）显现方法

将胶带顺着手指的方向从中间剪成两部分：一部分完全浸泡在制备好的 $Zn_{0.77}Cd_{0.23}Se$ 量子点溶液中，浸泡一段时间后用镊子取出，用自来水漂洗干净，除去胶带表面残留的显现液，置于干净的载玻片上自然晾干；另一部分检材放在比对溶液中处理后再进行指纹固定后的比对工作。

（三）固定方法

将取出的检材放到暗室的数码相机（尼康D80）下，利用多波段光源的365nm光源作为激发光源进行拍照固定，然后进行比对分析。

（四）显现条件的优化

1. 溶液的pH值的影响

将量子点溶液的pH值用氨水和醋酸调到6～13，在每个pH点分别捺印同等条件的100枚潜指纹，观测在不同pH值条件下潜指纹显现的效果。

2. 温度的影响

将量子点溶液的温度分别调节到60℃和80℃，比较溶液在常温和加热后显现潜指纹的差异。

3. 表面活性剂吐温20的影响

分别配制吐温20浓度为0、0.02%、0.04%的量子点溶液，比较吐温20浓度对显现潜指纹效果的差异。

4. 显现时间的影响

分别将潜指纹浸泡不同时间，比较显现时间对潜指纹显现效果的差异。

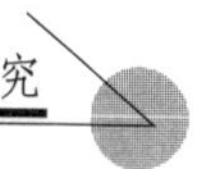

二、显现效果分析

（一）pH 值对溶液稳定性及其手印荧光强度的影响

由表 7.1 可以看出，$Zn_{0.77}Cd_{0.23}Se$ 量子点溶液的稳定性随着 pH 值的上升而增强。由于合成的 $Zn_{0.77}Cd_{0.23}Se$ 量子点溶液颗粒包覆巯基丙酸，它具有一定的电离性，MPA 中巯基的解离常数 pK_a 为 10，在酸性条件下，MPA 呈未解离状态，因此不易结合在 $Zn_{0.77}Cd_{0.23}Se$ 量子点表面，强碱环境下巯基易被氧化，这两种情况都会造成溶液的聚沉；在弱碱环境下，MPA 快速解离，附着在 $Zn_{0.77}Cd_{0.23}Se$ 量子点表面，溶液稳定，避免了因快速聚集引起的沉淀现象；此外，在弱碱性环境中，羧基电离带负电荷，合成产物因为同种电荷相互排斥，因此溶液体系的稳定性较好。

表 7.1　不同 pH 值下显现液的性能

pH 值	溶液状态
13	沉淀
12	沉淀
11	澄清透明
10	澄清透明
9	澄清透明
8	溶胶
7	沉淀
6	沉淀

因为溶液的 pH 值在 11 以上或 9 以下都为沉淀或溶胶状态，所以我们考察 pH 值 9 ~ 11 潜指纹的显现情况。

经 Spss13.0 软件统计分析，三种不同 pH 值对胶带黏面潜指纹显现效果差异有统计学意义（$\chi^2=151.075$，$P<0.001$），在潜指纹显出率上，pH 值为 11 的显现效果高于其他两个 pH 值，见表 7.2。

表 7.2　不同 pH 值对胶带黏面上潜指纹显现效果比较

pH	胶带黏面潜指纹显现效果		合计	显现率（%）	χ^2	P
	显现完好＊	显现一般＊＊				
9	11	89	100	11	151.075	<0.001
10	38	62	100	38		
11	96	4	100	96		
合计	145	155	300	48.3		

注：＊表示显现效果为“+++”；＊＊表示显现效果为“+”、“++”。“+++”表示纹线完整、连贯、清晰或背景污染小，整体反差理想；“++”表示纹线较为连贯、清晰，偶尔出现断线或连线，整体反差较好；“+”表示纹线连贯性较差、较模糊。

不同 pH 值下显现潜指纹效果如彩图 39 所示，溶液的酸碱性也显著影响其发光程度，pH 值在 9～11 区间溶液的荧光强度较强，在 pH 值等于 11 的时候达到了最大值。有以下两个原因：其一，水相中 Zn^{2+} 和 MPA，Cd^{2+} 和 MPA 之间可以形成不同类型的多核复合物，且复合物的形态很大程度上取决于溶液的 pH 值。我们在合成 $Zn_{0.77}Cd_{0.23}Se$ 量子点溶液时过量的 Zn^{2+} 以及 MPA 的存在保证了两者有形成不同复合物的可能。适当的碱性条件下，溶液中的 MPA 和 Zn^{2+} 紧密地附着在 $Zn_{0.77}Cd_{0.23}Se$ 粒子表面，在 $Zn_{0.77}Cd_{0.23}Se$ 的表面包覆着一些 $Zn^{2+}-SR$ 复合物，同时也有部分 Zn^{2+} 与 OH^- 形成 $Cd(OH)^-$，覆盖在 $Zn_{0.77}Cd_{0.23}Se$ 表面，形成复合结构，因此 $Zn_{0.77}Cd_{0.23}Se$ 量子点外表包覆巯基量的增加与复合结构的形成都能够使粒子表面的缺陷减少，使得 $Zn_{0.77}Cd_{0.23}Se$ 的发射峰荧光强度增强。其二，潜指纹残留物中含有很多带有氨基的物质，溶液 pH 值的不同将会影响氨基带电性能，从而影响纳米材料的稳定性以及同潜指纹残留物质结合的能力。

（二）显现温度的影响

从不同温度条件显现的胶带来看，在相同显现时间（30min），常温和加热条件下，两者的实验效果存在差异。在常温下经量子点溶液显现的纹线较细腻、光滑、流畅，而加热后，60℃小犁沟已经有部分吸附，加热到 80℃时显现过度，已经难以分辨出潜指纹的细节特征，如图 7.10 所示。

温度对溶质的运动速度有一定的影响，温度越高，颗粒运动速度越快，颗粒的无规则运动使得潜指纹的小犁沟也有吸附，造成潜指纹的显现过度。因此，在加热条件下，缩短潜指纹的显现时间（如 10min）就可以得到良好的显现效果；但是由于纳米颗粒的比表面积大，呈热力学不稳定状态，经加热后的量子点溶液里的粒径变大，根据表 7.3 中粒子粒径与布朗运动、沉降运动的关系，我们可以知道，纳米颗粒的粒径越大，布朗运动平均位移距离越长，从而

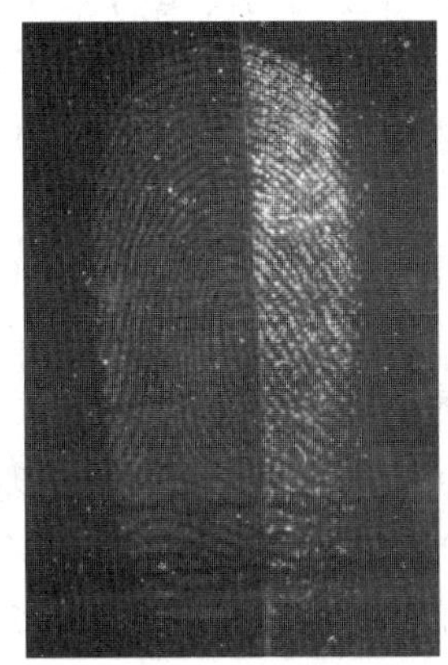

25℃　　60℃　　　　　　25℃　　80℃

图 7.10　不同温度显现潜指纹的效果图

使沉降高度越大，这样易于加速溶液的聚沉，使得溶液的使用寿命缩短。因此，我们通常选择常温进行浸显。

表 7.3　粒子粒径与布朗运动、沉降运动的关系

粒径/nm	1	10	100	1000	10000
布朗运动平均位移距离/nm	6.552×10^3	2.072×10^3	6.552×10^2	2.072×10^2	6.552×10
沉降高度/nm	1.265×10^{-6}	1.265×10^{-4}	1.265×10^{-2}	1.265	1.265×10^2

（三）显现时间的影响

对于胶带黏面上的新鲜指纹，荧光材料可以在 10min 内对其进行有效显现，30min 内可以获得清晰的显现效果。对于黑塑料、瓷砖以及铝合金等光滑客体，显现时间相应延长，一般 1h 就能得到理想的显现效果。如果检材是陈旧潜指纹，则显现时间还要相应延长。对于特别陈旧的潜指纹，需要隔夜浸显。对于捺印在锡纸、玻璃上的潜指纹，浸显后一定要迅速漂洗，并且要彻底漂洗，不然容易出现背景吸附过高从而影响显现结果。$Zn_{0.77}Cd_{0.23}Se$ 量子点溶液显现潜指纹，实验操作中不必担心因为显现时间过长而造成背景干扰，只要操作人员漂洗得当，都能得到理想的显现效果。

（四）表面活性剂的影响

吐温 20 作为一种常见的非离子型表面活性剂，可以充当胶束介质，以增强溶液的稳定性。许多法庭科学工作人员已成功将其纳入潜指纹显现配方

之中，以在增强显现与降低背景干扰之间找到最佳平衡点[9]。项目组王永刚博士等人[10]在利用氧化锌纳米悬浮液显现潜指纹时，发现吐温 20 作为纳米氧化锌悬浮液的表面活性剂显出的纹线比较细腻，细节特征比较清晰，背景无明显吸附，纹线与背景的反差较大。在上述研究结果的基础上，实验分别选取三种吐温 20 浓度（体积比为 0、0.02%、0.04%），进行潜指纹显现比对实验。

实验结果表明，吐温 20 的加入对于掺镉 ZnSe 体系对潜指纹的显现效果几乎没有影响，充分说明表面包覆巯基丙酸的纳米 $Zn_{0.77}Cd_{0.23}Se$ 溶液，具备很好的稳定性与分散性，不需要其他稳定剂除去显现过程中的背景干扰。因此，浸显潜指纹时可以在无表面活性剂的条件下进行。

三、小结

本部分利用合成的 $Zn_{0.77}Cd_{0.23}Se$ 量子点溶液，探索了纳米溶液显现潜指纹的优化条件，从纳米溶液的 pH 值、显现温度及表面活性剂的浓度等方面考察不同因素对于显现效果的影响。最终确定 $Zn_{0.77}Cd_{0.23}Se$ 量子点溶液显现潜指纹的优化条件为：溶液 pH 值为 11，常温浸显，不加表面活性剂。

第三节 $Zn_{0.77}Cd_{0.23}Se$ 量子点溶液显现油汗潜指纹的应用研究

$Zn_{0.77}Cd_{0.23}Se$ 量子点主要利用外部巯基丙酸裸露的羧基与潜指纹残留物中氨基酸类物质的氨基发生缩合反应，从而将 $Zn_{0.77}Cd_{0.23}Se$ 标记到潜指纹上，并在 365nm 光源的激发下发出可见光，使纹线与背景之间形成反差而显出潜指纹。其反应机理如图 7.11 所示。

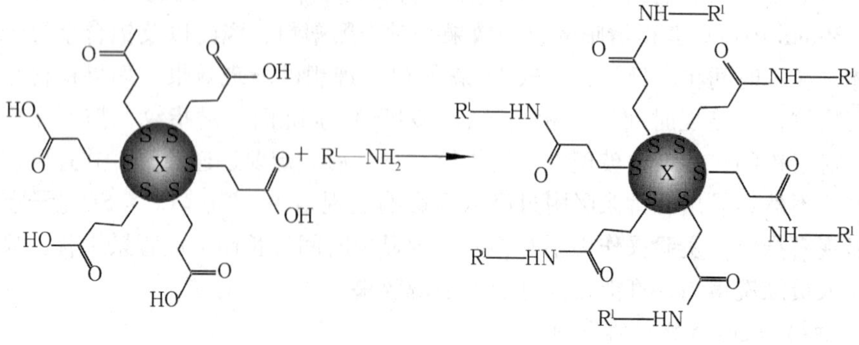

图 7.11 $Zn_{0.77}Cd_{0.23}Se$ 与潜指纹物质反应机理（$X = Zn_{0.77}Cd_{0.23}Se$）

一、检材制备

（一）指纹检材的制备

1. 水浸指纹的制作

分别在黄色封箱胶带和白色透明胶带上捺印指纹，将检材顺着手指的方向从中间剪成两部分，在水中浸泡 1h、12h、24h 后，一部分放入量子点溶液中显现，另一部分放入墨水悬浮液中显现，最后在暗室中拍照进行比对。

2. 粘连胶带上指纹检材的制作

在黄色封箱胶带上捺印一定数量的指纹，分别制作成黏面和黏面粘连、黏面和光面粘连的指纹样本，粘连 1h、6h、12h 后，用乙醇 - 丁酮（体积比为 1∶1）剥离液进行剥离后，一部分放入量子点溶液中显现，另一部分放入墨水悬浮液中显现，然后在暗室中拍照进行比对。

（二）比对显现试剂的配置

分别配制墨水悬浮液，0.1% 的罗丹明 6G 水溶液及 0.5% 的龙胆紫染色液。

二、显现效果分析

（一）适宜显现的客体范围

在实验过程中，利用 $Zn_{0.77}Cd_{0.23}Se$ 量子点溶液对不同客体表面潜指纹的显现效果进行了归纳，以明确 $Zn_{0.77}Cd_{0.23}Se$ 量子点溶液适用的客体，具体结果如表 7.4 所示。

表 7.4　不同非渗透性客体上潜指纹显现结果

客体	白铁	黑色塑料袋	黄色封箱胶带	铝合金	塑钢	透明胶带	银行卡	易拉罐	玻璃
显现结果	+ +	+ + +	+ + +	+ +	+ +	+ + +	+	+ +	+ + +

注：“+”较差；“+ +”理想；“+ + +”非常理想。

$Zn_{0.77}Cd_{0.23}Se$ 量子点溶液可以较好地显现白铁皮、黑色塑料袋、铝合金、塑钢等客体表面遗留 30 天的潜指纹。在 365nm 多波段光源照射下，黑色塑料袋、塑钢、易拉罐及胶带黏面等客体上的指纹纹线显现相对清晰，与背景反差明显；而白铁皮、铝合金以及塑料瓶等客体的指纹纹线在 365nm 光源照射下显现指纹效果较差，特别是对于塑料瓶这种强荧光客体，强的背景荧光湮没了指纹发光，即使加上滤光设备也难以获取清晰的指纹图像，但显现后的指纹可以直接在室光下成像，指纹纹线可以与背景形成良好反差。

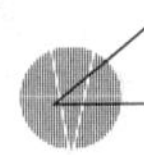

（二）不同客体表面潜指纹显现率的考察

在黑色塑料袋、黄色胶带、易拉罐、玻璃及白色塑钢客体上，分别捺印遗留时间为1天、7天、15天和30天的潜指纹各100枚。经量子点溶液中显现并拍照固定后，对具有同一认定价值的潜指纹统计显现率。五种客体显现率的具体情况见表7.5。

表7.5　五种客体显现率的考察

遗留天数	黑色塑料袋/%	黄色胶带/%	易拉罐/%	玻璃/%	白色塑钢/%
1	90	100	87	96	90
7	91	100	88	92	92
15	87	99	81	92	83
30	83	100	72	90	77

实验结果表明，$Zn_{0.77}Cd_{0.23}Se$量子点溶液对上述五种客体不同遗留时间的潜指纹的显现，无论从纹线的清晰度、连贯性以及纹线与背景的反差方面都有很好的效果。从图7.12中的柱状图可以看出，黄色胶带黏面、玻璃以及黑色塑料袋显出率较高，而塑钢、易拉罐等客体潜指纹显出率较低，可能是由于塑钢等光滑客体光滑度太高，影响了量子点的靶向吸附作用。

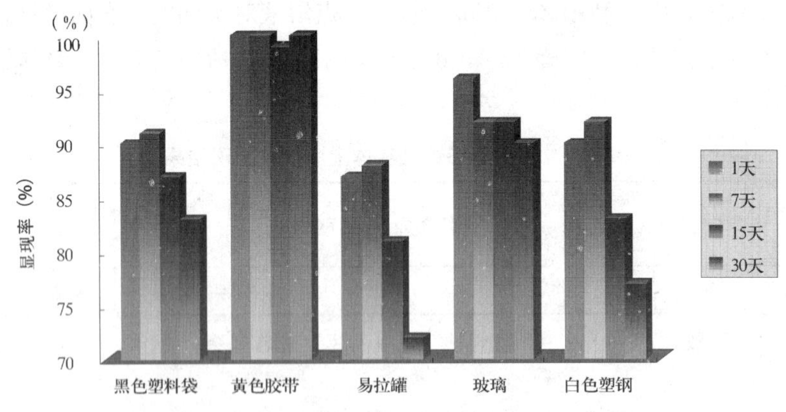

图7.12　指纹显现率的柱状图

（三）水浸胶带表面潜指纹的显现

胶带是用来固定、密封物品的一种化工材料。随着人们生活方式的改变，胶带越来越成为人们生活的必需品，生活中经常使用胶带捆绑包扎或者是粘贴物品。正因为如此，近年来，胶带在绑架、诈骗、爆炸及抢劫等刑事犯罪案件中作为作案工具的使用频率越来越高。胶带黏面是一种特殊的成痕客体，作案人容易在上面留下指纹。因此，成功地显现胶带黏面上的指纹，对于打击犯罪有着重要的实践意义。但是，刑事案件中出现的胶带物证，由于胶带易于粘连成团不易分离，或是作案人经常将作案工具浸泡在水中以图消灭犯罪痕迹，均造成了显现潜指纹的困难。目前，就这两种情况显现潜指纹的研究较少。以下就量子点溶液对水浸胶带和粘连胶带上的潜指纹进行显现，并与常规显现胶带潜指纹的方法——墨水悬浮液法相比较。

浸泡 1h、6h 以及 24h 的黄色封箱胶带和透明胶带上的潜指纹显现效果如表 7.6 所示，荧光量子点溶液可以完好显现浸泡 24h 以内透明胶带上的潜指纹，可以完好显现浸泡 12h 内黄色胶带上的潜指纹。黄色封箱胶带与透明胶带显现结果的差异可能与不同胶带上的黏合剂种类的不同有关系，黏合剂是使胶带与被粘物紧密相连的胶状物质，是胶带的重要组成部分。潜指纹残留物主要有氨基酸、蛋白质、乳酸、钠离子、氯离子、葡萄糖等物质。此外，手接触人体的外界物质，黏附有脂肪和类植物，也称为潜指纹的介质。潜指纹中的水溶性物质和非水溶性物质能够在胶带表面形成乳胶状物，它们能在上面存留很长时间，但也容易从胶带表面溶解。透明胶带上黏合剂与潜指纹残留物结合较强，所以透明胶带上的潜指纹在水中浸泡 24h 都可以得到完好显现。

表 7.6 不同浸泡时间的显现效果

胶带类型	浸泡时间	潜指纹显现效果
黄色胶带	1h	+ + +
	6h	+ + +
	12h	+ + +
	24h	+
白色透明胶带	1h	+ + +
	6h	+ + +
	12h	+ + +
	24h	+ + +

注：“ + ”较差；　“ + + ”非常理想。

如彩图 40 和彩图 41 所示，与量子点溶液显现的水浸潜指纹（左）相比，墨水悬浮液法显现的指纹纹线（右）与背景反差不明显，对于水浸胶带上的纹线吸附力较弱，12h 就已经难以辨认出指纹纹线了；而 $Zn_{0.77}Cd_{0.23}Se$ 量子点溶液显出的指纹纹线更为清晰流畅，背景吸附少，纹线连续性好，客观鲜明地反映纹线的细节特征，具有更高的鉴定价值。

（四）粘连胶带表面潜指纹的显现

犯罪现场提取的胶带很多情况下是缠绕粘连在一起的，如果想要成功地显现潜指纹，必须对胶带进行有效的剥离。通常情况下，胶带剥离分为机械剥离和化学剥离两种方法。机械剥离，是指强行用手将胶带撕开，这种剥离方法操作简单、成本低廉，但是对于潜指纹的破坏较大。化学剥离是利用特殊的化学试剂作用于胶带的胶粘剂，降低胶带的黏性，从而将胶带成功剥离。化学剥离经常采用浸泡法和滴管法，其中滴管法具有剥离速度较快，而且对指纹物质破坏较小的优点，所以使用频率较高。

实验采用乙醇－丁酮（1∶1）滴管法对犯罪现场经常出现的黄色封箱胶带进行剥离，主要考察黏面和光面粘连以及黏面和黏面粘连两种情况，并用配制的荧光量子点溶液对其进行显现。

如表7.7所示，用乙醇－丁酮（1∶1）配制成剥离液可以成功剥离胶带黏面对黏面、黏面对光面相互粘连缠绕的胶带，显现效果如彩图42和彩图43所示。丁酮属于有机溶剂，它对压敏胶有一定的溶解性，可以使压敏胶的黏性在短时间内消失，所以剥离速度较快，对操作人员的操作技巧要求不是很高。

表7.7　胶带粘连时间对潜指纹显现效果的影响

胶带缠绕时间	粘连时间	潜指纹显现效果
光面对黏面	1h	+ + +
	6h	+ + +
	12h	+ +
黏面对黏面	1h	+ +
	6h	+ +
	12h	+

注：“ + ”较差；“ + + ”理想；“ + + + ”非常理想。

从潜指纹显现效果可以看出，黏面对光面剥离后对于显现效果影响不大，潜指纹的纹线较清晰，显现效果好。随着粘连时间的增加，显现出潜指纹的荧光开始变弱，但是纹线足以辨别出指纹的细节特征；而黏面对黏面剥离后，显现后的指纹的荧光强度变弱，有些纹线因为粘连已经变糊。造成这种结果的原因可能有两方面：一种可能是由于剥离液与指纹中的物质反应，造成了量子点溶液显现的困难；另一种可能是因为胶带上粘连剂的作用，黏面与黏面的粘连使得指纹残留物大部分被粘取掉，导致指纹纹线显现不清楚。为了弄清楚到底是哪种原因造成的，我们将胶带黏面上的指纹浸泡在剥离液中1min，然后用

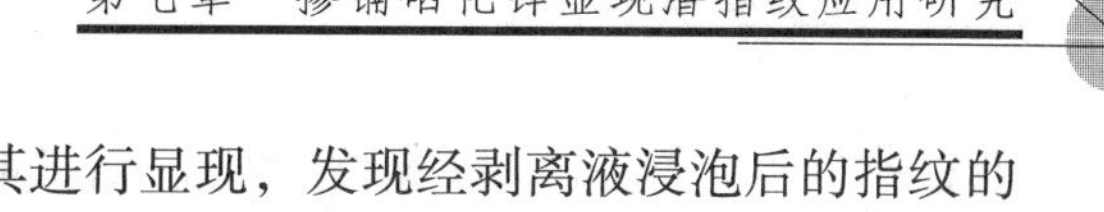

蒸馏水洗净，最后用量子点溶液对其进行显现，发现经剥离液浸泡后的指纹的显现仍很清晰，从而证明了黏面对黏面剥离后显现效果一般是由于胶带上粘连剂对手印物质的粘取造成的。

（五）与常规方法的比较

1. 与龙胆紫的比较

图 7.13 为遗留 1 个月的油汗潜指纹显现情况。由图 7.13 可以看出，经龙胆紫（左）显现的指纹纹线在自然光下观察效果最佳，有较清晰的纹线；而 $Zn_{0.77}Cd_{0.23}Se$ 量子点（右）在多波段光源 365nm 照射下，显现的指纹纹线清晰，连续性较好。

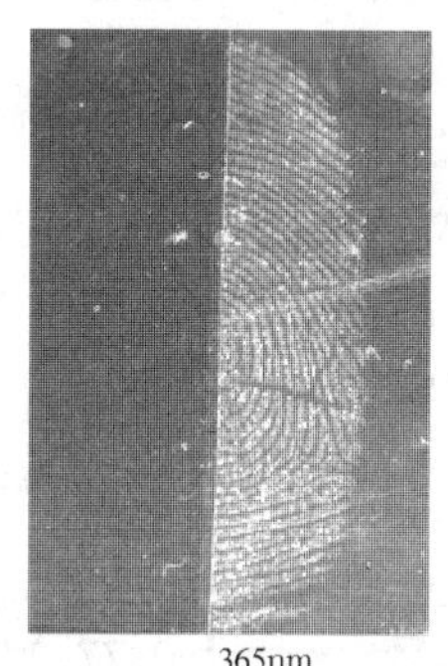

白光　　365nm

左：龙胆紫染色法；　右：量子点溶液

图 7.13　龙胆紫染色法和量子点溶液显现透明胶带指纹效果图

2. 与墨水悬浮液的比较

潜指纹遗留后在 48h 之内是最佳的显现时间，潜指纹遗留时间超过两天以上，多数显现效果较差，通常把遗留时间超过两天的潜指纹称为陈旧指纹。从彩图 44a 可以看出，墨水与量子点在显现新鲜指纹时，纹线都比较流畅，与背景反差较大。对于陈旧指纹而言，如彩图 44b 所示，指纹与墨水悬浮液之间的作用力已经大大减小，黄色胶带上指纹纹线模糊不易观察，背景反差非常小；而经量子点溶液显现的指纹，如彩图 44b 所示，虽然与纹线之间的作用力亦降低，但显出的纹线依然较为清晰，与背景反差较大，无纹线粘连。

3. 与普通的荧光试剂——罗丹明 6G 比较

由彩图 45 可知，无论是在白光下还是在 365nm 光照下，$Zn_{0.77}Cd_{0.23}Se$ 量子点显现的指纹纹线（右）清晰且与背景反差大，选择性好。罗丹明 6G（左）对背景有吸附，反差小不易观察。

与 $Zn_{0.77}Cd_{0.23}Se$ 量子点溶液显现方法相比，虽然常见的方法可以显现出胶带上的指纹纹线，但是传统方法在显现不同胶带黏面指纹时有一定的局限性。龙胆紫对指纹纹线的吸附力弱；墨水悬浮液显现遗留指纹效果不如量子点溶液；罗丹明6G对指纹纹线吸附力过强，同时对背景的吸附大，造成指纹纹线与背景反差不明显。而$Zn_{0.77}Cd_{0.23}Se$量子点溶液显现的指纹纹线清晰，与背景反差明显，在自然光下以及365nm波段下都有较好的指纹纹线，更能客观鲜明地反映指纹的细节特征。

三、小结

实验结果表明，$Zn_{0.77}Cd_{0.23}Se$量子点适用于显现胶带类、塑料、玻璃、金属、强荧光客体等多种客体表面的潜指纹；对于水浸胶带上的潜指纹也有较好的显现效果，纹线清晰，与墨水悬浮液显现法相比，具有与背景反差大，易于拍照固定的优势。

$Zn_{0.77}Cd_{0.23}Se$量子点对于经丁酮－乙醇（1∶1）剥离后的黄色封箱胶带黏面对光面剥离后的潜指纹显现效果较好，对黏面剥离后的潜指纹显现效果一般。

$Zn_{0.77}Cd_{0.23}Se$量子点显现法与常见的胶带黏面显现方法相比，显出的潜指纹纹线较为清晰流畅、纹线边缘完整、连续性好、与背景反差明显，尤其在365nm波段照射下有较好的荧光纹线，具有较高的鉴定价值。

第四节 $Zn_{0.77}Cd_{0.23}Se$量子点溶液显现血潜指纹的应用研究

通常有两种方法显现血指纹，一种是通过试剂与血液中的血红素反应，由于血指纹中血红素卟啉环结构具有的过氧化氢酶的催化作用，因此可以与显现试剂发生氧化还原反应而显出指纹纹线，使用这种方法的显现试剂主要有联苯胺、二甲基联苯胺、四甲基联苯胺以及孔雀绿等。另外一种是与蛋白染色的方法显现血指纹，如氨基黑、茚三酮、考马斯亮蓝这类试剂可以与蛋白结合在一起生成有色的物质。

目前，显现血指纹一般采用四甲基联苯胺法，这是显现血指纹比较灵敏、安全、有效的方法之一。但是，四甲基联苯胺只是借助血指纹中血红素卟啉环结构所具有的过氧化氢酶的催化作用，使得试剂中过氧化氢分解出初生态氧，使无色的四甲基联苯胺变成蓝色的四甲基联苯胺盐。由于四甲基联苯胺与血指纹中的成分并没有发生化学反应[11]，因此显现剂的流动造成有色物质扩散会影响显现效果。另外，四甲基联苯胺蓝呈蓝绿色，如遇深色客体，则因为反差太小而不易观察到纹线。运用$Zn_{0.77}Cd_{0.23}Se$显现液显现血指纹主要是基于蛋白染色原理。血蛋白在湿态时呈胶体，具有吸附作用，而血蛋白肽链尾基上的氨基酸含有氨基，可以与$Zn_{0.77}Cd_{0.23}Se$周围的巯基丙酸上的羧基通过氨基缩合反应进行选择性吸附，使得血指纹纹线表面沉积大量的量子点，在365nm多波

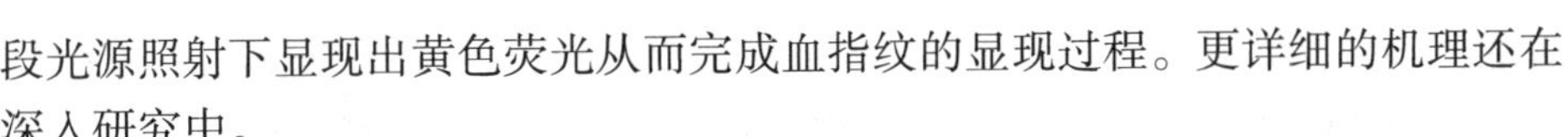

段光源照射下显现出黄色荧光从而完成血指纹的显现过程。更详细的机理还在深入研究中。

一、样品制作及显现条件

（一）样品制作

志愿者用一只手指蘸取一定量的血液在另一只手的手掌上轻微揉搓，垂直捺印时一次形成，尽量避免滑动或者重复捺印，制作成新鲜血指纹，并用同样方法制作遗留条件下的血指纹，放在通风干燥的地方备用。

血指纹的显现流程如图 7.14 所示，用蒸馏水配制浓度为 2.5% 的 5－磺基水杨酸作为固定液，将按捺好的血指纹在 5－磺基水杨酸中固定 10min 后，用蒸馏水清洗。然后将其浸泡在 $Zn_{0.77}Cd_{0.23}Se$ 溶液中，用蒸馏水清洗后，添加黄绿色滤光镜，于 365nm 多波段光源下拍照观察。

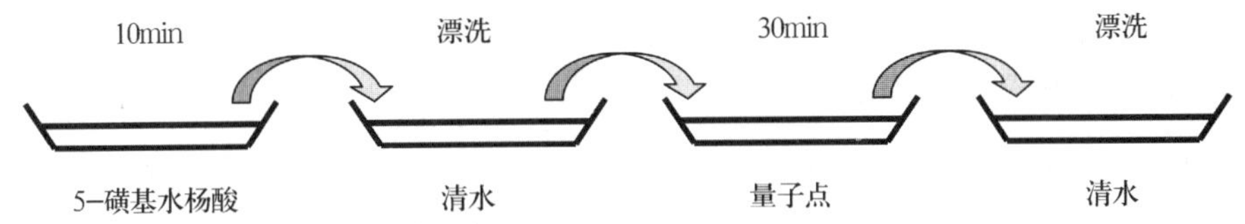

图 7.14　血指纹显现流程图

（二）比对显现试剂的配制

1. 四甲基联苯胺显现剂的配制

将 1g 四甲基联苯胺加入 100mL 无水乙醇中（因四甲基联苯胺不易溶于乙醇，可适量加少许丙酮），然后加入 5mL 30% 的过氧化氢，搅拌至溶解。指纹显现时，用镊子夹棉花蘸取少许 A 液无水乙醇，轻轻涂在血指纹上进行固定，稍等片刻；然后再涂上 B 液四甲基联苯胺，稍等片刻，用蒸馏水漂洗后，晾干即可看出指纹纹线，同时用相机拍照固定。

2. 氨基黑 10B 显现剂的配制

将 1g 氨基黑 10B 溶于 90mL 无水乙醇中，加入 10mL 醋酸。指纹显现时，用镊子夹棉花蘸取少许溶液，轻轻涂在血指纹上，稍等片刻用蒸馏水漂洗晾干后，可以观察到指纹纹线，同时用相机拍照固定。

3. 纳米 TiO_2 悬浮液的配制

将 0.2g 的纳米 TiO_2 加入盛有 100mL 乙醇的烧杯中，玻璃棒搅拌混合液，超声振荡 10min，使 TiO_2 均匀地悬浮在乙醇中。

（三）显现灵敏度的考察

分别在瓷砖、玻璃、锡纸、透明胶带、黑色塑料袋和铝合金上捺印所需数量的原血指纹和稀释为50%、20%、10%、5%及1%浓度的血液捺印的指纹，固定后用 $Zn_{0.77}Cd_{0.23}Se$ 量子点溶液进行显现；并与四甲基联苯胺、氨基黑10B显现法进行比较分析。

1. 不同客体上血指纹的显现效果

用浓度为10%的稀释血液捺印指纹，比较不同客体上血指纹的显现效果。

2. 不同遗留时间血指纹的显现

用浓度为10%的稀释血液捺印指纹，并用 $Zn_{0.77}Cd_{0.23}Se$ 量子点溶液对黑瓷砖、黑色塑料袋、黄色胶带及铝合金上遗留时间分别是新鲜、1天、3天、5天、7天及30天的稀释血指纹进行显现并加以比较分析。

（四）显现率的考察

用浓度为10%的稀释血液捺印指纹，在黄色封箱胶带黏面、白色瓷砖和玻璃、白色塑钢四种客体上遗留不同时间的指纹各100枚。对于具有同一认定价值的指纹统计显现率。

二、显现效果分析

（一）与传统方法相比较研究

1. $Zn_{0.77}Cd_{0.23}Se$ 量子点溶液与四甲基联苯胺显现法相比较

如彩图46所示，经四甲基联苯胺显现的黄色胶带黏面上的血指纹在自然光下观察效果最佳，与背景反差大，有清晰的指纹纹线。经过 $Zn_{0.77}Cd_{0.23}Se$ 量子点处理后的血指纹，在365nm多波段光源照射下，指纹呈黄色荧光，纹线与背景之间呈现较好反差，基本无纹线粘连，成像效果好。

2. $Zn_{0.77}Cd_{0.23}Se$ 量子点溶液显现法与氨基黑10B显现法相比较

如彩图47所示，氨基黑10B显出的浅色胶带黏面上的血指纹纹线在自然光照射下细腻流畅，背景干扰小，具有较高的鉴定价值。而经量子点溶液显现的血指纹，在365nm多波段光源照射下纹线呈亮黄色，与深色背景反差大，易于拍照观察。

3. $Zn_{0.77}Cd_{0.23}Se$ 量子点溶液和显现法与纳米二氧化钛显现法相比较

如图7.15所示，与纳米二氧化钛相比，经过 $Zn_{0.77}Cd_{0.23}Se$ 量子点处理后的血指纹，在自然光下显出的指纹纹线就比较清晰，在365nm多波段光源照射下，指纹呈黄色荧光，纹线与背景之间呈现较好反差，成像效果好。

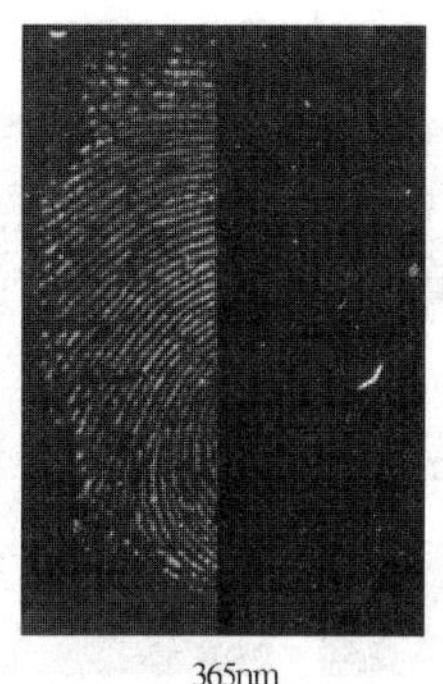

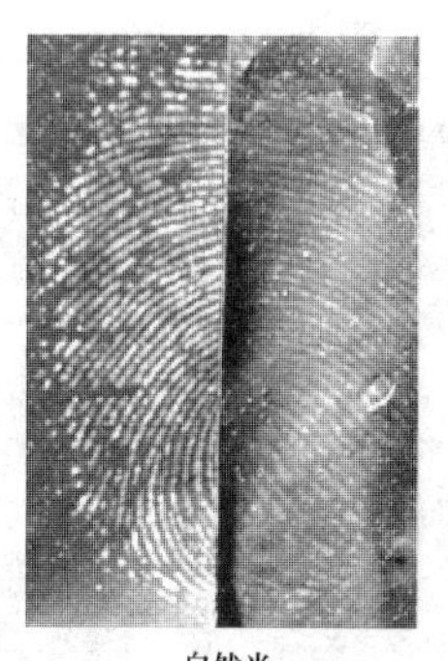

左：$Zn_{0.77}Cd_{0.23}Se$ 量子点溶液；右：纳米二氧化钛

图 7.15 $Zn_{0.77}Cd_{0.23}Se$ 量子点溶液和纳米二氧化钛显现黑塑料表面血指纹效果比较

（二）灵敏度的考察与比较

实验结果表明，$Zn_{0.77}Cd_{0.23}Se$ 量子点对稀释血液捺印指纹显现的灵敏度较高，如表 7.8 所示，对 100%、50%、25%、10%、1% 等不同浓度梯度的血指纹均有较好的显现效果。对于纯血指纹，由于血液量比较丰富，纹线边缘较为粗糙。当稀释血液浓度高于 10% 时，显现效果等于或好于原血指纹。对稀释成的 1% 的血液捺印的血指纹显现效果不好，可能是因为指纹中所含水分过多，在血指纹捺印过程中指纹上部分纹线粘连所致。

表 7.8 $Zn_{0.77}Cd_{0.23}Se$ 量子点溶液对不同客体上不同浓度血指纹的显现效果

	黑瓷砖	玻璃	锡纸	黄色胶带	黑色塑料袋	铝合金
原血	+ + +	+ + +	+ + +	+ + +	+ + +	+ +
50%	+ + +	+ + +	+ + +	+ + +	+ + +	+ +
20%	+ + +	+ + +	+ + +	+ + +	+ + +	+ +
10%	+ + +	+ + +	+ + +	+ + +	+ + +	+ +
5%	+ + +	+ +	+ + +	+ + +	+ + +	+ +
1%	+	+	+	+	+	+

注：“+”较差；“+ +”理想；“+ + +”非常理想。

如图 7.16 所示，随着血液的稀释，显现血指纹的荧光强度逐渐变弱，但荧光强度足以辨认出指纹纹线。$Zn_{0.77}Cd_{0.23}Se$ 量子点溶液显出的血指纹质量较高，与背景的反差较大且纹线清晰。对于瓷砖这种深色客体，也能达到很好的显现效果，弥补了四甲基联苯胺显现深色客体上血指纹的不足。

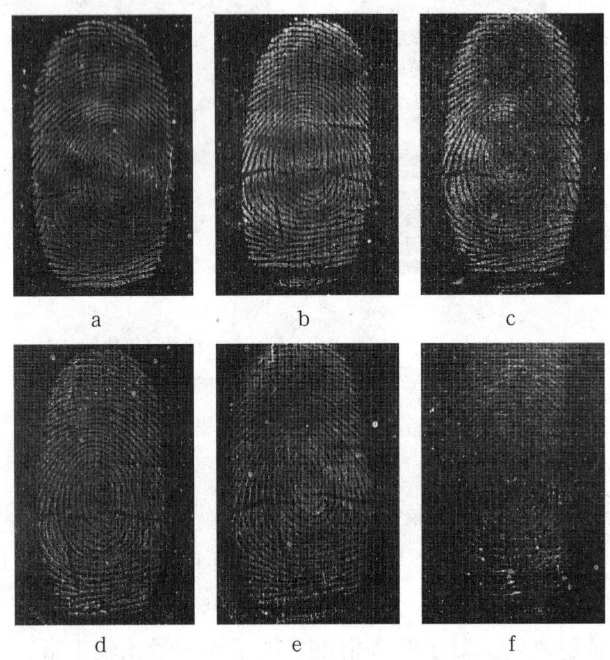

a：原血指纹；b：50%；c：20%；c：10%；d：5%；e：1%

图 7.16　$Zn_{0.77}Cd_{0.23}Se$ 量子点溶液对黑瓷砖上不同浓度的血指纹显现效果

通过比较 $Zn_{0.77}Cd_{0.23}Se$ 量子点溶液、四甲基联苯胺以及氨基黑 10B 三种试剂的灵敏度（见表 7.9、表 7.10），可以发现四甲基联苯胺和氨基黑 10B 比 $Zn_{0.77}Cd_{0.23}Se$ 量子点溶液的灵敏度高，可以显出稀释为 1% 浓度的血指纹。但是这两种显现法只适用于浅色客体上的血指纹，在深色客体上反差不明显，难以观察；而且，四甲基联苯胺和氨基黑 10B 显现血指纹时易对人体造成污染和伤害，一经污染即难以清洗掉。量子点溶液是相对健康的显现试剂，对操作人员的影响相对较小。另外，随着血液遗留时间的增加，由于吸湿性和渗透性较强，氨基黑 10B 和四甲基联苯胺容易吸附到客体内部，并且容易造成扩散，使得血指纹与背景反差不明显，尽管可以辨认出指纹纹线，但不能达到完美显现的目的；而 $Zn_{0.77}Cd_{0.23}Se$ 量子点溶液与血蛋白的靶向吸附定位较强，对遗留时间长的血指纹也可以完美显现。

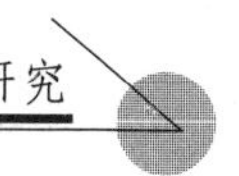

表 7.9　氨基黑 10B 对不同客体上不同浓度血指纹的显现效果

	白瓷砖	玻璃	锡纸	黄色胶带	白色塑钢
5%	+ + +	+ + +	+ + +	+ + +	+ + +
1%	+ + +	+ +	−	+ + +	+ + +

注：“ − ”非常差；“ + + ”理想；“ + + + ”非常理想。

表 7.10　四甲基联苯胺对不同客体上不同浓度血指纹的显现效果

	白瓷砖	玻璃	锡纸	黄色胶带	白色塑钢
5%	+ + +	+ + +	+ + +	+ + +	+ + +
1%	+ +	+ +	−	+ + +	+ + +

注：“ − ”非常差；“ + + ”理想；“ + + + ”非常理想。

（三）$Zn_{0.77}Cd_{0.23}Se$ 量子点溶液显现血潜指纹效果

1. 不同客体上血潜指纹的显现效果

由于客体的质地、颜色、反光程度不同，$Zn_{0.77}Cd_{0.23}Se$ 量子点溶液在各种客体上显现潜指纹的荧光颜色略微有差别。总体来说，$Zn_{0.77}Cd_{0.23}Se$ 量子点溶液对血潜指纹的显现有很好的效果，显现出的指纹纹线质量较高，黄色或淡黄色荧光与背景反差大，易于照相提取，见图 7.17。

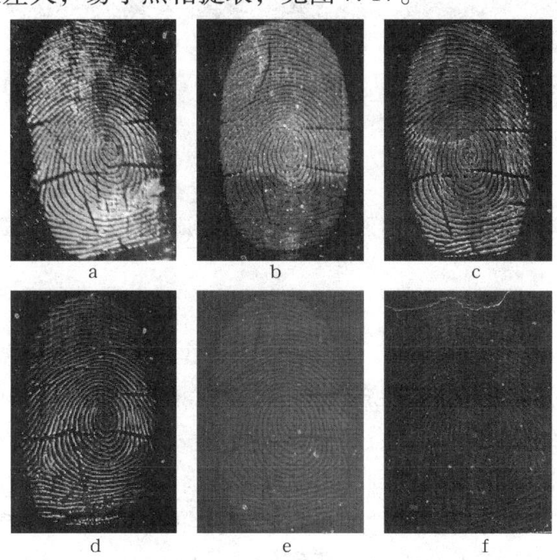

a：锡纸；b：瓷砖；c：铝合金；d：黑塑料；e：黄色封箱胶带；f：玻璃

图 7.17　不同客体表面血潜指纹显现效果比较

2. $Zn_{0.77}Cd_{0.23}Se$ 量子点溶液对不同遗留时间血潜指纹的显现

用 $Zn_{0.77}Cd_{0.23}Se$ 量子点溶液对黑色塑料袋、黄色胶带、黑色瓷砖以及铝合金等客体上遗留时间分别是新鲜、1 天、3 天、5 天、7 天和 30 天的稀释成 10% 的血潜指纹进行显现，如表 7.11 所示，对这几种客体上的血潜指纹均有良好的显现效果。显现效果随遗留时间的延长变化不大，因为血蛋白在通常情况下具有较强的稳定性，即使遗留时间比较长，只要适当延长浸显时间，就能达到良好的显现效果，如图 7.18 所示。

表 7.11　不同客体表面不同遗留时间血潜指纹的显现效果

遗留天数	黑色塑料袋	黄色胶带	黑色瓷砖	铝合金
1	+ + +	+ + +	+ + +	+ + +
7	+ + +	+ + +	+ + +	+ + +
15	+ + +	+ + +	+ + +	+ + +
30	+ + +	+ + +	+ + +	+ +

注："+ +"理想；"+ + +"非常理想。

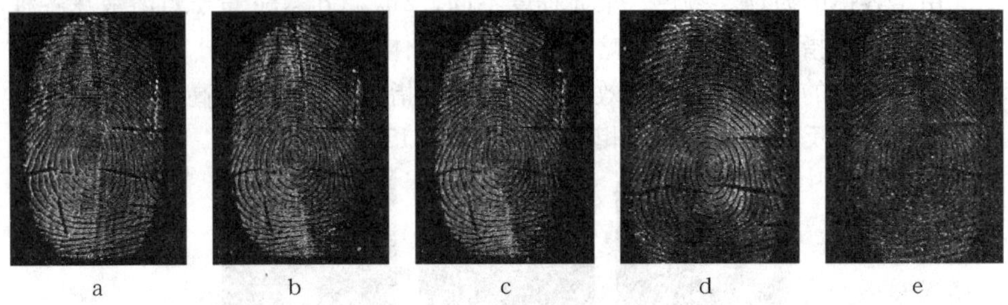

a：1 天；b：3 天；c：5 天；d：7 天；e：30 天

图 7.18　$Zn_{0.77}Cd_{0.23}Se$ 量子点溶液对黑瓷砖上不同遗留时间的血潜指纹显现效果比较

3. 显现率的考察

如表 7.12 和图 7.19 所示，$Zn_{0.77}Cd_{0.23}Se$ 量子点溶液对遗留时间为 1 天、7 天、15 天和 30 天的不同客体上的血潜指纹具有较高的显现率，与油汗潜指纹的显现率随时间的变化相比，血潜指纹显现率受遗留时间的影响不大，尤其是黄色胶带黏面，显现率基本达到了 100%。血潜指纹相对于油汗潜指纹显现率较高的原因是由于血潜指纹这种加层指纹的指纹残留物遗留较多，且血蛋白具有较强的稳定性，不像油汗类物质易挥发。

表 7.12　4 种客体表面不同遗留时间血潜指纹的显现率

遗留天数%	铝合金/%	黄色胶带/%	黑色瓷砖/%	黑色塑料袋/%
1	92	100	100	93
7	93	100	96	90
15	88	100	93	90
30	82	98	90	86

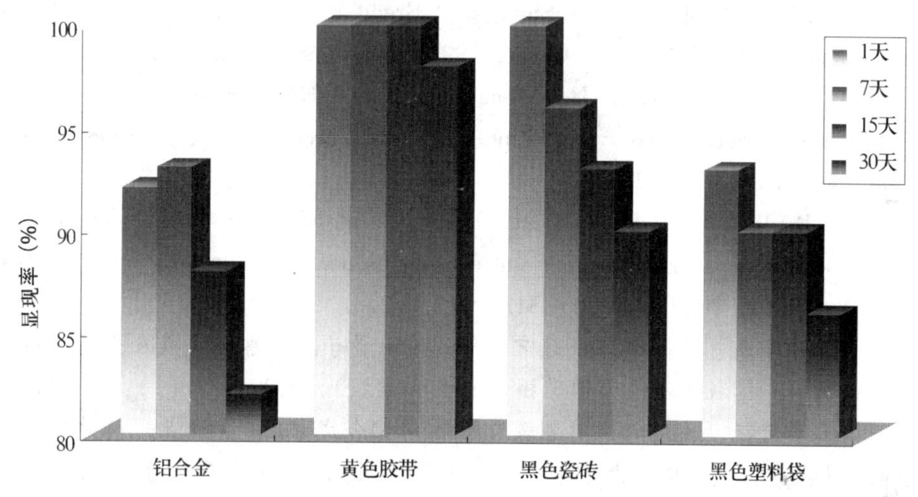

图 7.19　血潜指纹显现率的柱状图

三、小结

$Zn_{0.77}Cd_{0.23}Se$ 量子点溶液对血指纹具有较强的吸附性，显现出的纹线清晰、流畅、反差大、效果好，具有很高的实用价值；灵敏度较高，部分显现效果可以达到三级特征，具有很高的鉴定价值；弥补了氨基黑 10B 或四甲基联苯胺等常规显现方法显现深色客体上血指纹的不足，它可以显现深、浅色客体上的血指纹，并且易于照相提取；$Zn_{0.77}Cd_{0.23}Se$ 量子点溶液对瓷砖、玻璃、锡纸等光滑客体上血指纹和黑色塑料、铝合金、瓷砖等深色客体上血潜指纹都能够显现，适用客体范围较广泛，对遗留时间较长的血指纹也有较好的显现效果；这种显现方法不会出现血液扩散现象，而且无毒、无副作用，操作方法简单易行，不失为血潜指纹显现的一种新方法；另外，显现出的潜指纹纹线干燥后相当牢固，可以长期保存。

在实验操作中，应该注意：为了延长量子点的显现寿命，量子点溶液应该放在干净的培养皿中，避光保存；如果显现血潜指纹次数过多或显现客体背景较脏，需及时更换溶液，否则会影响指纹的显现效果；应保证溶液与指纹纹线有充分的作用时间，显现过程中客体不能晃动，要始终保持静止状态。

参考文献

[1] 杨瑞琴，钱伟杰，赵科．纳米 CdS/PAMAM G510 显现金属表面油潜手印初探［J］．中国人民公安大学学报（自然科学版），2004（4）：2－5.

[2] Hines A M，Guyot－Sionnest P. Bright uv－blue luminescent colloidal ZnSe nanocrystals［J］．J Phys Chem，1998，102（19）：3655－3657.

[3] Li L S，Pradhan N，Wang Y J，et al. High Quality ZnSe and ZnS Nanocrystals Formed by Activating Zinc Carboxylate Precursors［J］．Nano Letters，2004，4（11）：2261－2264.

[4] Pradhan N，Battaglia D M，Liu Y，et al. Efficient，stable，small，and water－soluble doped ZnSe nanocrystal emitters as non－cadmium biomedical labels［J］．Nano Lett，2007，7（2）：312－317.

[5] 黄朝表，吴川六，张丹宁，等．ZnSe 量子点的水相合成及光诱导荧光增敏效应［J］．浙江师范大学学报（自然科学版），2009，32（1）：91－96.

[6] 李舒艳，吴川六，黄朝表，等．水相合成 ZnSe 量子点光诱导荧光增敏的 pH 效应［J］．厦门大学学报（自然科学版），2007，46（6）：817－821.

[7] Vladimir L，Alexei P，Nikolai G，et al. Toward efficient blue－emitting thiol－capped $Zn_{1-x}Cd_xSe$ nanocrystals［J］．Journal of Materials Chemistry，2008，18（42）：5142－5146.

[8] Deng Z T，Lie F L，Shen S Y，et al. Water－Based Route to Ligand－Selective Synthesis of ZnSe and Cd－Doped ZnSe Quantum Dots with Tunable Ultraviolet A to Blue Photoluminescence［J］．Langmuir，2009，25（1）：434－442.

[9] Saunders G. Multimetal deposition technique for latent fingermark development［C］．Presented at The International Association for Identification，74th Annual Education Conference，June，Pensacola，USA，1989：42－56.

[10] 王永刚，杨瑞琴，王彦吉．纳米 ZnO 悬浮液显现非渗透性客体表面手印应用研究［J］．中国人民公安大学学报（自然科学版），2009（4）：1－7.

[11] 李德仲，扬晟，黄亮，等．血手印显现的实验研究［J］．刑事技术，2002，4（1）：7－9.

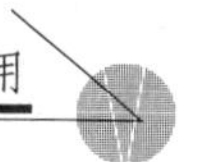

第八章　纳米金属氧化物显现潜指纹应用

前面几章均探讨了量子点溶液作为荧光试剂在光致发光显现潜指纹中的应用前景，虽然其荧光性能和显现效率均非常理想，但是它们更适合在实验室中处理疑难客体表面指纹，在现场勘查中的应用还需一个普及过程。

近年来，不断有学者对粉末法的安全性和效率提出质疑[1,2]，但是由于这种方法具有许多天然优势，如操作简便、适用范围广等，因此它在潜指纹显现技术中的优势地位一直未变。尤其对犯罪现场勘查过程中经常遇到的非渗透性客体，如塑料、金属、玻璃等，粉末法通常是首选。因为遗留在该类客体表面的指纹残留物通常不被吸收，所以会在上述客体表面保留较长时间，为粉末法的应用提供了可能。

多年以来，相关学者对于潜指纹粉末改性技术的探索从未停止过[1]，许多在紫外光、激光等光源照射下发射荧光或磷光的物质被应用于潜指纹显现粉末的制备中[3,4]，如吖啶黄、吖啶橙、香豆素6、结晶紫等。它们赋予粉末一定的光致发光性能。在实际应用过程中，对于该类粉末的选择应依据背景颜色以及光学性能而判断。为拓展粉末法在潮湿客体表面潜指纹显现方面的应用，十二胺、十四胺、十六胺、大豆提取物等多种疏水性物质也被应用于粉末的制备中，并赋予粉末一定的疏水亲油特性[5]。此外，由于胺基与许多金属离子之间具有络合作用[6]，所以长链烷基胺也被用作纳米材料制备过程中的稳定剂，以控制纳米材料粒径的生长。并将其应用于不同客体表面潜指纹显现，本章探讨了纳米 TiO_2 粉末、纳米 ZnO 粉末及其悬浮液、Fe_3O_4 粉末及其悬浮液在潜指纹显现中的应用。

第一节　纳米 TiO_2 粉末在潜指纹显现中的应用研究

选择 TiO_2 纳米粉末为研究对象，探索改性纳米粉体在潜指纹显现中的应用前景。普通 TiO_2 粉末与常见的铝粉一样，在显现深色客体表面的潜指纹方面具有很高的效率，其显现都依赖于油脂与粉末（颗粒）之间的静电吸附作用。近年来，随着纳米技术的发展，纳米 TiO_2 被广泛应用于传感器材料、催化剂载体、光催化剂、化妆品等多个领域[7,8]。在法庭科学领域中，也有人报道将纳米 TiO_2 颗粒用于潜指纹显现[6,9-12]。与普通 TiO_2 相比，纳米级 TiO_2 因粒度较小，因此与油脂之间的吸附更强，这一重要特征对于突破陈旧指纹显现方面的瓶颈非常有利。

同有机荧光染料相比，天然食用色素是一种安全性更高、颜色选择范围更广的色料。它们多数为植物提取物，色泽鲜艳，着色、调色能力强。在质量百分比不高于5%的情况下，天然食用色素可以添加到食品当中直接食用，其较高的安全性非常符合目前的“绿色运动”发展趋势。因此，实际应用中选择天然食用色素替代有机荧光染料，对纳米粉体进行改性处理，并采用大豆提取物中的疏水性物质对粉末的改性作用进行了探索，将改性结果同其他两种长链烷胺改性结果进行了比较。

纳米 TiO_2 颗粒自身优异的紫外光吸收性能也是研究重点之一。该性能已经被广泛用于防晒产品的研制；将纳米 TiO_2 特殊的紫外光吸收性能引入光致发光法，利用紫外光照射，某些客体因发射荧光而亮度增大，吸附纳米 TiO_2 颗粒的指纹纹线因吸收紫外光而亮度降低这一现象，从逆向思维的角度解决高背景荧光客体表面潜指纹显现的瓶颈。

一、纳米 TiO_2 粉末的改性处理

影响纳米 TiO_2 粉末显现效果的因素主要有染色剂浓度、疏水性物质含量以及配粉比例等。

（一）染色剂浓度的选择

使用少量水分别溶解液态食用色素和固态食用色素，配置一定浓度的色素水溶液，超声振荡10min，待色素均匀分散后将其倒入一定量的 TiO_2 纳米粉末中，使色素的质量百分比为10%、20%、30%，超声振荡1h，待纳米粉末分散均匀后，将混合物放在通风橱中，自然晾干，然后将其研磨成粉末待用。使用配好的染色粉末，分别显现均匀捺印在白色打印纸上的指纹样本，比对显现效果。

传统的粉末颜色比较单一，一般为黑色、白色、银色或金黄色。使用食品色素对传统粉末进行染色处理可以在保证安全性的前提下，赋予潜指纹显现粉末更为丰富的颜色选择，如绿色、黄色、红色等，以适应不同客体表面潜指纹的显现要求。

TiO_2 纳米粉末染色后其吸附能力几乎没有改变，只是染料含量的不同引起粉末颜色深浅存在差异。将三种染色粉末显出的指纹图对比发现，染料含量为10%的 TiO_2 纳米粉末对于白色纸张反差不够理想，染料含量为20%和30%的两种粉末显出的指纹反差较为理想，如图8.1所示。考虑到成本问题，实验最终确定改性 TiO_2 纳米粉末中最佳染料含量为20%。

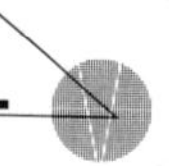

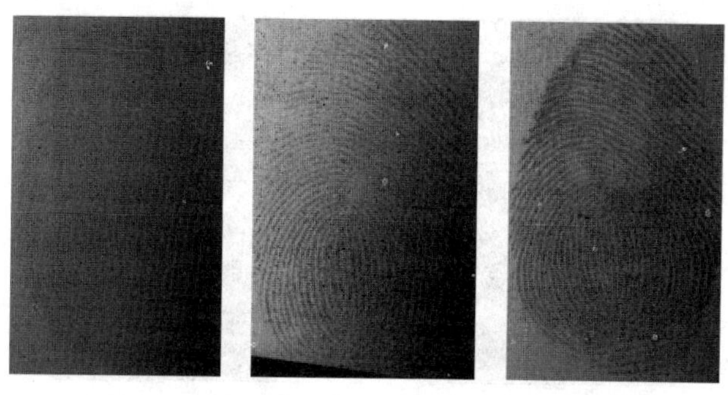

左：10%；　中：20%；　右：30%

图 8.1　三种染料含量的改性 TiO_2 纳米粉末显出的手印效果

（二）疏水性物质的选择

称取一定量的豆粉加入正己烷，磁力搅拌后，隔夜放置，取其上清液加入装有一定量 TiO_2 纳米粉末的烧杯中，超声振荡后，自然挥干，将其研磨成粉末即可。

称取一定量的十二胺和十六胺，比例为 1∶1，分别加入浓度为 5% 的乙酸溶液中，待完全溶解后，将其分别加入两个装有 TiO_2 纳米粉末的烧杯中，超声振荡后，自然挥干，将其研磨成粉末即可。

将两个载玻片并排放置，以接合线为中心，捺印一枚指纹，使用水蒸气对指纹样本进行加湿处理；然后分别用 TiO_2 纳米粉末和包覆疏水性物质的 TiO_2 纳米粉末对潮湿的指纹样本进行显现，比对显现效果。

虽然粉末法的适用范围较广，但是在湿度较大的环境中，粉末容易团聚，流动性变差，显现出的纹线模糊，因此粉末法不适合潮湿环境中潜指纹的显现。疏水性物质具有亲油疏水的特殊性能，表面吸附疏水性物质的粉末，能够在其推动下同潮湿客体表面指纹残留物中的油脂类物质结合。实验考察了三种疏水性物质的处理效果：十二烷基胺、十六烷基胺、大豆提取物。实验结果表明：三种疏水性物质均有较好的疏水效果，在一定的湿度范围内能够清晰地显出潮湿客体表面指纹，图 8.2 中 a、b 分别为使用十二烷基胺、十六烷基胺改性后的显现效果。由于疏水效果相似，考虑到安全、环保等方面因素，实验选择大豆提取物作为疏水改性剂。

为了对改性后 TiO_2 粉末的抗潮湿干扰能力进行准确的判断和评价，实验对不同湿度条件下，纸张表面 20 枚新鲜油潜指纹样本进行批量显现，并精确控制环境湿度（温度设为 40℃）。每种湿度条件下，样本均在熏显仪内部放置 30min 以上，以保证指纹湿度同环境湿度一致。显现时，将样本从熏显柜中取出，迅速使用抖显方式显现指纹。实验结果如表 8.1 所示。从表 8.1 中的数据可

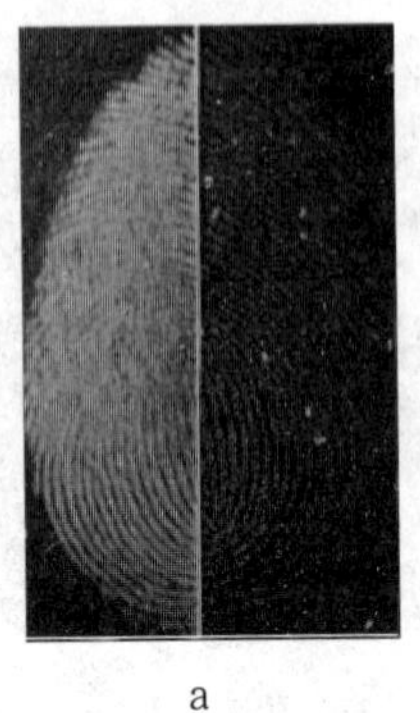
a

b

左：未改性纳米 TiO_2 粉末；　右：改性纳米 TiO_2 粉末

a：十二烷基胺；b：十六烷基胺

图 8.2　不同疏水性物质改性后的纳米 TiO_2 粉末的显现效果

以看出，对于新鲜油潜指纹，由于改性 TiO_2 纳米粉末具有良好的疏水亲油功能，因此能够在高湿度环境下对指纹进行高效显现。

表 8.1　不同湿度条件下打印纸表面手印批量显现成功率

湿度/%	40	60	80	100
成功率/%	95	90	90	80

注：成功率是指具有同一认定价值的手印与手印样本总数之间的比值。

（三）配粉比例的选择

分别称取 3 份一定量的 TiO_2 纳米粉末放入 3 个小烧杯中，再分别称取不同量的滑石粉加入烧杯中，混合均匀，即可得到 3 组滑石粉与 TiO_2 纳米粉末的混合物，其中滑石粉与 TiO_2 纳米粉末的质量比分别为 3∶2、5∶2 和 7∶2。用拇指触摸鼻梁或额头数次，在载玻片上连续捺印 12 枚指纹，重复上述捺印步骤两次，获得 3 组手印样本，每组 12 枚，共 36 枚。分别使用 3 种配比的混合粉末对 3 组手印样本进行显现，比对显现效果。

实验选择滑石粉作为配粉添加到 TiO_2 纳米粉末中。滑石粉的筛分粒度为 1000 目左右，可以提高混合粉末的流散型；而 TiO_2 纳米粉末的筛分粒度高达上百万目，可以改善混合粉末的吸附性。为兼顾流散性与吸附性，需要找到适于潜指纹显现的最佳配粉比例。实验选取三种配粉比例进行考察，使用每种比例的混合粉末对连续捺印的 12 枚油潜指纹进行显现，结果如表 8.2 所示。

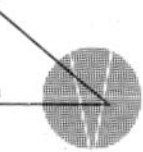

表8.2　3种不同配比粉末的显现效果

	1号	2号	3号	4号	5号	6号	7号	8号	9号	10号	11号	12号
3∶2	D	C	C	A	B	A	A	A	B	A	A	A
5∶2	B	D	D	B	A	A	A	A	A	B	A	B
7∶2	B	B	B	A	B	B	A	B	B	A	B	B

注：A：非常理想；B：理想；C：较差；D：非常差。

由表8.2可知，配比为3∶2的混合粉末对编号靠前、油脂含量丰富的指纹显现效果较差，对于编号靠后、油脂含量较低的指纹样本显现效果较为理想；配比为7∶2的粉末显现效果则与之相反；配比为5∶2的粉末处于居中水平。因此，在实际工作中，应根据不同的实际情况选择不同配比的粉末。

（四）TiO_2 纳米粉末的综合改性处理

具体步骤为：分别称取一定量 TiO_2 纳米粉末和滑石粉，置于烧杯中，获得混合粉末。使用蒸馏水溶解食用色素，配置成色素水溶液，超声振荡10min，待色素均匀分散后将其倒入上述混合粉末中，超声振荡1h，待纳米粉末分散均匀后，将混合物放在烘箱中加热，获得染色后的混合粉末。称取一定量的豆粉并加入正己烷，磁力搅拌后，获得大豆中疏水性物质提取物。量取上述提取物倒入染色后的混合粉末中，超声振荡后置于通风橱中自然挥干。对挥干后的产物稍加研磨处理即可获得改性 TiO_2 纳米粉末。

通过上述优化选择步骤，得出纳米 TiO_2 改性处理的优化工艺条件为：以大豆提取物为疏水性物质、色素含量控制在20%、配粉比例为5∶2。图8.3为系列颜色改性后的纳米 TiO_2 产物。

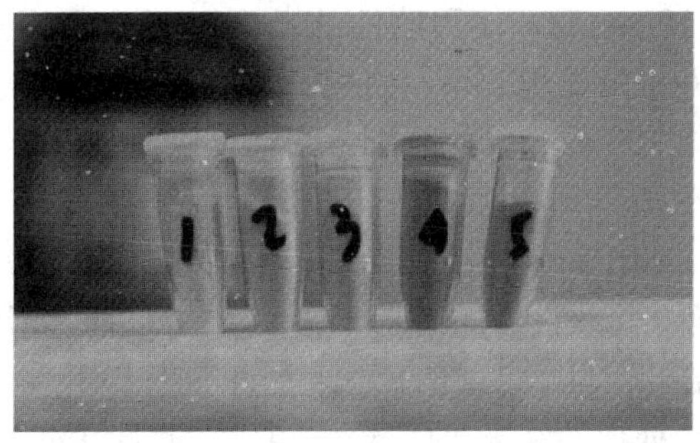

1：SS15 日落黄；　2：SS17 橙黄；　3：SS19 胭脂红；
4：SS22 橙红；　5：SS14 果绿

图8.3　不同食用色素改性处理后的纳米 TiO_2 粉末

图 8.4 为纳米 TiO_2 样品的紫外－可见漫反射吸收光谱。

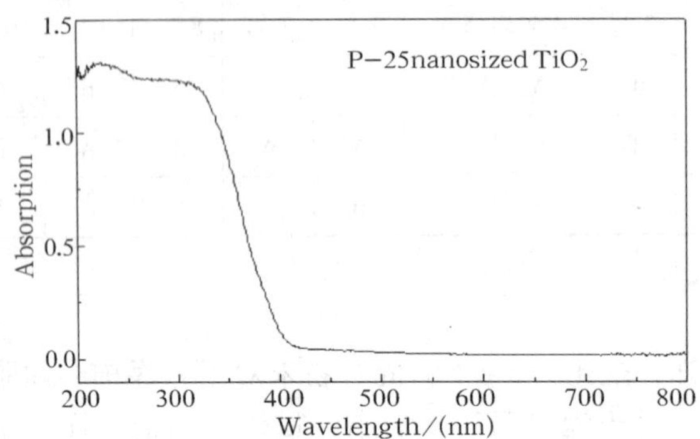

图 8.4　纳米 TiO_2 UV－Vis 光谱表征结果

由图 8.4 可知，TiO_2 对波长小于 400nm 的紫外光有强烈吸收，但对波长大于 400nm 的可见光几乎没有吸收，即全反射，因此 TiO_2 样品一般都是纯白色的。相对于亚微米级 TiO_2，纳米级 TiO_2 的吸收光谱蓝移，对紫外光的吸收性能更好，这种性能主要来源于它们的半导体性质，即在紫外光照射下，电子被激发由价带向导带跃迁引起紫外光吸收。虽然纳米 TiO_2 样品本身的颜色比较单一，但是通过色素的改性处理可以弥补上述缺陷；而且，纳米 TiO_2 优异的紫外光吸收性能也使其在光学成像领域具有特殊的价值。

二、改性纳米 TiO_2 粉末在潜指纹显现中的应用

指纹捺印人员首先使用肥皂洗手 3 次，自然晾干，触摸额头或鼻梁 10 次，然后在洁净的玻璃板上连续捺印 100 枚指纹，获得纯油指纹样本。将新鲜纯油指纹样本自然晾置 10min 后，使用改性纳米 TiO_2 粉末对上述 100 枚连续捺印的指纹进行刷显，并记录显现效果。由同一志愿者按照同样方式继续捺印两组纯油指纹样本，每组 100 枚，以此分别考察铝粉以及磁性粉末对 100 枚连续捺印指纹的显现效果。

（一）改性纳米 TiO_2 粉末与其他种类粉末显现指纹效果比对

在多种客体表面，将改性后的纳米 TiO_2 粉末与几种食用色素粉末的显现效果进行比对。实验结果表明，食用色素粉末本身不适于对潜指纹进行刷显处理。

同没有进行改性处理的纳米 TiO_2 粉末相比，改性 TiO_2 最显著的优势体现在其适用范围更广泛了。对于许多非渗透性客体，如浅色玻璃、塑料等，由于普通 TiO_2 是单一的白色，因此刷显处理后，指纹纹线与背景之间产生的反差较小；而改性处理后，纳米 TiO_2 被赋予多种颜色，使用过程中可以根据客体的具体情况，选择不同颜色的粉末，以最大限度地扩增指纹纹线同背景之间的

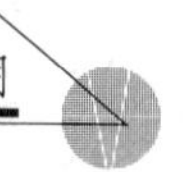

反差。此外，普通纳米 TiO_2 粉末过于松软，悬浮性强，不易黏附在刷头上，也不易转移到指纹纹线表面，对塑料等非渗性透客体表面的潜指纹显现能力差；改性后的纳米 TiO_2 粉末由于添加了一定比例的滑石粉，因此在吸附性、流动性之间获得很好的平衡，粉末同指纹纹线之间的亲和力得到明显提升，并获得好的显现效果。

实验还对改性后的纳米 TiO_2 粉末与银粉（铝粉）和磁性粉末的显现效果分别做了比较。对于连续捺印在玻璃表面的 10 枚新鲜油潜指纹（自然条件下保存 1 天），改性纳米 TiO_2 粉末与银粉具有几乎清晰度相似的显现效果，图 8.5 中 a、b、c 分别为连续捺印的 10 枚指纹中第一、第五和第十枚的比对效果。

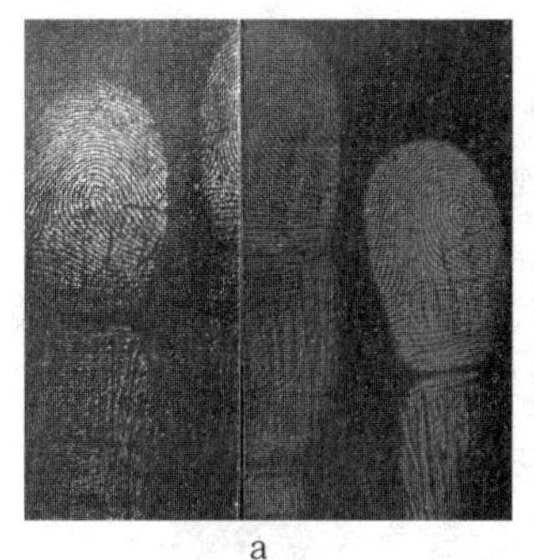
a

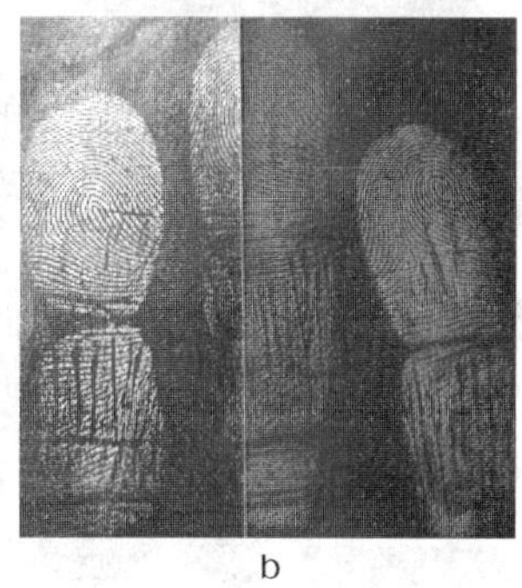
b

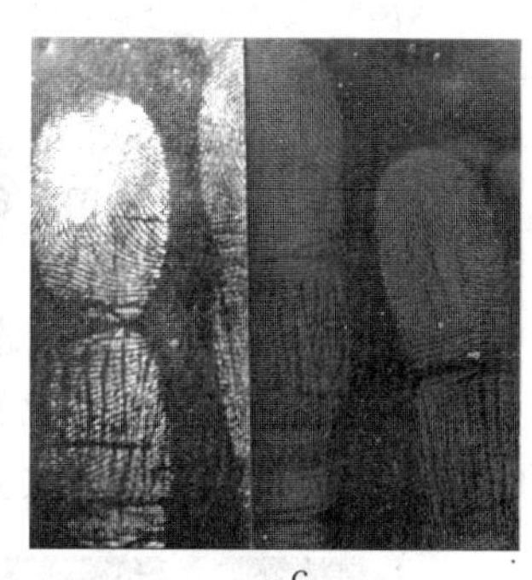
c

左：铝粉处理；　右：改性纳米 TiO_2 粉末处理

a：第一枚；　b：第五枚；　c：第十枚

图 8.5　玻璃表面连续捺印新鲜手印显现效果

对于显现后的纹线放大观察，如图 8.6 所示，可以发现：银粉显现后，其反差较为理想，但是纹线不够完整、边缘特征模糊、背景吸附过大；而改性纳米 TiO_2 粉末显现后的指纹，在获得同样理想反差的同时，还可以看到更为完整的纹线以及更为清晰的边缘特征，同时背景表面几乎不粘粉、不滞粉。

上述比对实验结果表明：对于新鲜油潜指纹，多数情况下的改性纳米 TiO_2 粉末具有与银粉相当的显现效果；在细节特征方面，改性纳米 TiO_2 粉末有微弱优势。

对于连续捺印在玻璃表面的 10 枚陈旧油潜指纹（自然条件下保存 7 天），改性纳米 TiO_2 粉末与银粉的显现效果具有较大差别，图 8.7 中 a、b 分别为连续捺印的 10 枚手印中第五和第十枚的比对效果。由图 8.7 可知，在多数情况下，同银粉相比，改性后的纳米 TiO_2 粉末体现出更为优越的吸附能力以及抗背景干扰能力。这一结果表明，对于陈旧油潜指纹，改性纳米 TiO_2 具有显著优于银粉的显现效果。

左：银粉；右：改性纳米 TiO_2 粉末

图 8.6 玻璃表面油汗混合指纹显现效果

按照同样方式，使用磁性粉末和改性纳米 TiO_2 粉末分别显现白色纸张表面的陈旧油潜手印，并比较显现结果。二者的显现效果比较相似，改性纳米 TiO_2 粉末的显现效果有微弱优势。

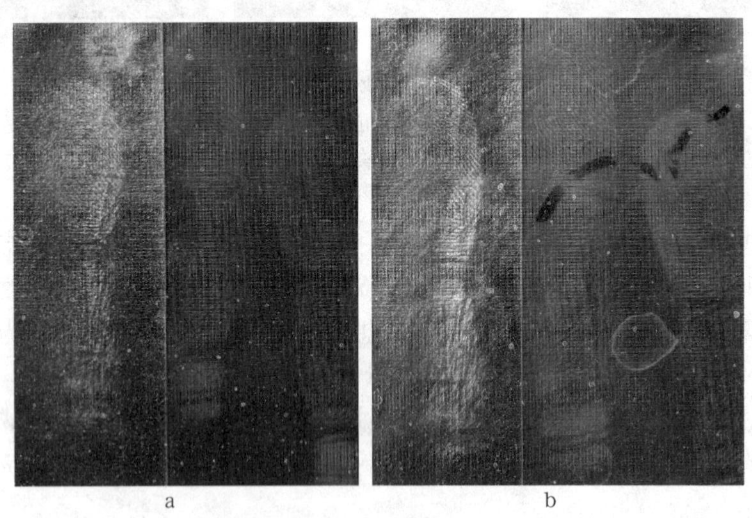

左：铝粉处理；右：改性纳米 TiO_2 粉末处理

a：第五枚； b：第十枚

图 8.7 玻璃表面连续捺印陈旧指纹显现效果

将在玻璃表面连续捺印的 100 枚新鲜油潜指纹置于湿度为 90% 的环境中 30min。每次取出 5 枚，取出后立即使用改性纳米 TiO_2 粉末刷显，直至 100 枚

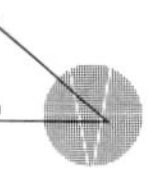

指纹全部显现。统计上述100枚潮湿客体表面新鲜油潜指纹显现结果，如表8.3所示。在上述潮湿条件下显现出的清晰指纹是普通金属粉末（银粉、金粉、磁性粉末等）不可能达到的。

表8.3　潜指纹批量显现结果

考察指标		考察结果
指纹样本总数		100
具有同一认定价值		71%
指定特征点显出率	50%以下	34%
	50%～80%	29%
	80%以上	37%
背景干扰程度	S	0%
	M	40%
	W	60%

（二）高背景荧光客体表面潜指纹显现效果考察

所有指纹显现技术的基本原理均是扩大指纹纹线同背景之间的反差，从而使潜指纹得到显现。由于纳米 TiO_2 对紫外光具有较强的吸收作用，因此本章选取瓷砖、打印纸、IP卡等在紫外光照射下发射可见荧光的客体作为潜指纹承载客体，分别在上述客体表面捺印油潜指纹，使用改性纳米 TiO_2 粉末对潜指纹进行刷显处理，并在365nm UV－LED照射下拍摄成像。

在实践中，许多承载潜指纹的客体均含有荧光增白剂，如打印纸、塑料、白布等，它们在紫外光的照射下会发出很强的蓝色荧光。此外，很多荧光性物质也作为防伪标记添加到许多客体中，如人民币等。在通常情况下，它们也会在紫外光的照射下发出较强的、不同颜色的背景荧光。在单色金属粉末显现能力较差的情况下，很多技术人员选择荧光强度高、颜色反差大的有机荧光物质对潜指纹进行处理，如香豆素535，它在紫外光照射下可发射波长在535nm左右的绿色荧光[3]。然而，上述方法存在一定问题：

（1）在较高的水平上，进一步提高某种物质的荧光强度存在技术瓶颈，难以突破。

（2）若想获得理想反差，则应针对不同颜色背景荧光选择不同颜色的显现试剂，操作烦琐且工作成本较高。

（3）有机荧光染料作为强致癌性物质对技术人员的身体健康存在严重威胁。

此外，像牛皮纸板、皮革制品及本色木等客体，在绿色激光照射下，背景荧光极强，湮没了相对较弱的指纹荧光。不论使用激光或是常规技术（如茚三酮），都难以对它们进行手印检验。上述现象均暴露出传统光致发光法的弊端。

鉴于上述情况，项目组人员从逆向思维角度，提出一种荧光客体表面潜指纹显现方法，该方法安全、适用性广泛、操作简单，即逆向光致发光法。该方法利用纳米 TiO_2 较强的紫外吸收作用，使吸附纳米 TiO_2 的指纹纹线在紫外光照射下呈黑色，从而与在紫外光照射下发射较强荧光的背景之间形成足够反差，使潜指纹得以显现，其显现原理如图 8.8 所示。

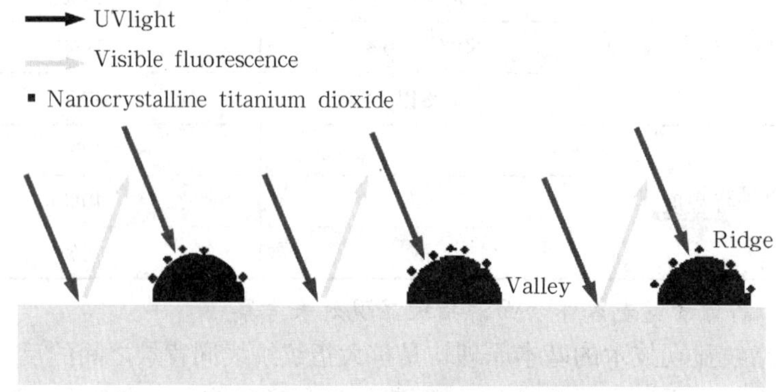

图 8.8　荧光客体表面潜指纹逆向光致发光法显现原理

该方法从材料现有性能出发，规避了有机荧光材料在荧光强度、荧光颜色以及安全性等方面的技术瓶颈，从根本上解决了所有在紫外光照射下发射强荧光的客体表面潜指纹的显现问题。

使用该方法对人民币、打印纸、IP 卡、白色瓷砖等多种在紫外光照射下发射可见荧光的客体表面潜指纹样本进行显现，实验结果如彩图 48、图 8.9 至图 8.11 所示。结果表明：在多数情况下，荧光背景下的指纹纹线呈黑色，与背景的可见荧光之间呈现较大反差，指纹纹线可以得到清晰显现；此外，背景荧光越强，其与指纹纹线之间的反差越大，指纹显现效果越理想；同时，改性纳米 TiO_2 粉末几乎不污染客体，在室光照射下难以分辨客体表面的变化；在 200～400nm 的紫外光照射下，纹线以暗色在强荧光背景中显现，该方法无须使用多波段光源、滤光片等复杂设备及配件，操作简便，避免了有机荧光物质在刷显过程中对操作人员身体健康方面的严重威胁。

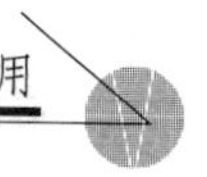

图 8.9　改性纳米 TiO_2 粉末显现白色瓷砖表面潜指纹效果

图 8.10　改性纳米 TiO_2 粉末显现打印纸表面潜指纹效果

图 8.11　改性纳米 TiO_2 粉末显现黄色 IP 卡表面潜指纹效果

三、小结

使用食用色素、疏水性物质以及配粉，可以对纳米 TiO_2 粉末进行多角度改性，改性材料来源广泛，产生物在长期保管使用过程中无毒副作用。同普通金属粉末相比，纳米 TiO_2 粉末比重小，在相同条件下用粉量少。对于普通光滑客体，通过选择不同颜色的改性纳米 TiO_2 粉末，可在室光下使纹线与背景之间形成理想反差；对于某些性能特殊、在紫外光照射下发射可见荧光的客体，则可以利用纳米 TiO_2 对紫外光的强吸收性，使指纹纹线在背景荧光下呈暗色。改性处理后，纳米 TiO_2 粉末对客体性质和表面状态要求较低，因此适用范围更广，同时，其显现效果以及安全性也得到进一步提高。

第二节　ZnO 纳米材料的制备及其在潜指纹显现中的应用研究

在法庭科学领域，一些学者和技术人员以氧化锌为基础制备小颗粒悬浮液，并用于潜指纹显现[13]。显现后，潜指纹纹线因吸附氧化锌颗粒而呈白色，同深色背景之间存在足够反差，从而得到显现。

对该方法的研究已经不仅局限于同传统方法作比较，而是拓展到对多种不同类型客体的应用中。尤其在纳米技术发展起来之后，人们将量子点的优异光学性能同光致发光法结合，同时，利用量子点外部功能基团的可修饰性与激发（发射）波长的可调谐性，实现对潜指纹的光学显现。这一研究拉开了纳米材料在手印显现等法庭科学领域中的应用序幕。

氧化锌、硫化锌是两种典型ⅡB－ⅥA族化合物，它们均为宽禁带的直接带隙半导体材料，表8.4为该类化合物与发光相关的物理性质。锌为ⅡB族元素，外层电子排布为$1s^22s^22p^63s^23p^63d^{10}4s^2$，特殊的能带结构使锌的氧化物、硫化物、硒化物、碲化物在紫外区和可见区均能发光[14]。紫外发光是由于激子的辐射复合而产生的，这种发射的寿命很短，在几到几百皮秒范围内；可见发光机制一直是人们探索的热点，近年来的研究认为其发光机理与氧空位有关，也有不少学者认为与晶格缺陷有关，还有学者认为与陷阱复合和导带底与氧位错缺陷能级跃迁相关，但是到目前为止还没有定论。

我们比较了几种ⅡB－ⅥA族纳米化合物的合成方法，最终确定通过一种简便途径合成氧化锌量子点，并将合成产物以小颗粒悬浮液的形式应用于非渗透性客体表面潜指纹显现中，同时，将ⅡB－ⅥA族纳米化合物小颗粒悬浮液的显现效果同几种传统的显现方法进行比较。

表8.4　ⅡB－ⅥA族化合物与发光相关的物理性质[8]

化合物	晶体结构	晶格常数/A	静态电常数	带隙能量/eV		激子束缚能/meV	有效质量（m^*/m_o）	
				4K	室温		电子	空穴
ZnO	W	a＝3.2403 c＝5.1955	C∥8.8 C⊥8.5	3.436	3.2	59	0.28	0.59
ZnS	W	a＝3.820 c＝6.260	8.6	3.911	3.8	40	0.28	C∥1.4 C⊥0.49
	ZB	5.4093	8.3	3.84	3.7	36	0.39	
ZnSe	ZB	5.6687	8.1	2.891	2.72	17	0.16	0.75

注：W为纤锌矿结构（六方）；　ZB为闪锌矿结构（面心立方）。

一、纳米ZnO及其复合物的制备

（一）纳米ZnO的制备

对文献[15]报道的方法稍加改进，即可合成纳米氧化锌，其具体步骤为：

（1）常压下，向沸腾的乙醇中加入一定量的醋酸锌，并且在磁力搅拌条件下将所得混合物置于冰水混合物中冷却，获得溶液1；

（2）在另一容器中，将一定量的氢氧化锂溶于乙醇中，超声处理后，置于冰水混合物中冷却，获得溶液2；

（3）在0℃且剧烈搅拌条件下，将溶液1缓慢滴加至溶液2中，至混合溶液为澄清状态，然后将产物置于4℃下保存。

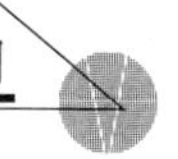

（二）纳米 ZnO/PEGME 的制备

根据文献[16-19]报道的方法合成纳米 ZnO/PEGME，其具体步骤为：

（1）将一定量的聚乙二醇单甲醚（PEGME）（M. W. =550 Aldrich）、高锰酸钾和氢氧化钠加入去离子水中，搅拌得到溶液 1；

（2）将溶液 1 过滤，用稀盐酸将其 pH 值调至 2.0，在剧烈搅拌下自然挥干溶剂，并烘干；

（3）使用甲苯对上述产物进行提取，然后挥干甲苯，获得功能化 PEGME；

（4）向去离子水中分别加入一定量的氯化锌以及氢氧化钠制得新鲜氢氧化锌，用去离子水重复清洗，然后在加热的水体系中，使产物与功能化 PEGME 发生反应，获得 $[CH_3O(CH_2CH_2O)_nCH_2COO]_2Zn$ 溶液；

（5）加热挥干 $[CH_3O(CH_2CH_2O)_nCH_2COO]_2Zn$ 溶液中的水分，并将产物置于烘箱中烘干；

（6）将上述烘干产物溶于乙醇中，加热回流，然后加入含有氢氧化锂的乙醇液，得到 PEGME 包覆的氧化锌纳米复合材料。

（三）纳米 ZnS：Mn^{2+} 的制备

对文献[20]报道的方法稍加改进，来合成纳米 ZnS：Mn^{2+}，其具体步骤为：

（1）向去离子水中分别加入硝酸锌、硝酸锰以及 PEG，常温下搅拌，获得溶液 1；

（2）磁力搅拌下，向一定量的硫化钠水溶液中缓慢滴加溶液 1，并在室温下反应 1h，得到溶液 2；

（3）挥干溶液 2 中的水分，用去离子水洗涤所得产物，并煅烧 1h。

二、ZnO 材料的表征

由于ⅡB－ⅥA 族纳米化合物具有优异的荧光性能以及较高的环境兼容性，本章将其作为一种颇具潜力的纳米材料进行开发，以期能为法庭科学领域提供更为安全的试剂、更为简便的合成方法以及更为理想的潜指纹显现效果。首先考虑通过最简便的途径合成纳米 ZnO。由于没有修饰的纳米 ZnO 的稳定性以及与指纹物质的亲和力不尽理想，所以在 ZnO 纳米颗粒表面包覆带有功能基团的 PEGME 的衍生物，其化学结构式为 $CH_3O(CH_2CH_2O)_nCH_2COOH$。最后，从进一步提高产物荧光性能的角度考虑，实验设计在 ZnS 纳米颗粒晶格内掺杂 Mn^{2+}。按照上述方法，合成三种纳米材料：纳米 ZnO、纳米 ZnO/PEGME 和纳米 ZnS：Mn^{2+}。在暗室中，使用 365nm UV－LED 分别对上述三种合成产物进行荧光检测，结果显示 ZnO 纳米颗粒荧光效果最强。我们也使用其他方法对该种纳米材料进行了表征。

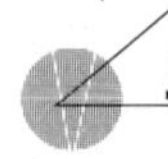

（一）扫描电镜的表征

图 8.12 为扫描电镜对纳米 ZnO 微观结构的分析结果。从合成产物的 SEM 图片可以看出，合成出的 ZnO 量子点呈椭圆形颗粒状，粒度均匀，粒径约为 10nm。

图 8.12　合成产物 SEM 表征结果

（二）XRD 表征

图 8.13 为 X 射线衍射仪对纳米 ZnO 的表征结果。在图 8.13 中，a、b 分别为按照同样方法两次合成产物的 XRD 谱，二者所有衍射峰均与氧化锌标准 XRD 谱一致。二者的 7 个最强衍射峰位置基本上一致，因此，可以确认产物主要表现为 ZnO 结晶状态。由于纳米颗粒粒径很小，所以衍射峰有所宽化。

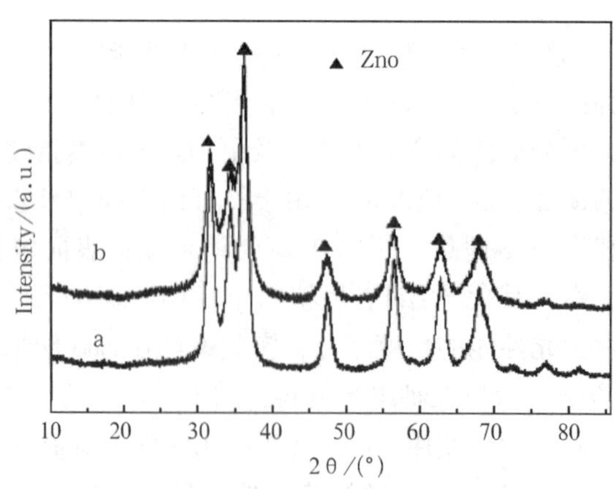

图 8.13　合成产物 XRD 表征结果

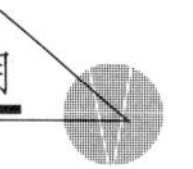

根据 Debye - Scherrer 公式（见公式 8.1），通过衍射峰的半高宽可以估算晶粒的尺寸大小。公式中 D 为沿晶面垂直方向的厚度，可以粗略认为是晶粒的直径；K 为衍射峰形 Scherrer 常数，一般取 0.89，λ 为 X 射线波长，$B_{\frac{1}{2}}$为衍射峰的半高宽，单位为弧度，θ 为布拉格衍射角。通过这个公式，可以估算出产物 101 晶面的晶粒度为 10.9nm。这与电镜表征颗粒度结果基本一致。

$$D = K\lambda / B_{1/2}\cos\theta \tag{8.1}$$

图 8.14 是 ZnO 纳米晶水溶液（浓度约为 2.3mg/mL）的荧光光谱。其中，谱线 a、b 分别为产物的激发谱线和发射谱线。由激发谱线可知，ZnO 纳米晶的最强激发峰位为 371nm；由发射谱线可知，ZnO 纳米晶的最强发射峰位于 416nm 处。此外，这种材料还可以在 500 ~ 600nm 内发射黄色荧光。之所以产生如此宽的发射光谱，主要是由于合成过程中 ZnO 纳米晶粒径生长未受到严格控制，所以粒径分布较宽。

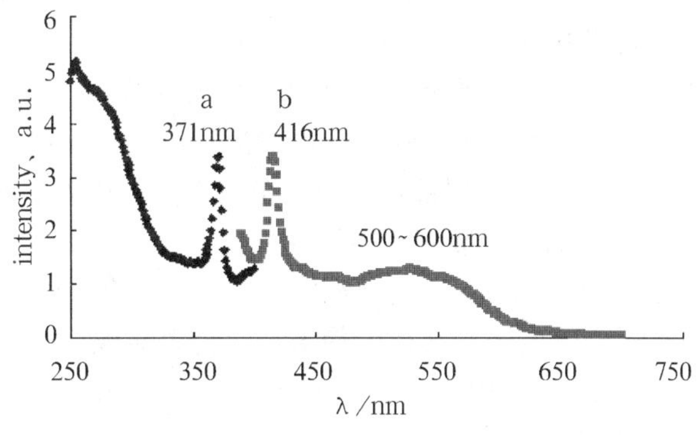

a：激发谱线；　b：发射谱线

图 8.14　合成产物荧光光谱表征结果

（三）荧光光谱表征

ZnO 纳米晶表面性能对其光致发光性能有较大影响。起初，有学者认为 ZnO 纳米晶晶格内嵌入的 Li 原子会显著影响产物荧光性能。然而，近期有学者在实验过程中观测到这样的现象：对 ZnO 纳米晶进行物理研磨后，纳米晶在紫外光照射下发出的可见光强度发生衰减。这一现象表明，物理研磨可能引起 ZnO 纳米晶晶格结构中缺陷增多。本章研究结果同上述文献报道一致。

三、纳米 ZnO 显现潜指纹的应用

所有指纹样本均由志愿者提供。指纹捺印人员首先使用肥皂洗手 3 次，自然晾干，触摸额头或鼻梁 10 次，然后在锡纸、玻璃、易拉罐、塑料等客体表面捺印，获得油潜指纹样本。每次捺印前，重复触摸额头或鼻梁步骤。指纹捺印人员使用肥皂洗手 3 次，自然晾干，戴手套 20min 后在客体表面捺印获得汗潜指纹样本。

进行比对分析时，对于锡纸、易拉罐、塑料等客体表面的潜指纹使用洁净的剪刀从手印中线剪半，分别使用不同方法对两侧潜指纹进行显现处理；对于玻璃表面的潜指纹，将两块载玻片并排放置，捺印时将潜指纹中线对准两块载玻片之间的缝隙，然后分别使用不同方法对两侧潜指纹进行显现处理。

按照以下方式，以合成产物为基础，制备小颗粒悬浮液：

（1）称取一定量的纳米粉末，将其加入去离子水中，获得小颗粒悬浮液；

（2）向上述悬浮液中加入 0. 25mL Tween 20；

（3）在室温下，超声至纳米颗粒块状结晶均匀分散。

按照以下步骤，使用上述小颗粒悬浮液对潜指纹进行显现：

（1）沿容器壁缓慢注入小颗粒悬浮液，至液面高度约为 2 cm；

（2）将指纹样本正面朝上放置于容器底部；

（3）在室温下浸显 15min，显现过程中，以 100 ~ 300 次/分钟的频率在水平方向上振荡载有潜指纹的光滑客体，使潜指纹得以显现；

（4）潜指纹显现后，使用去离子水冲洗载有潜指纹的光滑客体 0. 5 ~ 3 min，在自然状态下晾干。

将新型显现试剂与传统小颗粒悬浮液法（small partical reagent，SPR）以及罗丹明 6G 作比对时，仍然选取上述指纹样本制备方法。其中传统 SPR 试剂按照文献[15]报道的方法制备，罗丹明 6G 水溶液的浓度为 $10^{-4}mol \cdot L^{-1}$。

所有指纹样本均在室温下保存。光致发光成像时，在暗室里使用 365nm UV – LED 对指纹样本激发拍照。

（一）ZnO 纳米材料显现潜指纹应用

选择两种途径考察氧化锌纳米颗粒在潜指纹显现中的应用前景：粉末法和小颗粒悬浮液法。

1. 浅色客体表面潜指纹的显现

图 8. 15 和图 8. 16 分别为使用 ZnO 纳米粉末对易拉罐表面和白色瓷砖表面新鲜油潜指纹刷显结果。在室光照射下，ZnO 纳米粉末可以作为常规白色粉末使用，对潜指纹进行良好的显现；在长波紫外光照射下，ZnO 纳米粉末可以作

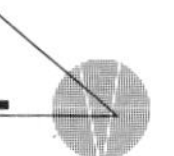

为荧光粉末使用，与指纹残留物结合后，通过发射强度较大的可见荧光，使潜指纹同背景之间形成足够反差而显现。通过图 8.15 和图 8.16 可以得出以下结论。

（1）ZnO 纳米粉末对潜指纹中的残留物具有较高的优先吸附能力，显现出的纹线清晰、背景干扰小、特征点丰富。

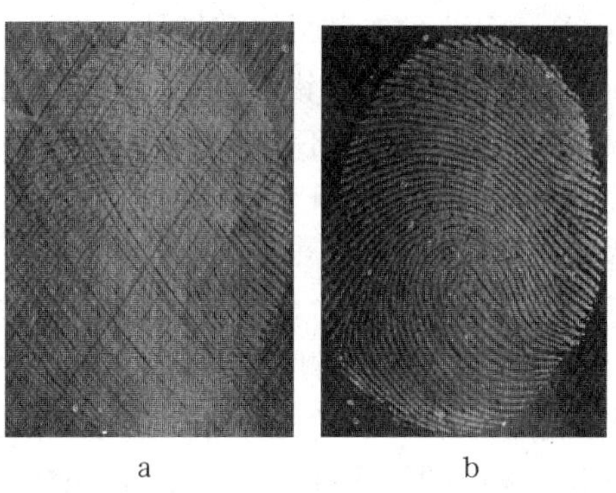

a　　　　　　　　　b

a：室光照射下拍摄效果；　b：紫外光照射下拍摄效果

图 8.15　氧化锌纳米粉末刷显易拉罐表面新鲜油潜指纹

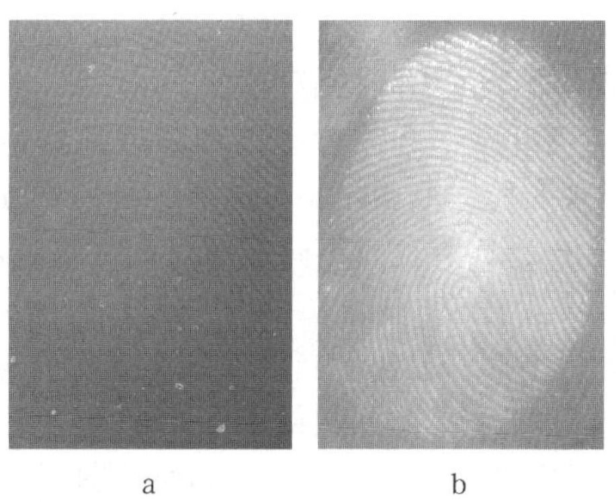

a　　　　　　　　　b

a：室光照射下拍摄效果；　b：紫外光照射下拍摄效果

图 8.16　氧化锌纳米粉末刷显白色瓷砖表面新鲜油潜指纹

（2）经 ZnO 纳米粉末处理后的潜指纹，具备两种同时存在且简便易行的成像方法，即具备两种光学成像模式：室光照射下的反射成像模式和紫外光照射下的可见荧光成像模式。

由于 ZnO 纳米粉末具备上述特征，因此它具有比普通金属粉末更为广泛的适用范围：由于颜色单一，普通金属粉末一般只适用于深色客体或浅色客体中的某一类；而 ZnO 纳米粉末既可以利用自身的颜色同深色客体之间形成明显反差而成像，同时又可以利用可见荧光同浅色客体之间形成明显反差而成像。

针对具有强荧光背景客体表面的潜指纹进行实验，亦取得了很好的效果。实验选取常见的四种客体——塑料打火机、白色瓷砖、铝合金和塑钢进行研究，效果如彩图 49 所示。

由彩图 49 可以看出，四种客体表面的潜指纹经纳米 ZnO 显现后，在白光下反差均不大，打火机、白色瓷砖、铝合金表面的纹线隐约可见（见彩图 49a、b、c），塑钢表面的纹型几乎看不出来（见彩图 49d）；但在 365nm 下，前三者表面纹线非常流畅，细节特征清晰，塑钢表面的纹型清晰可辨，部分细节特征能够识别，达到鉴定的标准。

对于相同遗留时间的潜指纹，瓷砖比塑料打火机上的容易显出，铝合金比塑钢上的容易显出，主要原因是：塑料和塑钢对于油脂成分均有一定的渗透性，随着时间的推移，除了蒸发分解的部分外，还在纵横方向上渗透到了客体内部和表面，两者表面上显出的纹线有不同程度的洇散也证明了这一点。而瓷砖和铝合金则是非渗透性的，指纹遗留物质的蒸发分解是其消耗的主要原因，不存在纵横向的渗透，因此显出的纹线比较流畅、边缘清晰可辨。同时，该方法打破了白色试剂不能用来显现白色或浅色客体表面潜指纹的常规做法。

2. 纳米 ZnO 显现彩色表面客体的潜指纹

以彩色 IP 卡和彩色纸盒作为非渗透性和渗透性彩色客体的代表，对其表面的潜指纹进行显现实验，取得了很好效果，如彩图 51 和彩图 50 所示。

由彩图 51 可以看出，IP 卡表面不同遗留时间的潜指纹都能清晰地显出，22 天的指纹纹线与背景反差较小，主要是指纹遗留物质残余较少所致。在白光下，根据 IP 卡的颜色不同，显出的指纹纹线反差存在较大差异，有的反差较大（见彩图 51b），有的反差较小（见彩图 51a、c、d）；但在 365nm 光源下，均能得到纹线是暗色调、背景为亮色调，反差明显的影像。对于实验所用 IP 卡表面的油汗指纹，采用纳米 ZnO 屏蔽紫外线法可以得到较好的显现效果。

彩色易拉罐表面的潜指纹经纳米 ZnO 刷显后，在白光下，由于纳米 ZnO 自身浅色和背景颜色之间的相互作用，导致指纹纹线与背景之间的反差很小，仅能隐约显出纹线，拍照固定的效果较差；但在 365nm 光照下，吸附了纳米 ZnO 的纹线与背景之间反差增大，显出的纹线流畅完整，细节特征清晰，见彩图 50。

3. ZnO 纳米粉末显现水果和蔬菜表面潜指纹应用

纳米 ZnO 粉末显现西红柿表面潜指纹的效果最佳，在紫外和可见光范围内都可以得到纹线细腻、细节特征清晰、反差较大的影像，见彩图 52。但是，

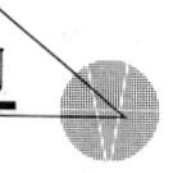

显现后的西红柿检材要妥善保管，尽快拍照固定，因为显现后西红柿腐烂变质的速度加快，这可能与纳米 ZnO 本身的性质有关。纳米 ZnO 在紫外线的照射下，会产生空穴（h^+）－电子（e^-）对，活泼的空穴和电子分别从纳米 ZnO 价带（VB）、导带（CB）迁移至粒子表面，把表面吸附的水或羟基（OH）转变成氢氧自由基（·OH），把表面吸附的氧气转变成原子氧（$\cdot O_2^-$）[15]；氢氧自由基具有极强的氧化能力，从而加快了与其接触部分的腐烂变质速度。纳米 ZnO 粉末可以较好地显现苹果和香蕉表面的潜指纹，但无法显现土豆表面的潜指纹，具体原因需要进一步研究。土豆表面的潜指纹用纳米 Fe_3O_4 粉末显现效果最好，在长波紫外光下拍照，能得到反差较大、细节特征清晰的影像。

（二）纳米 ZnO 显现潜指纹与其他试剂的比较研究

1. 纳米 ZnO 紫外屏蔽法与“502”胶熏显－染色法的比较

对于非渗透性客体而言，“502”胶熏显法是一种非常适用的方法，但是由于经“502”胶处理后的指纹纹线呈白色，因此当以“502”胶熏显浅色客体上的指纹时，就存在指纹纹线与背景之间的反差不够大的问题，这时常常用染料进行染色处理，这其中最常用的染料就是罗丹明 6G 和 BBD。罗丹明 6G 是一种最常见的荧光染料，在医学成像、生物探针领域得到了广泛应用，其可以吸附在“502”胶熏显的指纹纹线上，并在长波紫外光和蓝绿光照射下发出橙红色可见荧光。BBD 是一种褐色絮状粉末，易溶于乙醇、丙酮等有机溶剂，在长波紫外光激发下可发出黄色荧光，其分子结构不对称，具有较强的极性，极易吸附于具有一定极性的“502”胶聚合物表面，并产生一定的结合力。对于浅色且不具备紫外激发荧光或紫外激发荧光不强的客体而言，“502”胶熏显结合罗丹明 6G 或 BBD 染色法不失为一种好的方法；但对于浅色非渗透性客体，比如白色塑料，会在紫外光激发下产生很强的荧光，即使用滤光片也不易获取理想的显现效果，而且彩色客体的颜色也会干扰显现出的指纹纹线；再者，“502”熏显效果的好坏直接影响着染色结果的好坏，熏显效果好了最终显出的效果才会好，塑料上的指纹经“502”熏显后纹线呈不连续的点点状（见彩图 53 左和彩图 54 左），指纹类型不难辨出，但一些细节特征就容易丢失或呈现假特征。

然而，紫外屏蔽性能极佳的纳米 ZnO 粉末显出很大的优势：一是操作简单，不需要很专业的知识；二是经其处理后的指纹纹线在紫外光照射下流畅细腻，与背景形成良好反差，如彩图 53 右和彩图 54 右所示。总之，经罗丹明 6G 或 BBD 染色法处理后的指纹纹线 365nm 光激发下拍照，其纹线亮度可以，但显出的纹线不如纳米 ZnO 粉末处理过的纹线连贯和流畅。

2. 纳米 ZnO 与金粉的比较

金粉是基层公安机关办案常用的显现试剂，呈金黄色，由铜、锡、锌、锑混合制成的合金粉末，学名青铜粉，金粉是其俗称。附着力强，适用于玻璃、搪瓷、陶瓷、塑料制品、油漆喷漆电镀等光滑物面上较新鲜和较陈旧的指纹，在潮湿气候条件下，加入5% ~10%的松香，可改善显现效果[21]。实验选取手机充值卡表面的油汗指纹作为检材，效果如彩图55所示。

由彩图55可以看出，白光下，金粉的反差较大（见彩图55c），但指纹纹线不够细腻；纳米 ZnO 显出的指纹纹线反差较小，但纹线细腻，细节特征清晰（见彩图55a）；而在365nm下，纳米 ZnO 显现的指纹纹线呈显暗色调，背景为亮色调，反差加大，有利于下一步鉴定。从两者的对比可以看出，纳米 ZnO 能充分显现指纹纹线的细节特征。

3. 与其他粉末法比较

尽管有学者提出，干燥的粉末与塑料等客体之间存在静电作用，因此粉末法显现效果不如小颗粒悬浮液理想。但是对于新鲜指纹，粉末法依然是许多现场勘查技术人员的首选方法之一。将 ZnO 纳米粉末同三种常规粉末（磁性粉末、银粉、荧光粉）的显现效果进行比较，通过60mm 微距镜头和扫描电镜分别对显现效果进行低倍数和高倍数放大观测，结果如图8.17和图8.18所示。低倍数情况下，几种粉末对于硅片表面的新鲜油潜指纹均有非常理想的显现效果，其中 ZnO 纳米粉末在两种光学成像模式下的显现效果均不低于其他几种常规粉末，如图8.17所示。在扫描电镜下进行高倍数观测时，四种粉末显现结果之间的差异则凸显出来，如图8.18所示：磁性粉末对指纹纹线的附着能力强，但是粉末颗粒不均匀、背景附着量较多、显现出的指纹纹线不够细腻；银粉呈片状，粉末同指纹物质吸附均匀，纹线边界比较清晰，但是其自身颜色导致很多情况下的显现结果反差不理想；荧光粉末同指纹物质结合比较理想，三级特征丰富，但是背景附着颗粒较多，使用长波紫外光对其进行激发时，容易产生背景干扰；使用 ZnO 纳米粉末处理潜指纹时，粉末同指纹残留物之间的吸附不如磁性粉末理想，吸附不够密集，但是纹线连续、完整、均匀性好，最为突出的优势是小犁沟处的背景吸附非常小，从而显著提高指纹纹线与背景间的反差。

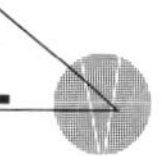

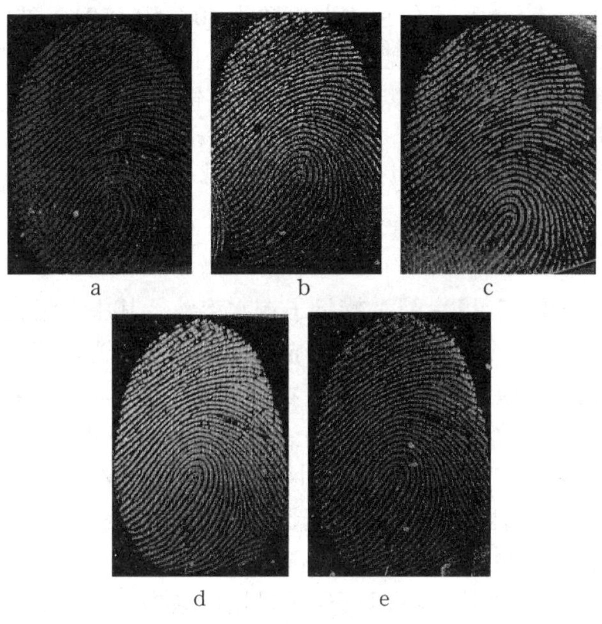

a：磁性粉末；　b：银粉；　c：荧光粉末；
d：ZnO 纳米粉末（室光照射）；　e：ZnO 纳米粉末（紫外光照射）

图 8.17　硅片表面潜指纹显现效果

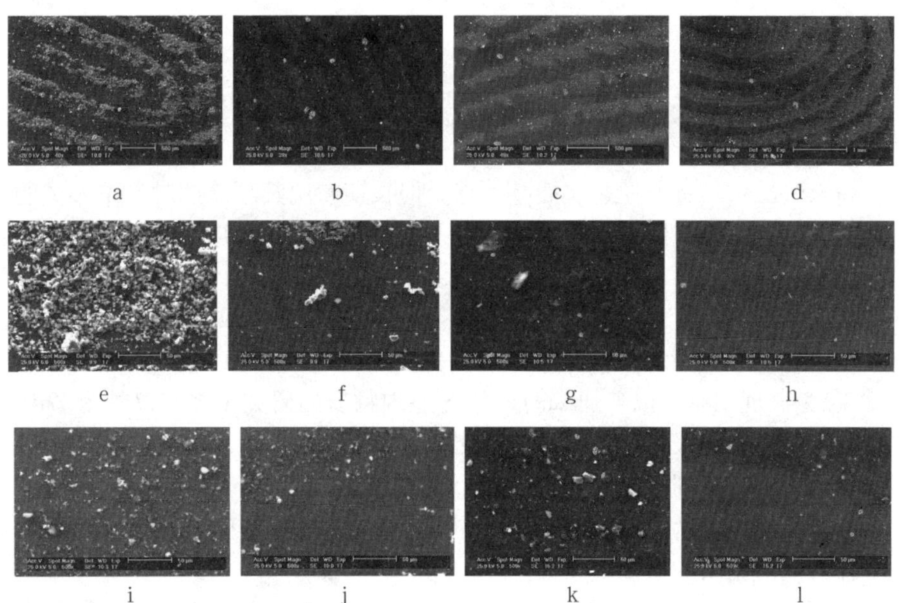

图 8.18　不同放大倍数下硅片表面潜指纹 SEM 图像

图8.18中a、b、c和d分别放大倍数为40~50倍时，磁性粉末、银粉、荧光粉末和氧化锌纳米粉末显现效果；e、f、g和h分别放大倍数为500倍时，指纹纹线处磁性粉末、银粉、荧光粉末和氧化锌纳米粉末吸附效果；i、j、k和l分别放大倍数为500倍时，小犁沟部位的磁性粉末、银粉、荧光粉末和氧化锌纳米粉末背景吸附效果。

四、小结

尝试三种途径制备ⅡB－ⅥA族量子点水溶液。其中，无包覆型氧化锌量子点合成工艺最简单；X射线衍射、扫描电镜以及荧光光谱表征结果显示该产物各方面性能良好；应用结果显示该产物可以通过粉末法及小颗粒悬浮液两种形式对潜指纹进行有效显现，同时以室光反射以及紫外可见光致发光两种光学成像模式获得影像。实验将纳米ZnO小颗粒悬浮液对陈旧汗潜指纹的显现结果同银粉及“502”熏显法处理结果相比较，发现虽然浸显法会在一定程度上破坏指纹纹线，但是纳米ZnO小颗粒悬浮液仍然是一种针对陈旧汗潜指纹灵敏度较高的显现法。此外，罗丹明6G浸显比对结果显示，ZnO纳米晶在荧光显现方面不逊色于前者；同二氧化钛小颗粒悬浮液浸显比对结果显示，纳米ZnO小颗粒悬浮液是一种理想的替代物。将ZnO纳米晶粉末的刷显结果同三种常规粉末进行比较，并使用扫描电镜对显现结果进行微观形态分析，分析结果表明，ZnO纳米晶粉末对新鲜指纹的显现效果不逊色于常规粉末，同时它在抗背景吸附方面颇具优势。

第三节　纳米ZnO小颗粒悬浮液显现潜指纹应用研究

粉末法虽然具有方便、快捷等优点，但长期使用其漂浮性对工作人员的危害也很大。针对粉末法的局限性，研究人员探索了小颗粒悬浮液显现法。小颗粒悬浮液法具有无毒、环保等特点，不仅适用于水浸手印，还可以显现粉末法和“502”熏显法无法奏效的各种潮湿物面上的汗潜指纹和油潜指纹等。目前，国内外文献报道的小颗粒悬浮液大多以普通二硫化钼[22-25]和普通二氧化钛[26-30]为显现物质，以普通ZnO[29,30]为显现物质的研究不多，以纳米ZnO为显现物质的还未见报道。纳米级粉末粒径小（<100nm），比表面能高，具有很强的吸附性，有利于指纹纹线吸附。

本节开展了纳米ZnO悬浮液显现潜指纹的研究工作，考察其显现非渗透性客体表面潜指纹的效果。

纳米ZnO小颗粒悬浮液是将一定量的粉末和表面活性剂（以下简称表活剂）加入适量水中形成的悬浮液，其中非离子型表活剂主要通过吸附存在于

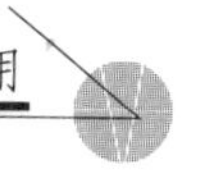

固-液界面上，降低了界面自由能，因而减弱了自发凝聚的热力学过程；同时非离子表活剂吸附在固-液界面时形成一层结实的溶剂化膜，阻碍颗粒相互接近。离子型的表活剂吸附于颗粒表面后，由于离子化的亲水基朝向水相，使所有的颗粒获得同性电荷，它们相互排斥，因此颗粒在水中保持悬浮状态[31]。同时吸附有表活剂离子的小颗粒，通过表活剂亲油基与指纹物质中油脂分子的憎水基的吸附作用或分子间力，吸附在指纹纹线上，从而将指纹显现出来。

一、纳米 ZnO 小颗粒悬浮液的表征

在未经显现处理的情况下，考察小颗粒悬浮液本身的荧光性能。具体考察方式为：用清洁的石英池分别装取配置好的显现液（纳米 ZnO 小颗粒悬浮液）和比对液体（去离子水），将二者同时放入暗室中，使用 365nm UV-LED 照射上述两种液体，并拍照成像。图 8.19 为紫外光照射下，纳米 ZnO 小颗粒悬浮液的荧光效果。由图 8.19 可知，在 365nm 长波紫外光激发下，纳米 ZnO 小颗粒悬浮液可发射较强的黄色荧光，添加 Tween 20 后，量子点在水溶液中的荧光性依然被保留。

左：去离子水；右：纳米 ZnO 小颗粒悬浮液

图 8.19　紫外光照射下纳米 ZnO 小颗粒悬浮液发射荧光效果

确定小颗粒悬浮液的荧光性能后，将上述试剂应用于潜指纹显现，以考察这种新型显现试剂是否具有理想的选择性吸附能力。图 8.20 为使用纳米 ZnO 小颗粒悬浮液对锡纸表面新鲜油潜指纹的显现效果。同粉末法相似，以小颗粒悬浮液形式使用 ZnO 纳米晶时，依然可以获得理想显现效果，且显现后的指纹能够在室光和紫外光两种照射模式下成像。

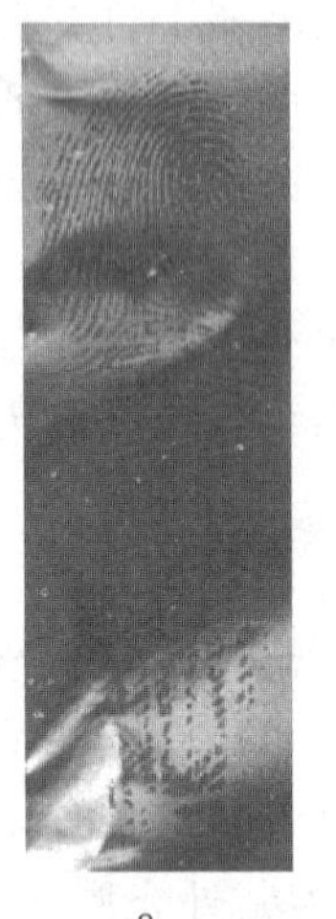

a　　　　　　b

a：室光照射下拍摄效果；　b：紫外光照射下拍摄效果

图 8.20　纳米 ZnO 小颗粒悬浮液显现锡纸表面新鲜油潜指纹

纳米 ZnO 小颗粒悬浮液使用数次之后，溶液中会出现颗粒团聚严重的现象，这是由于纳米 ZnO 颗粒外部没有稳定基团的包覆，同时粒径较小、颗粒比表面积大、呈热力学不稳定状态等原因导致的。增加适当浓度的 Tween 20 可以改善颗粒团聚的现象；但与此同时，ZnO 同指纹残留物之间的结合作用会被破坏。对沉淀后的小颗粒悬浮液进行超声处理 5min，待团聚颗粒重新分散于溶剂系统中之后，它仍然具有理想的潜指纹显现效果。

二、纳米 ZnO 悬浮液的配制及优化

参照普通小颗粒悬浮液的配方，预实验配制纳米 ZnO 悬浮液，具体操作如下：称取 0.1g（固体）或 1.0mL（液体）的表活剂溶于 100mL 水中，待表活剂完全溶解后，缓慢加入 0.5g 的纳米 ZnO 粉末搅拌均匀，然后置于超声波清洗器中超声 0.5h。

（一）溶剂的确定

以自来水、纯净水和蒸馏水为研究对象，对三种水中杂质离子的含量进行测定，分别用电导仪和电感耦合等离子发射光谱仪测定三种水的电导率和常见离子的浓度，结果见表 8.5 和表 8.6。为了看起来更直观，根据表 8.6 绘制了图 8.21。

表 8.5　三种水的电导率

不同水	纯净水	蒸馏水	自来水
电导率 μs	680	1200	1232

从表 8.5 可知，纯净水的电导率最小，蒸馏水的电导率居中，自来水的电导率最大。根据电导率越大，水中所含杂质离子越多的原理，则自来水中所含杂质离子最多，蒸馏水次之，纯净水中最少。电感耦合等离子发射光谱仪的检测结果（见表 8.6）也证实了上述 3 种水中杂质离子含量的结果。

表 8.6　三种水中离子的含量

mg/L（PPM）	Ca	Cu	Fe	Mg	Na	K
蒸馏水	7.0900	0.0005	0.0028	1.8110	0.6881	0.1775
纯净水	0.3330	0.0003	0.0027	0.1408	1.0290	0.0365
自来水	80.56	0.0017	0.0851	29.56	34.56	2.32

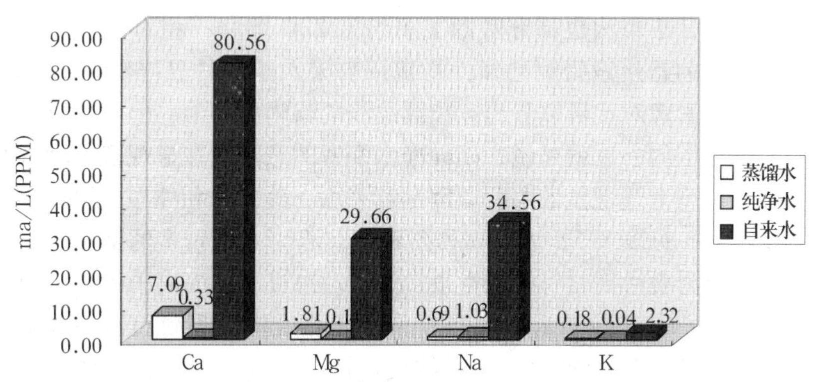

图 8.21　不同水中离子含量柱状图

用自来水、纯净水和蒸馏水为溶剂配制 3 种纳米 ZnO 悬浮液，Tween 20 作为表活剂，各物质用量不变。将一枚黑色电工胶带黏面遗留四天的油汗混合指纹分为 3 份，并将 3 份检材分别浸入 3 种悬浮液中显现，通过比较 3 种悬浮液显现效果的优劣来确定合适的溶剂。在白光下拍照效果如图 8.22 所示。

左：蒸馏水； 中：自来水； 右：纯净水

图 8.22 不同溶剂的悬浮液浸显黑色电工胶带黏面四天油汗指纹

从图 8.22 中可以看出，3 种水配成的悬浮液都能显出纹线，但中间部分的影像没有左右两边的影像纹线细腻，细节特征清晰。也就是说，用自来水配制的悬浮液显出的指纹纹线与另外两种溶剂配制的悬浮液相比，前者显出的纹线部分有粘连，小犁沟也部分吸附上了纳米 ZnO 颗粒；相对而言，用蒸馏水和纯净水配制的悬浮液吸附选择性均比用自来水配制的悬浮液好。从图 8.22 中左右两部分影像对比可以看出，指纹纹线的清晰度相似，但右部分图像的反差大于左部分图像，也就是说，用纯净水配置的悬浮液在显现指纹时图像的反差大。推测出现上述现象的主要原因是自来水、蒸馏水和纯净水中杂质离子含量的多少不同，见表 8.5、表 8.6 和图 8.21。自来水中较多的金属离子与纳米 ZnO 颗粒在吸附表活剂时有激烈竞争，属于动态过程，而离子的吸附力大于纳米 ZnO 颗粒，致使部分纳米 ZnO 颗粒表面无法或较少吸附表活剂分子，降低了这部分纳米 ZnO 颗粒吸附纹线时的选择性，所以纹线有粘连现象。蒸馏水中的杂质离子较自来水中的少，但比纯净水中的多，所以，纳米 ZnO 颗粒在纯净水中与非离子表活剂 Tween 20 结合得最好，显出的指纹选择性和反差均比较大。总之，从增强吸附的选择性及加大指纹纹线与背景反差两个角度考虑，最终确定纯净水为最佳溶剂。

（二）表面活性剂的确定

本节先后配制不加任何表面活性剂及分别添加 Tween 20、PVP - K30、SDS、CTAB 和 PAM 六种纳米 ZnO 悬浮液，并分别浸显黑色电工胶带黏面遗留一天的油汗指纹，来考察不加表面活性剂和添加不同表面活性剂悬浮液的显现效果，所得图像如图 8.23 所示。

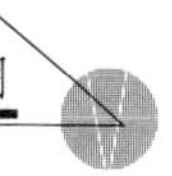

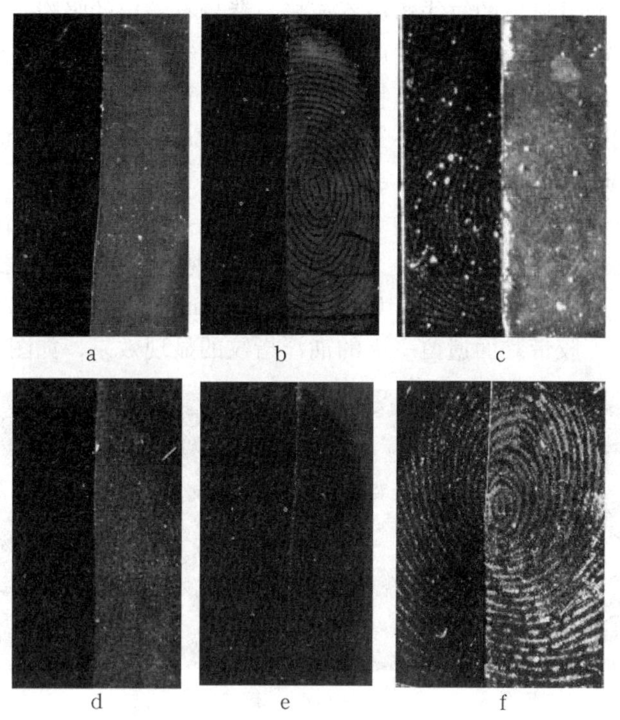

左：裸指纹；　右：浸显后指纹

a：无表面活性剂；　b：Tween 20；　c：PVP－K30；　d：SDS；　e：CTAB；　f：PAM

图 8.23　不同表面活性剂的悬浮液浸显黑色电工胶带黏面遗留一天油汗指纹

由于 ZnO 在紫外线的照射下，会产生空穴（h^+）－电子（e^-）对，活泼的空穴和电子分别从纳米 ZnO 价带（VB）、导带（CB）迁移至粒子表面，把表面吸附的氧气转变成原子氧（$\cdot O_2^-$），由于纳米 ZnO 的粒径小，空穴和电子从晶体内部到达晶体表面的时间缩短，降低了空穴和电子重新结合的概率，因而纳米 ZnO 的负电性比微米 ZnO 更强[11]。所以推测纳米 ZnO 的悬浮液可以稳定存在一段时间，实验表明的确如此；但其显现指纹时吸附选择性不强，如图 8.23a 所示。所以实验进一步研究添加合适的表面活性剂以提高纳米 ZnO 悬浮液的吸附选择性。

从图 8.23 中的 c 和 d 可以看出，其显现效果几乎和 a 相同，吸附的选择性很差，无论是指纹纹线和背景均有大量的纳米 ZnO 吸附上，因此 PVP－K30 和 SDS 在此均不适宜。从图 8.23e 中左右两部分对比可以看出，显现前后纹线几乎没有差别，说明在 CTAB 作表面活性剂的悬浮液中，纳米 ZnO 颗粒和指纹纹线之间没有选择性吸附。从图 8.23f 中左右对比可以看出，显现试剂对指纹纹线物质有一定程度的吸附，也显出了纹线，但吸附不均匀，表现为显出的纹线亮暗不一，而且显出的纹线边缘不流畅，背景有一定的吸附。

从图8.23b左右两部分对比可以明显看出，经显现后的指纹清晰可见。而且，显出的纹线比较细腻，细节特征比较清晰，背景无明显吸附，纹线和背景反差较大。因此，本节采用Tween 20作为纳米ZnO悬浮液的表面活性剂。

（三）表面活性剂浓度的确定

上述预试验中配制纳米ZnO悬浮液时Tween 20的浓度是10μL /mL。本节在纳米ZnO浓度不变的情况下，考察了适宜显现的Tween 20的最低浓度。实验分别考察了Tween 20浓度为10μL/mL、5μL/mL、3μL/mL和4μL/mL时悬浮液对黑色电工胶带黏面遗留一天的油汗指纹的显现效果，如图8.24所示。

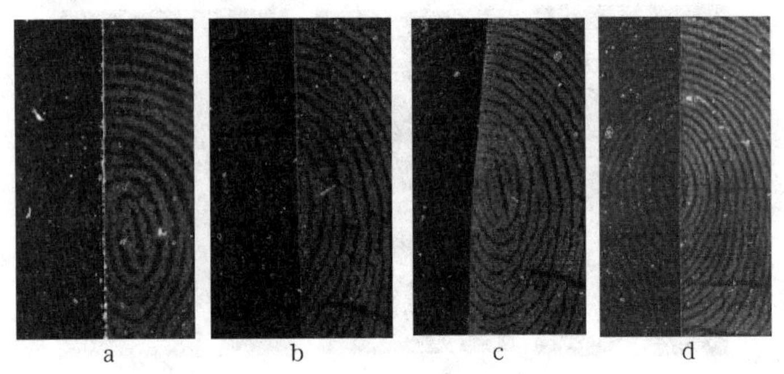

左：裸指纹；　　右：浸显后指纹

a：10μL/mL；　b：5μL/mL；　c：3μL/mL；　d：4μL/mL

图8.24　表面活性剂浓度不同的悬浮液浸显黑色电工胶带黏面遗留一天的油汗指纹

由图8.24可以看出，表面活性剂Tween 20的浓度由10μL/mL降为5μL/mL时，显现效果仍然很好，而表面活性剂Tween 20的浓度降为3μL/mL而其他条件不变时，裁剪处的指纹纹线端头有粘连现象。为了得到满意的效果，将表面活性剂Tween 20的浓度升为4μL/mL进行试验，显出的纹线细腻、流畅，细节特征清晰。从确保显现效果和降低成本两方面考虑，最终确定表面活性剂Tween 20的浓度为4μL/mL。

（四）纳米ZnO用量的确定

在Tween 20浓度为4μL/mL的基础上，配制纳米ZnO含量不同的悬浮液，以考察纳米ZnO的最佳用量。实验分别配置了纳米ZnO含量为5mg/mL、2mg/mL、1mg/mL水和0.5mg/mL的悬浮液，并考察它们对黑色电工胶带黏面遗留三天的油汗指纹的显现效果，如图8.25所示。

由图8.25可以看出，纳米ZnO的含量由5mg/mL降为2mg/mL时，显现效果仍然很好，而纳米ZnO的含量降为0.5mg/mL，其他条件不变时，显出的指纹纹线有小部分粘连，一些细节特征被掩盖了。为了得到较好的效果，将纳

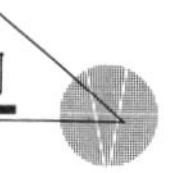

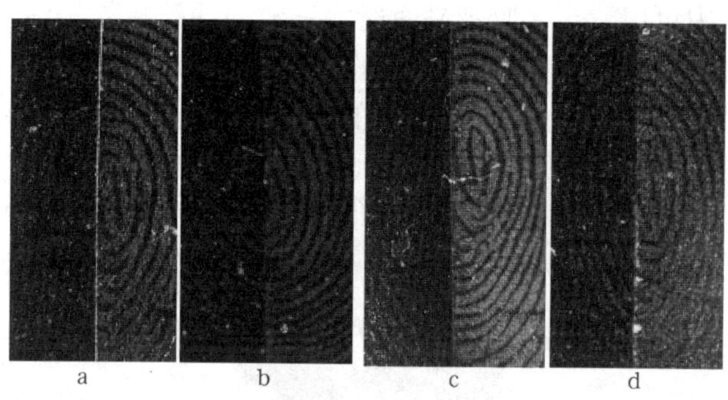

左：裸指纹；　右：浸显后指纹

a：5mg/mL；　b：2mg/mL；　c：1mg/mL；　d：0.5mg/mL

图 8.25　纳米 ZnO 含量不同的悬浮液浸显黑色电工胶带黏面三天油汗指纹

米 ZnO 的含量升为 1mg/mL 进行试验时，显出的纹线细腻、流畅，细节特征清晰，反差较大。从确保显现效果和降低成本两方面考虑，最终确定纳米 ZnO 的含量为 1mg/mL。

综合考虑确定以纯净水为溶剂，Tween 20 作为表面活性剂，Tween 20 的浓度为 4μL/mL 水，纳米 ZnO 的含量为 1mg/mL 作为纳米 ZnO 悬浮液的最佳配方。

三、纳米 ZnO 显现潜指纹应用

按最佳配方配制纳米 ZnO 悬浮液，研究了该悬浮液显现全指纹的效果，如图 8.26 所示。

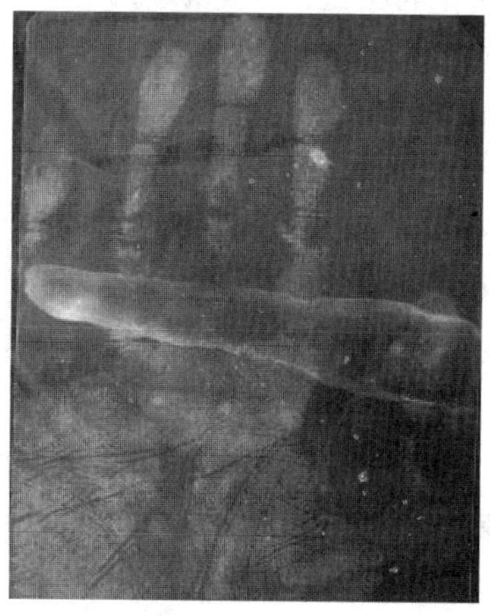

图 8.26　纳米 ZnO 悬浮液显现胶带黏面三天的油汗指纹

从图 8. 26 中可以看出，胶带黏面遗留三天的油汗指纹经纳米 ZnO 悬浮液浸显后，不仅指印能够清晰显出，而且指节印和掌印也能够清晰显出。这就说明该悬浮液可以最大范围地显现遗留下的指纹印痕。

（一）水浸指纹的显现

在载玻片上捺印油汗指纹，1h 后将其完全淹没于自来水中 24h 后取出，让其自然晾干后，再浸入纳米 ZnO 悬浮液中浸显，效果如图 8. 27 所示。

图 8. 27　纳米 ZnO 悬浮液显现水浸玻璃油汗指纹

由图 8. 27 可以看出，纳米 ZnO 悬浮液能够很好地显现玻璃上水浸 24h 后的油汗指纹，显出的纹线流畅细腻，细节特征清晰。但水浸后，背景溶液吸附显现试剂，因此显现的时间应比普通客体的时间稍短，以免显现过度。

（二）显现不同客体表面潜指纹的效果

纳米 ZnO 悬浮液显现后的指纹除了可以在白光下拍照固定外，在长波紫外光下也可以得到反差较大的图像。实验利用优化后的悬浮液显现了 6 种客体表面的油汗指纹，在 365nm 光源下拍照效果如图 8. 28 所示。

6 种客体表面指纹经纳米 ZnO 悬浮液显现后，在 365nm 下均得到了清晰的图像。这也充分说明，纳米 ZnO 颗粒具有吸收和散射紫外光的特性。纳米 ZnO 属于 N 型半导体，其禁带宽度（Eg）为 3. 2eV。当受到紫外线的照射时，价带上的电子可吸收紫外线而被激发到导带上，同时产生空穴 - 电子对，因此它具有吸收紫外线的功能。另外，纳米 ZnO 的颗粒粒径远小于紫外线的波长，纳米粒子可将作用于其上的紫外线向各个方向散射，从而减少照射方向的紫外线强度，这种散射紫外线的规律符合 Rayleigh 光散射定律[12]。

（三）与传统方法显现效果的比较

为了说明纳米 ZnO 悬浮液的显现效果，本文把纳米 ZnO 悬浮液的显现效果分别与相应客体上指纹显现的常见方法作了比较。

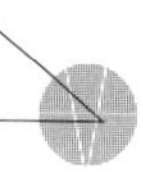

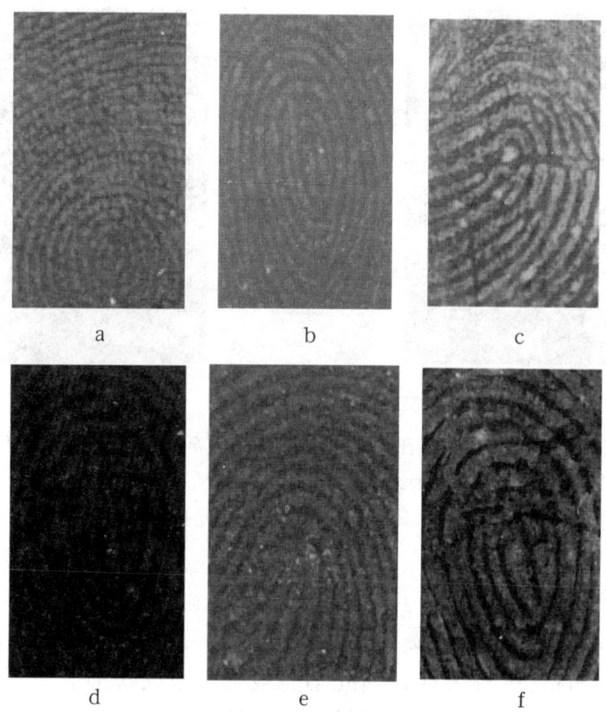

a：2 个月白铁皮；　b：6 个月白瓷砖；　c：7 天不锈钢；　d：7 天铝合金；　e：7 天黑瓷砖；　f：7 天玻璃

图 8.28　365nm 光源下不同客体表面油汗指纹

1. 与普通 ZnO 悬浮液显现效果的比较

分别把一枚黑色塑料膜表面遗留四天的油汗混合指纹和一枚黑色电工胶带黏面遗留 90 天的油汗混合指纹裁为两部分，一部分放在普通 ZnO 悬浮液中浸显，另一部分放在纳米 ZnO 悬浮液中浸显，显现效果如图 8.29 所示。

a

b

a：黑色塑料膜四天油汗指纹；　左：普通悬浮液，右：纳米悬浮液
b：黑色电工胶带黏面90天油汗指纹；　左：纳米悬浮液，右：普通悬浮液

图8.29　两种悬浮液浸显指纹

从图8.29中可以看出，两种悬浮液均能显出检材上的纹线，但也有明显的区别：经普通ZnO悬浮液浸显后的指纹纹线与背景反差稍大，但显出的纹线亮暗不均匀，且连续性欠佳，因此不能最真实地反映细节特征。经纳米ZnO悬浮液浸显后的指纹纹线虽然与背景的反差没有前者大，但亦完全满足鉴定需要，而且显出的纹线流畅、细腻，纹线边缘及细节特征清晰，为下一步鉴定创造了良好条件。

2. 与“502”熏显效果的比较

分别把留有指纹的检材从指纹中间部位裁剪为两部分，一部分在纳米ZnO悬浮液中浸显，另一部分在“502”熏显柜中熏显，显现效果如图8.30所示。

从图8.30中可以看出，对于黑色电工胶带黏面新鲜的纯汗指纹和油汗混合指纹而言，“502”胶熏显效果与纳米ZnO悬浮液浸显效果几乎相同；但对于遗留时间为90天的油汗混合指纹而言，纳米ZnO悬浮液浸显的优势是明显的，无论是指纹纹线与背景的反差还是纹线的连续性方面均比“502”胶熏显的效果好；对于遗留时间为28天的汗指纹则是“502”胶熏显的效果好；对于黑色塑料膜表面遗留10天的油汗混合指纹的显现效果显示纳米ZnO悬浮液优于“502”胶。

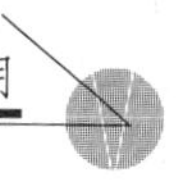

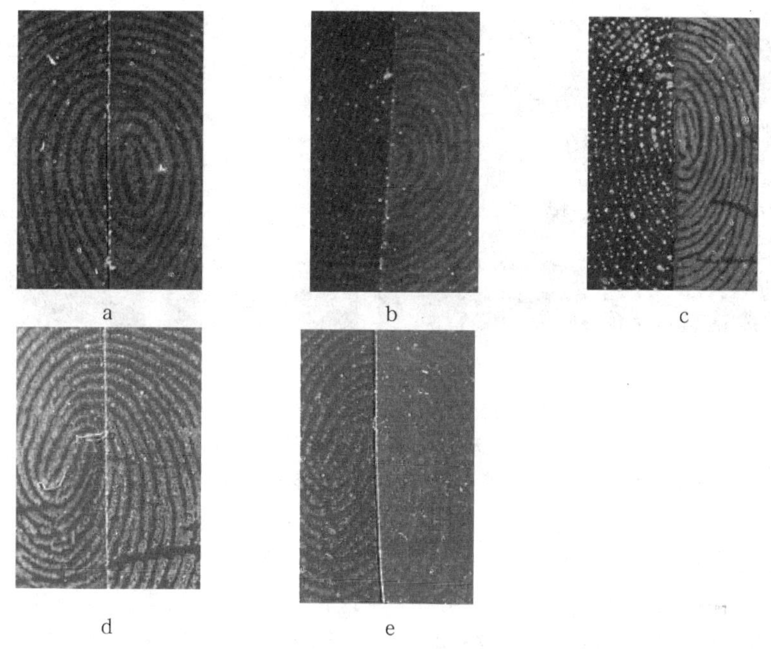

左："502"胶；右：纳米 ZnO 悬浮液

a：黑电工胶带新鲜油汗指纹；b：黑电工胶带 90 天油汗指纹；c：黑塑料膜 10 天油汗指纹；

d：黑电工胶带新鲜汗指纹；e：黑电工胶带 28 天汗指纹

图 8.30　纳米 ZnO 悬浮液与"502"胶显现指纹

3. 与龙胆紫染色效果的比较

分别把留有指纹的检材从指纹中间部位裁剪为两部分，一部分在纳米 ZnO 悬浮液中浸显，另一部分用龙胆紫溶液显现，效果如图 8.31 所示。

从图 8.31 中可以看出，对于透明胶带黏面遗留的指纹，无论是油汗指纹还是纯汗指纹，也无论是新鲜的还是陈旧的，优化后的纳米 ZnO 悬浮液浸显的效果在纹线与背景的反差大小，纹线及其细节特征的清晰程度方面，均比龙胆紫溶液的显现效果好。

4. 与罗丹明 6G 比较

纳米 ZnO 具有理想的光致发光性能，因此，我们将其显现效果同罗丹明 6G 的显现效果进行比较。许多国外学者青睐于使用罗丹明 6G 对潜指纹进行显现，因为它极适合蓝－绿氩激光照射，而且对纸张、塑料、玻璃等多种载体表面的潜指纹都具有很好的效果。然而，国内激光器尚未普及，且激光器在便携性、安全性等方面均受限制，因此我们将纳米 ZnO 小颗粒悬浮液引入光致发光显现中，希望能得到一种简便、高效、安全的光致发光显现途径。图 8.32

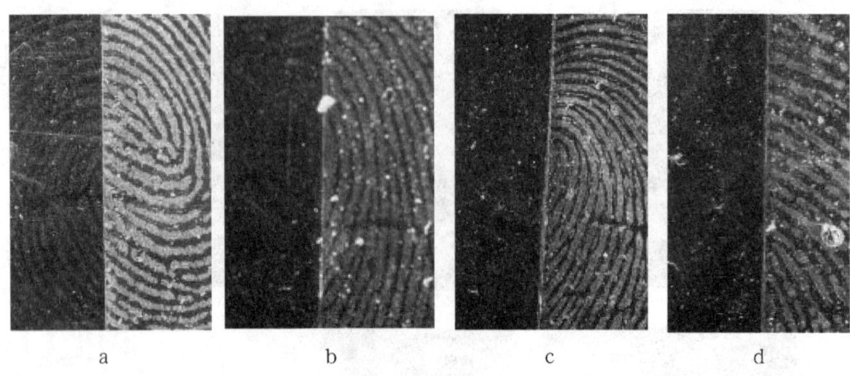

左：龙胆紫溶液；右：纳米 ZnO 悬浮液

a：新鲜油汗指纹； b：7 天油汗指纹； c：新鲜汗指纹； d：5 天汗指纹

图 8.31 纳米 ZnO 悬浮液与龙胆紫溶液显现透明胶带黏面指纹

为锡纸表面油潜指纹的比对显现效果，其中左侧为使用纳米 ZnO 小颗粒悬浮液处理的结果，右侧为使用罗丹明 6G 显现试剂处理的结果。由图 8.32 可知，二者显现能力相似。在紫外光源照射下，经纳米 ZnO 吸附后的潜指纹能被清晰地显现出来，指纹在反差、清晰度、完整性等方面具有较为明显的优势。

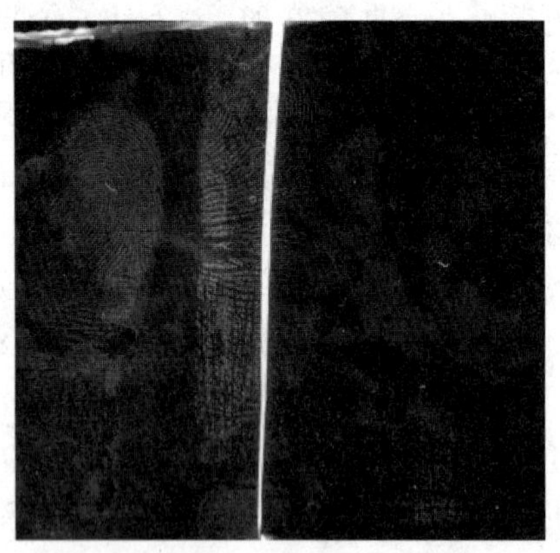

左：纳米 ZnO 悬浮液； 右：罗丹明 6G 显现试剂

图 8.32 锡纸表面油潜指纹显现效果比较

5. 与传统 TiO_2 小颗粒悬浮液法比较

鉴于纳米 ZnO 粉末具有两种光学成像模式，分别在室光及长波紫外光照射下，将纳米 ZnO 配置成的小颗粒悬浮液同普通二氧化钛小颗粒悬浮液显现效果进行比对。图 8.33 和图 8.34 分别为锡纸表面新鲜油潜指纹和易拉罐表面陈旧油潜指纹的比对显现效果。这样比对有两个目的：一是探索纳米 ZnO 小

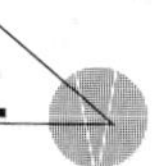

颗粒悬浮液在陈旧指纹显现中的应用前景；二是考察两种小颗粒悬浮液对于新旧指纹选择性吸附能力的差异。由图 8.33 可知，对于锡纸表面的新鲜油潜指纹，两种小颗粒悬浮液均具有较好的显现效果，纳米 ZnO 小颗粒悬浮液在反差、纹线清晰程度等方面更为理想；对于易拉罐表面的陈旧指纹，纳米 ZnO 小颗粒悬浮液的显现效果优势明显。因此，可以得出这样的结论：纳米 ZnO 小颗粒悬浮液是一种非常有发展前途且能取代现有白色小颗粒悬浮液的有效替代物。

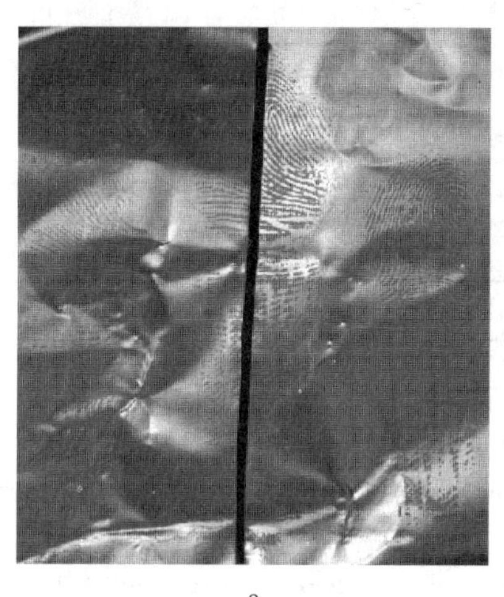

a

b

左：二氧化钛小颗粒悬浮液；　右：纳米氧化锌小颗粒悬浮液

a：室光照射；　b：紫外光照射

图 8.33　锡纸表面新鲜油潜指纹比对显现效果

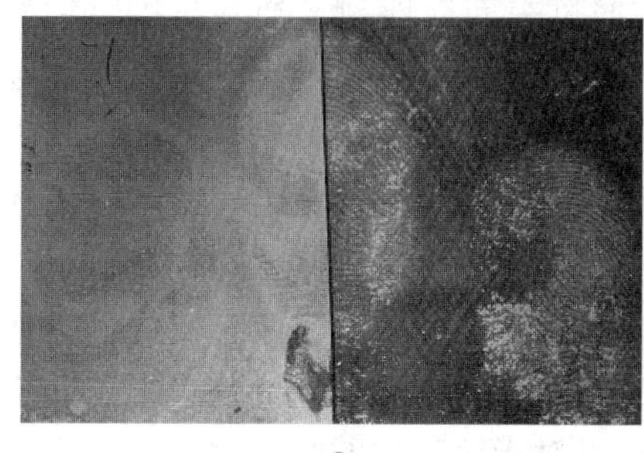

a

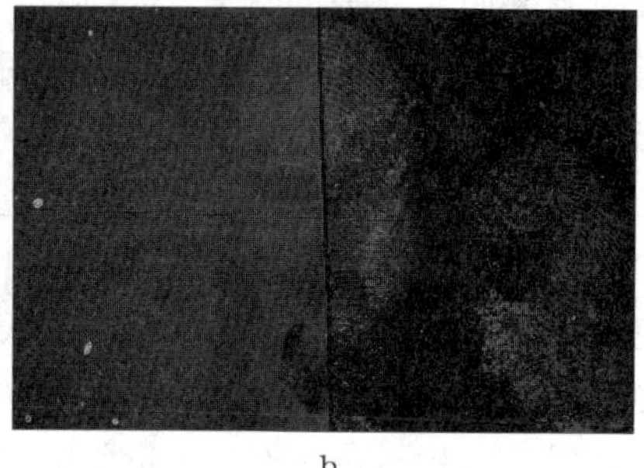

b

左：二氧化钛小颗粒悬浮液；　右：纳米氧化锌小颗粒悬浮液

a：室光照射；　b：紫外光照射

图 8.34　易拉罐表面陈旧油潜指纹比对显现效果

（四）显现效果统计

实验选取透明胶带、黑色电工胶带、黄色封箱胶带和黑色塑料膜作为承痕客体，10名志愿者，每人在前两个客体捺印油汗指纹、汗指纹各1枚，在后两种客体上捺印油汗指纹各1枚，共6枚指纹，分别在7个时间段捺印，一人共捺印6×7=42枚，10人共捺印420枚，统计结果如表8.7所示。

表8.7　不同指纹显现效果

	透明胶带黏面		黑色电工胶带黏面		黄色封箱胶带黏面	黑色塑料膜
	油汗指纹	汗指纹	油汗指纹	汗指纹	油汗指纹	油汗指纹
1天	++	++	++	++	++	++
3天	++	++	++	++	++	++
5天	++	++	++	++	++	++
7天	++	++	++	+	+	+
14天	++	+	++	+	+	+
21天	++	+	++	+	+	+
28天	++	+	++	-	+	+

注：“++”表示纹线非常清楚；“+”表示纹线可以鉴定；“-”表示纹线不清晰。

从表8.7中可以看出：以指纹的种类来说，纳米ZnO悬浮液显现油汗指纹的效果较汗指纹的效果好，遗留3个月的油汗指纹（见图8.36和图8.37）都能显出；而汗指纹受承痕客体的影响较大，胶带黏面遗留1周的汗指纹可以很好显出，但随着遗留时间的延长效果变差。这可以从显现机理上解释：悬浮液中吸附有表面活性剂的纳米ZnO颗粒是通过表面活性剂亲油基与指纹物质中油脂分子的亲油基的吸附作用或分子间力，吸附在指纹纹线上，从而将指纹显现出来的。油汗指纹中的油脂分子的量远远多于汗指纹中油脂分子的量，因此油汗指纹易于显出，而且显现的效果也较好。以承痕客体来讲，胶带黏面的指纹较黑色塑料膜表面的容易显出；对于胶带而言，透明胶带黏面的最易显出，黑色电工胶带次之，黄色封箱胶带更次之。这主要是因为：胶带黏面的黏性可以使手印物质较多量、长时间地保留在其表面，易于显现试剂的吸附；而不同的胶带生产工艺不同，胶的质量不同，所以对指纹物质的吸附力也不一样。

四、小结

以纳米ZnO为显现物质、Tween 20作为表面活性剂、纯净水作为溶剂配制小颗粒悬浮液，优化了悬浮液的配方，并以优化后的纳米ZnO悬浮液浸显了多种非渗透性客体表面遗留时间不同的汗指纹和油汗指纹，在白光和365nm光下均得到清晰的图像。与传统的显现方法比较结果表明：优化后的悬浮液显

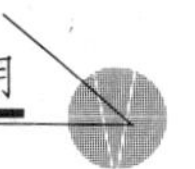

出指纹的纹线细腻、流畅，纹线与背景反差较大；对于油汗指纹显现能力强，对于汗指纹的显现效果受客体情况影响较大。在处理实际检材时，由于客体种类、环境等多种因素的差异，需要进行预实验，需对配方做适当调整，而且不同粒径和形状的纳米 ZnO 颗粒对显现效果的影响有待进一步研究。

第四节　Fe_3O_4 纳米粉末显现水果、蔬菜表面潜指纹应用研究

遗留潜指纹的物体有很多种，某些现场会有未吃完或触摸过而未吃的水果和蔬菜，上面会留有犯罪嫌疑人的潜指纹，能否完整清晰地显现此类指纹可能成为能否破案的关键。目前，国内外对于水果和蔬菜表面的指纹显现研究报道较少。Singh 等人[32-34]的研究报道用黑粉可以显现水果和蔬菜表面的潜指纹，而且指出苹果是最适宜显现的水果客体；Trapecar 等人[35]利用瑞典黑粉、银粉和“502”熏显三种方法显现了四种水果蔬菜表面的潜指纹，结果表明，相比其他两种方法，用瑞典黑粉刷显是最合适的显现方法。另外，有报道称灰粉[1]和碘熏[36]不适合显现水果和蔬菜表面的潜指纹。吕侠[37]利用“502”胶熏显、8-羟基喹啉和邻氨基苯甲酸雾化法显现苹果上的潜指纹，指出邻氨基苯甲酸雾化法效果最好，“502”胶熏显法次之，不宜用 8-羟基喹啉显现放置长久的水果表皮上的潜指纹，因为 8-羟基喹啉在碱性环境中显出效果好，而久置的水果表皮上附有大量的果酸，难以显现；她还指出，在各种植物花粉中，松花粉显现蔬菜表面潜指纹的效果最优。

粉末显现法在潜指纹显现中占有极其重要的位置，尤其对现场特定部位潜指纹进行显现时，粉末显现法的适用率非常高，这主要是因为该方法操作简便、不需置备很多器材，并在多数承受物体上能取得较好的效果。但是，普通粉末也具有一定局限性，如新鲜水果表面有一层果蜡或果霜，用普通粉末难以显现潜指纹，因为粉末会和果蜡粘在一起，形成一片片粉末斑痕。近年来，纳米技术的兴起为各国刑事技术人员打破上述潜指纹显现瓶颈提供了强有力的技术支持。纳米粉末粒径小（$<100nm$），比表面能高，具有很强的吸附性，有利于纹线吸附；而且纳米粉末又具有与块体不同的光化学活性，在不同的光照下能呈现出不同的颜色，可以针对不同颜色的客体，利用同一粉末显现潜指纹，而在不同波长光照下拍照固定。我们认为利用纳米粉末显现水果蔬菜表面的潜指纹是可行的，目前国内外还没有这方面的研究报道。

为了验证设想的可行性，拓展纳米材料在潜指纹显现领域的应用，开展了 Fe_3O_4 纳米粉末显现四种客体（苹果、香蕉、土豆和西红柿）表面不同遗留时间手印的研究工作。

一、纳米 Fe_3O_4 的表征

实验所用纳米 Fe_3O_4 粉末的透射电镜（TEM）及紫外可见吸收光谱（UV－Vis）如图 8.35 所示。

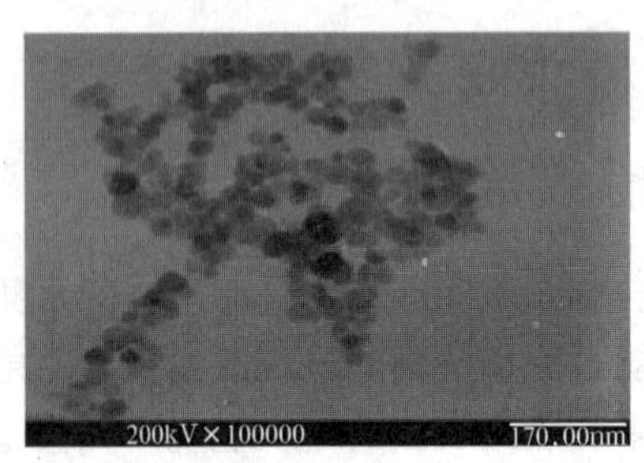

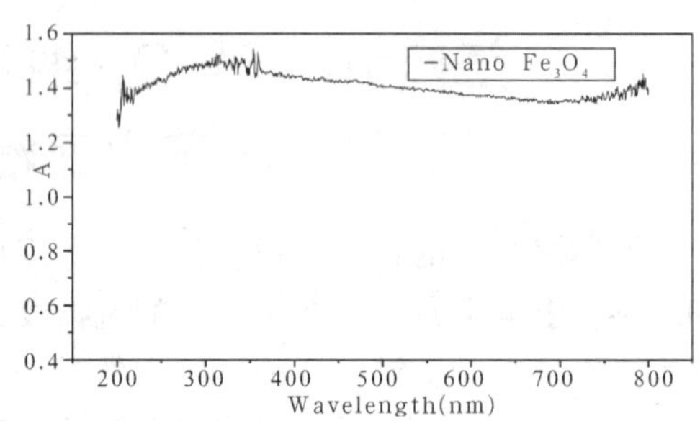

a：TEM；　b：UV－Vis

图 8.35　纳米 Fe_3O_4 的 TEM 和 UV－Vis 光谱图

从图 8.35a 中可以看出，纳米 Fe_3O_4 粉末的平均粒径约为 40nm，呈球状，存在一定程度的团聚现象，这主要是由于纳米 Fe_3O_4 颗粒自身带有磁性，每个小颗粒均是一个小磁体，彼此的 N 极和 S 极相互吸引在一起。由图 8.35b 可知，纳米 Fe_3O_4 在紫外可见范围内均为强吸收。

二、纳米 Fe_3O_4 粉末显现潜指纹应用

（一）显现方法

1. 纳米 ZnO 粉末和松花粉显现法

将粉末撒在可疑物体的表面，然后用吸耳球吹掉多余的粉末，操作时将球嘴以 15°～30°角朝向留痕部位两侧，并保持 3～5cm 距离，持球手的拇指应轻轻按压吸气橡皮球底部，直到留痕客体上出现对应粉末纹线为止。当纹线清晰后，直接拍照固定，也可用胶带提取固定。

2. 纳米 Fe_3O_4 粉末显现法

磁性纳米 Fe_3O_4 粉末显现方法，则按一般磁性粉显现法操作要领实施即可[38]。

（二）纳米 Fe_3O_4、纳米 ZnO 和松花粉显现潜指纹应用

表 8.8 记录的是纳米 Fe_3O_4、纳米 ZnO 和松花粉四种客体上不同遗留时间显现潜指纹效果。

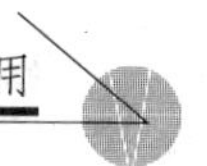

表 8.8　水果和蔬菜表面潜指纹显现结果

编号	检材	遗留时间	纳米 Fe_3O_4	纳米 ZnO	松花粉
1	苹果	10min	＋＋	＋＋	＋＋
		2d	＋＋	＋	＋＋
		3d	＋＋	＋	＋
2	香蕉	10min	＋＋	＋＋	＋＋
		2d	＋＋	＋	＋＋
		3d	＋＋	＋	＋
3	西红柿	10min	＋＋	＋＋	＋＋
		2d	＋＋	＋＋	＋＋
		3d	＋＋	＋＋	＋＋
4	土豆	10min	＋＋	－	＋
		2d	＋＋	－	＋
		3d	＋	－	－

注："＋＋"表示纹线非常清楚；"＋"表示纹线可以鉴定；"－"表示纹线不清晰。

从表 8.8 中可以看出，西红柿表面的潜指纹最容易显现出来，其次是香蕉和苹果表面的潜指纹，土豆表面的潜指纹相对较难显现。在评价显现效果，特别是陈旧潜指纹显现效果时，必须特别考虑此类检材易腐烂变质的特性。香蕉最易腐烂，西红柿次之，它们的存储期都比苹果和土豆短。考虑以上因素，对于陈旧潜指纹来说，西红柿是最易显现的客体，其次是苹果。

纳米 Fe_3O_4 粉末是综合显现效果最好的，其次是松花粉。由于常见水果均为浅色调，纳米 Fe_3O_4 粉末是黑色，两种颜色的较大反差为有较好的显现效果提供了基础；再者，纳米 Fe_3O_4 粉末具有磁性，粒径又小，比表面积大，表面能高，所以对纹线的选择性吸附很强，而且操作简便，用常规的磁性笔就可以实现，余粉易于回收，几乎没什么漂浮，对操作人员不会造成伤害；最后，纳米 Fe_3O_4 粉末具有吸收和散射紫外光的性能，吸附了此粉末的纹线，在紫外可见范围内都可以得到反差较大的图像，尤其在 365nm 光照下反差最大，见彩图 57。

松花粉吸附选择性很好，四种客体表面的潜指纹都能显现，但随着遗留时间的延长，吸附力有所下降；其显现的纹线在自然光下反差较好，但纹线细节不够细腻，容易"糊"，显现的效果与操作人员的经验关系很大；而且因为质轻，漂浮性大，对花粉过敏的人来讲是很不利的因素。纳米磁性粉和松花粉显现香蕉表面潜指纹效果比较，如彩图 56 所示。纳米磁性铁粉显现土豆表面遗留两天的潜指纹效果比较，如彩图 58 所示。

以上粉末显现出的潜指纹，可以直接拍照固定，也可以用透明胶带粘下贴在相应颜色的底衬纸上固定。考虑到办案实际，最好是先拍照固定后再用透明胶粘下贴在相应颜色的底衬纸上固定，因为用胶带固定的过程中，已显出的指纹，特别是相对粗糙表面的指纹，指纹纹线的连续性和一些细节特征易于被破坏而失去鉴定价值。

三、小结

某些特定案件现场水果蔬菜表面的潜指纹是可以显现的重要物证。实验证明，纳米 Fe_3O_4 粉末和纳米 ZnO 粉末可以清楚地显现水果蔬菜表面的潜指纹。其中，纳米 Fe_3O_4 粉末是显现水果表面最适宜的试剂；纳米 ZnO 粉末可以很好显现西红柿和苹果表面的潜指纹，但不能显现土豆表面的潜指纹。在四种客体中，西红柿表面潜指纹显现效果最好，土豆表面的潜指纹相对较难显现。水果蔬菜表面潜指纹显现效果既受遗留时间的影响，也受客体腐烂变质程度的影响。纳米粉末显现后的检材易于腐烂变质，显现后要及时拍照。纳米粉末显现后的潜指纹可以直接拍照固定，也可以用胶带固定。

我们对纳米粉末显现水果蔬菜表面潜指纹的研究只是个开端，希望能起到抛砖引玉的作用。不同粒径和形状的纳米粉末对显现效果的影响，以及其他植物果实和叶片（如西瓜和树叶）表面潜指纹的显现仍需进一步研究；再者，借助核-壳包覆的手段，制备不同颜色的磁性粉末也是非常有意义的工作。

第五节 纳米 Fe_3O_4 悬浮液显现油汗潜指纹应用研究

前面讨论的纳米 ZnO 悬浮液属于浅色显现试剂，本节还研究了深色的纳米 Fe_3O_4 悬浮液。目前，国内外文献报道的深色小颗粒悬浮液大多以二硫化钼[22,24,39-40]为显现物质，以普通 Fe_3O_4[40,41]为显现物质的研究有一些，但以纳米 Fe_3O_4 为显现物质的还未见报道。

本章节研究了纳米 Fe_3O_4 悬浮液显现潜指纹的影响因素，优化了悬浮液的配方，考察其显现非渗透性和半渗透性客体表面油汗潜指纹的效果。

一、纳米 Fe_3O_4 悬浮液的配制和优化

参照普通小颗粒悬浮液的配方，预实验配制纳米 Fe_3O_4 悬浮液，具体操作如下：称取一定量的表面活性剂溶于水中，待表面活性剂完全溶解后，缓慢加入一定量的纳米 Fe_3O_4 粉末搅拌均匀，然后置于超声波清洗器中超声一段时间。

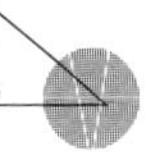

（一）溶剂的确定

分别用自来水、纯净水和蒸馏水为溶剂，CTAB 作为表面活性剂，各物质用量不变配制三种纳米 Fe_3O_4 悬浮液。将一枚透明胶带黏面遗留两天的油汗混合潜指纹分为 3 份，并将 3 份检材分别浸入 3 种悬浮液中显现，通过比较 3 种悬浮液显现效果的优劣来确定合适的溶剂。

为了考察指纹不同部位对显现效果的影响，试验分三次测试每一部分在三种悬浮液中的显现效果，结果如图 8.36 所示。

a

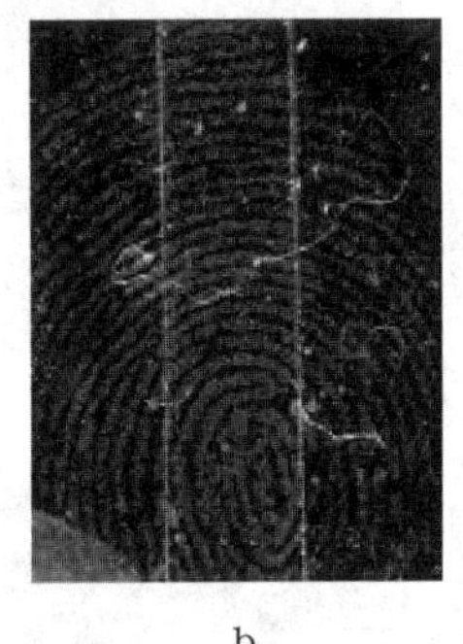

b

c

a 左：蒸馏水；a 中：自来水；a 右：纯净水
b 左：纯净水；b 中：蒸馏水；b 右：自来水
c 左：自来水；c 中：纯净水；c 右：蒸馏水

图 8.36　不同溶剂的悬浮液浸显透明胶带黏面两天油汗潜指纹图像

从图 8.36 中可以看出，三种溶剂配成的悬浮液都能显出纹线，但效果还是有显著差异。检材的左、中、右三部分，无论哪部分在用蒸馏水所配的悬浮液浸显时的效果都是最好的，显出的纹线连贯，细节特征清晰，反差较大。纯净水的次之，自来水的效果最差。推测出现上述现象的主要原因是：三种水中所含杂质离子的多少有区别，纯净水中含量最少，自来水中含量最多，蒸馏水含量居中（见表 8.5、表 8.6 和图 8.36）。杂质离子与纳米 Fe_3O_4 颗粒竞争吸附表面活性剂，当杂质离子含量高时，杂质离子就大量吸附表面活性剂分子，而纳米 Fe_3O_4 颗粒就无法或只能较少量地吸附表面活性剂分子，因而降低了纳米 Fe_3O_4 颗粒吸附指纹纹线时的选择性，所以自来水配制的悬浮液选择性不好。但是，当水中杂质离子非常少时，表面活性剂紧紧吸附在纳米颗粒表面，周围被相同的正电荷包围，同性相斥，使得颗粒的漂浮性很好，不利于颗粒沉降、吸附在指纹纹线上，因此用纯净水配制的悬浮液显出的纹线反差不大。综上所述，采用蒸馏水为悬浮液的最佳溶剂。

（二）表面活性剂的确定

本节先后配制不加任何表面活性剂及分别添加 PVP - K30、SDS、Tween

20、AIM 和 CTAB 六种纳米 Fe_3O_4 悬浮液，并分别浸显透明胶带黏面遗留一天的油汗潜指纹，来考察不加表面活性剂和添加不同表面活性剂悬浮液的显现效果，以确定适合的表面活性剂，结果如图 8.37 所示。

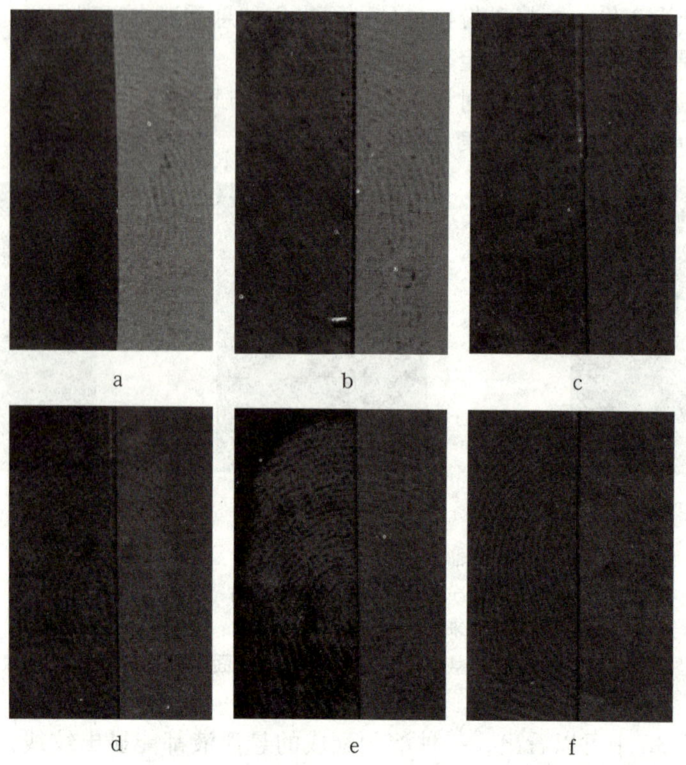

左：浸显后潜指纹；右：裸潜指纹

a：无表面活性剂；　b：PVP－K30；　c：SDS；　d：Tween 20；　e：AIM；　f：CTAB

图 8.37　不同表面活性剂的悬浮液浸显透明胶带黏面 1 天油汗潜指纹

图 8.37 中的 a 和 b 根本无法看出指纹纹线，c、d 和 e 能看出部分纹线，但纹线不连续，吸附选择性差，f 中显出的纹线连贯细腻，吸附选择性最好。也就是说，在纳米 Fe_3O_4 悬浮液中，其他几种表面活性剂均不能达到预期效果，而最适宜的表面活性剂是 CTAB，本节即采用它作为后续实验的表面活性剂。

（三）纳米 Fe_3O_4 用量的确定

上述实验中配制悬浮液时纳米 Fe_3O_4 的浓度是 5mg /mL。在 CTAB 浓度不变的情况下，考察了适宜显现的纳米 Fe_3O_4 的最低浓度。实验分别考察了纳米 Fe_3O_4 浓度为 5mg /mL、4mg /mL、3mg /mL 和 2mg /mL 时悬浮液对透明胶带黏面遗留 1 天的油汗潜指纹的显现效果，如图 8.38 所示。

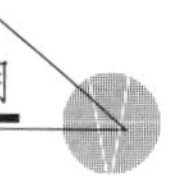

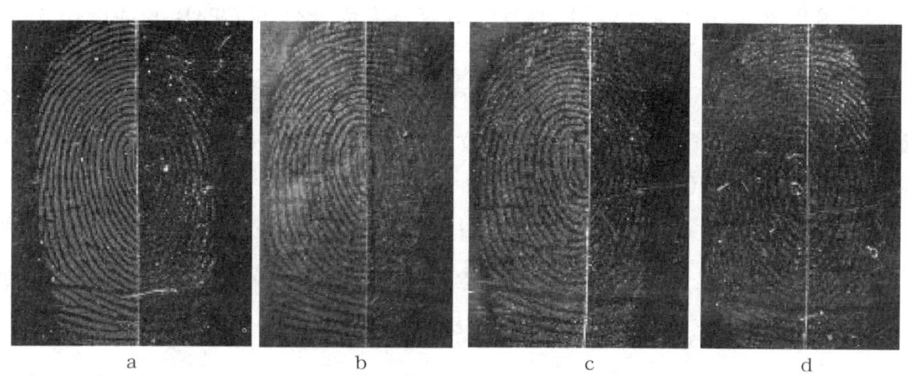

左：浸显后潜指纹；右：裸潜指纹

a：5mg/mL；　b：4mg/mL；　c：3mg/mL；　d：2mg/mL

图 8.38　纳米 Fe_3O_4 含量不同悬浮液浸显胶带黏面 3 天油汗潜指纹

由图 8.38 中可以看出，当纳米 Fe_3O_4 的含量由 5mg/mL 降为 3mg/mL 时，显现的反差减小了，但不影响观察和拍照固定，而且指纹纹线连贯、流畅，细节特征清晰；而纳米 Fe_3O_4 的含量降为 2mg/mL 时，显现效果不明显。因此，从确保显现效果和降低成本两方面考虑，最终确定纳米 Fe_3O_4 的含量为 3mg/mL。

（四）表面活性剂浓度的确定

在纳米 Fe_3O_4 的含量为 3mg/mL 水的基础上，配制不同浓度的 CTAB 悬浮液，以考察 CTAB 的最佳用量。实验分别配置了 CTAB 含量为 5mg/mL 水，4mg/mL、3mg/mL、2mg/mL 和 1mg/mL 的悬浮液，并考察它们对透明胶带黏面遗留三天的油汗潜指纹的显现效果，如图 8.39 所示。

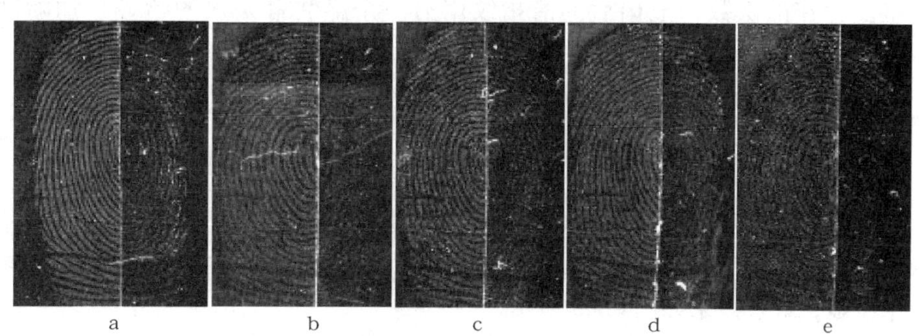

左：浸显后潜指纹；右：裸潜指纹

a：5mg/mL；　b：4mg/mL；　c：3mg/mL；　d：2mg/mL；　e：1mg/mL

图 8.39　表面活性剂浓度不同悬浮液浸显胶带黏面三天油汗潜指纹效果

由图8.39中可以看出，其他条件不变，表面活性剂CTAB的浓度由5mg/mL降为2mg/mL时，显现效果都很好，指纹纹线细腻、流畅，细节特征清晰，而降为1mg/mL时，悬浮液中纳米Fe_3O_4颗粒吸附的选择性急剧降低，背景和纹线都吸附了纳米颗粒，显出的潜指纹很“脏”。为了兼顾显现效果和经济实用，将表面活性剂CTAB的浓度最终确定为2mg/mL。

综上所述，本节确定以蒸馏水为溶剂，CTAB作为表面活性剂，其浓度为2mg/mL，纳米Fe_3O_4的含量为2mg/mL作为纳米Fe_3O_4悬浮液的最佳配方。

二、纳米Fe_3O_4悬浮液显现潜指纹方法

（一）浸显

将样本浸入小颗粒悬浮液中，5min后将检材在悬浮液中轻轻晃动，利用悬浮液将背景上过多的小颗粒漂洗掉，取出样本，再置于清水中漂洗一下，取出晾干。显出的潜指纹可直接进行拍照固定，也可以用指纹胶带粘取固定。

（二）喷显

一些不便使用浸显法的物证，如地板砖、铝合金窗，可以使用喷显的方法。

（1）将配好的悬浮液倒入喷雾器中。

（2）喷显时，先将喷雾器中的液体摇匀，然后进行喷显。显现水平的客体表面时，将悬浮液喷洒其上，显现8～10min，用自来水稍加清洗，若显现不好，可再行喷显。显现倾斜或垂直的客体表面时，将悬浮液喷洒在疑有潜指纹部位的上部，使其在下流过程中显现潜指纹，根据显现情况决定重复操作的次数，显出后的潜指纹用另一个盛装自来水的喷壶稍加喷洗即可。

（3）待显现过的物证自然干燥后，及时拍照，或用指纹胶带粘取固定。

三、纳米Fe_3O_4悬浮液显现潜指纹应用

分别把透明胶带黏面、玻璃、白色塑料膜和锡纸表面遗留九天的油汗潜指纹一裁两份，一部分在普通Fe_3O_4悬浮液中浸显，另一部分在纳米Fe_3O_4悬浮液中浸显，显现效果如图8.40所示。

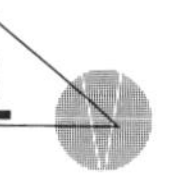

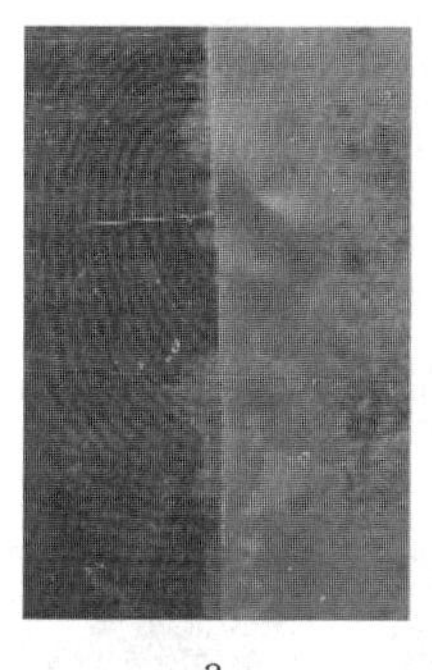
a

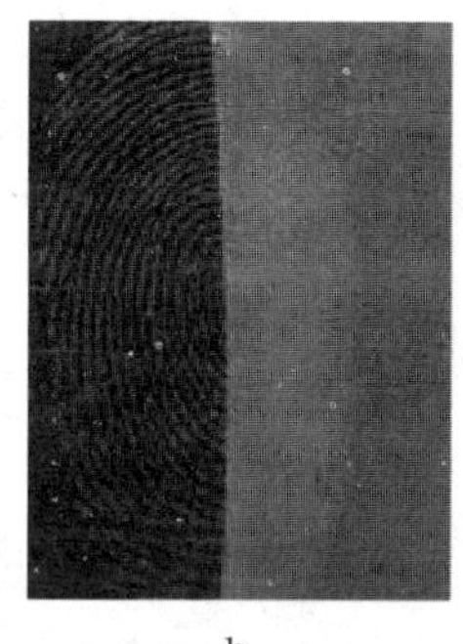
b

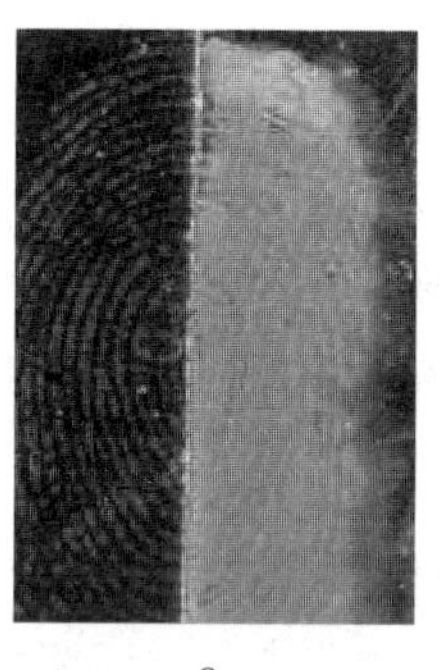
c

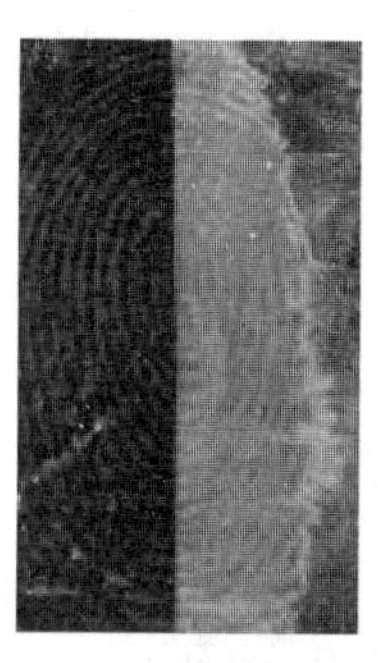
d

左：纳米 Fe_3O_4 悬浮液；　右：普通 Fe_3O_4 悬浮液

a：白色塑料膜；　b：透明胶带黏面；　c：玻璃；　d：锡纸

图 8.40　两种悬浮液浸显四种客体表面九天油汗潜指纹

从图 8.40 中可以看出，普通 Fe_3O_4 悬浮液无法显现白色塑料膜表面遗留 9 天的油汗潜指纹，可以隐约显出其他三种客体表面的潜指纹，但背景污染严重，纹线和小犁沟界限模糊，显得很"糊"，但纳米 Fe_3O_4 悬浮液可以很好地显出四种客体表面遗留 9 天的油汗混合潜指纹，吸附的选择性好，背景污染少，而且指纹纹线细腻、流畅，细节特征清晰，反差大，为下一步固定、比对创造了良好条件。

（一）喷显方法显现潜指纹效果

对地板砖上遗留 3 个月和铝合金上遗留 4 个月的油汗混合潜指纹采用喷显处理，显出的潜指纹拍照如图 8.41 所示。

a

b

a：地板砖（3 个月，白光）；　b：铝合金（4 个月，365nm）

图 8.41　悬浮液浸显两种客体上油汗潜指纹

通过喷显纳米 Fe_3O_4 悬浮液，可以显出较为陈旧的潜指纹，甚至一些细节特征，达到鉴定比对的条件。而且，对于深色有荧光客体而言，利用纳米 Fe_3O_4 对紫外线的屏蔽，可以得到纹线暗、背景亮的影像，加大了反差。

（二）水浸潜指纹的显现

本节考察了玻璃、硬塑料、软塑料膜、黄色封箱胶带黏面和透明胶带黏面等水浸 24h 的油汗潜指纹，效果如图 8.42 所示。

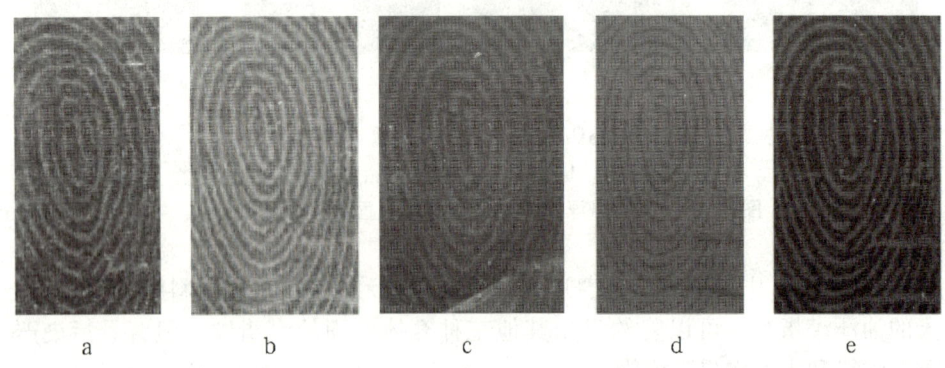
a　　b　　c　　d　　e

a：玻璃；　b：硬塑料；　c：软塑料；　d：黄色封箱胶带；　e：透明胶带

图 8.42　纳米 Fe_3O_4 悬浮液显现水浸 24h 油汗潜指纹

由图 8.42 中可以看出，纳米 Fe_3O_4 悬浮液能够很好地显现水浸 24h 后的油汗潜指纹，显出的指纹纹线流畅细腻，细节特征清晰。对于透明客体（如玻璃和透明胶带）和半透明客体（如硬塑料和软塑料）指纹纹线基本呈现纳米 Fe_3O_4 粉末的暗色调，但对于有颜色的客体（黄色封箱胶带）指纹纹线所呈现的色调是由客体和显现试剂与光源综合作用的结果，其机理有待进一步研究。

（三）显现效果统计

本节选取白色塑料膜、铜版纸、锡纸、玻璃和透明胶带五种客体作为承痕客体，10 名志愿者，7 个时间段（1 天、3 天、5 天、7 天、14 天、21 天和 30 天）。每种客体每个时间遗留两枚指纹，一人共留 2 × 5 × 7 = 70 枚，共遗留 700 枚指纹检材，用优化后的纳米 Fe_3O_4 悬浮液显现上述指纹检材，其结果如表 8.9 所示。

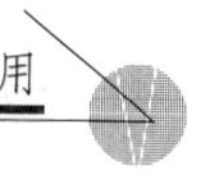

表 8.9　五种客体不同时间潜指纹显现效果

	白色塑料膜	铜版纸	锡纸	玻璃	透明胶带黏面
1 天	+	+	+ +	+ +	+ +
3 天	+ +	+ +	+ +	+ +	+ +
5 天	+ +	+ +	+ +	+ +	+ +
7 天	+ +	+ +	+	+ +	+ +
14 天	+ +	+	+	+ +	+ +
21 天	+ +	+	+	+ +	+ +
30 天	+	+	+	+ +	+

注：“ + + ”表示纹线非常清楚；“ + ”表示纹线可以鉴定。

从表 8.9 中可以看出，以上五种客体上的油汗潜指纹，优化后的纳米 Fe_3O_4 悬浮液均能显出，但客体不同，显现效果有所不同。白色塑料膜、玻璃和透明胶带黏面的油汗潜指纹显现效果最好，30 天内的油汗潜指纹基本都能清晰地显出。铜版纸和锡纸上的油汗潜指纹显现效果次之，但都能达到鉴定条件。除白色塑料膜和铜版纸以外，5 天以内的油汗潜指纹都能清楚地显出，上述两种客体上的油汗潜指纹遗留 1 天后显现效果可以达到鉴定效果，而反差不是很大，但遗留 3 天至 21 天的指纹显现效果却更好一些，出现此现象的原因需进一步研究。

四、小结

本节分别以纳米 Fe_3O_4、CTAB 和蒸馏水作为显现物质、表面活性剂和溶剂配制小颗粒悬浮液，优化了悬浮液的配方，并以优化后的纳米 Fe_3O_4 悬浮液显现了多种客体表面遗留不同时间的水浸和普通油汗潜指纹，在白光下均得到清晰的影像。对于在紫外线激发下有荧光的客体，可以利用纳米 Fe_3O_4 的紫外吸收性能得到纹线是暗色调、背景为亮色调的影像，反差较大。与传统的悬浮液比较，结果表明，纳米 Fe_3O_4 悬浮液显出的指纹纹线细腻、流畅，纹线与背景反差较大。处理实际检材时，由于客体种类、环境等多种因素的差异，需要进行预实验，需对配方做适当调整，而且不同粒径和不同形状的纳米 Fe_3O_4 颗粒对显现效果的影响有待进一步研究。

参考文献

[1] Sodhi G S, Kaur J. Powder method for detecting latent fingerprints: a review [J]. Forensic Science International, 2001, 120 (3): 172 -176.

[2] Seah L K, Dinish U S, Phang W F, et al. Fluorescence optimization and lifetime studies of fingerprints treated with magnetic powders [J]. Forensic Science International, 2005, 152 (2 -3): 249 -257.

[3] Menzel E R, Burt J A, Sinor T W, et al. Laser detection of latent fingerprints: treatment with glue containing cyanoacrylate ester [J]. Journal of Forensic Sciences, 1983, 28 (2): 307 -317.

[4] Forensic Services, Australian Federal Police. Workshop Manual of fingerprint detection & enhancement [Z].

[5] Sodhi G M, Kaur J. Nanoparticle size fingerprint dusting composition based on fluorescent eosin y dye [J]. Fingerprint Whorld, 2006, 125 (32): 146 -147.

[6] Sametband M, Shweky I, Banin U, et al. Application of nanoparticles for the enhancement of latent fingerprints [J]. Chemical Communications, 2007, 12 (11): 1142 -1145.

[7] 刘吉平，廖莉玲．无机纳米材料 [M]．科学出版社，2003: 36 -142.

[8] Chae W S, Lee S W, Kim Y R. Templating route to mescoporous nanocrystalline titania nanofibers [J]. Chemical Materials, 2005, 17 (12): 3072 -3074.

[9] Becue A, Champod C, Margot P. Use of gold nanoparticles as molecular intermediates for the detection of fingermarks [J]. Forensic Science International, 2007, 168 (2 -3): 169 -176.

[10] 陈用佛．纳米科技在鉴识科学上的应用 [J]．刑事科学，2006，61: 89 -74.

[11] Williams N H, Elliott K T. Development of latent prints using titanium dioxide (TiO_2) in small particle reagent, white (SPR - W) on adhesives [J]. Journal of Forensic Sciences, 2005, 55 (13): 292 -301.

[12] Choi M J. Fingermark detection using metal nanoparticles and metal oxide nanostructured particles [D]: Doctoral thesis. Sydney: University of Technology, Sydney, Department of Forensic Science, 2007.

[13] 于勇健，陈俊杰，孙德娟，等．指纹增显用小粒子悬浮液之配置方法研究 [J]．刑事科学，2006，61: 77 -88.

[14] 胡文远，杨定明，刘勋．氧化锌基纳米发光材料的研究进展 [J].

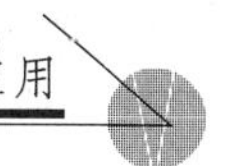

材料导报，2007，21（3）：108－112.

[15] Meulenkamp E A. Synthesis and growth of ZnO nanoparticles [J]. Journal of Physical Chemistry B，1998，102（29）：5566－5572.

[16] Xiong H M，Liu D P，Xia Y Y，et al. Polyether－grafted ZnO nanoparticles with tunable and stable photoluminescence at room [J]. Chemical Materials，2005，17（12）：3062－3064.

[17] Xiong H M，Wang Z D，Liu D P，et al. Bonding polyether onto ZnO nanoparticles：an effective method for preparing polymer nanocomposites with tunable luminescence and stable conductivity [J]. Advanced Functional Materials，2005，15（9）：1751－1756.

[18] Experimental details，TEM，IR，TG，UV－Vis absorption and PL data，along with discussion on stabilization effects of polymer groups [Z]. http：// pubs. acs. org (supporting information available) .

[19] Xiong H M，Wang Z D，Xia Y Y. Polymerization initiated by inherent free radicals on nanoparticle surface：A simple method of obtaining ultrastable (ZnO) Polymer Core－shell nanoparticles with strong blue fluorescence [J]. Advanced Materials，2006，18（6）：748－751.

[20] Yang H，Han，S D，Cui Y M，et al. Enhancement of photoluminescent intensity of ZnS：Mn^{2+} nanocrystals coated with the polymers [J]. Materials Letters，2004，58（11）：2087－2090.

[21] 谢维，常柏年，李华．二氧化钛显现手印研究 [J]. 刑事技术，2006（4）：11－15.

[22] Morris J R，Wells J M. Great British Patent No. 154147. 1979.

[23] 刘寰，艾康云．悬浮液法显现潜手印的研究（Ⅰ）[J]. 刑事技术，1994（2）：8－10.

[24] 张晓梅，刘岳，张彦春．小颗粒悬浮液法显现汗潜手印的研究 [J]. 山西警官高等专科学校学报，2007，15（2）：75－77.

[25] Walter E，Wilson D. Molybdenum disulfide for rainy day fingerprints. Identification Canada (Tlie Art and Science of Forensic Identification)，1986，8：5－9.

[26] Polimeni G，Feudale Foti B，Saravo L. A novel approach to identify the presence of fingerprints on wet surfaces [J] . Forensic Sci Int，2004，146：S45－S46.

[27] Williams N H，Elliott K T. Development of latent prints using titanium dioxide (TiO_2) in small particle reagent－white (SPR－W) on adhesives [J] . J

Forensic Identification，2005，55（3）：292－303.

［28］张晓梅．浅色调小颗粒悬浮液显现汗潜手印的比较研究［J］．中国人民公安大学学报（自然科学版），2008（1）：14－19.

［29］赵科，杨瑞琴．纳米 TiO_2 小颗粒悬浮液显现胶带粘面油潜手印初探［J］．中国人民公安大学学报（自然科学版），2008（3）：10－13.

［30］刘寰，艾康云，常柏年．悬浮液法显现潜在指纹的研究（Ⅲ）［J］．刑事技术，1994（4）：1－3.

［31］沈钟，王果庭．胶体与表面化学（第二版）［M］．化学工业出版社，1997.

［32］Singh G，Sodhi G S，Jasuja O P. Detection of latent fingerprints on fruits and vegetables［J］. Journal of Forensic Identification，2006，56（3）：374－381.

［33］Walter R，Scott. Fingerprint Mechanics［M］. Charles C. Thomas publisher，Spring－field，1951.

［34］Bridges B C. Practical Fingerprinting［M］. Funk & Wagnalls company，1942.

［35］Matej Trapecar，Mojca Kern Vinkovic. Techniques for fingerprint recovery on vegetable and fruit surfaces used in Slovenia — A preliminary study［J］. Science and Justice，2008，48（4）：192－195.

［36］Champod C，Lennard C，Margot P，et al. Fingerprints and other Ridge Skin impressions［M］. CRC Press，2004.

［37］吕侠．刑事现场潜在痕迹显现技术大全［M］．群众出版社，2008：253－257.

［38］赵向欣，王成荣，王满仓，等．中国刑事科学技术大全——指纹技术［M］．中国人民公安大学出版社，2003：279.

［39］E Walter，D Wilson. Molybdenum disulfide for rainy day fingerprints. Identification Canada（Tlie Art and Science of Forensic Identification），1986，8：5－9.

［40］艾康云，刘寰，常柏年．悬浮液法显现潜在指纹的研究（Ⅱ）［J］．刑事技术，1994（3）：6－8.

［41］Ferial Haque，Alan D Wetland，Jack Milling，et al. A small particle（iron oxide）suspension for detection of latent finterprints on smooth surfaces［J］. Forensic Sci Int，1989，41（1－2）：73－82.

第九章　纳米胶体金显现潜指纹应用研究

胶体金由于其良好的稳定性、小尺寸效应、表面效应、光学效应以及特殊的生物亲和效应，在生物分析中一直受到人们的广泛关注，主要集中在生物传感器、疾病诊断、基因检测等方面。金纳米粒子的免疫标记、细胞和生物分子成像研究同样受到研究者的极大关注。金纳米粒子在糖传感器、免疫组织化学、CO 氧化催化剂等方面有重要的应用。在生物医学检验领域中，利用胶体金作为示踪标志物，利用抗原抗体特异性反应，在光镜或电镜下对抗原或抗体物质进行定位、定性以及定量研究，目前已发展成继荧光素、酶、同位素标记技术之后的又一种新型的免疫标记技术，即免疫胶体金标记技术。在免疫胶体金标记技术中，吸附在胶体金表面的抗原或抗体能定向将胶体金颗粒运载到组织或细胞内的相应抗原位置或固相载体上抗原、抗体的相应位置，由于金颗粒具有高电子密度的特性，且这些标记物在固相载体上抗原、抗体反应处聚集达到一定密度时，出现肉眼可见的粉红色斑点，所以可用于免疫电镜、光镜下的抗原定位、定量和定性研究，也可作为指示物用于体外免疫层析分析中检测抗原或抗体的存在。

受免疫胶体金标记技术的启发，法庭科学研究人员尝试将胶体金与蛋白质结合的特异性应用于潜指纹显现。金颗粒还可催化银离子还原成金属银，因此在胶体金免疫测定时加入银染色液，能放大反应信号，增加测定的灵敏度。基于胶体金所具有的独特性质，启发了法庭科学人员对其在法庭科学领域的研究。

本章在现有文献[1-4]的基础上合成了胶体金，并对材料进行表征，同时对于胶体金与潜指纹结合后的情况进行分析，探究胶体金与潜指纹的结合机理。通过实验考察胶体金颗粒度大小、溶液 pH 值、表面活性剂、溶液浓度以及显现时间对显现效果的影响，确定胶体金多重金属沉积法的最优条件。

第一节　胶体金多重金属沉积法显现潜指纹的发展

1989 年，Saunders 等人[5,6]将胶体金引入法庭科学领域，并首次创建了胶体金多重金属沉积法，用于显现不同客体表面潜指纹。首先，利用静电作用使胶体金同潜指纹残留物之间发生选择性吸附；然后，利用胶体金的催化作用，使溶液中的银离子（Ag^+）在成核位点被还原为单质银（Ag）。在一定溶液环境中，表面包覆功能基团的胶体金与潜指纹残留物中含有胺基的物质带有异种电荷，从而能够产生静电吸附。

在 Saunders 的研究基础上，Allman 等人[7]对多重金属沉积法显现潜指纹程序进行了深入研究。其研究表明，多重金属沉积法对于塑料、玻璃、白纸、胶带黏面潜在指纹的显现有良好的效果。此外，多重金属沉积法在某些特殊纸张的显现效果优于传统的小颗粒悬浮液方法。对于干燥客体的表面，多重金属沉积法显现效果不及 DFO 法以及“502”胶熏显法。他们还发现，多重金属沉积法对于塑料客体表面潜在指纹的显现可以获得与“502”胶熏显法或者真空金属镀膜法同样的或者更优的显现效果。随后，一系列的实验又表明，多重金属沉积法显现某些渗透性客体表面潜指纹有一定的优越性，如啤酒瓶标签、塑料手套上的潜在指纹。实验还表明，利用“502”胶熏显法处理相纸上的指纹后，可以利用多重金属沉积法进行增强显现效果。利用茚三酮法显现相纸上的指纹，同样可以利用多重金属沉积法进行增显。

Schnetz 和 Margot 两位学者[8]对多重金属沉积法进行了改良，将更小的金颗粒引入多重金属沉积法中，对胶体金溶液的 pH 值、胶体金颗粒的大小、胶体金溶液的浓度、表面活性剂的添加、温度的选择、容器的钝化、物理显影液的调配等方面进行了一系列的改进，并获得优化效果。他们的研究结果表明，胶体金形态以及溶液的 pH 值对反应速度有影响，同种形态的胶体金颗粒以及在 pH 值为 3 时，对潜指纹显现效果较好；胶体金粒度的减小有助于提高潜指纹的显现效果，对物理显影液的改良可以增强胶体金的结合能力，可增强潜指纹与背景间的反差效果。

Jones 等人[4,9]对于优化前后的多重金属沉积法进行了考核评价，并探索了该方法在显现难度较大的半渗透性客体表面潜指纹显现中的应用。主要比较了 Saunders 建立的多重金属沉积法与 Schnetz 和 Margot 优化后的多重金属沉积法，其研究表明，优化后的多重金属沉积法可用于半渗透性客体表面潜指纹显现，多重金属沉积法可以用于显现“502”胶熏显或者染色后的潜指纹。

Becue 等人[1]对多重金属沉积法进行优化，通过利用环糊精对胶体金进行修饰，修饰后的胶体金可与特定染料或荧光物质结合，然后与潜指纹残留物结合，达到指纹显现的目的。通过这种方法，不需要再利用物理显影液进行潜指纹后续显现过程。他们显现了低密度聚乙烯塑料、PP 板以及纸张三种客体上的潜手印，结果表明修饰后的胶体金有良好的显现效果。这种优化后的显现方法，可将指纹细节特征较好地显现出来，与背景有很好的反差。同时，优化后的显现方法，可以使所有的过程在一个容器中完成。

Stauffer 等人[2]建立了单金属沉积法显现潜指纹，取代了多重金属沉积法中的物理显影液增显的过程，利用羟氨酸/氯化金取代了多重金属沉积法中的对苯二酚/硝酸银。在单金属沉积法中，氯化金提供金离子（Au^{3+}）作为氧化剂，羟氨酸作为还原剂。在潜指纹显现中，胶体金在指纹上附着并作为催化剂促使金离子（Au^{3+}）被还原成单质金（Au），因此加速了胶体金的聚合，从而达到潜指纹显现的目的。这个原理与利用物理显影中的银离子显现潜指纹是相同的。单金属沉积法相对多重金属沉积法只需要一种溶液，并且降低了成本以及对技术人员的要求。

Sametband 等人[10]研究了应用胶体金的亲脂性特点来显现油潜指纹，将胶体金与多碳链饱和烷烃结合，在质量浓度为 0.04%（w/v）的石油醚中浸显 3min，显现出纸张以及硅片、玻璃以及塑料等非渗透性客体表面的潜指纹。同时，还对碳链的长度与显现效果的关系进行研究，饱和烷烃碳链越长，显现指纹效果越好。他们将两种不同类型的纳米粒子溶解在有机溶液中，一种是由 n－链烷硫醇修饰的金粒子，另外一种是由 n－链烷胺修饰的纳米 CdSe/ZnS 粒子。两者都优先吸附于指纹的纹线上；金沉淀将物理显影液中的银粒子催化转变为化学银镀层，从而在指纹纹线细节上形成深色的印痕；同单独使用物理显影液相比，包裹有疏水物质的纳米金可以显著改善显现出的潜指纹的亮度和清晰度，而且硫醇的碳链越长，显出的潜指纹越清晰；而用纳米 CdSe/ZnS 处理过的潜指纹可以用肉眼直接观察，因为其可以在紫外光激发下发出荧光。

Choi 等人通过扫描电镜观测结果，证实了胶体金同潜指纹残留物之间有良好的吸附关系[11]。进一步探究了胶体金与潜指纹残留物结合的原理，明确了胶体金用于多重金属沉积显现潜指纹的反应过程。

此外，多重金属沉积法还可以增强血潜指纹显现效果[4,12,13]。本章针对金纳米颗粒对硒化镉量子点显现效果的优化作用进行了研究。

第二节 胶体金的制备及表征研究

制备胶体金颗粒最为常见的方法是柠檬酸盐还原法。1951 年，Turkevitch[14]首次引入柠檬酸盐还原氯金酸，制备出了粒径 20nm 左右的金纳米粒子。随后在 1973 年，Frens[15]通过控制柠檬酸钠与氯金酸的比例实现了特定粒径尺寸金纳米粒子的可控制备。另外一种胶体金常用制备方法就是利用硫醇作为稳定剂的两相合成法[16]（Brust－Schiffrin method），其反应过程如下：

$$AuCl_4^-(aq) + N(C_8H_{17})_4 + (C_6H_5Me) \rightarrow N(C_8H_{17})_4 + AuCl_4^-(C_6H_5Me)$$

$$mAuCl_4^-(C_6H_5Me) + nC_{12}H_{25}SH(C_6H_5Me) + 3me^- \rightarrow 4mCl^-(aq) + (Au_m)(C_{12}H_{25}SH)_n(C_6H_5Me)$$

在辐射、紫外光学以及化学反应等领域，有众多制备胶体金颗粒的成熟方法。其中最常见的是化学还原法，其基本原理是：向一定浓度的金离子溶液中加入一定量的还原剂，使金离子变成金单质颗粒。常见的还原剂有：白磷、乙醇、过氧化氢、硼氢化钠、抗坏血酸、枸橼酸钠、柠檬酸钠等。根据还原剂类型以及还原作用的强弱，可以制备粒径0.8～150nm的胶体金。

采用柠檬酸钠－鞣酸还原法进行胶体金的制备，采用紫外可见分光光度计、透射电镜、Zeta电位等对其进行表征与分析，获得符合实验要求的胶体金溶液，为潜指纹显现研究奠定基础。

一、胶体金溶液的制备

粒径为10～20nm的胶体金最适合作为生物标记。法庭科学研究人员发现，利用多重金属沉积法显现潜指纹所用胶体金颗粒以30nm左右为宜，我们依据文献[8,9]采用柠檬酸钠－鞣酸还原法进行胶体金溶液的制备。

首先配置溶液A和B，其中，将一定量的氯金酸水溶液加入蒸馏水中得到溶液A；将一定量的柠檬酸钠溶液以及鞣酸溶液依次加入蒸馏水中得到溶液B。将溶液A及溶液B在恒温水浴锅中同时加热，随后将溶液B迅速倒入溶液A中，并在剧烈搅拌条件下，将混合溶液持续加热直至沸腾为止。此时，溶液呈葡萄酒红色，制得胶体金溶液。

二、胶体金溶液的表征

对合成的胶体金溶液采用紫外－可见吸收光谱进行分析，得到胶体金溶液紫外－可见吸收光谱。利用胶体金粒径与紫外－可见吸收光谱最大吸收波长之间的关系，对胶体金粒径大小进行分析。通过半峰宽数值对胶体金形态以及变异性进行分析。

采用透射电镜对胶体金溶液进行表征，对胶体金颗粒的分散性进行直观分析，同时进一步分析胶体金粒径、形态，与紫外－可见吸收光谱分析结果相互印证。

对新制备、放置三个月以及放置一年的胶体金进行紫外－可见吸收光谱分析，并利用Zeta电位进行分析，对胶体金的稳定性进行评价。

（一）胶体金粒径分析

胶体金颗粒大小的主要参数是颗粒的粒度及其分布特性，这些性质是选择和评价制备方法、工艺以及进行过程控制的基本依据[17]。颗粒的大小通常用粒径和粒度来表征衡量。粒径是以单一的颗粒为对象表示颗粒的大小，而粒度是以颗粒群为对象表示所有颗粒大小分布的总体概念[18]。

根据Mie理论[19,20]，粒径大小为3～30nm范围的胶体金颗粒在520nm左右出现吸收峰。对制备得到的胶体金进行紫外－可见吸收光谱分析，λ区间为400～700nm，步进值为5nm，测得胶体金溶液的最大吸收峰为523nm（λ_{max} =

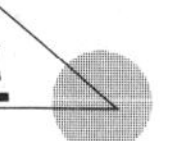

523nm），结果见图 9.1、表 9.1。

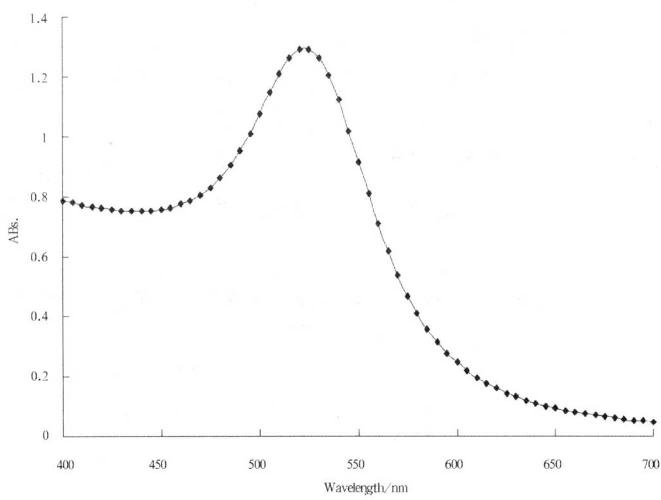

图 9.1　胶体金紫外－可见吸收光谱图

表 9.1　胶体金紫外－可见吸收光谱波长与吸收度之间的关系

λ/nm	Abs	λ/nm	Abs	λ/nm	Abs	λ/nm	Abs
400	0.787	475	0.830	550	0.916	625	0.145
405	0.779	480	0.862	555	0.810	630	0.133
410	0.773	485	0.903	560	0.711	635	0.121
415	0.765	490	0.952	565	0.619	640	0.110
420	0.761	495	1.011	570	0.539	645	0.102
425	0.756	500	1.076	575	0.469	650	0.094
430	0.754	505	1.146	580	0.410	655	0.086
435	0.753	510	1.209	585	0.358	660	0.081
440	0.754	515	1.261	590	0.315	665	0.075
445	0.754	520	1.289	595	0.278	670	0.070
450	0.759	525	1.290	600	0.247	675	0.065
455	0.764	530	1.263	605	0.220	680	0.061
460	0.775	535	1.203	610	0.197	685	0.058
465	0.788	540	1.122	615	0.178	690	0.054
470	0.807	545	1.021	620	0.160	695	0.051

胶体金颗粒粒径的大小是影响胶体金溶液性质的一个重要因素。在免疫组织化学中，胶体金粒径越小，其灵敏度越高，与蛋白质结合的选择性越强。在免疫组织化学中，胶体金颗粒粒径在5～15nm时，其灵敏度及选择性最佳。在多重金属沉积法显现潜指纹过程中，据文献报道[11]，胶体金颗粒的粒径在10～30nm为宜。通过紫外－可见吸收光谱表征，表明所制胶体金溶液粒径大小符合要求。柠檬酸钠－鞣酸还原法制备胶体金的粒径与紫外－可见吸收光谱最大吸收波长关系见表9.2，表明制备出的胶体金粒径为10～35nm之间。

表9.2 胶体金粒径与紫外－可见吸收光谱最大吸收波长关系[20]

粒径/（nm）	10	15	35	50	60	72
λ_{max}/（nm）	517	523	529	538	541	544
λ_{min}/（nm）	436	441	448	457	466	466

此外，有研究认为胶体金粒径（10～70nm）与最大吸收峰之间呈线性相关[21]，基本符合如下直线回归方程：$y = 0.4271x + 514.56$。据此公式进行计算，自制的胶体金颗粒粒径大小均值约为18nm。

（二）胶体金形态分析

胶体金颗粒变异系数是衡量胶体金溶液的另一个重要参数[4]，用于表征胶体金颗粒的变异程度，进而观察胶体金溶液是否具有粒径大小相近、形态均一的分布。变异系数又称标准差率，是衡量资料中各观测值变异程度的统计量。当进行两个或多个参数变异程度的比较时，如果度量单位与平均数相同，可以直接利用标准差来比较。如果单位和（或）平均数不同时，比较其变异程度就不能采用标准差，而需采用标准差与平均数的比值（相对值）来比较。

胶体金颗粒的粒径及形态可通过紫外－可见吸收光谱中半峰宽进行评价。半峰宽（peak width at half height），又称半宽度，通常指色谱峰高一半处的峰宽度。通过峰高的中点作平行于峰底的直线，直线与峰两侧相交两点之间的距离即为所求。在紫外－可见吸收光谱图其测量方法略有不同，半峰宽示意图见图9.2。通过峰高的中点作平行于峰底的直线，直线与峰高所在的垂线相交的右侧线段长度的2倍，即为所求值。

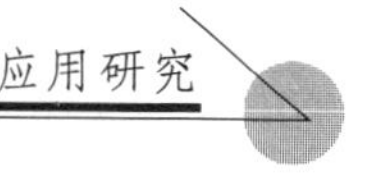

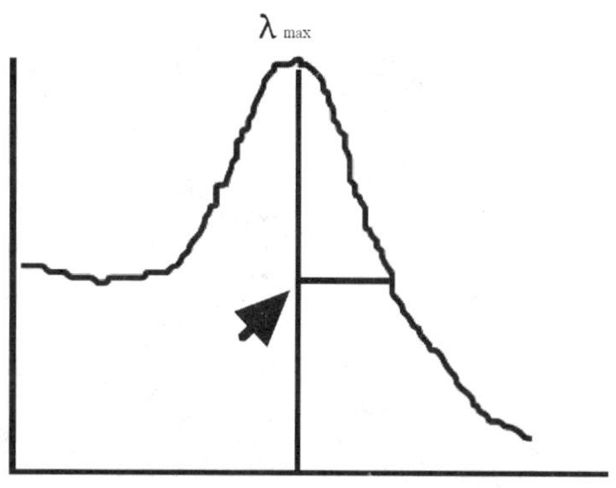

图 9.2　半峰宽示意图

半峰宽数值越大，变异系数越大，颗粒的粒径大小分布越广，形态差异越大，反之亦然。研究表明，半峰宽数值为 80～90nm，粒径大小变化范围为 ±1.5nm。如果半峰宽数值增大，则粒径大小变化范围增大。通过紫外可见分光光度计测得的胶体金溶液半峰宽结果见表 9.3。经计算可知，胶体金紫外－可见吸收光谱的半峰宽近似为 83nm，由此可以说明，制备得到的胶体金颗粒粒径变化范围小，证明合成的胶体金颗粒形态均一。

表 9.3　紫外－可见吸收光谱半峰宽数值

λ/（nm）	520	525	560	565
Abs	1.289	1.290	0.711	0.619

（三）胶体金颗粒分散性分析

柠檬酸钠－鞣酸还原法制得的纳米胶体金颗粒透射电镜表征结果见图 9.3。由图 9.3 可以看出，我们采用的柠檬酸钠－鞣酸还原法制得的纳米胶体金颗粒呈规则球形，粒径直径集中区间为 10～35nm，颗粒形状均匀，颗粒在溶液中具有较好的分散性。利用透射电镜对胶体金溶液进行分析，进一步验证柠檬酸钠－鞣酸还原法所合成的胶体金颗粒粒径尺寸范围较集中、形态均匀、分散性较好，与紫外－可见吸收光谱表征结果相互印证。此外，通过紫外－可见吸收光谱也可以对胶体金的颗粒均匀程度进行分析。图 9.1 中紫外－可见吸收光谱图的峰宽窄，呈“几”字形，也说明胶体金颗粒的分散均匀、分散性好。

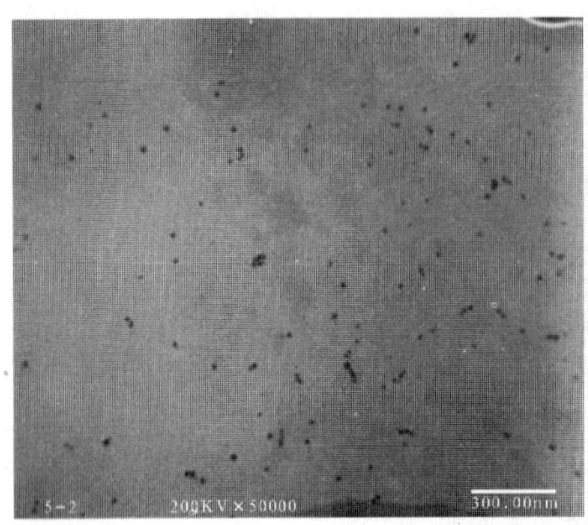

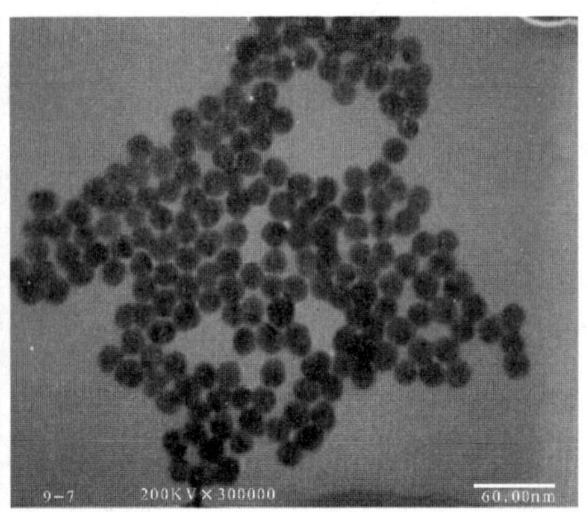

图 9.3　胶体金透射电镜表征结果

（四）胶体金稳定性分析

由于带电微粒吸引分散系中带相反电荷的粒子，离颗粒表面近的离子被强烈束缚，距离较远的离子形成松散的电子云，电子云的内外电位差称为 Zeta 电位。Zeta 电位是表征分散体系稳定性的重要指标。Zeta 电位较高时（－85～30mV），分散体系相对稳定，即 Zeta 电位的电负性越强，电子由金属向受体转移的速率越快，静电荷的聚集造成一个“混合”表面电位，使氧化反应和还原反应能以相同的速率进行，使体系处于比较稳定的状态[22]。利用柠檬酸钠－鞣酸还原法制备的胶体金的 Zeta 电位在一个月后，会发生变化，但其绝对值仍旧较大（见表 9.4），说明柠檬酸钠－鞣酸还原法制备的胶体金体系有较强的稳定性。同时，随着时间的进一步增加，胶体金颗粒 Zeta 电位降低，证明胶体溶液随着时间的增长而稳定性降低。通过对胶体金 Zeta 电位的分析，分析胶体金分散体系的稳定性规律，对于实验中胶体金的使用、存储有一定的指导作用。

表 9.4　不同方法制备的胶体金 Zeta 电位表[23]

制备方法	Zeta 电位平均测量值	
	原始值	放置一个月后
柠檬酸三钠还原法	－37.4mV	－29.1mV
柠檬酸三钠－鞣酸还原法	－41.7mV	－36.5mV
抗坏血酸还原法	－33.6mV	－14.3mV
硼氢化钠还原法	－33.1mV	－30.8mV

实验表明，利用柠檬酸钠－鞣酸还原法制备的胶体金溶液在冰箱冷藏室密闭保存下，可以保存一年而不发生沉淀变性。随着时间的增长，胶体金颜色由葡萄酒红色向深红色转变，见图9.4。由于胶体金具有很强的动力学稳定性，在稳定因素不受破坏时自身凝聚极慢，因此可放置一年以上而不发生凝聚。随着保存时间的进一步增长，或者有杂质进入胶体金体系中，溶胶的平衡体系会因电荷平衡的破坏等发生改变，胶体金颗粒会迅速发生团聚，颗粒粒径逐渐增大，胶体金溶液颜色由葡萄酒红色向深紫色、黑色变化甚至出现沉淀而发生变性。

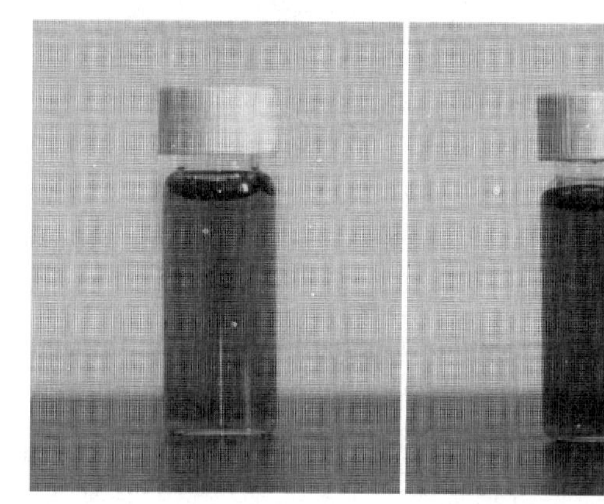

从左至右：新制备、放置三个月、放置一年

图9.4　放置不同时期胶体金溶液颜色

实验表明，随着放置时间的增长，会出现最大吸收波长红移及峰形展宽的现象，说明胶体金颗粒粒径变大，见图9.5。Mie 理论[19,20]是关于介质之中的颜料粒子对光散射的理论。它是指单一的、各向同性的球形粒子在高度稀释的介质体系中的散射与该粒子直径、粒子与介质间的折射率之差、入射到介质中的粒子上的入射光的波长之间关系的理论。该理论与考虑到粒子会产生的光吸收问题而推导出的一组米氏方程（Mie equations）可用于预测颜料应用系统的颜色强度与颜料粒子尺寸的关系。该理论可以解释产生这种变化是由于金颗粒的不断聚集使颗粒变大。

采用柠檬酸钠－鞣酸还原法制备胶体金溶液，通过透射电镜、紫外－可见吸收光谱、Zeta电位等方法对制备的胶体金粒径大小、分散度、稳定性及形貌进行表征，从分析结果可以看出，柠檬酸钠－鞣酸还原法制得的胶体金粒子具有稳定性、分散性好，粒径均匀的特点。

通过胶体金溶液的制备以及胶体金稳定性的实验研究，对于胶体金溶液的使用以及在日常条件下存放胶体金溶液应特别注意以下方面：第一，氯金酸易潮解，应干燥、避光保存。氯金酸对金属有强烈的腐蚀性，在配制氯金酸水溶

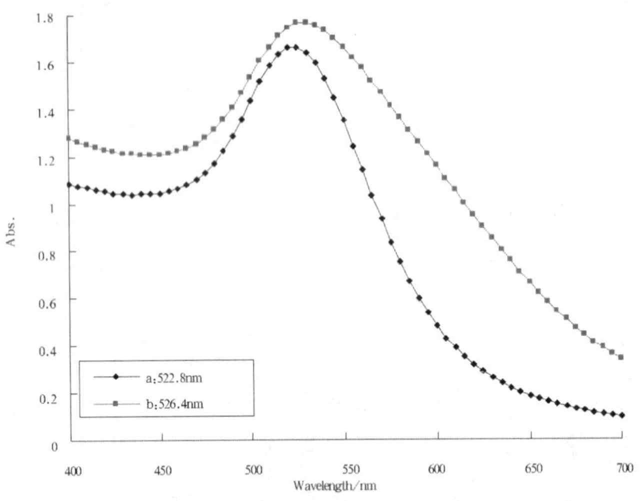

a：新制备的； b：放置半年的胶体金

图 9.5 胶体金紫外－可见吸收光谱图

液时，不应使用金属药匙称量。在溶液的配置过程中，要避免皮肤表面与氯金酸的接触。用于制备胶体金的蒸馏水应是重蒸水或三次蒸馏水，或者是高质量的去离子水。如果液体环境中存在杂质离子，受杂质电荷的影响，对胶体金溶液的稳定性及指纹显现有一定程度的影响。第二，用于制备胶体金溶液的玻璃容器必须保证清洁。如果容器表面不洁净，在胶体金制备的过程中，金颗粒更容易发生聚集现象，难以得到分散性好、形态均匀的胶体金溶液。第三，胶体金溶液置于洁净容器密封保存于冰箱冷藏间为宜。如果盛放容器不够干净，长时间存放会使胶体金颗粒发生聚集，最终形成深黑色絮状、球形颗粒凝集现象。胶体金溶液容易发生成核聚集现象，任何成核位点的存在都会影响胶体溶液的平衡。第四，采用柠檬酸钠－鞣酸还原法制备胶体金溶液方法操作简单，但单凭肉眼难以判断合成的具有葡萄酒红色的溶液是否满足实验的粒径、形态等方面的要求。良好的胶体金应该是清亮透明的，若制备的胶体金混浊或液体表面有漂浮物，表明制备的胶体金有较多的凝集颗粒。制备的胶体金溶液通过紫外可见分光光度计、透射电镜进行粒径、大小、形态以及颗粒分布方面的表征实验，可以保证合成质量。

第三节 胶体金显现潜指纹条件优化

胶体金也称金溶胶、纳米金或金纳米粒子，是由氯金酸被还原成金原子后形成的金颗粒悬浮液。胶体金颗粒由一个基础金核（原子金 Au）及包围在外

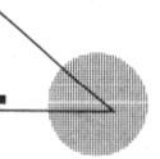

的双离子层构成，紧连在金核表面的是内层负离子（$AuCl^{2-}$），外层离子层 H^+则分散在胶体间溶液中，以维持胶体金游离于溶胶间的悬液状态。图 9.6 为胶体金微观结构示意图。

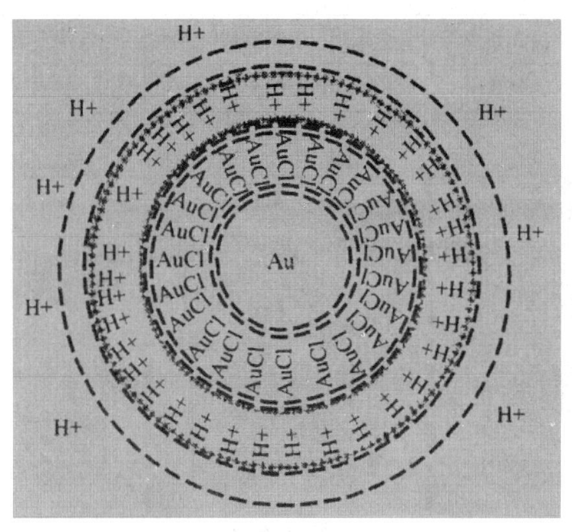

图 9.6　胶体金微观结构示意图（金核/吸附层/扩散层）

胶体金颗粒的基础金核并非是理想的圆球核，较小的胶体金颗粒基本是圆球形的，较大的胶体金颗粒（一般指大于 30nm 以上的）多呈椭圆形。前图 9.3 为透射电镜下胶体金颗粒形态。可以看出，实验中合成的胶体金颗粒形态以圆球形和椭球形为主，同种形态的胶体金颗粒可以使溶液更加稳定，因为这样有利于溶液中的电荷在胶体金颗粒的表面分布，可以避免电荷间相互作用而导致聚沉。同时，球形颗粒有利于胶体金颗粒在潜指纹残留处均匀聚集，可为银颗粒提供较好的成核靶位。

一、样本的制作

对胶体金多重金属沉积法显现潜指纹条件优化的研究采取正交实验的方法。在正交实验过程中，每个实验方案对同一因素水平进行三次实验。根据胶体金多重金属沉积法显现手印条件优化实验方案表，由表 9.5 可以看出，在胶体金 pH 值为 2.2、2.6 以及 3.0 三组条件下分别进行三次实验。传统的指纹显现比对方法是将一枚指纹分为两部分，然后比较两部分的显现差异。传统的方法仅仅可以实现两个水平的比较。对于三个水平间的比较，通常的做法需要采取三次实验（$C_3^2=3$）。

表 9.5 胶体金多重金属沉积法显现潜指纹条件优化正交实验因素水平对应表 $L_9(3^4)$

	胶体金 pH 值	胶体金浓度（w/v）	Tween 20 浓度（v/v）
1	2.2	0.005%	0
2	2.6	0.010%	0.05%
3	3.0	0.015%	0.10%

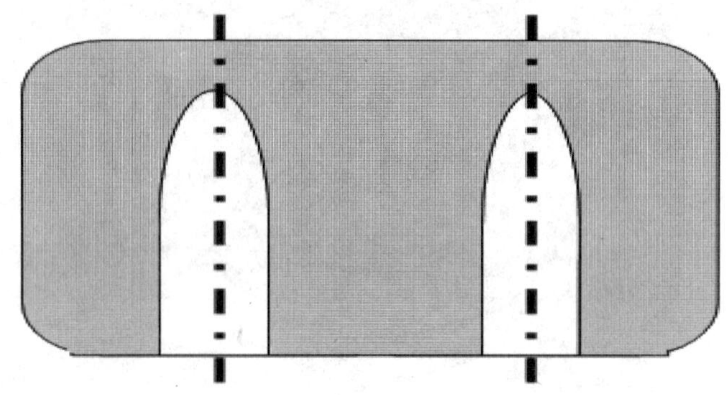

图 9.7 正交实验中指纹样本捺印示意图

在本实验中，对于三个不同水平间的实验，采取如图 9.7 所示的样本制作方法，通过一次实验即可实现三个水平间的比较。采取这种样本制作方法，可以保证指纹捺印条件的同一性，很大程度上减少实验次数，对不同实验效果间的比较更加方便、更加直观。

二、胶体金溶液性质对潜指纹显现的影响

考察了胶体金溶液 pH 值、胶体金浓度和 Tween 20 浓度对潜指纹显现的影响。

（一）胶体金溶液 pH 值对潜指纹显现效果的影响

通过使用柠檬酸钠－柠檬酸缓冲体系，对胶体金溶液 pH 值进行调整，称取一定量的柠檬酸及柠檬酸钠，分别配置 0.1mol/L 柠檬酸以及 0.1mol/L 柠檬酸钠溶液，按照体积比为 18.6∶1.4 配置成 pH＝3.0 的柠檬酸钠－柠檬酸缓冲液体系，分别获得 pH 值为 2.2、2.6 以及 3.0 的胶体金溶液。根据胶体金多重金属沉积法显现潜指纹条件优化实验方案结果，在正交实验方案最优条件下，改变胶体金 pH 值，讨论胶体金 pH 值对显现效果的影响。

（二）胶体金浓度对潜指纹显现效果的影响

根据胶体金多重金属沉积法显现潜指纹条件优化实验方案的结果，在正交

实验方案最优条件下，改变胶体金浓度，对胶体金浓度（w/v）为0.005%、0.010%、0.015%进行实验。

（三）Tween 20 浓度对潜指纹显现效果的影响

根据胶体金多重金属沉积法显现潜指纹条件优化实验方案结果，在正交实验方案最优条件下，将制得的胶体金溶液加入0μL、125μL以及250μL表面活性剂 Tween 20 搅拌均匀，讨论 Tween 20 浓度对显现效果的影响。

三、正交设计在潜指纹显现中应用的可行性

胶体金多重金属沉积法显现潜指纹受胶体金浓度、胶体金溶液 pH 值以及 Tween 20 浓度等因素影响较大。利用正交实验理论，对胶体金多重金属沉积法显现条件进行优化研究。

正交设计是利用规格化的正交表来设计实验方案的多因素优选方法，是一种只需少量实验即可反映出实验条件相互组合客观反映内在规律的方法。它利用正交原理、交互作用，考虑了各个因素及各因素不同位级相互交叉，综合实验结果中各指标效果的影响[24]。用正交表安排多因素实验的方法，称为正交实验设计法。其特点为：（1）完成实验要求所需的实验次数少；（2）数据点的分布很均匀；（3）可用相应的极差分析方法、方差分析方法、回归分析方法等对实验结果进行分析，引出许多有价值的结论。正交设计方法克服了传统单因素方法的不足，通过少量实验能全面掌握事物的内在规律，是一种高效的实验方法。

所有的正交表都具有以下两个特点：（1）在每一列中，各个不同的数字出现的次数相同；（2）表中任意两列并列在一起形成若干个数字对，不同数字对出现的次数也都相同。这两个特点称为正交性。正交性保证了用正交表安排的实验方案中因素水平是均衡搭配的，数据点的分布是均匀的。因素、水平数越多，运用正交实验设计方法，越能显示出它的优越性。例如，6 因素 3 水平实验，用全面搭配方案需 729 次（$3^6=729$），若用正交表 L_{27}（3^3）来安排，则只需做 27 次实验。

设计正交表要满足实验的均衡分散性和整齐可比性。均衡分散性，是指正交表可将实验均衡地分散在互相配合的位级组合的方案中，使每个实验项目具有代表性。后者指对于每列因素在各个位级导致的结果之和中，其他因素的各个位级出现的次数都是相同的，从而最大限度地排除了其他因素的干扰，使该因素的几个位级具有可比性。

四、胶体金多重金属沉积法显现潜指纹条件正交设计

选择胶体金 pH 值、胶体金浓度[25]以及 Tween 20 浓度三个因素，依据正

交实验理论，选择 L_9（3^4）正交表。此外，所考察的三个因素对胶体金多重金属沉积法显现潜指纹不存在交互影响，因此在正交表的表头设计上不需要进行表头处理。根据胶体金优化条件正交实验因素水平对应表 L_9（3^4），得到胶体金多重金属沉积法显现潜指纹条件优化研究实验方案表，见表 9.6。

表 9.6 胶体金多重金属沉积法显现潜指纹条件优化实验方案

实验方案序号	胶体金 pH 值	胶体金浓度（w/v）	Tween 20 浓度（v/v）
1	2.2	0.005%	0
2	2.2	0.010%	0.05%
3	2.2	0.015%	0.10%
4	2.6	0.005%	0.05%
5	2.6	0.010%	0.10%
6	2.6	0.015%	0
7	3.0	0.005%	0.10%
8	3.0	0.010%	0
9	3.0	0.015%	0.05%

通过对比胶体金多重金属沉积法显现潜指纹条件优化实验方案中的 9 组实验，考虑显现结果纹线清晰情况、背景污染情况以及显现时间等因素，确定实验方案 5 为最优实验条件。

（一）胶体金 pH 值与潜指纹显现效果关系

利用正交实验得到的结果，实验方案 5 为最优条件，即 pH = 2.6，胶体金浓度为 0.010%，Tween 20 浓度为 0.10%。为进一步验证胶体金溶液 pH 值对潜指纹显现的影响，分析原因。在优化条件的基础上，选择胶体金溶液浓度为 0.010%，Tween 20 浓度为 0.10%，对胶体金 pH 值调节为 2.2、2.6、3.0 进行实验，实验结果如图 9.8 所示。

从显现结果可以看出，在 pH 值为 2.6 的条件下，显现指纹纹线相对清楚，纹线较为连贯。在 pH 值为 2.2 和 3.0 的条件下，显现指纹纹线较为模糊，尤其是在 pH 值为 3.0 条件下，纹线间粘连情况较为严重。pH 值影响潜指纹显现效果主要有两方面原因：首先，潜指纹残留物中含有许多带有氨基的物质，溶液 pH 值的不同将会影响氨基带电性能；其次，pH 值的变化将导致纳米胶体金胶团表面带电性质和带电量的变化，从而影响纳米材料的稳定性以及同潜指纹物质结合的能力，尤其对与潜指纹残留物中蛋白质结合的影响较大。

Schnetz 研究发现[8]，胶体金优化的最佳 pH 值介于 2.5 ~ 2.8 之间，因为

从左到右：pH =2.6，2.2，3.0

图 9.8　pH 值对潜指纹显现效果的影响

不同客体浸入溶液后会对胶体金溶液的 pH 值范围有 0.1 ~0.2 的影响。当 pH 值超过 3.5，胶体金颗粒与潜指纹残留物之间的静电吸引作用不会发生，所以也就无法显现指纹。利用 pH 酸度计对胶体金溶液进行测量时，胶体金颗粒会对电极造成一定的阻塞，但是加入一定 Tween 20，可降低这种阻塞情况的发生。

pH 值的变化对胶体金胶团本身的电荷分布以及蛋白质中氨基的电荷分布均有影响，选择 pH 值在 2.6 附近可以平衡胶体金胶团电荷分布与潜指纹残留物中蛋白质氨基电荷分布的矛盾，获得最优显现条件。

本实验同时考察了在不同 pH 值下显现液的显现性能变化，实验结果见表 9.7。从溶液颜色的变化上，可以看出 pH 值对胶体金体系的稳定性存在影响，这种影响主要是通过电荷平衡的改变而发生作用的。

表 9.7　不同 pH 值下胶体金溶液的性能

pH 值	溶液颜色	显现结果
2.2	浅紫色	+ +
2.6	浅葡萄酒红色	+ + +
3.0	葡萄酒红色	+

注："+"较差；"+ +"理想；"+ + +"非常理想。

（二）胶体金浓度与显现潜指纹效果的关系

纳米金微粒无毒，化学性质稳定，制备过程简单，不仅能在水溶液中以胶体金的形态存在，亦可在非极性溶剂中形成纳米金。纳米金颗粒可以通过弱的相互作用与生物大分子结合，也可以通过化学键与生物大分子偶联而不改变生物大分子的活性。目前，人们已知纳米金可以与蛋白质、酶、生物素等相结合。

利用柠檬酸钠－鞣酸还原法制得胶体金溶液，根据氯金酸所用量计算胶体浓度如下：

氯金酸溶液的摩尔浓度为：

$$\frac{0.1/411.85}{1/1000}=2.4\times10^{-1}\ (\text{mol/L})$$

胶体金溶液的物质的量为：

$$2.4\times10^{-1}\times250\times10^{-6}=6.0\times10^{-5}\ (\text{mol})$$

胶体金溶液的摩尔浓度为：

$$\frac{6.0\times10^{-5}}{(10+40+200)\times10^{-3}}=2.4\times10^{-4}\ (\text{mol/L})$$

胶体金溶液的质量浓度为：

$$2.4\times10^{-4}\times196.96\times10^{-3}=4.7\times10^{-5}\approx5.0\times10^{-5}=0.005\%\ (\text{kg/L})$$

计算可知，胶体金浓度为 2.4×10^{-4} mol/L，与传统的二硫化钼悬浮液、二氧化钛悬浮液、硝酸银法、物理显影液法相比，胶体金溶液具有较低的浓度，对操作人员的身体健康影响程度相对较小，是相对健康的显现试剂。与传统的粉末法相比，胶体金多重金属沉积法是在液体环境下显现指纹，不存在粉尘漂浮对操作人员健康的影响。

在优化条件的基础上，确定胶体金 pH 为 2.6，Tween 20 浓度为 0.10%，将胶体金浓度调为 0.005%、0.010%、0.015% 进行实验，实验结果如图 9.9 所示。

从左到右：浓度分别为 0.010%、0.005%、0.015%

图 9.9　胶体金浓度对潜指纹显现效果的影响

从显现结果可以看出，不同胶体金溶液的浓度对显现效果的影响不大，三种浓度均可得到较好的显现效果，指纹纹线的连贯性、清晰性差别较小，显现结果差别相对较小。原因是显现过程中胶体金溶液浓度影响胶体金的沉积，在一定时间下（在胶体金溶液中浸泡 20min），浓度为 0.005%、0.010%、

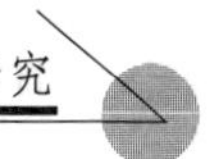

0.015%的胶体金溶液中胶体金含量较少，加之潜指纹残留物附着面积较小，对不同浓度胶体金沉积于潜指纹残留物上影响不大。

从显现结果可以看出，在胶体金浓度为0.005%、0.010%、0.015%的三个不同的条件下，均不同程度出现点状污染。之所以出现这个问题，主要是由于在实验考察过程中，为了突出不同浓度的影响，显现时间选择20min，利用相对较长的浸泡时间以达到增强胶体金沉积效果的目的。由于沉积时间的增加，胶体金在一定程度上吸附在背景某些位置（如背景本身的污染）形成点状污染。这种点状污染也说明，胶体金显现潜指纹对于客体的背景有一定的要求，并且在显现过程中要注意对显现时间的控制。

（三）Tween 20浓度与显现潜指纹效果关系

在优化条件的基础上，选择胶体金pH值为2.6，胶体金浓度为0.010%，对Tween 20浓度（v/v）调节为0、0.05%、0.10%进行实验，实验结果如图9.10所示。

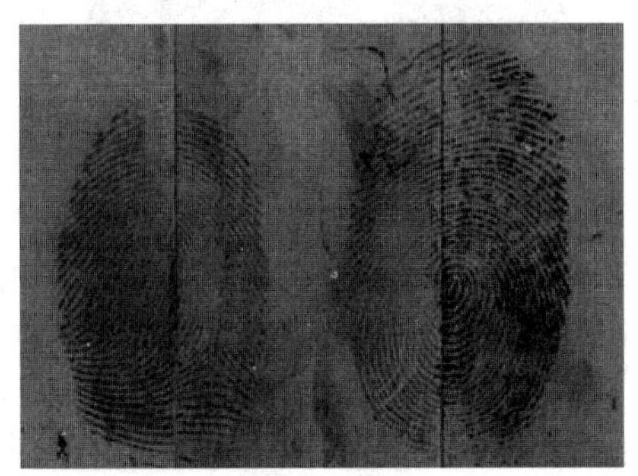

从左到右：浓度分别为0、0.05%、0.10%

图9.10　Tween 20浓度对潜指纹显现效果的影响

Tween 20为常见的非离子型表面活性剂，在水中不能离解成离子，在胶体中可充当胶束介质以增强溶液的稳定性。许多法庭科学研究者[5]已成功将其纳入指纹显现液配方之中，在增强显现与降低背景干扰之间寻找最佳平衡点。研究结果表明Tween 20的浓度偏低对于本实验显现效果存在一定的影响，但不同浓度的Tween 20对显现的效果影响差异不大。实验表明，Tween 20的影响主要在于容易形成一定的液态斑状背景污染，其受Tween 20表面活性剂本身性质影响。

选择添加Tween 20表面活性剂主要是考虑其有利于增强溶液的稳定性。由于胶体金颗粒为纳米级、形态均一的球形，容易受污染而发生颗粒聚集造成团聚沉降，添加Tween 20表面活性剂有利于增强胶体金溶液的稳定性。根据正交实验结果，通过平衡胶体金稳定性与不同浓度Tween 20对显现效果的影响之间的关系，最终确定 Tween 20 表面活性剂浓度在 0. 10% 为宜。

（四）温度对显现效果的影响

温度可以影响胶体金体系中颗粒的运动及银颗粒还原沉积的过程。在实验中对 10℃和 40℃条件的显现效果进行比较，将客体置于胶体金溶液和对苯二酚/硝酸银溶液中各浸泡 5min 和 10min，考察温度对胶体金多重金属沉积法显现效果的影响，实验结果见图 9. 11。

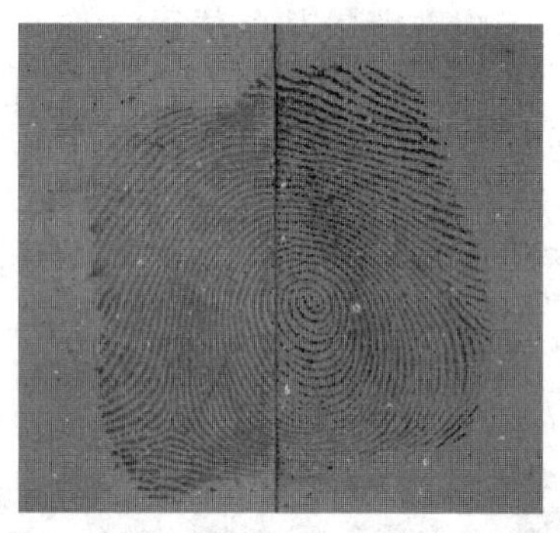

左：10℃；右：40℃

图 9. 11　温度对潜指纹显现效果的影响

从实验结果可以看出，在 10℃和 40℃条件下，两者的实验效果存在一定的差异，10℃条件下显现的指纹纹线与背景反差弱于 40℃条件下的反差，同时在 40℃条件下可以看见纹线上出现点状银颗粒聚集的情况。

温度对胶体金颗粒的运动速度产生一定的影响，温度越高，颗粒运动速度越快，进而加速了胶体金在指纹残留物存在处的选择性沉积。另外，由于胶体金浓度较低，其存在的胶体金颗粒数量较少，布朗运动受温度和粒子个数影响，粒子越少，分子热运动越剧烈。从以上两个角度可以说明，温度升高和较低的浓度加快了胶体金颗粒的运动速度，有利于胶体金的选择性沉积。同样道理，受温度影响，促进了对苯二酚/硝酸银物理运动的过程并加快反应，因此造成 40℃条件下显现的指纹银颗粒聚集较多，手印纹线较深。

由图 9. 12 可知，10℃和 40℃温度对实验结果的影响从三级特征上看存在一定差异，但是从指纹一级特征上分析，两者的差异不明显，均可以达到指纹显现评价的标准。

四、胶体金多重金属沉积法显现潜指纹步骤考察

胶体金颗粒度小、浓度低，其与潜指纹残留物结合不能与指纹承载客体形成明显反差，很难直接显现潜指纹。多重金属沉积法首先利用胶体金与指纹残

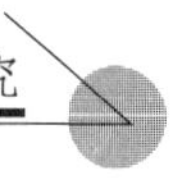

左：10℃；右：40℃

图 9.12　温度对显现效果的影响（细节特征角度）

留物相结合，为下一步的金属银颗粒的聚集提供成核位点。将样本置于含银颗粒的氧化还原体系中，因发生氧化还原反应而生成单质银颗粒并在成核位点上附着。胶体金颗粒除了具有成核位点作用外，胶体金颗粒表面上的电荷对银的还原反应具有一定催化作用。利用胶体金多重金属沉积法显现潜指纹操作过程如图 9.13 所示。

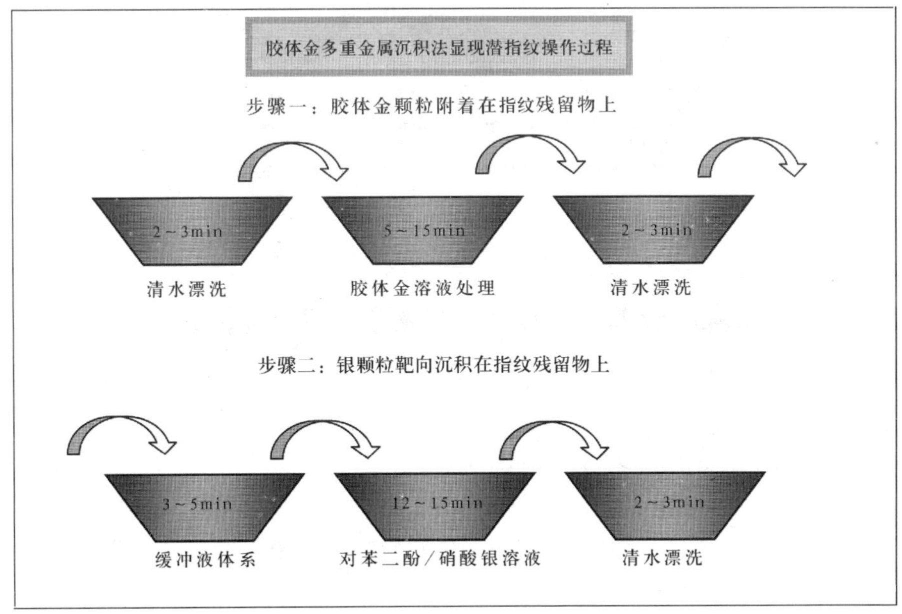

图 9.13　胶体金多重金属沉积法显现潜指纹操作过程

第一次清水漂洗主要是为了洗去客体表面附着的灰尘等杂质，同时也是为客体浸入胶体金液体环境提前预处理，接下来的清水漂洗是为了洗去多余的残留在客体背景处的胶体金颗粒。随后将客体浸入柠檬酸－柠檬酸钠缓冲体系，平衡指纹残留物和胶体金表面的电荷，为下一步银颗粒的氧化还原以及聚集提供最佳电势。在银颗粒的氧化还原以及靶向聚集的过程中，应注意观察显现效果，根据显现情况来控制反应时间。最后用清水漂洗主要是清洗背景污染。

受胶体金原材料价格以及合成工艺等方面的影响，利用胶体金多重金属沉积法显现指纹步骤较多，在实验中需要一定数量的容器，这是该方法的不足之一，也是该方法目前没有引起广泛重视的原因之一。胶体金应用于生物医学中蛋白染色，同时多重金属沉积法利用了氧化还原产生的银颗粒实现信号的扩大，受这两个方面的启示，加之纳米技术的发展，多重金属沉积法将会有新的发展。多重金属沉积法发展趋势展望见图 9. 14。

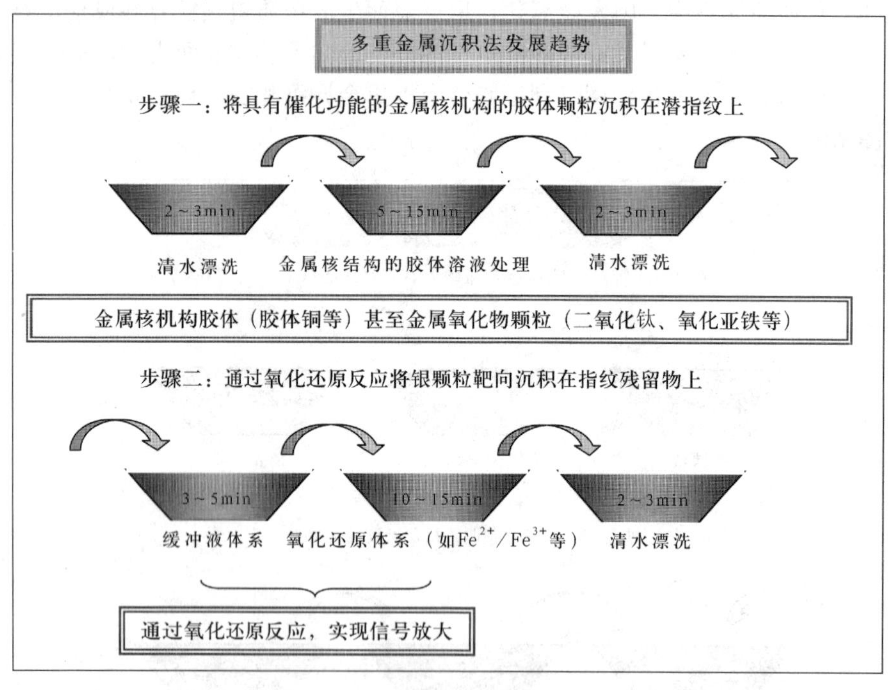

图 9. 14　多重金属沉积法发展趋势

多重金属沉积法未来的发展趋势为：用金属核结构胶体（胶体铜等）甚至金属氧化物颗粒（二氧化钛、氧化亚铁等）代替胶体金，用 Fe^{2+}/Fe^{3+} 等氧化还原体系代替对苯二酚/硝酸银体系，以达到实现利用银颗粒进行信号放大，增大背景反差的目的。

五、小结

本部分利用自制的胶体金溶液，依据正交原理，探讨胶体金多重金属沉积法显现潜指纹的优化条件，从胶体金 pH 值、胶体金浓度、Tween 20 浓度以及温度等方面考察不同因素对显现效果的影响，确定胶体金显现潜指纹的优化条件为：胶体金 pH 值为 2.6，胶体金浓度（w/v）为 0.010%，Tween 20 浓度（v/v）为 0.10%。同时考察温度对显现效果的影响，并分析温度对显现效果影响的理论原因。在利用正交实验进行考察的过程中，设计了可以同时考察多水平因素的样本捺印方式，可以极大地减少实验次数，为实验提供更加便利的捺印方式。同时，根据现有胶体金多重金属沉积法显现潜指纹的步骤，对下一步多重金属沉积法显现潜指纹的发展趋势进行展望，有利于多重金属沉积法在我国法庭科学方面的研究与应用。

第四节　胶体金多重金属沉积法显现潜指纹初探

胶体金多重金属沉积法显现潜指纹在国外有一定的报道，我国法庭科学领域对于该方法的研究与报道较少，本节对胶体金显现潜指纹进行初步探究，对浸泡过的胶带光面指纹以及胶体金对量子点溶液显现的影响进行侧重研究，寻找胶体金多重金属法对当今指纹显现问题的突破途径，拓宽胶体金以及多重金属沉积法在我国刑事技术领域指纹显现中的研究与应用。

胶体金与蛋白质等物质可发生吸附、静电作用或者缩合反应，因此，可用于指纹残留物中蛋白质等物质的标记。利用多重金属沉积法，对标记的物质进行单质银染色，从而达到指纹显现目的。

一、潜指纹样本制备以及对比溶液的制备

（一）潜指纹样本制备

志愿者用肥皂清洗并擦干双手，自然晾干 30min，在载玻片表面捺印并获得新鲜汗潜指纹样本；志愿者用肥皂清洗并擦干双手，自然晾干后，擦蹭额头数次，在载玻片表面捺印并获得新鲜油潜指纹样本。

取常用透明胶带及黄色胶带，在其光面捺印日常生活条件下指纹样本。因胶带在水中易于漂浮，同时为便于实验观察，将胶带黏面与普通白纸结合，然后将其固定于盛水的器皿之中。利用胶体金多重金属沉积法以及二硫化钼悬浮液法对浸泡 1h、6h、12h 的胶带光面指纹进行显现，考察胶体金多重金属沉积法对胶带光面遗留浸泡指纹的显现效果。在自然光照下利用数码相机进行拍照

固定。

取常用透明胶带两种及黄色胶带两种，在其光面捺印日常条件下指纹样本。利用胶体金多重金属沉积法及二硫化钼悬浮液法对浸泡 6h 时的黄色胶带和浸泡 12h 的透明胶带光面上遗留指纹进行显现，考察同类型的不同生产厂家的胶带光滑表面的浸泡指纹显现差异，并进一步考察分析导致胶体金多重金属沉积法对胶带光面遗留浸泡指纹显现效果差异的原因。在自然光照下利用数码相机进行拍照固定。

取黄色胶带及透明胶带，分别在其黏面上捺印自然条件下指纹，将捺印好的指纹一分为二。取其中的一半直接放入胶体金溶液中浸泡 15min 左右，然后取出用清水漂洗干净表面残留的胶体金溶液。再将两部分指纹样本同时放入 CdSe 量子点溶液显现 60min，取出用清水漂洗干净。自然晾干，在 365nm 激发波长下拍照。

（二）二硫化钼溶液的配置与显现

取 0. 2g 十二烷基硫酸钠放入 1000mL 蒸馏水中，充分搅拌并加热，使之溶解，然后加入 3g 二硫化钼，充分搅拌溶解，配成黑色小颗粒悬浮液。

将适量小颗粒悬浮液倒入搪瓷盘中，将检材置于小颗粒悬浮液中约 30s，取出并放入清水中漂洗即可。

二、胶体金与潜指纹残留物结合原理

氯金酸在还原剂作用下聚合成一定大小的金颗粒，形成带负电的疏水胶溶液，并由于静电作用而成为稳定的胶体状态。胶体金颗粒带有负电荷并且具有疏水性，因此可以与有机成分发生静电吸附以及疏水作用[26]。在较低 pH 值条件下，静电吸附作用占主导地位，相反疏水作用占主导地位。通常认为，由于胶体金颗粒表面带负电荷，与蛋白质等带有正电荷基团的物质发生静电吸附而形成牢固结合。胶体金颗粒的静电吸附被认为是与指纹残留物发生作用的主要原因[27]。指纹残留物中油脂、氨基酸、蛋白质等有机成分中带有的正电荷基团物质与胶体金发生吸附、静电作用或者缩合反应，进而达到与指纹残留物结合的目的，其中以电荷间的吸附作用为主。胶体金溶液的 pH 值是影响指纹残留物与胶体金颗粒结合效果的重要因素。图 9. 15 为胶体金显现指纹机理示意图。

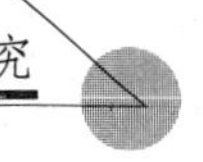

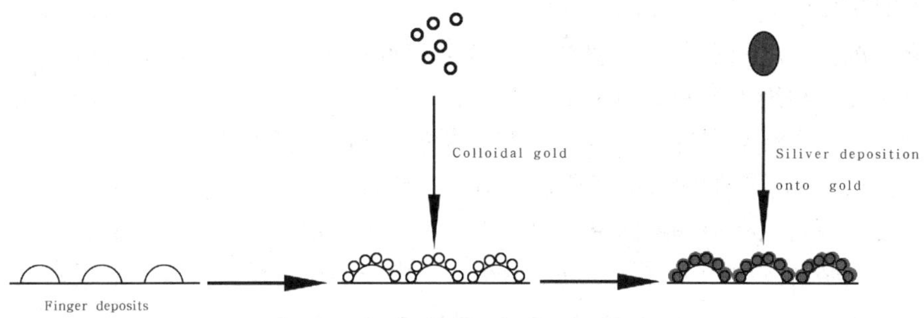

图 9.15　胶体金显现指纹机理

三、胶体金显现潜指纹应用

（一）胶体金显现玻璃表面潜指纹的应用

实验对载玻片表面上的新鲜汗潜指纹以及油潜指纹进行显现，受潜指纹残留物上蛋白质、油脂等含量的影响，单质银在指纹纹线上的聚集会呈现出不同的快慢，相对较快的地方会因为单质银颗粒较多而呈现黑色点状，见图 9.16。手印纹线某些位置单质银颗粒的大量聚集并不会影响潜指纹的显现，同时这也进一步证明胶体金用于多重金属沉积法显现潜指纹具有更好的选择性吸附的特点。

图 9.16　指纹细节特征（标记处为银颗粒）

从图 9.16 中可以看出，胶体金在指纹残留物处具有较好的吸附，为银颗粒的还原沉积提供成核靶位；小犁沟处银颗粒附着较少，银颗粒附着具有较好的靶向性。

对于玻璃表面上的新鲜汗潜指纹显现，与传统粉末刷显法相比，胶体金多重金属沉积法的相对背景污染较小，反差较好，见图 9.17。传统的粉末刷显指纹主要是利用指纹残留物与粉末之间的物理吸附、静电吸附作用，而利用胶体金进行的多重金属沉积法首先利用胶体金与指纹残留物质进行定向结合，以结合位点为单质银的附着提供靶位。对于客体背景，由于胶体金溶液未与其发生结合，因此只有很少量的单质银沉积。在指纹显现过程中，通过控制显现时间以及控制清水的漂洗过程，可以减小背景污染、获得反差较好的显现效果。

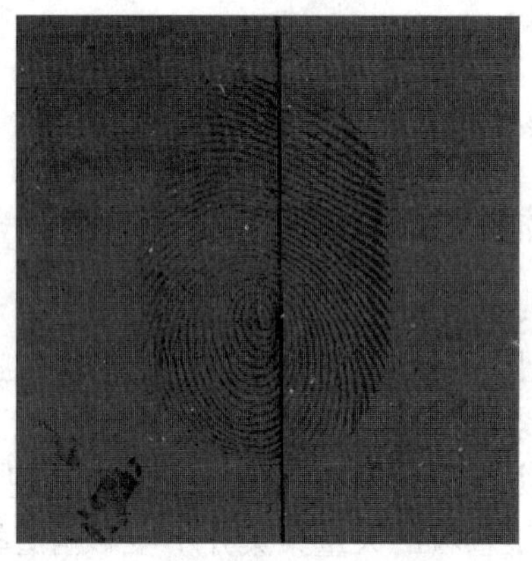

左：磁性粉末刷显法；　右：多重金属沉积法

图 9.17　载玻片表面新鲜汗潜指纹显现效果

对于玻璃表面上新鲜的汗潜指纹、油潜指纹，胶体金多重金属沉积法显现出指纹纹线的细节特征可以达到甚至优于粉末刷显法的效果，见图 9.18。粉末刷显法获得纹线有时存在不连贯或者是模糊的情形。胶体金多重金属沉积法由于利用银颗粒在胶体金上的靶向聚集，因此有较好的选择性，显现效果较好。

左：磁性粉末刷显法；　右：多重金属沉积法

图 9.18　载玻片表面新鲜汗潜指纹、油潜指纹显现效果

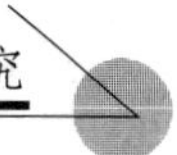

以上实验结果表明：第一，由于胶体金颗粒粒度具有较好的均匀性，同时溶液的酸碱度可以影响胶体金与指纹残留物中氨基酸成分的结合，所以对银颗粒的靶向结合可起到一定的促进作用；第二，由于胶体金的颗粒较小，与传统的粉末法相比，胶体金与指纹残留物的结合细腻度更高，对指纹纹线的细节具有更好的显现效果，因此可以得到较高分辨率的纹线细节特征，对于指纹检验中细节特征的标识有极大的帮助作用。胶体金多重金属沉积法体现了胶体金沉积以及利用银颗粒进行信号扩大两种思路的结合，这种思路对于指纹显现技术的发展具有一定的启发作用。

（二）对水浸胶带光面潜指纹的显现研究

正常条件下指纹的显现和提取相对容易，但是作案现场常被犯罪嫌疑人用水冲洗，与犯罪有关的物体，如犯罪工具、碎尸案中的塑料包装物等常被雪雨淋湿或被水冲洗和浸泡[28]。水浸非渗透性客体表面潜指纹显现之所以一直被刑事技术领域视为一大疑难，主要是此类客体表面潜指纹显现时必须解决水与指纹物质、显现试剂之间的作用问题。对于胶带黏面上的遗留指纹，可通过胶带剥离液将胶带与客体剥离，采用碳素墨水法或二氧化钛悬浮液法等进行显现。然而对于胶带光面上的指纹，尤其是浸泡过的胶带光面指纹检验研究较少。对不同浸泡时间的胶带光面遗留指纹进行显现，并将其与二硫化钼显现法进行比较。

二硫化钼显现法主要利用指纹遗留物质中油脂和汗垢在水中的不溶解性，以及悬浮液中的微粒可以被油脂和汗垢吸附的性质，在指纹物质表面形成灰色涂层，从而显出指纹纹线[29]。胶带光面本身比较光滑，指纹残留物在胶带光面上吸附能力相对较弱。此外，水中浸泡进一步加速了指纹残留物的流失。在实际案件中，客体往往处于流动的液体中，使指纹残留物遗失速度进一步加快。因此，对于胶带光面残留指纹的显现有一定时限性。图 9.19、图 9.20 为利用胶体金多重金属沉积法和二硫化钼小微粒悬浮液对透明胶带和黄色胶带光面不同浸泡时间指纹的显现效果。

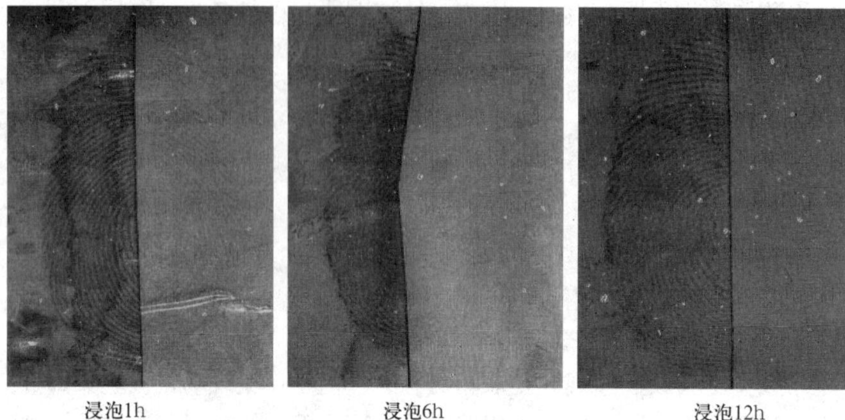

左：胶体金多重金属沉积法；　右：二硫化钼显现法

图 9.19　对浸泡不同时间的透明胶带光面潜指纹显现效果

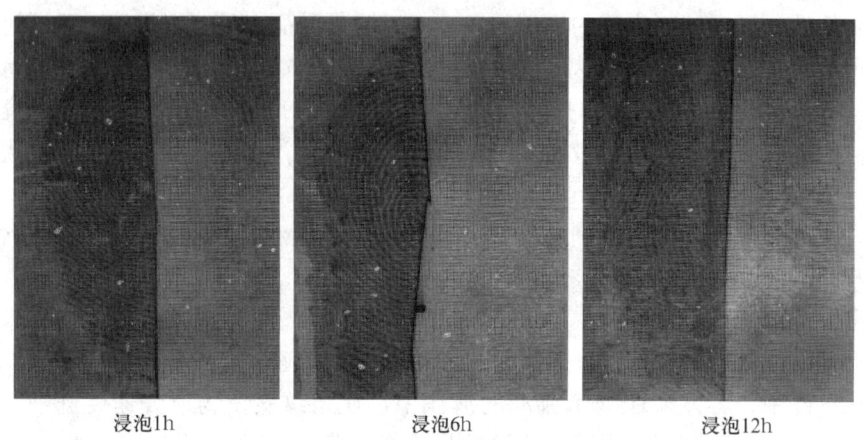

左：胶体金多重金属沉积法；　右：二硫化钼显现法

图 9.20　对浸泡不同时间的黄色胶带光面潜指纹显现效果

实验结果表明，对浸泡 1h 的透明胶带与黄色胶带光面上的潜指纹，二硫化钼小颗粒悬浮液有一定的显现效果。但是，随着胶带浸泡时间的增加，二硫化钼显现法显现效果变差。其主要原因为：（1）指纹遗留在胶带光面，指纹残留物中的无机盐、油脂、氨基酸等成分难以渗透至指纹承载面上，且附着不牢固；（2）无机盐、氨基酸等成分易溶于水，随着浸泡时间的增加，指纹残留物成分减少。

胶体金多重金属沉积法可以较好地显现浸泡时间为 1h、6h 和 12h 的透明胶带和黄色胶带上的潜指纹，对于浸泡 12h 的黄色胶带潜指纹，仍可以辨别指

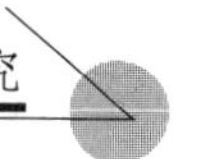

纹纹线，但反差相对较小。胶体金与指纹残留物结合的原因之一是两者之间存在一定的电位差，从而产生静电吸附，使胶体金能够选择性地沉积在指纹纹线处。但是，随着时间的推移，指纹残留物的蒸发、流失、电阻率上升、静电势下降，会影响胶体金对指纹残留物的选择性沉积。胶体金多重金属沉积法是在液体环境中直接对浸泡客体进行显现，避免了晾干处理等中间环节，遗留在胶带光面表面的指纹残留物遗失相对较少。此外，胶体金多重金属沉积法中胶体金选择性吸附以及银颗粒的靶向聚集，增大了指纹与背景的反差，突显了该法对浸泡客体的显现优势。利用胶体金多重金属沉积法对浸泡的胶带光面潜指纹显现，要考虑浸泡时间的影响，其最佳适用范围是浸泡时间不大于 12h 的胶带光面遗留指纹，并因胶带材质不同而存在差异。

从实验中可以看出，对于不同浸泡时间的胶带光面潜指纹的显现，透明胶带的显现效果要优于黄色胶带。对于浸泡 12h 的客体，透明胶带上潜指纹显现的效果要优于黄色胶带。造成这样的结果，主要是由于两种胶带的成膜材料以及胶粘剂材料的差异所导致的胶带表面的电负性、对指纹残留物的附着力等方面的不同。

（三）对同类型的不同种类胶带光滑表面的浸泡指纹研究

不同类型胶带光面浸泡指纹显现中存在的差异，与显现方法的操作也是存在一定关系的。据国外文献报道[9]，胶体金多重金属沉积法显现指纹的操作相对烦琐、试剂要求相对较多，因此，在不同批次的操作过程中也存在因操作方面而带来的显现效果上的差异。为进一步探求胶体金多重金属沉积法显现指纹的条件，本部分对同类型的不同种胶带光滑表面的浸泡指纹进行研究，从而更好地分析造成显现效果差异的原因。

上部分研究已对透明胶带和黄色胶带光面遗留指纹进行了显现，发现随着浸泡时间的增加，显现效果变差。如果浸泡时间较短，指纹残留物会依旧大量残留于胶带表面，因此本实验选择对两种透明胶带同时浸泡 12h、两种黄色胶带同时浸泡 6h 再进行比较，以说明客体差异对显现效果的影响。实验结果见图 9. 21、图 9. 22。

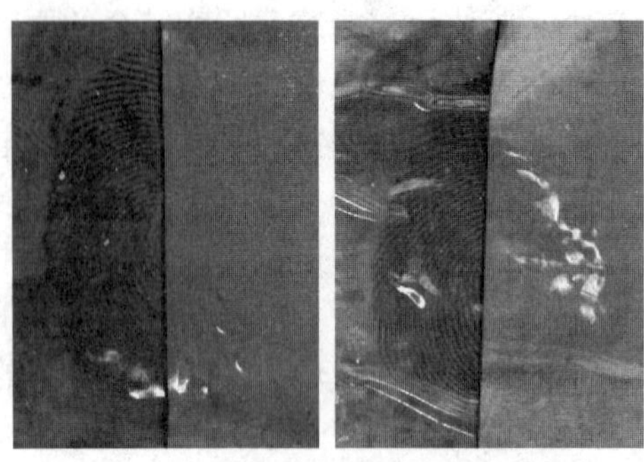

左：双力亚太塑胶有限公司　右：北京龙达胶带厂

图 9.21　两种透明胶带光面浸泡 12h 的指纹显现效果

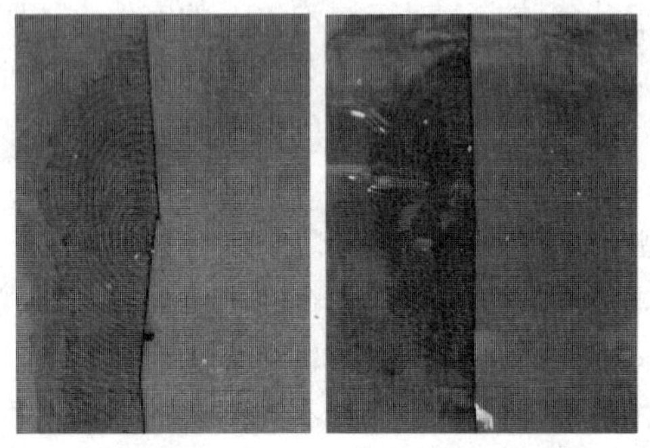

左：得力集团有限公司　右：北京龙达胶带厂

图 9.22　两种黄色胶带光面浸泡 6h 的指纹显现效果

从图 9.21 中可以看出，对于两种不同的透明胶带，在浸泡相同时间后，显现效果存在差异，显现的指纹纹线连续性不同，背景的吸附污染程度也不同。采用二硫化钼显现法也存在吸附性上的差异。从图 9.22 中可以看出，两种不同的黄色胶带在显现效果上存在颜色上的差异，但均可以得到较好的显现效果。

同类型胶带因材质、加工等不同对显现效果有较为明显的影响，这种影响的产生主要来源于胶带的合成工艺以及合成材料上的差异。对同为北京龙达胶带厂制造的不同类型的胶带上的指纹进行浸泡显现，其显现指纹效果趋近，显现的指纹纹线均偏暗黄色，见图 9.21、图 9.22 中的右图。

结合上述分析可知，对于同类型胶带显现效果上的差异主要来自于胶带本身性质以及制作工艺等方面的差异，由此可以说明，不同的客体对胶体金多重金属沉积法具有一定的影响。虽然胶体金多重金属沉积法对胶带光面浸泡的指纹有一定的显现效果，但对不同种胶带光面的浸泡手印显现条件应该根据胶带

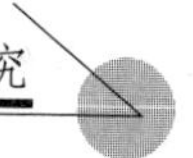

的特点进行优化选择。

四、小结

在胶体金多重金属沉积法优化条件研究的实验基础上，对胶体金与指纹残留物结合的原理进行讨论，同时利用该方法进行指纹显现的初步探究。通过本部分的研究，可以看出胶体金多重金属沉积法主要受电荷影响，胶体金主要是通过静电间作用、物质吸附与指纹残留物结合，同时根据免疫生物学的研究成果，其胶体金与蛋白质之间存在一定的缩合反应。

从胶体金多重金属沉积法显现的细节特征分析发现，指纹纹线处有黑色银颗粒聚集，进一步验证胶体金的选择性沉积以及银颗粒通过氧化还原作用的靶向聚集。与传统的粉末刷显法进行对比，说明胶体金多重金属沉积法具有显现纹线细腻、纹线连贯的特点。

此外，利用胶体金多重金属沉积法对浸泡的胶带光面上的遗留指纹进行显现，同时与二硫化钼小颗粒悬浮液相比较，表明该方法可以较好地显现一定遗留时间的透明胶带以及黄色胶带上的指纹。同时，进一步验证了客体对胶体金多重金属沉积法的影响，说明胶体金多重金属沉积法的应用要注意指纹承载客体的特殊性。

参考文献

[1] Becue A, Champod C, Margot P. Use of gold nanoparticles as molecular intermediates for the detection of fingermarks [J]. Forensic Science International, 2007, 168 (2 - 3): 169 - 176.

[2] Stauffer E, Becue A, Singh A V, et al. Single - metal deposition (SMD) as a latent fingermark enhancement technique: an alternative to multimetal deposition (MMD) [J]. Forensic Science International, 2007, 168 (1): 5 - 9.

[3] Luna C. Fluorescent tag for physical developer: controlling the size and deposition of silver nanoparticles over latent fingerprints on porous surfaces [D]. Master's thesis. EL Paso: University of Texas, Department of Chemistry, 2005.

[4] Jones N. Metal deposition techniques for the detection and enhancement of latent fingerprints on semi - porous surfaces [D]. Doctoral thesis. Sydney: University of Technology, Sydney, Department of Forensic Science, 2002.

[5] Saunders G. Multimetal deposition technique for latent fingermark development [R]. The 74th Annual Education Conference of the International Association for Identification, Pensacola, 1989.

[6] Cantu T. Notes on some latent fingerprint visualization techniques

developed by Dr. George Saunders [R]. U. S. Secret Service, Forensic service division, 1996.

[7] Allman D S, Maggs S J, Pounds C A. The use of colloidal gold/multi - metal deposition for the detection of latent prints - a preliminary evaluation [R]. Central Research and Support Establishmet Report No. 747, Home Office Forensic Science Service, UK, 1992.

[8] Schnetz B, Margot P. Technical note: latent fingermarks, colloidal gold and multimetal deposition (MMD) optimisation of the method [J]. Forensic Science International, 2001, 118 (1): 21 -28.

[9] Jones N, Lennard C, Stoilovic M, et al. An evaluation of multimetal deposition Ⅱ [J]. Journal of Forensic Identification, 2002, 53 (3): 444 -449.

[10] Sametband M, Shweky I, Banin U, et al. Application of nanoparticles for the enhancement of latent fingerprints [J]. Chemical Communications, 2007, 12 (11): 1142 -1145.

[11] Choi M J, Mcbean K E, Wuhrer R, et al. Investigation into the binding of gold nanoparticles to fingermarks using scanning electron microscopy [J]. Journal of Forensic Identification, 2006, 56 (1): 24 -32.

[12] Champod C, Lennard C, Margot P, et al. Fingerprints and other ridge skin impressions [M] . Boca Raton, FL, USA: CRC press, 2004. 33 -79.

[13] Lee H C, Gaensslen R E. Advances in Fingerprint Technology [M]. Elsevier, 2000. 73.

[14] Turkevitch J, Stevenson P C, Hillier J. A study of the nucleation and growth processes in the synthesis of colloidal gold [J]. Discuss of the Faraday Society, 1951, 5 (11): 55 -75.

[15] Frens G. Controlled nucleation for the regulation of the particle size in monodisperse gold suspensions [J]. Nature Physical Science, 1973, 241 (105): 20 -22.

[16] Brust M, Walker M, Bethell D, et al. Synthesis of thiol - derivatised gold nanoparticles in a two - phase liquid/liquid system [J]. Journal of the Chemical Society, Chemical Communications, 1994, 23 (7): 801 -802.

[17] 任俊，沈健，卢寿慈．颗粒分散科学与技术 [M]. 化学工业出版社，2005: 35.

[18] 曹茂盛，李大勇，荆天辅．纳米材料学 [M]. 哈尔滨工程大学出版社，2002: 41.

[19] Link S, Mohamed M B, El - Sayed M A. Simulation of the optical

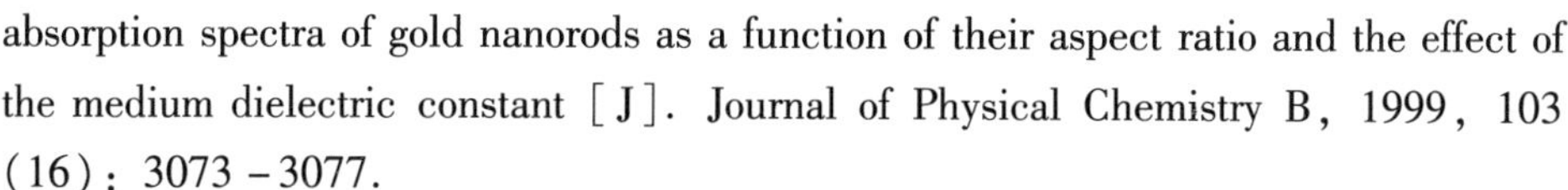

absorption spectra of gold nanorods as a function of their aspect ratio and the effect of the medium dielectric constant [J]. Journal of Physical Chemistry B, 1999, 103 (16): 3073 -3077.

[20] Link S, El - Sayed M A. Size and temperature dependence of the plasmon absorption of colloidal gold nanoparticles [J]. Journal of Physical Chemistry B, 1999, 103 (21): 4212—4217.

[21] 彭剑淳，刘晓达，丁晓萍，等．可见光光谱法评价胶体金粒径及分布 [J]. 军事医学科学院院刊，2000，24 (3): 211 -213.

[22] Klabunde K J. 纳米材料化学．陈建峰译 [M]. 化学工业出版社，2004: 109 -119.

[23] 尹晋津，许利剑，曾晓希，等．新生物检测用纳米金粒子还原制备方法比较 [J]. 湖南工业大学学报，2008，22 (1): 104 -108.

[24] 李德仲，张瑞．用正交设计法确定荧光显现粉末的最佳配方组成 [J]. 广东公安科技，2000 (2): 33 -36.

[25] 邓永沛，赵红秋．纳米金颗粒在仿生学中的应用 [J]. 中国基础科学，2000 (9): 11 -17.

[26] Baschong W, Stierhof Y. Preparation, use and enlargement of ultra small gold particles in immunoelectron microscopy [J]. Microscopy Research and Technique, 1998, 42 (1): 66 -79.

[27] Schnetz B. La révélation des empreintes digitales par l'or colloïdal: l'amplification du signal par des techniques biochimiques [D]. Doctoral thesis. Switzerland: Université de Lausanne, Institut de police scientifique et du Criminologie, 1999.

[28] 唐旭．常规方法显现潮湿客体上手印的探讨 [J]. 重庆师范大学学报（自然科学版），2004，9 (3): 59.

[29] 刘少聪，耿庆杰．手印学 [M]. 警官教育出版社，1994: 192.

第十章　量子点溶液显现潜指纹评价研究

近年来，多指标综合评价分析方法逐渐应用到技术评价中，其基本思想是将多个指标转化为一个能够反映综合情况的指标来进行评价。综合评价方法在项目经济效益评价[1,2]、生态与环境评价[3-6]、产品质量评价[7-9]等诸多领域具有广泛的应用。

在法庭科学领域中，指纹显现方法如此之多，并且显现过程中影响因素也比较复杂，如何综合评价各显现方法的性能，选择最优的显现材料变得尤为关键。长期以来，法庭科学工作者对指纹显现方法的评价主要集中在比较不同方法间显出率的差异，缺乏对显现试剂、影响因素与显现效果的整体研究。而在实验过程中，所采用的实验方案更是各不相同，具体来讲，包括所使用的手印图像评价标准、样本的捺印方式以及使用的数量和客体材料等更是差异巨大[10-12]。

项目组采用量子点溶液显现潜指纹已经经过五年的研究，综合对量子点溶液显现潜指纹技术的评价同样是一项复杂而艰巨的任务。一方面，量子点溶液显现潜指纹处于初步研究阶段，还没有大规模使用，法庭科学领域的专家和司法工作者对该类材料还不是很熟悉；另一方面，综合评价所涉及的内容较多，包括材料学、化学、痕迹学、统计学、系统科学等相关知识。因此，确定评价指标体系的构成要素对评价过程极为重要。评价指标体系的建立是进行多指标综合评价的首要工作，是综合评价的重要环节，其目的是构建能完整反映研究对象总体属性的指标体系。在研究过程中，我们探索出适宜潜指纹显现的量子点合成条件。由于量子点的生产目前仅局限在实验室阶段，每次合成产量较小，影响因素较多，为了最大限度发挥材料的优势，达到标准化生产，有必要对合成的三种量子点材料进行综合性能评价。本章主要考察三种材料合成工艺的稳定性与可靠性、材料的抗酸碱、抗温度以及抗老化的稳定性。通过检测所得量子点在不同条件下的荧光光谱变化，计算其标准偏差，反映材料的荧光性能，可以给后续工作提供参考。

同时评价三种量子点溶液显现油汗潜指纹、血潜指纹的性能，根据量子点溶液显现油汗、血潜指纹的原理，确定最佳的显现条件；并对显现过程中的多种影响因素进行考察，对不同客体、不同遗留时间的潜指纹进行显现，并对结果进行综合分析，评判三种纳米材料的优缺点，实现优势互补，提高使用效率。

第一节　评价体系的建立

在多指标综合评价体系中，指标体系的建立是评价的前提和基础。通过构建多角度反映量子点溶液显现潜指纹技术的指标体系，分析不同量子点材料的基本性能和显现效力、影响因素，为科学、全面评判量子点溶液显现潜指纹技术提供参考，为纳米材料的推广应用提供理论依据。

一、建立指标体系的原则

评价原则是围绕已经明确的评价目标，为建立评价指标体系而确立的指导思想，是对整体评估的方向性把握。按照这些原则开展评价工作将使评价的结果更具有效性和实用性，并对今后量子点材料显现潜指纹技术的研究与评价提供借鉴和指导。科学的评价指标应具有三个特性：评价目标的一致性、完整性和可控性。根据系统工程评价指标设计，建立评价体系应当遵循以下六个原则[13,14]。

（一）科学性原则

为了全面评判所选用量子点溶液显现潜指纹的综合性能，以及所得结果的准确与可靠程度，指标体系的设计必须建立在科学的基础上。指标的选择要围绕显现方法的有效性和可靠性展开，评价指标应当目的明确、定义准确，计算方法简便。同时，所运用的计算方法和模型也必须科学规范，这样才能保证评价结果的真实和客观。

（二）系统全面性原则

量子点溶液显现潜指纹评价指标体系是一个复杂的涉及材料合成与应用、显现方法的有效性与可靠性等多方面的大系统，必须用系统工程的思考模式进行研究。各个指标之间应具有很强的逻辑关系，而不是各种指标的堆积。同时，评价要包含方法原理和结果描述，只有这样才能保证方法的全面性和可信度。

（三）可比性原则

量子点溶液显现潜指纹评价是针对同类显现方法展开的，所选取的指标在同类显现方法间应当具有完全一致的定义和内涵，并且实验步骤与结果评判应当有统一的标准，以保证同一指标在各种方法间的可比性。

（四）可行性原则

评价指标体系的可行性即可操作性，各个指标要有较强的可获得性与可度量性，为量子点材料评价提供有利的依据。评价指标要尽量进行定量分析，并克服评价过程中的主观性。对于采集难度较大的定性指标，则采用定性评价，在结合论证、调查、专家评议等方法的同时，可以等级化，以便于计算和对比。

（五）权威性原则

对潜指纹显现方法的评价不可能全部采用客观的定量指标，相当部分指标的确立和评判是需要通过主观判断来完成的，这就产生一个问题：谁来完成这种判断？一般来讲，这种主观指标的确立和优劣判断应当由相关领域内的多位权威专家共同制定和执行，只有经专家评议、调整、完善后形成的评价指标体系才易得到广泛的支持，也才会更加容易被执行，更加具有说服力。

（六）实用性原则

量子点溶液显现潜指纹综合评价的意义在于分析该类材料的性能及其在显现领域的应用，认清存在的问题，更好地指导实践工作。因此，指标体系应力求达到层次清晰、指标精练、方法简单易行，具有实际应用价值，并易于推广。

二、评价指标体系模型的构建

（一）显现影响因素分析

影响潜指纹显现效果的因素很多，明确显现的影响因素，确定能反映这些因素的指标，是建立量子点溶液显现潜指纹评价指标体系的前提。在此前提下，才能进一步实现评价指标系统的构建工作。潜指纹显现的影响因素，主要包括量子点溶液自身的因素、显现操作、指纹情况、客体情况和环境因素[15]。

1. 显现材料性能

标准化的试剂是潜指纹显现方法应用的前提，而本研究中使用的量子点溶液均为实验室自行合成，因此材料的性能对潜指纹显现效果有着不可忽视的作用。量子点材料自身的稳定性、荧光性能是评价的重点内容。合成出粒径分布均匀、荧光强度更高、稳定性更好的产品也是研究的目的。

2. 潜指纹遗留条件

潜指纹遗留的条件包括形成潜指纹的成分、潜指纹反应物质中有效成分含量的多少，遗留时间的长短（新鲜程度），以及承受客体的性质等因素。

潜指纹中汗垢的多少，直接影响各种显现方法的显现效果，这取决于诸方面的因素：汗液分泌量的多少，汗垢中油脂类物质的多少；接触物体连续次数和方式；其他附着物和物体表面情况等。

潜指纹遗留时间的长短标志着汗液成分的损失程度，从而影响到潜指纹的显现效果。关于潜指纹的显现时效问题，取决于多种因素，如气温、湿度、承受客体的结构性质以及保存条件等。保存条件也是极为重要的，气温变化、光照影响、水浸或高温都会使得指纹遗留物质发生变化，进而影响到显现效果。

承受客体表面的光洁度、干湿度、组织结构密度、物质成分等因素也与潜指纹显现效果紧密相关。

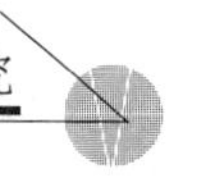

3. 显现条件

在显现过程中，显现试剂与潜指纹成分发生物理或化学反应。因此，反应温度、环境湿度、溶液 pH 值等都影响反应效率。探索反应条件也是潜指纹显现的前提条件。另外，在显现过程中，操作工艺也影响显现效果。在显现过程中，必须遵守显现方法的操作要领，才能保证显现质量、提高显现效率。

（二）指标体系的建立

对量子点溶液显现潜指纹的综合评价应呈现多目标性和多层次性。在建立评价指标体系时，选取能够反映量子点溶液的合成技术、材料性能和应用效果等主要方面的制约因素。另外，所建立的指标体系不仅可以进行单项的评价，而且可以通过相应的权重体系及评价模型进行综合评价。

借鉴评价指标体系构建相关案例研究成果[16,17]，结合量子点溶液显现潜指纹技术评价的需要，将指标体系的整体结构划分为四层：总目标层、系统层、指标层和变量层。各系统指标的选取大致是参照材料合成、基本性能和潜指纹显现应用的指标综合考虑，参考专家意见，选取大众化的、一致认同的指标来反映该体系的应用价值。对于特定的纳米材料，我们也可以舍弃或增加一些能反映这类材料性能的指标。

1. 总目标层

量子点溶液显现潜指纹综合指数最大化。它通过系统分析方法获得，是反映量子点材料显现潜指纹最佳状态的指标。总目标层是指标体系的最高一级，下设三个系统。

2. 系统层

它是总目标实现的基础，它通过一定方法或技术处理获得指标。这些指标不能直接从统计资料中获得，只能由指标层进行换算得出。通过文献调研和大量实验总结，本章从合成技术、材料性能和显现性能三个系统维度进行评价。

3. 指标层

它使三个系统层的含义和范围明确化和清晰化。指标层下设变量层，它对变量层起到综合的作用，是连接系统层与变量层的桥梁。每个指标下设有 1 ~ 4 个变量。

4. 变量层

它是指定义清晰、计算方法简单并能够从现有资料中直接获取或通过简单计算就能得到的指标。该层指标数据有统一的参考标准，具有规范化和可度量化的特点，为指标的下一步分析提供了有力的支持。

根据前面的指标选取原则以及潜指纹显现影响因素分析，并参考大量文献[18-21]，最终选择 26 个指标对量子点溶液显现潜指纹技术进行综合评价。具体的综合评价指标体系如表 10. 1 所示。

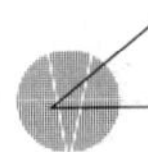

表 10.1　量子点溶液显现潜指纹综合评价指标体系

目标层	系统层	状态层	变量层
A 量子点溶液显现潜指纹评价指标体系	B1 合成技术评价	C1 合成路线	D1 合成先进性
			D2 合成成熟度
			D3 合成稳定性
	B2 材料性能评价	C2 荧光性能	D4 荧光强度
		C3 稳定性能	D5 抗酸碱稳定性
			D6 抗温度稳定性
			D7 抗老化稳定性
		C4 经济性能	D8 生产成本
	B3 显现性能评价	C5 使用标准	D9 显现时间
			D10 显现温度
			D11 显现溶液 pH 值
			D12 适用客体范围
			D13 适用潜指纹类型
		C6 使用效力	D14 溶液连续使用能力
			D15 溶液保质期
			D16 显现灵敏度
			D17 陈旧潜指纹显现
			D18 水浸潜指纹显现
			D19 高温日晒潜指纹显现
			D20 胶带剥离潜指纹显现
		C7 方法联用	D21 序列显现
		C8 显现后潜指纹保存	D22 检材外观变化
			D23 手印荧光衰减
		C9 影响因素	D24 操作工艺
			D25 适用激发波长
			D26 适用光源

（三）评价指标的解释

1. 合成路线（C1）

合成路线是用来反映量子点溶液合成技术的先进水平，包括合成先进性、合成成熟度以及合成稳定性三项二级指标。

合成先进性（D1）：所使用合成方法的先进程度以及技术前景，反映量子点溶液水相合成方法的发展趋势，以及是否具备大规模推广的潜力。

合成成熟度（D2）：反映所考察方法在当前的发展阶段，分为研发中、工业性示范、商业化示范和推广应用四个阶段。

合成稳定性（D3）：反映所考察的量子点溶液合成方法的可靠性和重复效果，包括不同人、不同批次合成的材料的使用情况，即各批次的产品在荧光性能以及潜指纹显现方面有无明显差异。合成稳定性反映了该材料是否具备可靠的合成条件和应用基础。

以上三个指标均为定性指标，无法通过具体的数值来定量表达。在参考了大量文献以及应用实验，对研究中所采用的合成路线进行对比分析后，得出评分等级，即：

$$C_{12} = \{优、良、中、较差、差\}$$

2. 材料性能指标

量子点材料的性能评价体系以产品质量为核心，反映量子点溶液的基本性能，包括荧光性能、材料的稳定性、材料的经济性能三项二级指标。

（1）荧光性能（C2）。

荧光强度（D4）：反映了材料的基本性能，是应用于潜指纹显现的前提。使用荧光光谱法对显现试剂的荧光性能进行表征，记录相对峰强度（a. u.）和峰面积大小（A）。

该指标的评价取值通过分析仪器测量取得，然后计算其与罗丹明 6G 的相对比值，以量子产率表示。

（2）稳定性能（C3）。

抗酸碱稳定性（D5）：考察溶液 pH 值的变化对材料的影响，主要反映荧光强度的改变、溶液是否聚沉。

抗温度稳定性（D6）：考察环境温度的变化对材料的影响，主要反映荧光强度的变化趋势、溶液是否聚沉。

抗老化稳定性（D7）：考察放置时间的变化对材料的影响，主要反映荧光强度的改变、溶液是否聚沉。此外，还将考察样品在室温下密封保存直至出现悬浮液，记录保存天数。

产品稳定性用标准差（SD）来表示，计算方式为比较多个观测条件下样品溶液的荧光强度的变化情况，说明观测样本的分散程度：

$$SD = \sqrt{\frac{\sum_{i=1}^{n}(X_i - X)^2}{n - 1}}$$

（3）经济性能（C4）。

生产成本（D8）：主要考察合成技术对原料、水及其他所需资源的消耗程度。主要计算生产一定量产品（1L）所需要原料成本，以金额（元）来计算。

具体的经济核算见材料性能评价部分。

3. 显现性能指标

将量子点溶液应用于潜指纹显现实践是本研究的最终目的，在潜指纹显现过程中，有多方面因素会对显现效果产生影响，本书确定量子点材料显现性能这一系统层的评价标准如下：

（1）使用标准（C5）。

显现时间（D9）：该指标是指从潜指纹开始显现到获得理想的显现效果所用的时间，它是衡量显现试剂使用标准的一个重要指标。若显现时间过短，显现试剂和指纹残留物无法有效结合；显现时间过长，背景或小犁沟部分可能会有部分显现试剂。探索合适的显现时间有助于提高显现方法的使用效率。从实际工作来讲，如果能在较短的时间内达到最佳的显现效果是最理想的。

显现时间的确定以规模实验为基础，考察一定数目的潜指纹在特定时间下的显现效果，若其中得定量标准 4 分的显现指纹不到 50%，则需要延长显现时间。根据实验分析，用量子点材料显现潜指纹用时 30min 是比较快速和令人容易接受的。

显现温度（D10）：是显现试剂应用时的基本条件，确定合适的显现温度有助于提高显现效果。显现试剂和潜指纹残留物中氨基酸、油脂类物质发生化学或物理反应需要在特定的条件下进行。提高反应温度，反应速率增加，但化学反应荧光显色相反，温度提高，各种荧光效率通常下降，荧光强度减弱。

显现溶液 pH 值（D11）：量子点溶液 pH 值的变化将导致纳米粒子表面带电性质和带电量随之发生变化，从而影响纳米材料的稳定性以及同指纹物质结合的能力。选择合适的 pH 值，有利于提高显现速度和显现清晰度，研究表明，溶液 pH 值直接影响量子点材料的显现效果。

适用客体范围（D12）：每种显现方法都有特定的使用范围，只能在一定条件下与潜指纹成分发生作用。量子点材料适用客体种类以及潜指纹类型越多，则其应用价值越大。常见的客体可以分为非渗透性客体、渗透性客体、黏面客体等。

适用潜指纹类型（D13）：潜指纹种类则可分为汗液潜指纹、皮脂汗潜指纹、血潜指纹、饮料以及其他成分潜指纹。选择显现效果最好的客体，并在上面分别捺印不同类型的潜指纹。该指标反映量子点材料对不同类型潜指纹的显现能力。

（2）使用效力（C6）。

溶液连续使用能力（D14）：反映材料的基本应用性能和经济性能。确定最理想的客体表面以及最佳的潜指纹类型后，按照同样方式制备数枚潜指纹样本。取 50mL 显现液，依次对上述样本进行显现，直至无法获得足够理想的效

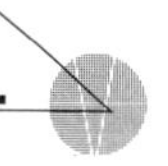

果为止，记录显现后潜指纹平均得分。

溶液保质期（D15）：这是指量子点溶液在正常条件下的质量保证期限，在此期限内产品可正常使用，能达到理想的显现效果。考察三种材料在常温、避光条件下放置不同时间后（3 个月、6 个月、1 年及以上）显现潜指纹的情况，以指纹显现平均得分计算。

显现灵敏度（D16）：选择合适客体，在上面连续捺印 10 枚潜指纹，进行显现，考察量子点材料的显现能力，比较记录显现效果，以显现平均分计算。如果能显现 5 枚之后的潜指纹，说明显现灵敏度较高，对微弱指纹有理想的显出效果。

陈旧潜指纹显现（D17）：本指标反映了材料的应用效率。在指纹捺印后不同间隔天数（如 1 天、5 天、15 天、30 天）里，进行显现并拍照记录显现结果，以显现平均分计算。

水浸潜指纹显现（D18）：本指标反映纳米材料显现经水浸后客体的显现情况。选择相应客体，在上面捺印数枚潜指纹，进行显现，考察量子点溶液的显现能力，比较记录显现效果，以显现平均分计算。

高温日晒潜指纹显现（D19）：本指标反映量子点溶液显现经高温或日光暴晒后的潜指纹的情况。犯罪现场有可能经过高温烘烤或是经日光下暴晒，潜指纹残留物发生变化。计算显现后的平均得分。

胶带剥离潜指纹显现（D20）：本指标反映了胶带剥离剂的使用对量子点显现能力的影响。胶带客体具有特殊的黏性，犯罪现场的胶带容易发生缠绕、扭曲等显现，或粘在其他物证上，需要对其剥离。选择相应客体，在胶带黏面捺印数枚潜指纹，进行显现，计算显现后的平均得分。

（3）方法联用（C7）。

序列显现（D21）：本指标反映了量子点显现法与其他常规技术的兼容和补充能力。用两种以上的显现方法对同一潜指纹进行处理，以取得比其中某一单独方法更好的效果。具体表现为提高显现灵敏度，使潜指纹图像中的细节特征更加清楚，以及加强反差等。量子点溶液可用于“502”胶熏显后潜指纹的荧光增显，提高潜指纹图像反差，获得清晰的显现效果。

（4）显现后手印保存（C8）。

检材外观变化（D22）：本指标反映潜指纹承载客体经显现液浸泡后的形态变化、质地变化，是否有背景变色、形态卷曲或腐烂变质等现象出现。

潜指纹荧光衰减（D23）：本指标反映经量子点溶液显现后潜指纹的荧光衰减情况，记录放置不同时间后的潜指纹荧光变化情况，用平均得分来表示。

（5）影响因素（C9）。

操作工艺（D24）：在显现过程中，需要严格遵守该方法的操作规程，注意影响因素的干扰，才能保证显现质量，提高显现效率。如果在操作的某一环节出了差错，将会不同程度地影响指纹显出率和指纹纹线的清晰度。操作工艺的简繁也会影响潜指纹的显出效果，一般倾向于使用操作简单，对设备、条件依赖较少的方法。

评价操作工艺主要依靠专家大量的工作积累，对操作的难易程度做出判断，分为 5 个等级：

$$C_{12} = \{优、良、中、较差、差\}$$

适用激发波长（D25）：量子点溶液显现潜指纹主要是利用其优异的荧光性能，因此不同激发波长对成像效果会产生影响。材料的激发波长，光谱范围越宽，材料的适用性越广，光源也容易得到。

适用光源（D26）：量子点材料的荧光发射受到激发光源影响，发光强度低的光源会降低潜指纹的荧光成像效果。本指标考察一定数目的潜指纹经量子点溶液显现后在多种光源激发下的平均得分。

以上各指标的具体评级标准列于表 10.2 中。

表 10.2　三级指标评级标准

三级指标	定量标准				
	1	2	3	4	5
D1 合成先进性	差	较差	中	良	优
D2 合成成熟度	差	较差	中	良	优
D3 合成稳定性	差	较差	中	良	优
D4 荧光强度	0.3	0.3 ~ 0.5	0.5 ~ 0.7	0.7 ~ 0.9	0.9 ~ 1.0
D5 抗酸碱稳定性	差	较差	中	良	优
D6 抗温度稳定性	差	较差	中	良	优
D7 抗老化稳定性	差	较差	中	良	优
D8 生产成本（元/升）	> 200	100 ~ 200	50 ~ 100	10 ~ 50	< 10
D9 显现时间（h）	4	2 ~ 4	1 ~ 2	0.5 ~ 1	< 0.5
D10 显现温度（℃）	> 200	100 ~ 200	50 ~ 100	30 ~ 50	15 ~ 30
D11 显现溶液 pH 值	差	较差	中	良	优
D12 适用客体范围	差	较差	中	良	优
D13 适用潜指纹类型	差	较差	中	良	优
D14 溶液连续使用能力（分）	< 1	1 ~ 2	2 ~ 3	3 ~ 3.5	> 3.5

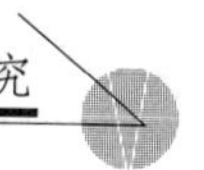

续表

三级指标	定量标准				
	1	2	3	4	5
D15 溶液保质期（月）	< 1	1～4	4～8	8～12	> 12
D16 显现灵敏度（分）	< 1	1～2	2～3	3～3.5	> 3.5
D17 陈旧潜指纹显现（分）	< 1	1～2	2～3	3～3.5	> 3.5
D18 水浸潜指纹显现（分）	< 1	1～2	2～3	3～3.5	> 3.5
D19 高温日晒潜指纹显现（分）	< 1	1～2	2～3	3～3.5	> 3.5
D20 胶带剥离潜指纹显现（分）	< 1	1～2	2～3	3～3.5	> 3.5
D21 序列显现（分）	< 1	1～2	2～3	3～3.5	> 3.5
D22 检材外观变化	差	较差	中	良	优
D23 潜指纹荧光衰减（分）	< 1	1～2	2～3	3～3.5	> 3.5
D24 操作工艺	差	较差	中	良	优
D25 适用激发波长	差	较差	中	良	优
D26 适用光源	差	较差	中	良	优

三、小结

本节是量子点溶液显现潜指纹技术综合评价的准备阶段。首先，从构建评价指标体系应遵循的目的和原则出发，分析了影响潜指纹显现的多维因素。其次，通过大量文献调研和实验论证，建立了合成技术、材料性能与显现性能三方面结合的量子点溶液显现潜指纹技术综合评价体系，总共涉及 26 个指标。最后，详细介绍了各评价指标的含义以及评价取值方法，并介绍了定量和定性指标的评价取值标准。

第二节　量子点溶液基本性能评价研究

主要考察三种材料合成工艺的稳定性与可靠性、材料的抗酸碱、抗温度以及抗老化的稳定性。通过检测所得量子点在不同条件下的荧光光谱变化，并计算其标准偏差，反映材料的荧光性能，以期对后续工作提供参考。

一、量子点溶液合成方法评价

查阅大量文献，与实验中使用的合成方法对比，结合专家咨询意见，对所用的量子点溶液合成方法做出如下评价：

（一）合成先进性与成熟度

CdS/PAMAM 量子点溶液的合成使用了模板合成法。随着对纳米粒子研究的深入，其合成技术也从单纯地控制微粒自发成核与生长，发展到利用特定结构的基质（如多孔玻璃、沸石分子筛、大孔离子交换树脂等）为模板进行合成[22]。树形分子（Dendrimer）是近十多年合成出的一种新型高分子材料，它以小分子为生长点，通过逐步控制重复反应得到一系列分子量不断增长的结构类似的化合物。聚酰胺－胺（PAMAM）树形分子具有独特的结构和性能，项目组以 PAMAM G5.0 为模板分子，合成表面带有丰富 $-NH_2$ 端基的 CdS/PAMAM G5.0 复合纳米材料。总体而言，该方法比较先进，具有一定的吸引力，通过合成适宜尺寸和结构的模板为主体，在其中生成纳米粒子，可获得所期望的窄粒径分布、粒径可控和反应易控制的纳米粒子；同时，外面的模板分子还可以与目标物靶向结合，便于应用。

项目组使用模板法制备 CdS 量子点的研究已经进行了七年之久，已经探索出系列 PAMAM 纳米复合材料的制备方法，可以连续合成数公斤级产品。但是，目前只处于中试阶段，还没有进入工厂放大生产，批量的生产工艺还未研究。

巯基乙酸修饰的 CdSe 和 CdTe 量子点溶液的合成也采用了目前的主流研究方法。采用传统方法以及水热法和微波辐射法已经成功地合成了 CdTe 量子点，但量子产率普遍较低。传统水相法合成的 CdTe 量子点的量子产率仅为 5%～10%，经过后处理的量子点量子产率仅可以提高到 40%。项目组以巯基乙酸作为稳定剂，通过控制反应条件（反应温度、溶液的 pH 值和反应时间），合成了水溶性的 CdSe 和 CdTe 量子点，考察了反应条件对量子点荧光性能的影响。

我们使用水相法制备 CdSe 和 CdTe 量子点溶液也有三年之久，基本反应条件已经确定。该方法操作简单易行，原料便宜易得，可以进行公斤级生产。但是，目前只处于中试阶段，还没有进入工厂放大生产，批量的生产工艺未研究。目前市场上已经有商品化的 CdSe 和 CdTe 量子点产品，种类包括水溶性的和油溶性的，并且，量子点外面包覆的修饰剂种类也比较齐全，但其产量较小、价格高，不适宜应用到潜指纹显现领域。

（二）合成稳定性

为了评价三种量子点材料的合成技术的稳定性，对于每次合成后的样品，

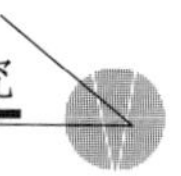

考察其显现潜指纹的能力，连续记录每次合成样品的使用情况，实验结果见表 10.3。

表 10.3　不同批次溶液的利用情况统计

材料	合成批次							
	1	2	3	4	5	6	7	8
CdS/（PAMAM）	√	√	×	√	×	×	√	√
CdSe/（TGA）	√	√	√	√	√	√	√	√
CdTe/（TGA）	√	√	√	√	×	√	×	√

注："√"表示可以应用于潜指纹显现；"×"表示无法应用于潜指纹显现。

从表 10.3 中看出，CdS/PAMAM 量子点溶液的生产技术稳定性较差，在记录的 8 次合成中，有 3 次的产品不能使用。这主要表现在两方面：一是量子点荧光强度低，且无法和潜指纹残留物有效结合，因而无法显现；二是量子点稳定性差，放置 3 天后量子点聚沉，溶液失效。分析其原因可能为：本研究所使用的 PAMAM 材料为自制，因此控制实验过程的影响因素至关重要。反应过程中有没有污染、反应的温度、时间和溶液的 pH 值均影响产物的荧光性能和稳定性。另外，不同合成人员的操作方式也可能对产物性能造成影响。

在反应过程中，如果 PAMAM G5.0 树形分子末端伯胺基未全部质子化，此时，Cd^{2+} 同时与树形分子内、外的基团配位，PAMAM 树形分子同时起到内、外模板的作用，在树形分子内部生长的 CdS 量子点受到树形分子纳米空腔的制约，粒径较小，但是生长在树形分子表面的量子点得不到有效的空间限制，粒径较大。此外，还可能存在由少量的 Cd^{2+} 同时与多个树形分子配位所构成的超分子结构，这种结构也不能有效限制 CdS 粒子的长大，使生成的 CdS 颗粒较大。这是因为用胺基未质子化的 PAMAM G5.0 树形分子为模板时，Cd^{2+} 同时与多个树形分子的伯胺基配位，形成了 G5.0 - NH_2—Cd^{2+}—NH_2 - G5.0 的配位交联的超分子结构，生成的 CdS 纳米粒子存在于这些交联结构中，得不到树形分子的有效保护，很容易聚集长大，且由于增加了这种交联结构的重量和不稳定性，使其很容易沉淀出来。

CdSe/TGA 量子点溶液的合成最为稳定，不同批次的产品都可以成功应用到潜指纹显现中。CdTe/TGA 的生产技术稳定性次之。在合成过程中，巯基乙酸的用量不易精确控制，溶液 pH 值的非精确性是造成不同批次产品差异的重要原因。由于 CdTe 量子点更容易被氧化，因此放置环境的温度或湿度过高容易造成溶液的聚沉。如果盛放溶液的器皿有污染，也可能导致溶液聚沉。

由上述分析可知，CdSe/TGA 合成的技术稳定性最好，CdTe/TGA 次之，

CdS/PAMAM 稍差。准确控制合成条件，减少人为操作对产品的影响是得到具有高应用价值产品的前提和保证。

（三）经济性能

CdS 复合纳米材料合成中使用的原料主要包括 PAMAM G5.0、Na_2S 和 $CdCl_2 \cdot 2.5H_2O$ 等。除 PAMAM 外，其余试剂廉价易得。在研究中，使用了自行合成的 PAMAM 树形分子，需要 1 个月之久，且合成中间过程不能有任何差错，否则无法得到最终产品。所得产品浓度比较低为 1.0×10^{-3}mol/L（以 CdS 计算）。合成时间最少 2 天，所用仪器简单，只需要恒温加热和搅拌装置即可，一般实验室条件均能满足。具体成本核算见表 10.4。

表 10.4　CdS/PAMAM 量子点溶液成本计算表

试剂	规格	单价（元）	使用量	价格（元）	备注
纯净水	18L	18.00	2L	2.0	清洗器具用水 1L
PAMAM	25g	2947.00	1.9g	223	
氧化镉	100g	30.00	0.27g	0.08	
硫化钠	500g	12.40	0.24g	0.01	
总计	—	—	—	225.09	

巯基乙酸修饰的 CdSe 和 CdTe 量子点材料使用的主要试剂是：Se（Te 粉）、巯基乙酸（TGA）、$cdcl_2 \cdot 2.5H_2O$ 等。这些试剂廉价易得，所得产品浓度比较低（10^{-3} mol/L），试剂消耗量较少。材料合成 1 天内即可完成。实验仪器简单，但需要氮气保护条件，一般实验室均能满足。具体成本核算表见表 10.5 和表 10.6。

表 10.5　CdSe/TGA 量子点溶液成本计算表

	规格	单价（元）	使用量	价格（元）	备注
纯净水	1L	1.00	2L	2.00	清洗器具用水 1L
Se 粉	25g	63.00	0.4g	1.00	
巯基乙酸（TGA）	100mL	60.00	3mL	1.82	
$CdCl_2 \cdot 2.5H_2O$	100g	30.00	1.84g	0.55	
Na_2SO_3	500g	11.30	1.89g	0.04	
总计	—	—	—	5.41	

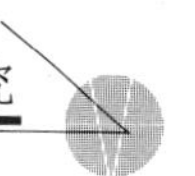

表 10.6 CdTe/TGA 量子点溶液成本计算表

	规格	单价（元）	使用量	价格（元）	备注
纯净水	1L	1.00	2L	2.00	清洗器具用水 1L
Te 粉	10g	61.00	0.2g	1.22	
巯基乙酸（TGA）	100mL	60.00	3mL	1.82	
$CdCl_2 \cdot 2.5H_2O$	100g	30.00	1.84g	0.55	
$NaBH_4$	100g	120.00	0.48g	0.58	
总计	—	—	—	6.17	

通过简要分析三种材料的合成成本发现，排除电费、耗材费、知识产权费和人力成本外，合成 1L 的 CdS/PAMAM、CdSe/TGA 和 CdTe/TGA 量子点材料原料成本分别为 225.09 元、5.41 元和 6.17 元。总体来看，CdSe/TGA 和 CdTe/TGA 量子点所用试剂成本低廉，原料易得并且用量少，性价比较高。CdS 复合纳米材料使用了成本较高的 PAMAM，大大降低了其经济性。

二、量子点溶液荧光光谱及电镜分析

（一）荧光光谱

图 10.1 是浓度为 $10^{-3}/10^{-4}mol \cdot L^{-1}$ 的 CdS/PAMAM G5.0 量子点水体系溶液的激发及荧光发射光谱。

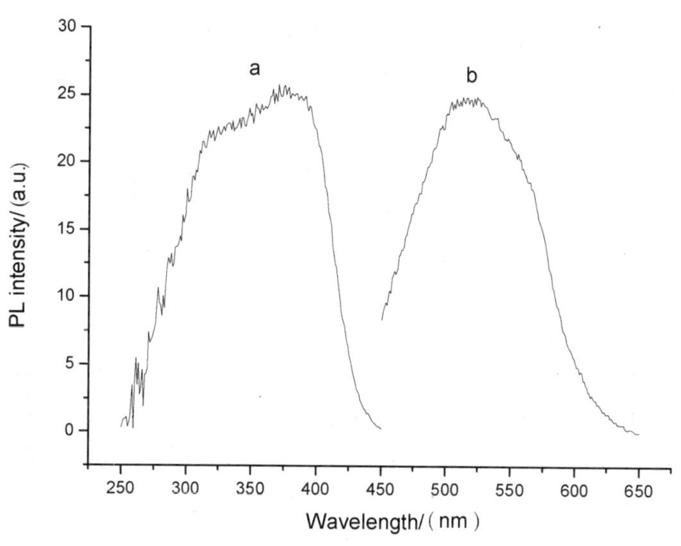

图 10.1 CdS/PAMAM 量子点溶液的激发光谱（a）和发射光谱（b）

从图 10.1 中可以看出，CdS/PAMAM G5.0 量子点溶液的激发光谱范围较宽，表明该材料具有较好的光源适应性。当 λ_{ex} = 377nm 时，发射光谱位于523nm。CdS/PAMAM G5.0 量子点溶液具有较大的斯托克位移，这样的荧光性能有利于在显现潜指纹时消除背景杂色、背景荧光和激发光源的干扰，从而检测出清晰明亮的潜指纹纹线。

通过荧光分光光度计，测得实验所合成的 CdSe/TGA 量子点溶液的荧光光谱图，结果如图 10.2 所示。

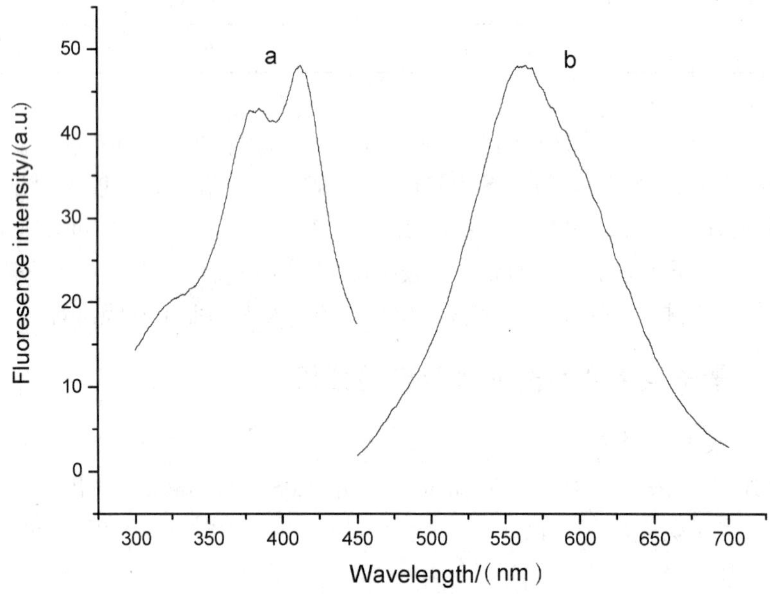

图 10.2　CdSe/TGA 量子点溶液的激发光谱（a）和发射光谱（b）

从图 10.2 中可以看出，该材料的激发波长光谱范围比较宽，因而具有较好的光源适应性，最佳激发波长和最佳发射波长分别位于 415nm 和 561nm。在实际应用中，使用 365nm 光激发可得到最佳的效果。在实际应用过程中，可以通过使用黄绿色滤光片，并适当延长曝光时间而获得足够亮度的反差，从而观测到纹线清晰的潜指纹。

通过荧光分光光度计，测得实验所合成的 CdTe/TGA 量子点溶液的荧光光谱图，见图 10.3。该材料的最佳激发波长位于 420nm，最佳发射波长位于562nm，其发射光谱强度大，半峰宽较小，表现出优异的荧光性能。但是，在实际应用过程中，用 365nm 紫外光源便可以对其进行激发，获得亮度较高的荧光图像。

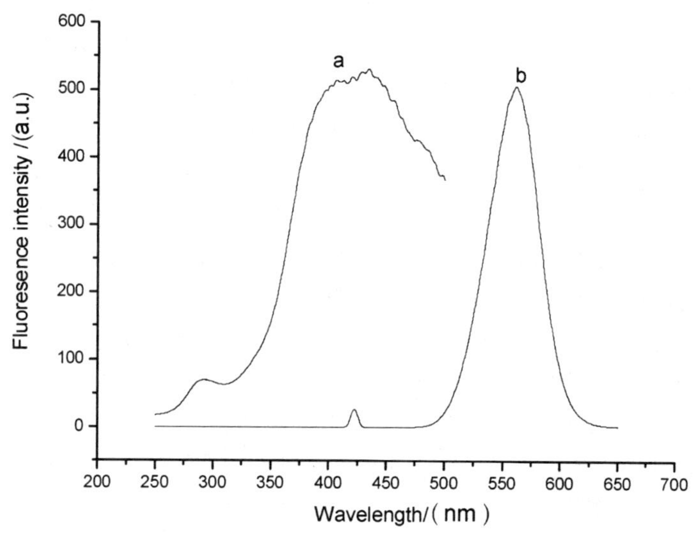

图 10. 3　CdTe/TGA 量子点溶液的激发光谱（a）和发射光谱（b）

为了更好地评价三种材料的荧光性能，我们测量其在 365nm 光激发下的荧光光谱，结果见图 10. 4。

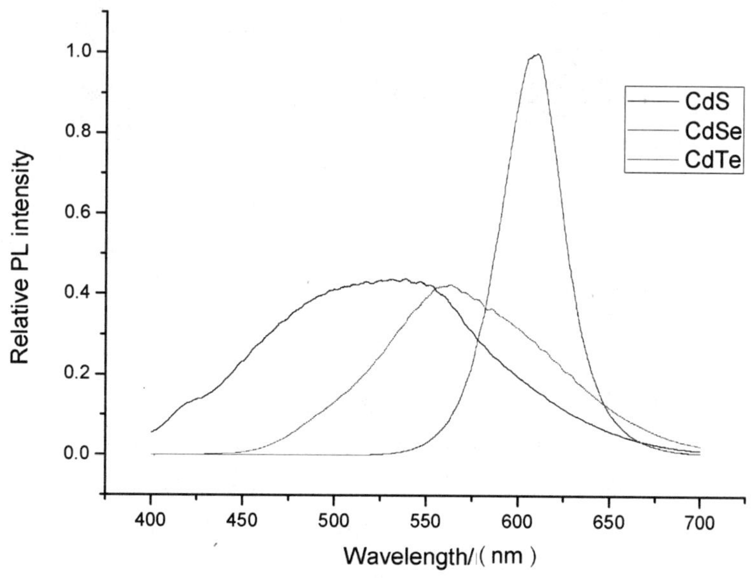

图 10. 4　三种量子点溶液的荧光光谱图

从图 10. 4 中可以看出，三种材料中，CdTe/TGA 量子点溶液荧光性能最强，荧光发射谱对称性好并且峰窄，符合高斯分布，很少有拖尾现象，半峰宽只有 40nm 左右。CdSe/TGA 和 CdS/PAMAM 荧光强度相对较弱。由于 CdTe（Eg = 1.56eV），其发光效率更好，并且其量子尺寸效应更加明显，发射波长相对红移。原因可能是由于 CdTe 回流时间的延长，造成粒径增大。CdS 复合纳米材料的半峰宽相对较大，可能是由于 CdS 纳米粒子在生长过程中，大量的 CdS 量子点在交联的树形分子结构中生长，得不到有效的限制和保护作用，使得量子点的尺寸较大，尺寸分布较宽，表面的生长缺陷较多，并且由于得不到树形分子的钝化作用，使其发光效率较低。

图 10.5 则直观地表明了三种量子点溶液和蒸馏水在暗室里 365nm 光源激发下的荧光效果。可以看出，CdS/PAMAM、CdSe/TGA 和 CdTe/TGA 量子点溶液的荧光效果依次增强，后两者分别发出橙黄色和黄色的荧光。在实际应用过程中，可通过加黄色滤光片，并选择合适的曝光时间而获得足够的亮度反差，减少反射激发光和背景颜色的干扰，从而获得纹线清晰的潜指纹。

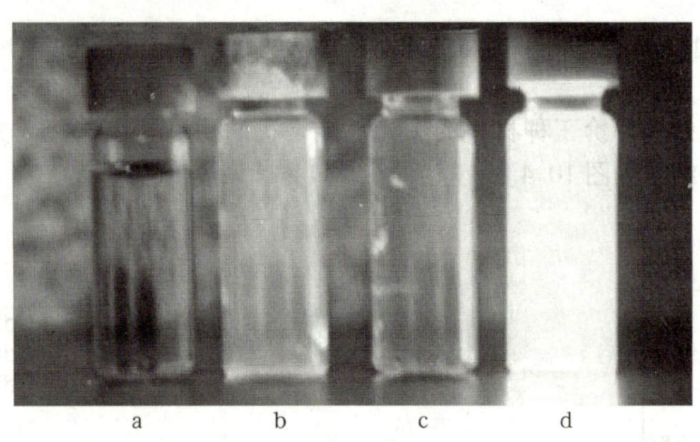

a：蒸馏水；　b：CdS/PAMAM；　c：CdSe/TGA；　d：CdTe/TGA

图 10.5　量子点溶液在 365nm 光激发下的荧光效果图

（二）透射电镜分析

图 10.6 给出的是三种纳米材料的透射电子显微镜图。从图中可以看出，CdS/PAMAM 纳米颗粒呈规则球状，大小均匀，平均粒径约为 5nm。对 CdSe/TGA 和 CdTe/TGA 而言，其粒径为 3 ~ 5nm，纳米晶均匀分布于有机包覆物中。总体来说，三种纳米材料尺寸分布相当集中，且有较好的分散性，反映出相对稳定的合成技术。

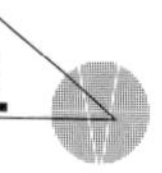

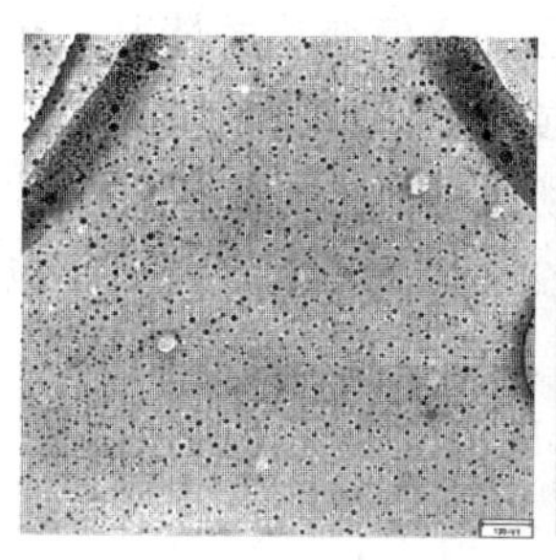
CdS/PAMAM

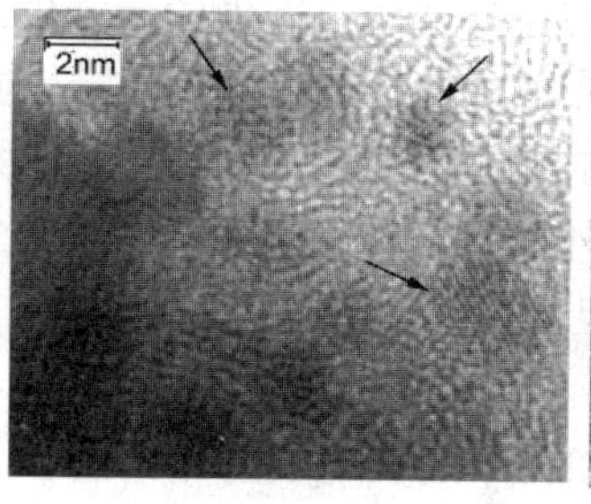

CdSe/TGA

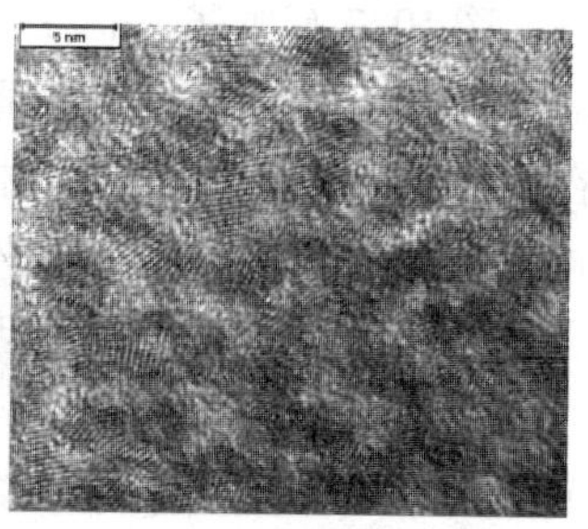

CdTe/TGA

图 10.6　三种量子点溶液透射电镜表征结果

三、量子点溶液稳定性能评价

就量子点的抗酸碱稳定性、抗温度稳定性、抗老化稳定性进行评价。

（一）抗酸碱稳定性

取 8 个离心管依次加入 20mL CdS/PAMAM 量子点溶液，分别用 NaOH 溶液或稀 HCl 将 pH 值从 4 调至 10，然后用 365nm 波长激发，测其荧光光谱，结果见图 10.7。研究表明，当 pH 值降低到 4 以下时，溶液中出现絮状悬浮物，随着 pH 值的再次降低，絮状物增多，纳米晶体析出并逐渐沉淀到容器底部，溶液变为无色水溶液。该过程为不可逆过程，如果再次提高溶液 pH 值，也不能得到量子点溶液。

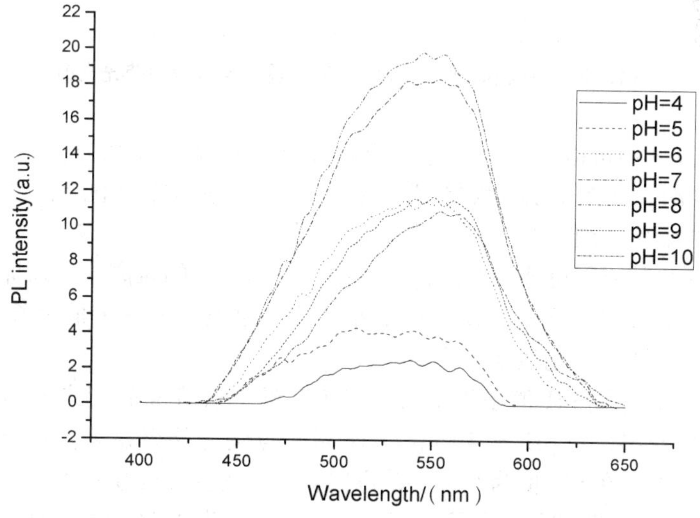

图 10.7　不同 pH 值下 CdS/PAMAM 量子点溶液的荧光光谱

图10.7反映了CdS/PAMAM量子点溶液荧光强度随pH值变化的情况。在溶液为酸性条件时，荧光强度大幅度下降，荧光峰变宽，对称性较差；pH值在中性时，荧光强度高，材料稳定性好，这与合成时所采用的pH值条件大致相同。由于PAMAM G5.0外面是大量胺基（$pK_a = 9.23$），当pH值大于8以后，荧光强度略微增加，但其稳定性下降。

在实验中对CdSe/TGA量子点溶液的荧光性能随pH值的变化进行了研究，图10.8是其在不同pH值条件下的荧光发射光谱图。

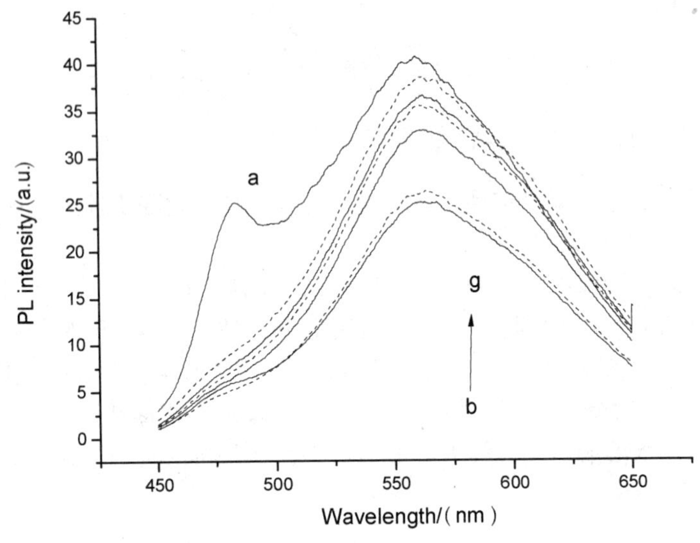

a：pH=4；　b-g：pH为5，6，7，8，9，10

图10.8　不同pH值下CdSe/TGA量子点溶液的荧光光谱

从图10.8中可以看出，pH值对CdSe/TGA溶液的荧光强度有一定影响。当pH = 4时，体系中引入大量H^+，破坏巯基乙酸的外部电层，减弱了-SH和镉原子的配位，纳米粒子发生聚集，量子点溶液变浑浊。在475nm附近出现一发射峰，其原因可能为在酸性介质中，较高浓度的氢离子可以抑制纳米晶表层包裹物的羧酸的离解，使其外层结构发生变化。在pH值为6～12范围下，荧光峰位置和荧光强度变化不显著。

图10.9是不同pH值条件下CdTe/TGA量子点溶液的荧光光谱图。从图10.9中可以看出，当pH = 4时，CdTe量子点荧光猝灭显著，且峰位发生红移至600nm处。在pH值为6～10范围内，其荧光强度变化不大。故在较广的pH值范围内，CdTe/TGA量子点溶液保持优良的荧光稳定性。研究pH值对CdTe量子点荧光强度的影响实际上是研究巯基乙酸的作用。随着pH值的改变，巯基乙酸的状态发生变化，进而CdTe/TGA量子点在溶液中的聚集状态发

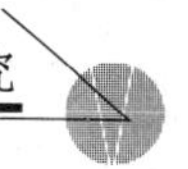

生改变，其荧光也随之发生变化。

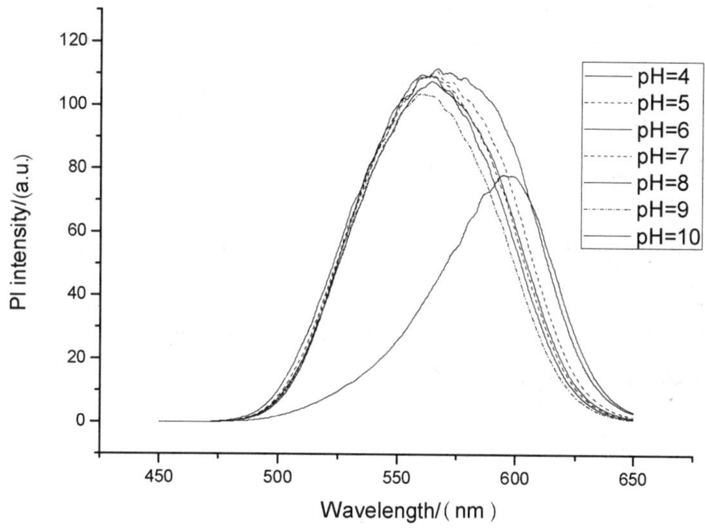

图 10.9　不同 pH 值下 CdTe/TGA 量子点溶液的荧光光谱

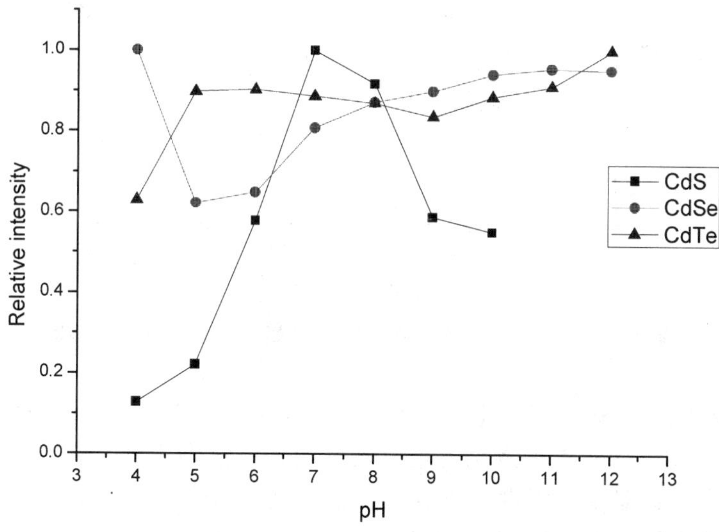

图 10.10　三种量子点溶液相对荧光强度随 pH 值变化曲线

图 10.10 反映了三种材料的荧光强度随 pH 值变化的情况。水溶性量子点的荧光强度对 pH 敏感[10]，不同量子点材料荧光强度随 pH 值变化明显不同，是纳米晶体成核元素不同、修饰剂不同、合成条件也不同所致。因此，在使用

中要确定每种材料的最佳条件，发挥其最大荧光强度，并要保持其稳定性。

(二) 抗温度稳定性

将三种量子点溶液分别在 -15℃、0℃、15℃、30℃、50℃、80℃条件下热处理12h，然后对样品进行荧光光谱分析，观察荧光变化。

图10.11为CdS/PAMAM量子点溶液在不同温度下保温12h后的荧光光谱图。研究表明，该材料经过0~80℃热处理后，荧光强度有所改变，但荧光峰位没有变化，这表明热处理过程中CdS晶体的物相组成没有变化。随着温度升高，荧光强度先增强后减弱。但在80℃后，荧光强度明显下降。在 -15℃条件下，量子点溶液结冻，升温到室温后（20℃），量子点聚沉，荧光强度急剧下降。通过上述实验，修饰有PAMAM的量子点其荧光对温度较为敏感，低温或高温都影响CdS量子点溶液的稳定性。

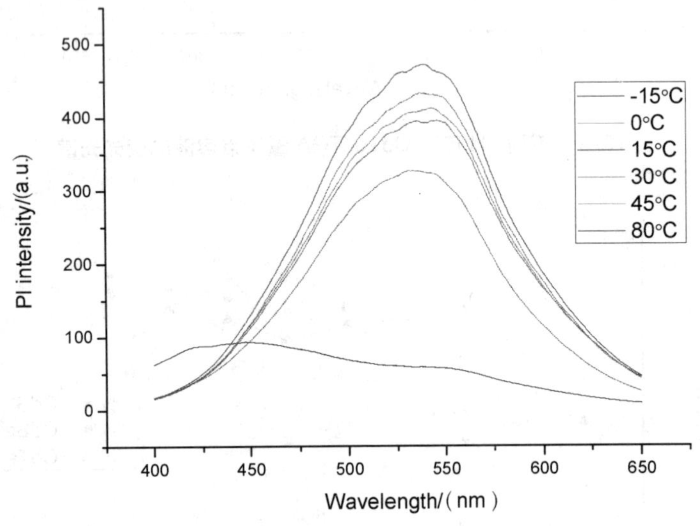

图10.11　不同温度下CdS/PAMAM量子点溶液的荧光光谱

图10.12是CdSe/TGA量子点溶液在不同温度下保温12h后的荧光光谱图。结果表明，随着温度逐渐升高，其荧光强度逐渐下降。有文献报道[23]，荧光强度的下降是由于温度的改变造成量子点表面陷阱发生变化以及非辐射Auger激发重组，因此会对荧光产生影响。但低温或高温处理没有使量子点溶液发生聚沉，该材料可以继续应用于潜指纹显现。因此，CdSe/TGA量子点溶液抗温度稳定性较为满意。

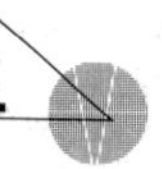

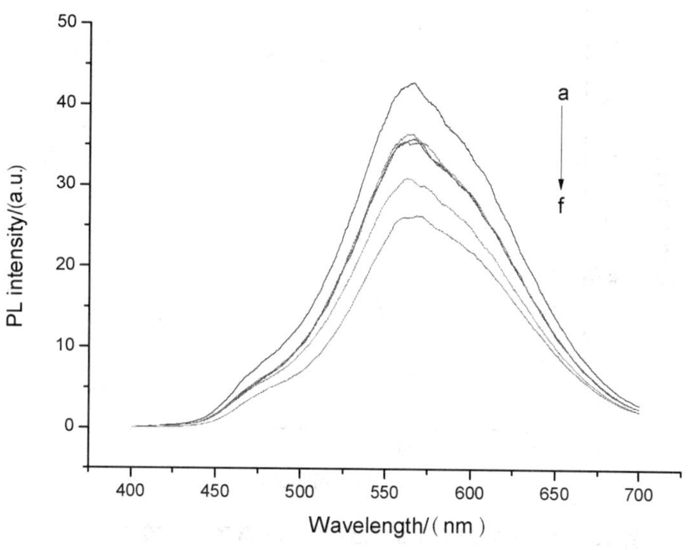

a～f：-15℃、0℃、15℃、30℃、50℃、80℃

图 10.12　不同温度下的 CdSe/TGA 量子点溶液荧光光谱

图 10.13 说明了不同温度对 CdTe/TGA 量子点荧光强度的影响。从图中可以看出，不同温度条件下的样品荧光强度变化明显。低温或高温都可以使溶液荧光强度下降，在 -15℃条件下，CdTe 纳米晶部分析出，沉淀在容器底部，溶液稳定性下降。而长时间的高温处理，量子点荧光强度下降且发射峰位红移，这可能为量子点内部二极之间的相互作用[24]，因此会对荧光产生影响。

进一步比较三种量子点的荧光强度对温度的敏感性发现，它们的荧光强度变化趋势不太一致，如图 10.14 所示，但总体来说，随着温度升高荧光强度降低。由于三种材料使用不同的修饰剂，随着温度的变化，量子点的形态发生变化，外部结构也相应变化。随着温度的升高，修饰剂和镉原子的配位受到破坏，造成修饰基团的脱落。我们推测量子点表面的缺陷情况是影响其温度敏感性的重要因素之一。而外界温度的变化也改变了量子点核表面的电子和空穴的分布，量子点可能发生类似的氧化反应[25]。

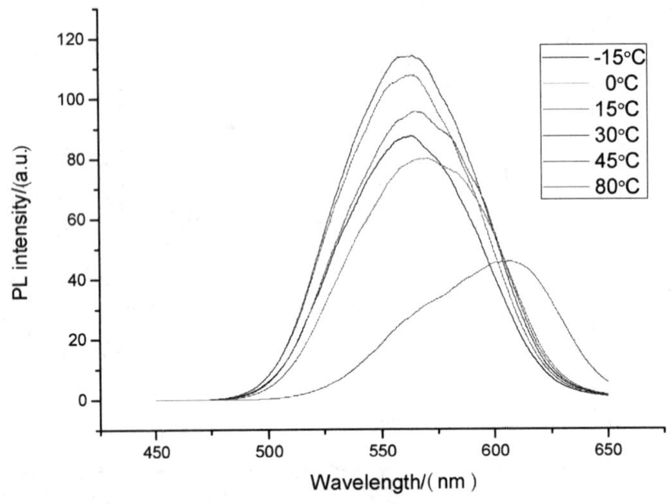

图 10.13 不同温度下的 CdTe/TGA 量子点溶液荧光光谱

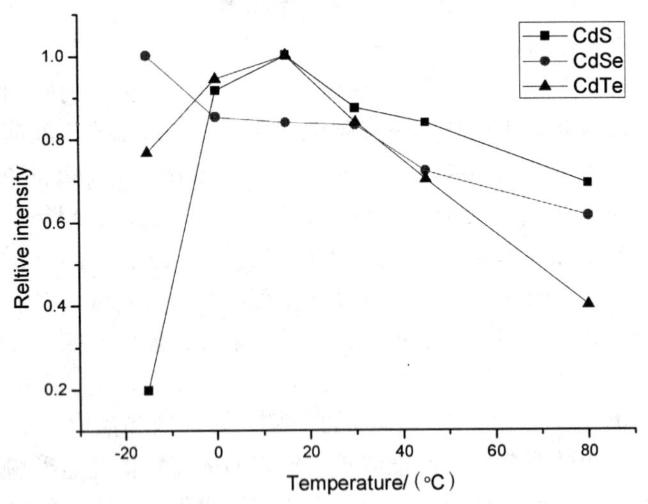

图 10.14 温度对量子点溶液荧光强度的影响

（三）抗老化稳定性

任何产品都必须有一定的“保质期”，对量子点溶液放置时间的考察有助于研究其应用性能。将量子点溶液置于密闭容器中于避光条件下保存，记录其荧光强度随时间的变化情况。

从图 10.15 中可以看出，在前 5 天的时间里，CdS/PAMAM 量子点的荧光

强度随着老化时间的延长而增大，荧光谱峰位置保持不变；6 个月后谱峰从 473nm 红移到了 480nm，且发光强度约降低 22%[26]。总体来看，经过 6 个月的室温避光存储，CdS/PAMAM 量子点粒径增量小，发光效率下降缓慢，具有良好的抗老化性能，这归功于树形分子优良的配位作用和模板作用。

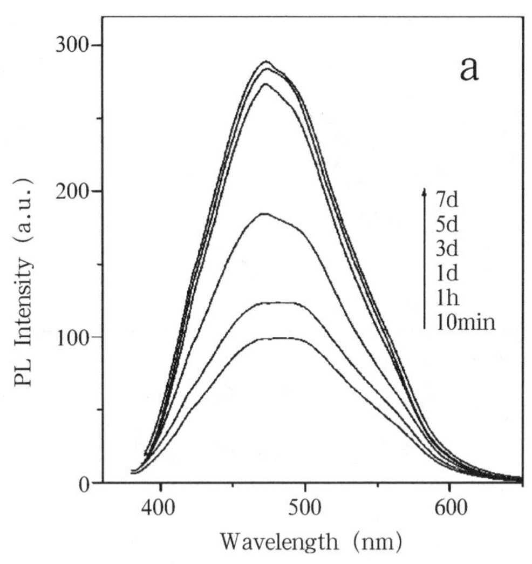

图 10.15 不同放置时间 CdS/PAMAM 量子点溶液荧光光谱

CdSe 量子点溶液的荧光光谱随老化时间的变化如图 10.16 所示。在前一周内，随老化时间延长，荧光强度略有增加。这是因为粒子表面发生了一系列的光催化氧化，使粒子粒径变小，粒子表面的缺陷减少所致。再次延长老化时间到 90 天，荧光强度表现出下降的趋势。整体来看，荧光强度有所下降，谱峰位置无明显变化。该材料表现出较强的抗老化性能，得益于 CdSe 量子点的稳定结构。

CdTe 量子点溶液的荧光光谱随老化时间的变化如图 10.17 所示。可以看出，随着老化时间的延长，CdTe 量子点荧光强度逐渐降低，到 90 天后，荧光强度约下降 30%，且谱峰位置由 561nm 红移到 580nm。这可能是量子点的 Ostwald 熟化过程开始占主导地位，即 CdTe 量子点以尺寸宽化生长为主，使得 CdTe 量子点的尺寸分布变宽，发光效率缓慢下降。

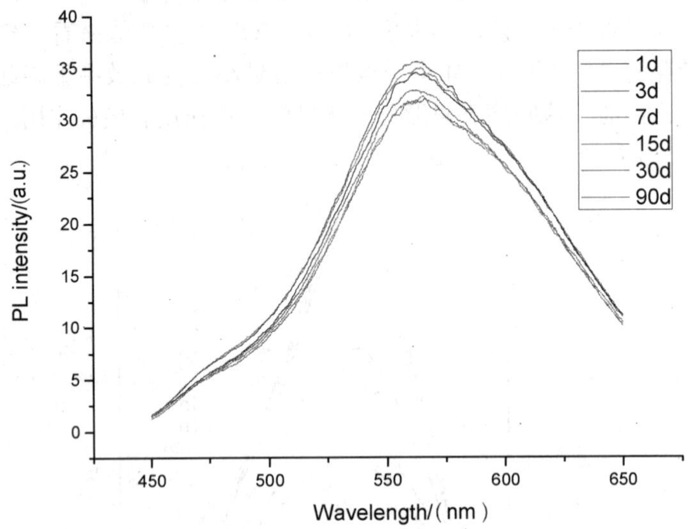

图 10.16 不同放置时间 CdSe/TGA 量子点溶液荧光光谱

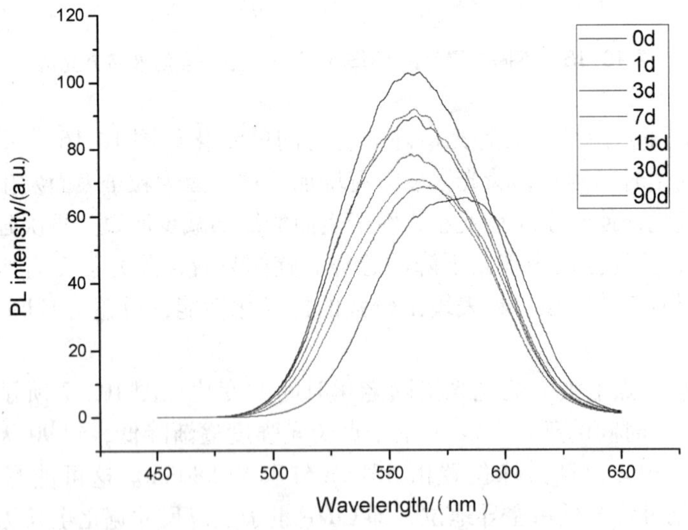

图 10.17 不同放置时间 CdTe/TGA 量子点溶液荧光光谱

图 10.18 反映了三种量子点溶液荧光强度随时间的变化。整体而言，CdS/PAMAM 量子点溶液的变化幅度较大；CdSe/TGA 表现最稳定，在避光条件下可长时间放置，荧光强度变化不显著；CdTe/TGA 荧光性能随时间变化而逐渐下降。

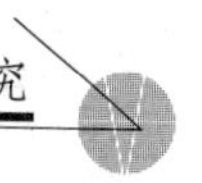

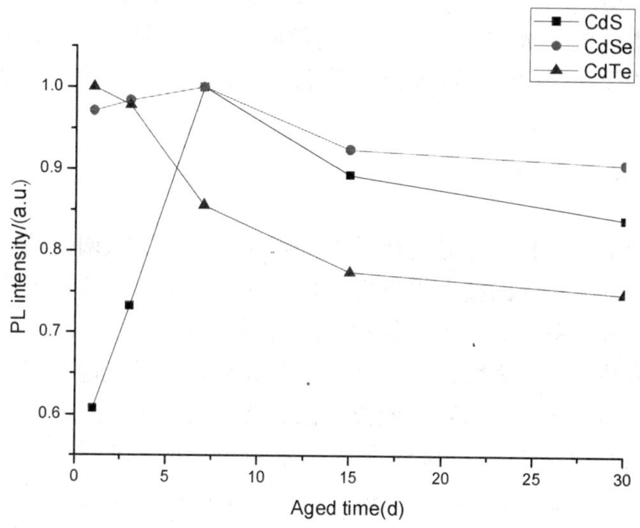

图 10.18 不同放置时间对三种量子点溶液荧光强度的影响

此外，本章还考察了在室温自然光条件下量子点溶液的变化情况。将量子点水溶液装入细口瓶，封口后放置于室温自然光环境中，观察溶液的状态。

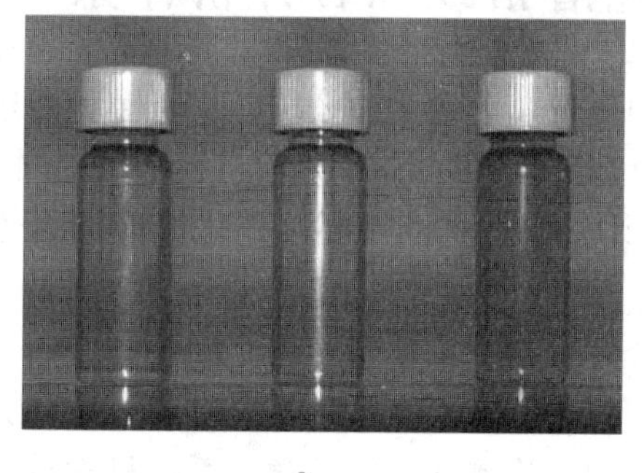

a

b

从左至右依次为 CdS/PAMAM，CdSe/TGA ，CdTe/TGA；a：新鲜溶液，b：室温自然光下存放 4 个月

图 10.19 三种量子点溶液在不同条件下存放状态

图 10.19 是量子点新鲜溶液和自然光下存放 4 个月的溶液的对照图，从图 10.19b 中可以明显看出，CdS/PAMAM 量子点已经完全聚沉，原因可能为光照对 PAMAM 树形分子产生影响，Cd^{2+} 和树形分子的配位能力被削弱。CdTe/TGA 量子点溶液也出现黑色结晶，随着时间的增长，其会经历 Ostwald 熟化过程。在这个过程中，小颗粒量子点的高表面自由能促使它们溶解并沉积在大颗粒量子点上，造成量子点数量减少，粒径变大，致使溶液聚沉，使

得荧光猝灭。CdSe/TGA 溶液无明显变化，仍保持黄绿色澄清状态。因此，为了保证潜指纹的荧光强度，显现潜指纹时最好选用最近刚合成的量子点溶液。同时，为了避免溶液的聚沉，溶液应当放置在避光、干燥的洁净容器中。

四、小结

本节对量子点材料的性能进行了评价研究，通过文献调研的方法考察了三种量子点材料合成路线的技术先进性和稳定性，对生产成本做了简单计算。通过荧光测试的方法系统研究了三种量子点材料抗 pH 值稳定性、抗温度稳定性和抗老化稳定性。结果表明，我们使用的合成路线技术先进，与国内外主流研究方法持平，但 CdS/PAMAM 合成技术稳定性稍弱，生产成本偏高。巯基乙酸修饰的 CdSe 和 CdTe 量子点材料合成技术稳定，成本低廉。在三种材料中，CdSe/TGA 量子点稳定性最好，可适应不同 pH 值以及温度条件，可放置达 1 年以上；CdTe/TAG 与 CdS/PAMAM 最长放置时间为 1 年，对 pH 值和温度敏感，在使用中应尽量找到最佳条件。这些结果为此类量子点材料在潜指纹显现领域中的进一步应用奠定了基础。

第三节 量子点溶液显现潜指纹综合评价体系

通过前面章节关于量子点材料性能和显现效力的实验分析，从定性和半定量角度评价了 CdS/PAMAM、CdSe/TGA 和 CdTe/TGA 量子点溶液的各项性能。但是，如果把这些因素综合起来考虑，到底哪一种材料更具有优异的综合性能，仍需进一步从定量的角度加以确定。

对量子点溶液显现潜指纹技术的综合评价是一项复杂而艰巨的任务，一方面，量子点溶液显现潜指纹处于初步研究阶段，还没有大规模使用；另一方面，所涉及的内容较多，包括材料学、化学、痕迹学、统计学、系统科学等相关知识。因此，本章通过数据采集、指标计算以及加权综合得到量子点溶液显现潜指纹综合评价指数，进而达到综合评价量子点材料的目的，并且验证所建立的量子点溶液显现潜指纹评价方法的可行性。

综合评价方法的具体评价过程包括如下步骤：通过实验或文献调研进行数据采集；计算综合评价指标的指数和加权指数；计算三种量子点溶液显现潜指纹综合评价指数；综合评价分析以及建议。

一、多指标综合评价方法简介

综合评价是利用数学方法（包括数理统计方法）对一个复杂系统的多个

指标信息进行加工和提炼，以求得其优劣等级的一种评价方法[27]。具体的方法如下：

（一）层次分析法

层次分析法（Analytical Hierarchy Process，AHP）是一种实用的多准则决策方法，由美国著名运筹学家Saaty于20世纪70年代中期提出。AHP是将有关的元素分解成目标、准则、方案等层次并形成有序的递阶层次结构，在此基础上进行定性和定量分析。

层次分析法的步骤如下：（1）建立问题的递阶层次结构，通过对系统的深刻认识，确定该系统的总目标，弄清决策所涉及的范围、实现目标的准则、策略和约束条件等，广泛地收集信息。（2）构建两两比较判断矩阵，建立一个多层次的递阶结构，按目标的不同实现功能的差异，将系统分为目标层、系统层、指标层等，用框式图形式说明层次的递阶结构与因素的从属关系。（3）由判断矩阵计算被比较元素相对权重，确定以上递阶结构中相邻层次元素间相关程度。通过构造两两比较判断矩阵及矩阵运算的数学方法，确定对于上一层次的某个元素而言，本层次中与其相关元素的重要性排序——相对权值。（4）计算各层元素的组合权重以及各层元素对系统目标的合成权重，进行总排序，以确定递阶结构图中最底层各个元素在总目标中的重要程度。（5）分析计算结果，做出相应的决策[28,29]。

（二）主成分分析法

主成分分析（Principal Components Analysis，PCA）又称主分量分析，它是利用降维的思想将多个指标转化为少数几个综合指标，而仍保持原指标大量信息的一种统计方法。

其计算步骤简述如下[30]：（1）对原始数据进行标准化变换并求相关系数矩阵 $R_{m\times n}$。（2）求出 R 的特征根 λ_i 及相应的标准正交化特征向量 a_i。（3）计算特征根 λ_i 的信息贡献率，确定主成分的个数。（4）将经过标准化后的样本指标值代入主成分，计算每个样本的主成分得分。

应用PCA法时，如果指标数越多且各指标间相关程度高，即相应的主成分个数越少，方法越优越；当指标数较少时，可适当增加主成分个数，以提高分析精度。PCA法在综合评价中有全面性、可比性和可行性等优点，但也存在一些问题，如没有充分考虑到各个指标本身的相对独立性，对组合后的指标难以明确解释；在简化计算过程中丧失部分指标信息，使各个评价指标对评价目标的导向性减弱。

（三）模糊综合评价法

模糊综合评价是以模糊数学为基础，应用模糊关系合成的原理，从多个指标对被评价事物隶属等级状况进行综合性评判的一种方法[31]。该方法数学模型简单，可以将一些边界不清、不易定量的因素定量化，对多因素、多层次的复杂问题评判效果较好[32]。

其基本步骤如下：(1) 确定评价事物的因素论域；(2) 选定评语等级论域；(3) 建立模糊关系矩阵；(4) 确定评价因素权向量；(5) 选择合成算子进而得到模糊评判结果向量；(6) 进一步分析处理。

二、指标权重的计算

评价指标的权重系数，反映评价方法对各个评价指标重要性的选择，即评价者对各指标要素在量子点溶液显现潜指纹技术中的重要性的认可程度，其实质是评价者对不同评价内容的价值取向。由于各指标要素对目标实现的重要性各不相同，因此确定科学合理的权重系数，是评价方法科学性的重要标志。目前，确定指标权重系数的方法有多种，总体来说可以分为主观赋权法和客观赋权法。其中比较有代表性的、较成功的主要有德尔菲法（Delphi）和层次分析法（AHP）。近年来，两者相结合的方法渐渐受到重视[33]。

（一）德尔菲法

德尔菲法，又被称为“专家咨询法”，其特点是集中专家的经验与意见，确定各指标的权重，并在不断反馈和修改中得到比较满意的结果[22,34]，即在对所要预测的问题征得专家的意见之后，进行整理、归纳、统计，再匿名反馈给各专家，再次征求意见，再集中，再反馈，直至得到稳定的意见。

（二）层次分析法

层次分析法是评价者通过分析复杂系统所包含的因素及其相互关系，对该系统做出决策的简易方法，其基本原理与操作步骤如前所述。

Delphi 法与 AHP 法的适用范围大体一致，但由于 AHP 法包含一定的数学处理过程，对各指标之间相对重要性的判断更科学和有效，因此其可信度高于 Delphi 法。这两种方法也有一定的缺点：如果专家选择不当，那么可信度就会降低[35]。

1. 专家打分

专家打分的目的是确定前面章节提出的指标体系中各级指标的重要性，以便在下一步层次分析法中构建判断矩阵。

首先，确定问卷内容。该问卷包括两个部分：前一部分为一级指标和二级指标重要性的评判。被调查者要求为每一个评价指标打分，判断该指标在评价指标体系中的重要程度。后一部分为三级指标重要性的评判。被调查者要求给出每个指标在它所属的上一级指标中的重要程度。在计分方法上参考了李克特七分度量法（Likert 7 - scale）。其中，“1”分代表该指标“可有可无，毫不重要”，“7”分代表该评价指标在评价中“至关重要”。请各位专

家按照重要性给各指标排序，并给最次要指标赋值为“1”，其余指标根据重要程度赋值[35]。

其次，根据打分内容确定专家组成。从三个层次确定专家组成：一是材料学领域专家，二是化学领域专家，三是指纹显现领域专家及相关技术人员。这种专家组成方式覆盖范围广，降低了主观性。

项目组共发出专家打分问卷16份，其中材料学研究人员3份，化学研究人员3份，指纹显现相关技术人员10份，收回有效问卷16份。

通过对调查问卷的统计分析，采用“众数”来综合各位专家提供的信息，建立了比较判断矩阵[36]。如果没有众数，则采用所有数据的平均数来代表专家意见。

2. 运用层次分析法确定指标权重

在应用层次分析法之前，首先要建立相应的评价指标体系，即对量子点溶液显现潜指纹（评判对象）进行分层解释，确立清晰的分级指标体系，如目标层A、系统层B、指标层C，给出评判对象的因素集和子因素集[37]，如图10.20所示。

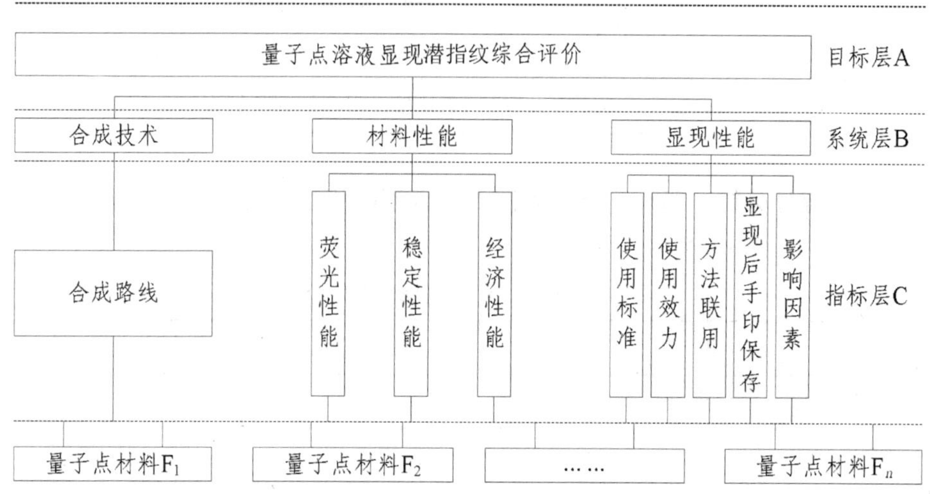

图10.20 指标递阶层次结构图

运用层次分析法确定评价元素的权重，一般可以按如下的步骤进行[38]：

（1）构造判断矩阵。目前，在两两因素的比较中，通常采用的区分标度是Salty的1－9标度，分别对每一层次的评价指标的相对重要性进行定性描述，并用准确的数字进行量化表示，数字取值所代表的意义见表10.7。

通过对调查问卷进行整理与分析，可以计算出各评价指标的相对重要性分值。假设 Z_i、Z_j 为某一评价层次中任意两个指标的重要性分值（即平均分值）。为了构造判断矩阵，规定如下：

若 $0.25 < Z_i - Z_j \leq 0.5$，$Z_i$ 比 Z_j 稍微重要，Salty 标度取 3；

若 $0.75 < Z_i - Z_j \leq 1.0$，$Z_i$ 比 Z_j 较为重要，Salty 标度取 5；

若 $1.25 < Z_i - Z_j \leq 1.5$，$Z_i$ 比 Z_j 非常重要，Salty 标度取 7；

若 $1.75 < Z_i - Z_j$，Z_i 比 Z_j 绝对重要，Salty 标度取 9；

如差值在两个尺度之间，则 Salty 标度为 2、4、6、8。

表 10.7　判断矩阵的标度及其含义

标度 a_{ij}	含义（两个目标相对重要性的比较）
1	i 因素与 j 因素相同重要
3	i 因素与 j 因素稍微重要
5	i 因素与 j 因素较为重要
7	i 因素与 j 因素非常重要
9	i 因素与 j 因素绝对重要
2、4、6、8	为以上两判断之间的中间状态对应的标度值
倒数	若 j 因素与 i 因素比较，得到的判断值为 $a_{ji} = 1/a_{ij}$

通过统计分析，考查 B 层因素和 A 层因素的相对重要性，可以得出 A－B 判断矩阵，见表 10.8。

表 10.8　A－B 判断矩阵

A	B_1	B_2	B_3	…	B_n
B_1	1	a_{12}	a_{13}	…	a_{1n}
B_2	a_{21}	1	a_{23}	…	a_{2n}
B_3	a_{31}	a_{32}	1	…	a_{3n}
…	…	…	…	…	…
B_n	a_{n1}	a_{n2}	a_{n3}	…	1

表中 $a_{ij} = B_i/B_j$，表示对于 A 这一总体评价目标而言，因素 B_i 对因素 B_j 相对重要性的判断值，数值大小由因素 B_i 与因素 B_j 的相对重要性决定。矩阵的特点是对角线上的元素为 1，即每个元素相对于自身的重要性为 1。

（2）运用和积法求解判断矩阵。得出在单一目标层 A 下被比较元素的相对权重，即层次单排序：

①将得到的矩阵按行分别相加：

$$w_i = \sum_{j=1}^{N} \frac{a_{ij}}{N} \tag{10.1}$$

得到列向量，$\bar{w} = [w_1, w_2, w_3, \cdots, w_n]^T$，$i = 1, 2, 3, \cdots, n$

②将所得的 W 向量分别做归一化处理，得到单一准则下各被比较元素的排序权重向量。

（3）一致性检验。

一致性检验的基本步骤如下所述：应用公式（10.2）能够计算求解判断矩阵的最大特征值；然后分别代入公式（10.3）和（10.4），计算判断矩阵的一致性指标 CI 和一致性比 CR 检验其一致性：

$$\lambda_{\max} = \sum_{i=1}^{N} \frac{(Aw_i)_j}{nw_j},\ \mathrm{i} = 1, 2, 3, \cdots, n \tag{10.2}$$

$$CI = \frac{\lambda_{\max} - n}{n - 1} \tag{10.3}$$

式中，A 为 A－B 判断矩阵，n 为判断矩阵阶数，$\lambda_{\max}$ 为判断矩阵最大特征值。

判断矩阵一致性程度越高，CI 值越小。当 CI ＝ 0 时，判断矩阵达到完全一致。但是，在建立判断矩阵的过程中，思维判断的不一致只是影响判断矩阵一致性的原因之一，用 1－9 比例标度作为两两因子比较的结果也是引起判断矩阵偏离一致性的原因。仅仅根据 CI 值设定一个可接受的不一致性标准显然是不妥当的。为了得到一个对不同阶数判断矩阵均适用的一致性检验临界值，就必须消除矩阵阶数的影响。

在层次分析法中以一致性比例来解决这一问题。引入平均随机一致性指标 RI，RI 是用于消除由矩阵阶数影响所造成判断矩阵不一致的修正系数。具体数值参见表 10.9。

表 10.9　平均随机一致性指标 RI 的取值

阶数	1	2	3	4	5	6	7
RI 值	0.00	0.00	0.58	0.90	1.32	1.45	1.51

$$CR = CI/RI \tag{10.4}$$

通常情况下，对于 n≥3 阶的判断矩阵，当 CR≤0.1 时，即 $\lambda_{\max}$ 偏离 n 的相对误差 CI 不超过平均随机一致性指标 RI 的 1/10 时，一般认为判断矩阵的一致性是可以接受的；否则，当 CR > 0.1 时，说明判断矩阵偏离一致性程度过大，必须对判断矩阵进行必要的调整，使之具有满意一致性为止。

3. 指标权重计算过程

通过 Delphi 法进行专家匿名打分，对打分问卷进行综合分析、归纳意见，确立各变量重要性，对各级评价中各个因素的重要程度进行两两比较，比较的结果用于建立 AHP 的判断矩阵分布权重。通过专家咨询，分别考查 B 层因素、C 层因素和 D 层因素的相对重要性，可以得出 A－B、B－C、C－D 判断矩阵，结果如表 10.10 至表 10.18 所示。

表 10.10　A－B 判断矩阵

A	B1 合成技术	B2 材料性能	B3 显现性能
B1 合成技术	1	1/3	1/5
B2 材料性能	3	1	1/4
B3 显现性能	5	4	1

表 10.11　B2－C 判断矩阵

B2	C2 荧光性能	C3 稳定性能	C4 经济性能
C2 荧光性能	1	3	7
C3 稳定性能	1/3	1	5
C4 经济性能	1/7	1/5	1

表 10.12　B3－C 判断矩阵

B3	C5 使用标准	C6 使用效力	C7 方法联用	C8 潜指纹显现后保存	C9 影响因素
C5 使用标准	1	1/5	4	6	4
C6 使用效力	5	1	8	9	8
C7 方法联用	1/4	1/8	1	3	1
C8 潜指纹显现后保存	1/6	1/9	1/3	1	1/3
C9 影响因素	1/4	1/8	1	3	1

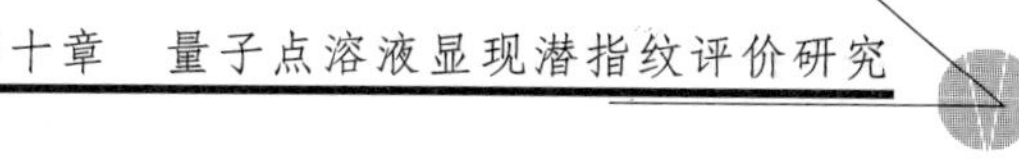

表 10.13　C1 – D 判断矩阵

C1	D1 技术先进性	D2 技术成熟度	D3 技术稳定性
D1 技术先进性	1	1/3	1/5
D2 技术成熟度	3	1	1/3
D3 技术稳定性	5	3	1

表 10.14　C3 – D 判断矩阵

C3	D5 抗酸碱稳定性	D6 抗温度稳定性	D7 抗老化稳定性
D5 抗酸碱稳定性	1	1	1/9
D6 抗温度稳定性	1	1	1/9
D7 抗老化稳定性	9	9	1

表 10.15　C5 – D 判断矩阵

C5	D9 显现时间	D10 显现温度	D11 显现溶液 pH 值	D12 适用客体范围	D13 适用潜指纹类型
D9 显现时间	1	4	3	1/7	1/4
D10 显现温度	1/4	1	1/2	1/9	1/9
D11 显现溶液 pH 值	1/3	2	1	1/9	1/5
D12 适用客体范围	7	9	9	1	5
D13 适用潜指纹类型	4	9	5	1/5	1

表 10.16　C6 – D 判断矩阵

C6	D14 溶液连续使用能力	D15 溶液保质期	D16 显现灵敏度	D17 陈旧潜指纹显现	D18 水浸潜指纹	D19 高温日晒潜指纹	D20 胶带剥离潜指纹
D14 溶液连续使用能力	1	4	1/6	1/4	1/2	1/3	4
D15 溶液保质期	1/4	1	1/9	1/7	1/5	1/5	1/2
D16 显现灵敏度	6	9	1	3	5	5	8
D17 陈旧潜指纹显现	4	7	1/3	1	3	3	6
D18 水浸潜指纹	2	5	1/5	1/3	1	1/2	4

续表

C6	D14 溶液连续使用能力	D15 溶液保质期	D16 显现灵敏度	D17 陈旧潜指纹显现	D18 水浸潜指纹	D19 高温日晒潜指纹	D20 胶带剥离潜指纹
D19 高温日晒潜指纹	3	5	1/5	1/3	2	1	5
D20 胶带剥离潜指纹	1/4	2	1/8	1/6	1/4	1/5	1

表 10.17　C8－D 判断矩阵

C8	D22 检材外观变化	D23 潜指纹荧光衰减
D22 检材外观变化	1	1
D23 潜指纹荧光衰减	1	1

表 10.18　C9－D 判断矩阵

C9	D24 操作工艺	D25 适用激发波长	D26 适用光源类
D24 操作工艺	1	4	3
D25 适用激发波长	1/4	1	2
D26 适用光源类型	1/3	1/2	1

以 A 层指标对于 B 层权重的计算过程为例，详细叙述权重的确定过程，主要包括以下四步：

（1）计算判断矩阵每行所用元素的算术平均值，根据公式（10.5）

$$W_i = \sum_{j=1}^{3} \frac{a_{ij}}{3} \tag{10.5}$$

其中，$i = 1, 2, 3$。$w_1 = \dfrac{1 + 0.33 + 0.2}{3} = 0.51$

依次计算得到结果：$\bar{w} = [0.51, 1.42, 3.33]^T$

（2）将 $\bar{w}$ 进行归一化处理，得到 B 层各因素相对 A 层的权重：

$$\bar{w} = [0.097,\ 0.270,\ 0.633]^T$$

（3）计算判断矩阵的最大特征值：

运行 Matlab 程序，A－B 判断矩阵设为 A，输入命令“λ = eig（A）”，运

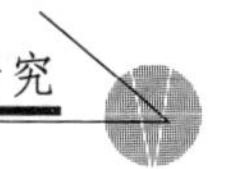

行结果为 A 的特征向量，进而计算得到 A 的最大特征向量 $\lambda_{max} = 3.0858$。

（4）一致性检验：

代入公式（10.3），计算判断矩阵的一致性指标，检验其一致性：

$$CI = \frac{\lambda_{max} - n}{n - 1} = 0.04 < 0.1$$

代入公式（10.4），由于维数 $n = 3$，$CR = 0.074 < 0.1$，判断矩阵的 CR 小于 0.1，因此通过一致性检验。以上结果如表 10.19 所示。

表 10.19　重要指标权重及一致性检验

矩阵	归一化结果	λ_{max}	n	CI	RI	CR	一致性检验
A－B	[0.097，0.270，0.633]	3.0858	3	0.04	0.58	0.074	通过
B2－C	[0.515，0.296，0.189]	3.0649	3	0.032	0.58	0.056	通过
B3－C	[0.258，0.526，0.091，0.033，0.091]	5.2487	5	0.062	1.12	0.056	通过
C1－D	[0.104，0.291，0.605]	3.0385	3	0.019	0.58	0.033	通过
C3－D	[0.09，0.09，0.82]	3	3	0	0.58	0	通过
C5－D	[0.131，0.030，0.057，0.483，0.299]	5.3537	5	0.088	1.12	0.079	通过
C6－D	[0.095，0.023，0.344，0.226，0.121，0.154，0.037]	7.4336	7	0.072	1.51	0.048	通过
C8－D	[0.5，0.5]	2	2	0	0	0	通过
C9－D	[0.612，0.248，0.140]	3.1078	3	0.0539	0.58	0.09	通过

通过层次分析法计算，构造各层判断矩阵并检验一致性，最终得到各级指标权重（见表 10.20），同一层次权重之和为 1。

表 10.20　量子点显现潜指纹综合评价指标权重

目标层	系统层	权重	状态层	权重	变量层	权重
A 量子点溶液显现潜指纹评价指标体系	B1 合成技术评价	0.097	C1 合成路线	1	D1 合成先进性	0.104
					D2 合成成熟度	0.291
					D3 合成稳定性	0.605
	B2 材料性能评价	0.270	C2 荧光性能	0.515	D4 荧光强度	1
			C3 稳定性能	0.296	D5 抗酸碱稳定性	0.09
					D6 抗温度稳定性	0.09
					D7 抗老化稳定性	0.82
			C4 经济性能	0.189	D8 生产成本	1
	B3 显现性能评价	0.633	C5 使用标准	0.258	D9 显现时间	0.131
					D10 显现温度	0.03
					D11 显现溶液 pH 值	0.057
					D12 适用客体范围	0.483
					D13 适用手印类型	0.299
			C6 使用效力	0.526	D14 连续使用能力	0.095
					D15 溶液保质期	0.023
					D16 显现灵敏度	0.344
					D17 陈旧潜指纹显现	0.226
					D18 水浸潜指纹显现	0.121
					D19 高温日晒潜指纹显现	0.154
					D20 胶带剥离潜指纹显现	0.037
			C7 方法联用	0.091	D21 序列显现	1
			C8 潜指纹保存	0.034	D22 检材外观变化	0.5
					D23 潜指纹荧光衰减	0.5
			C9 影响因素	0.091	D24 操作工艺	0.612
					D25 适用激发波长	0.248
					D26 适用光源	0.140

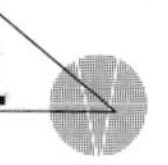

根据公式（10.6），计算最终指标权重：

$$K_{Di} = W_{Di} \times W_{Ci} \times W_{Bi}(i = 1, 2, 3, \cdots, 25) \quad (10.6)$$

其中，K_{Di} 表示第 i 个最终指标权重；W_{Bi}、W_{Ci}、W_{Di} 分别代表示第 i 个指标对应的各级权重。最后计算得出的最终指标权重如表 10.21 所示。

表 10.21　量子点显现潜指纹综合评价指标权重

D1	D2	D3	D4	D5	D6	D7	D8	D9	D10	D11	D12	D13
0.01	0.028	0.058	0.139	0.007	0.007	0.066	0.051	0.021	0.005	0.009	0.079	0.049
D14	D15	D16	D17	D18	D19	D20	D21	D22	D23	D24	D25	D26
0.032	0.008	0.115	0.075	0.04	0.051	0.012	0.058	0.011	0.011	0.035	0.014	0.008

4. 数据预处理

根据各个指标量化标准，对评价体系中各项指标具体数值进行打分并归一化处理。三种材料的各项指标的得分如表 10.22 所示。

表 10.22　指标原始分值与加权分值

变量层	量子点原始分值			量子点加权分值		
	CdS	CdSe	CdTe	CdS	CdSe	CdTe
D1 合成先进性	4	4	4	0.04	0.04	0.04
D2 合成成熟度	2	2	2	0.056	0.056	0.056
D3 合成稳定性	2	4	3.5	0.116	0.232	0.203
D4 荧光强度	4	4	5	0.556	0.556	0.695
D5 抗酸碱稳定性	3	4	3.5	0.021	0.028	0.0245
D6 抗温度稳定性	3	4	3	0.021	0.028	0.021
D7 抗老化稳定性	3.5	5	3.5	0.231	0.33	0.231
D8 生产成本	3	4.5	4.5	0.153	0.2295	0.2295
D9 显现时间	3	4	4	0.063	0.084	0.084
D10 显现温度	4	4	4	0.02	0.02	0.02
D11 显现溶液 pH 值	4	4	4	0.036	0.036	0.036
D12 适用客体范围	4	3.5	3.5	0.316	0.2765	0.2765
D13 适用潜指纹类型	3	3.5	3.5	0.147	0.1715	0.1715
D14 溶液显现效力	3.5	4	3	0.112	0.128	0.096

（续表）

变量层	量子点原始分值			量子点加权分值		
	CdS	CdSe	CdTe	CdS	CdSe	CdTe
D15 溶液保质期	4	5	4	0.032	0.04	0.032
D16 显现灵敏度	4	4	4	0.46	0.46	0.46
D17 陈旧潜指纹显现	4	3.5	3.5	0.3	0.2625	0.2625
D18 水浸潜指纹显现	2	2	2	0.08	0.08	0.08
D19 高温日晒潜指纹	2.5	2.5	2.5	0.1275	0.1275	0.1275
D20 胶带剥离潜指纹	2	3	3	0.024	0.036	0.036
D21 序列显现	3	3	3	0.174	0.174	0.174
D22 检材外观变化	5	4	4	0.055	0.044	0.044
D23 潜指纹荧光衰减	3	4	3	0.033	0.044	0.033
D24 操作工艺	4	4	4	0.14	0.14	0.14
D25 适用激发波长	3	4	4	0.042	0.056	0.056
D26 适用光源	3	3	3	0.024	0.024	0.024

对表10.22中三种量子点材料各项终极指标求和，即得量子点材料显现潜指纹综合评价分值。CdS/PAMAM、CdSe/TGA和CdTe/TGA加权得分分别为3.380、3.703和3.653。可知，从显现潜指纹的综合性能来看，CdSe/TGA效果最佳，其次是CdTe/TGA，CdS/PAMAM稍差。

5. 数据分析

通过表10.22可以看出，对三种材料在综合评价体系中26个D层指标原始得分进行计算，分别为85.5、96.5、91。由于指标数量较多，很难看出各个指标间的差异。就不同量子点材料来看，CdSe/TGA与CdTe/TGA在同一指标的分值相差不大，与CdS/PAMAM有一定差距；对同一种量子点材料来说，各项指标得分有所不同。

横向比较，三种量子点材料在25个指标中，D10、D11、D21和D24分值基本一致。研究表明，三种量子点材料的显现温度在常温下即可，显现液pH值容易调整，在接近中性时显现效果最佳。在综合显现时，都可以用于“502”胶熏显后潜指纹的荧光增显。另外，三种材料都属于溶液，使用时操作工艺相同，即将检材浸泡到显现液中一定时间即可。对于大体积检材来说，可以采用滴显法。有报道使用喷雾的方法显现潜指纹，但显现影响因素众多。因此，三种材料在以上4个指标中得分保持一致。对于其他指标来说，三种材

料分值各不相同，表现出量子点溶液不同的性能。

图 10.21 为 C 层指标加权值堆积得到的三种量子点材料分值，可以清晰地看出各指标对量子点显现潜指纹综合能力的贡献大小。其中 C5 使用标准和 C6 使用效力两个指标在整个分值中所占比重较大，这正反映了评价的核心内容，即通过综合评价来体现各个材料在显现潜指纹中的效力。横向来看，三种材料的 C1 合成路线、C3 稳定性能和 C4 经济性能各不相同。分析其原因为：CdS/PAMAM 量子点溶液在合成中受外界影响因素较多，不同批次的产品有较大差异。且使用的 PAMAM 树形分子不易制得，造成经济成本相对较高。因此，该材料在合成路线这一指标中得分偏低。在 C3 稳定性能方面，CdSe/TGA 量子点得分高于 CdS/PAMAM 和 CdTe/TGA 量子点。研究表明，CdSe/TGA 具有较高的稳定性，其荧光强度随 pH 值、温度和老化时间变化幅度小，避光保存可达一年以上。而 CdS/PAMAM 和 CdTe/TGA 量子点性能受温度变化影响显著，在低温（-15℃）环境下容易聚沉，造成材料的失效。

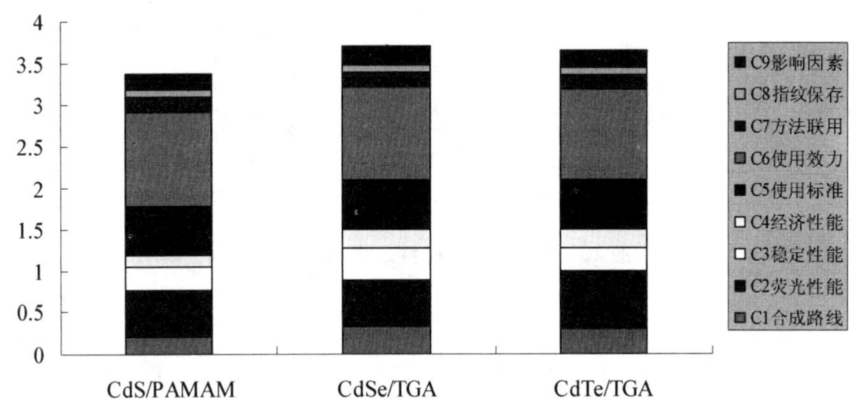

图 10.21　量子点材料 C 层指标堆积结果

三种材料在 C2 荧光性能和 C7 方法联用两项指标中得分基本相同，表明所研究的量子点材料具有较高的荧光强度，可以应用于油汗潜指纹和血潜指纹显现。同时，三种材料都可以用于“502”胶熏显后的潜指纹的荧光增显，增加对比度，提高与背景反差。本节还对三种量子点材料在 B 层的得分进行了比较，见表 10.23。

表 10.23 三种量子点材料 B 层指标加权分值

B 层指标	CdS/PAMAM	CdSe/TGA	CdTe/TGA
B1 合成技术	0.212	0.328	0.299
B2 材料性能	0.982	1.1715	1.2005
B3 显现性能	2.185	2.204	2.153

为了更好地反映三个 B 层指标在整个评价中的比例，我们计算了三种材料的 B1 合成技术、B2 材料性能和 B3 显现性能指标的百分比，结果见图 10.22。

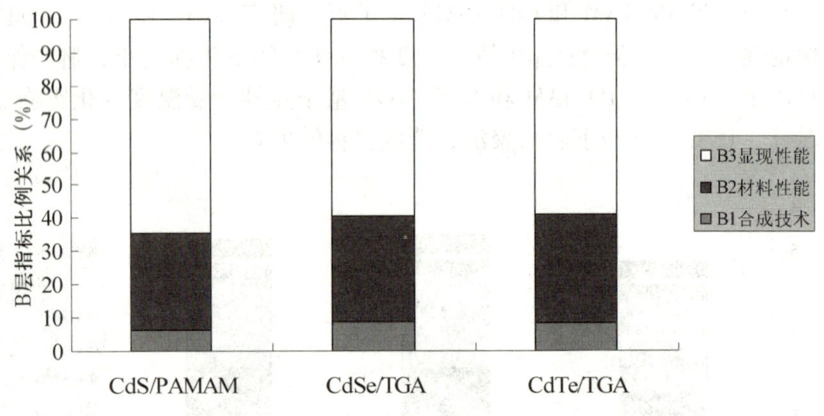

图 10.22 量子点材料 B 层指标比例关系

从表 10.23 和图 10.22 中可以明显看出，影响量子点显现潜指纹的指标系统，就三种材料而言，B1 合成技术所占比例不超过 10%，B3 显现性能超过 50%，表明评价者更加关注材料的应用能力。CdS/PAMAM 的 B1 指标所占比例低于 CdSe/TGA 和 CdTe/TGA 材料，因此有必要完善 CdS/PAMAM 量子点溶液的合成技术，提高其合成稳定性。

综合以上分析，在质量评价层面，CdSe/TGA 得分高于 CdTe/TGA 和 CdS/PAMAM，表明该材料在用于潜指纹显现时的前提优势，即合成技术先进、稳定性好、荧光强度高。CdTe/TGA 得分低于 CdSe/TGA，关键在于该材料容易发生氧化，容易在恶劣环境下变质失效，保存时间短。虽然有着较成熟的合成技术和最高的荧光强度，但材料的不稳定性削弱了其优势。在显现评价层面，CdSe/TGA 依然得分最高，CdS/PAMAM 居次，CdTe/TGA 稍差。这其中原因是多方面的，也就是三种材料表现出不同的显现效力、物证保存能力和受外界操作因素干扰等。

总体来看，从图 10.21 到图 10.22 分别从 D、C、B 三个指标层次表达了

三种量子点材料显现潜指纹总体分值，显而易见，量子点材料显现潜指纹是一个多因素、多层次作用的结果。

根据指标量化原则，总分值越大，表示量子点显现潜指纹性能越高。从综合得分看，CdSe/TGA 材料优于 CdTe/TGA，优于 CdS/PAMAM。

三、提高量子点显现潜指纹能力对策

根据前面论述，结合上面对各个指标的分析，提出加强量子点材料显现潜指纹技术的对策。

1. 探索技术先进、可靠的合成路线，生产荧光强度高、稳定性好的量子点材料

量子点显现潜指纹的原理与其在生物标记的应用原理类似，是将荧光纳米晶体标记到生物分子等靶体上，将目标物呈荧光颜色显出。但是，量子点应用于潜指纹显现过程中对溶液的使用量是较大的，远远超过生物学研究领域的使用量（μL 级）。因此，实现高荧光性能和高稳定性的量子点材料的规模化生产是将其应用于潜指纹显现的基础和前提。

近年来，关于量子点的合成以及应用的报道很多，但量子点的生物应用还有许多基础问题有待进一步解决和完善。目前，研究人员都致力于对合成方法和应用领域的创新探索，但仅仅是局限于实验室之内，研究的目的也仅仅是探索出一种新的合成方法并能证明该方法可以分析某问题，而对合成方法及其应用的科学、全面的评价未见报道。

目前，项目组已经确定了量子点溶液的水相合成方法，系统考察了不同前体、修饰剂种类以及 pH 值对产物性能的影响。下一步能否对该方法进行改进，如调整量子点溶液浓度、改变修饰剂类型、提高量子点的稳定性等，值得我们探索。另外，怎样采取更好的方法解决量子点与指纹物质偶联的问题，以及如何提高合成质量，确保不同批次间的产品具有较强的一致性是我们需要解决的关键问题。还有，如何做到由实验室小试到工厂的批量化生产也是亟待考虑的问题。

为此，应成立相关研究小组分别对上述问题进行深入研究：（1）研究新的量子点溶液合成路线，力求合成方法简单、重复性好；（2）研究新型修饰剂，一方面提高量子点溶液的稳定性，另一方面增强和潜指纹残留物的特异性结合，提高显现的灵敏度；（3）加强与相关企业的合作，逐渐将实验室合成推向工厂标准化的生产。

2. 深入研究量子点应用于潜指纹显现的使用标准与使用效力，发挥材料的最大功用

采用规模实验的方法，进一步考察所合成纳米材料对多种客体上（如渗

透性、粗糙程度、潮湿程度等条件不同)、不同遗留时间(新鲜、陈旧)的潜指纹的显现情况，研究将量子点材料应用于潜指纹显现的条件与范围。建立并优化量子点材料在潜指纹显现中的应用条件与限制因素，提高显现灵敏度。应用统计分析软件，对实验数据进行统计学分析。

结合前期研究成果，CdS/PAMAM 量子点材料显现灵敏度高、显现潜指纹清晰度高，可以将其应用在陈旧潜指纹的显现；对于经胶带剥离液处理后的胶带黏面潜指纹，建议使用 CdSe/TGA 量子点。而对于血潜指纹的显现，优先考虑巯基乙酸型的 CdTe 或 CdSe 量子点。

潜指纹显现是一项复杂的工程，指纹遗留状况不同、承载客体的性质不同都会对显现造成影响。因此，应继续扩大这方面的研究，突出实际性、客观性和目的性，与真实案例相结合，从样本制作、客体选择等方面入手，针对不同的条件确定不同的处理方法。

3. 把握纳米科技最新进展，结合潜指纹成分分析，不断开发新型潜指纹显现试剂，拓展潜指纹显现方法

近年来，无机发光量子点、荧光聚合物纳米微球、复合荧光二氧化硅纳米粒子等荧光纳米探针的相继出现，为生物分析提供了新的发展领域，逐渐成为研究的热点。同时，对潜指纹残留物的成分分析也在不断取得进展。众所周知，任何一种显现方法的实施都是基于显现试剂和潜指纹成分的特异结合。明确不同条件下的潜指纹成分，是开发新型显现试剂的基础。因此，可以将纳米材料技术和潜指纹成分检测技术相结合，开发新型潜指纹显现试剂。

在对传统量子点进行多种修饰(诸如巯基化合物、硅烷化以及聚合物)的同时，研究人员还合成了一系列含 Zn 化合物量子点、稀土纳米荧光材料以及近红外发光纳米粒子，如 HgTe 纳米粒子有较高的发光效率和近红外发射波长。

近年来，高分子荧光纳米微球、复合荧光二氧化硅纳米粒子等纳米生物材料引起研究人员的密切关注。前者以聚苯乙烯、聚甲基丙烯酸酯类或聚丙烯酰胺为微粒主体，将荧光素、罗丹明 6G 等荧光染料通过键合或吸附方式结合到其表面用作荧光探针。后者是一类具有明显核壳结构的新型纳米颗粒，由功能性的内核、可生物修饰的硅壳以及修饰在硅壳表面的生物分子构成。其内核材料可以是量子点、稀土发光材料、有机荧光染料等。通过对纳米颗粒的表面进行各种修饰实现对待测物中特异性物质的识别与检测。以上材料为潜指纹显现研究提供了新的机遇。

随着量子点和复合荧光纳米粒子制备技术的不断进步和完善，利用荧光纳米粒子将实现对潜指纹的高灵敏度和快速显现，提升我国在刑事技术领域的实力。

四、小结

本节系统评价了 CdS/PAMAM、CdSe/TGA 和 CdTe/TGA 量子点溶液显现潜指纹的综合性能。评价指标采用建立的指标体系，采用层次分析法进行评价。首先对评价方法进行阐述，然后基于文献调研和实验分析以及专家打分的结果对各个指标权重进行赋值，建立评价指标权重体系。根据前面实验研究内容，对各个指标进行打分并计算综合指数。根据评价结果对三种材料性能进行了分析，并提出了相应的完善措施。

参考文献

[1] 肖筱南. 油田经济效益综合评价的 Fuzzy 优化建模分析 [J]. 西安石油学院学报，2001 (1)：64-67.

[2] 林海明. 运用因子分析法综合评价广东烟草工业经济效益 [J]. 数学的实践与认识，2005，35 (6)：41-44.

[3] 冯学武，王戈，吴丽萍. 内蒙古西部生态环境综合评价研究 [J]. 中国沙漠，2003 (3)：116-121.

[4] 赵庆. 河北省水环境安全评价体系及水资源可持续利用技术研究 [D]. 哈尔滨工业大学博士学位论文，2007.

[5] 王佳建，王坤，荆广珠. 环境质量综合评价中的主成分分析方法 [J]. 佳木斯大学学报（自然科学版），2002，20 (1)：118-120.

[6] 王波. 三峡工程对库区生态环境影响的综合评价 [D]. 北京林业大学博士学位论文，2009.

[7] 李卫忠. 商品质量的综合评价体系及方法研究 [J]. 江门职业技术学院学报，2006，3 (2)：19-26.

[8] 张天云. 工程材料综合评价系统研究与实现 [D]. 兰州理工大学博士学位论文，2008.

[9] 刘吉成. 月球车车轮驱动性能及其综合评价的研究 [D]. 哈尔滨工业大学博士学位论文，2009.

[10] 陈蕊丽，尹俊. "502" 浓度对各种纺织品上汗潜手印显现效果的研究 [J]. 警察技术，2010 (5)：23-26.

[11] 王璇，张丽梅. 油垢物面汗潜手印显现方法的研究 [J]. 广东公安科技，2008 (1)：23-26.

[12] 辛会杰. 影响手印显现清晰度的诸因素 [J]. 河南公安高等专科学校学报，2008 (5)：136-137.

[13] 王芳琳，花锋，般治田，等. 法庭毒物检验方法评价体系的建立

[J]. 刑事技术，2008 (1)：13 – 15.

[14] 程实. 湿地资源保护与可持续利用综合评价研究 [D]. 中国林业科学研究院博士学位论文，2007.

[15] 吕侠. 刑事现场潜在痕迹显现技术大全 [M]. 群众出版社，2008.

[16] 毋红军. 黄河中下游地区引黄供水工程综合评价指标体系及评价模型研究 [D]. 华北水利水电学院硕士学位论文，2007.

[17] 张立. 健康长江水域生态指标体系与评价方法 [D]. 河海大学硕士学位论文，2007.

[18] 彭勇行. 管理决策分析 [M]. 科学出版社，2000：147 – 285.

[19] 王念念. 城市轨道交通规划线网综合评价研究 [D]. 北京交通大学硕士学位论文，2007.

[20] 白雁，韩宝明，干宇雷. 城市轨道交通换乘站布局综合评价方法研究 [J]. 都市快轨交通，2006 (19)：3 – 6.

[21] 徐洛屹. 墙体材料的评价体系 [M]. 中国建筑工业出版社，2007：49 – 51.

[22] 陶海征，敬承斌，赵修建，等. CdS 纳米粒子的制备方法 [J]. 材料导报，2003，17 (3)：31 – 34.

[23] Biju V, Makita Y, Sonoda A, et al. Temperature – sensitive photoluminescence of CdSe quantum dots clusters [J]. J Phys Chem B, 2005, 109：13899 – 13905.

[24] Gardner H C, Gallardo D E, Bertoni C, et al. Temperature shifted photoluminescence in CdTe nanocrystal. Proc. SPIE, 2006, Nanophotonics, 61950N, doi：10.1117/12.661233.

[25] Liu T C, Huang Z L, Wang H Q, et al. Temperature – dependent photoluminescence of water – soluble quantum dots for a bioprobe [J]. Anal Chim Acta, 2006, 559 (1)：120 – 123.

[26] 丛日敏，罗运军，于怀清. 树形分子包覆硫化镉量子点的抗老化性能研究 [J]. 无机材料学报，2008，23 (2)：379 – 382.

[27] 王晖，陈丽，陈垦，等. 多指标综合评价方法及权重系数的选择 [J]. 广东药学院学报，2007，23 (5)：583 – 589.

[28] Vesna C, Jo Z, Knez R. Why and how to evaluate the creditworthiness of SMEs' business partners [J]. International Small Business Journal, 2005, 23 (2)：143 – 162.

[29] 严金燕，罗书练，贾氢，等. 层次分析法在纱线综合性能评价中的应用 [J]. 青岛大学学报，2001，16 (2)：17 – 19.

［30］WANG J J，Qiao Q，Ma A E，et al. The metabolic syndrome defined by factor analysis and incident type 2 diabetes in a Chinese population with high postprandial glucose［J］. Diabetes Care，2004，27（10）：2429 - 2437.

［31］韦燕燕．模糊综合评判法在企业市场适应能力评价中的应用［J］. 工业工程，2005，8（2）：101 - 103.

［32］王禄超．模糊综合评判法在评标中的应用研究［J］. 建筑技术开发，2005，32（2）：113 - 115.

［33］张学志，陈功玉．AHP 与 DelPhi 法相结合确定供应商评价指标权重［J］. 物流技术，2005（9）：71 - 74.

［34］符小洪．基于 Delphi 和 AHP 的区域城镇体系发展条件评价研究［J］. 闽江学院学报，2003，24（5）：66 - 71.

［35］王彩霞．博士研究生科研能力评价指标体系及评价方法研究［D］. 西南交通大学硕士学位论文，2006.

［36］朱丽丽．成品油库综合评价研究［D］. 北京化工大学硕士学位论文，2008.

［37］高中文，宋伟伟．一种基于 AHP 的教学质量评估方法［J］. 信息技术，2006，30（12）：47 - 49.

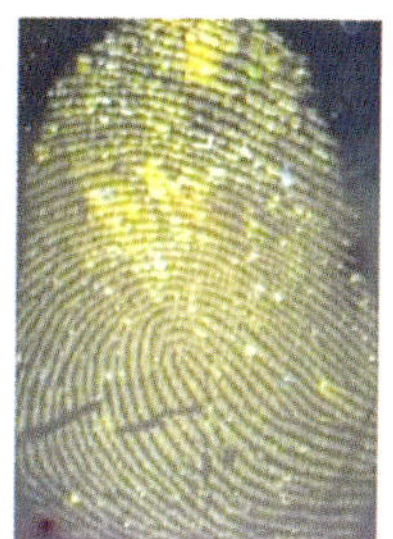

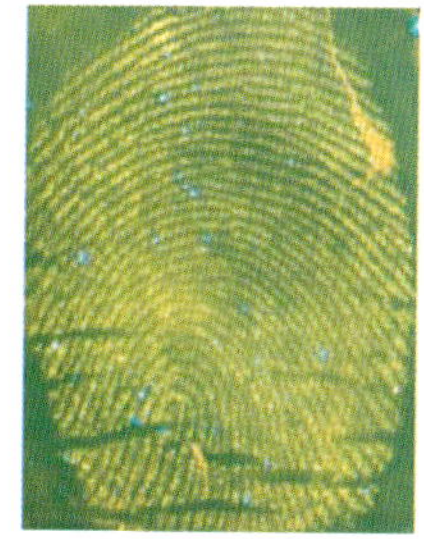

CdSe/TGA

CdTe/TGA

彩图 1　三种量子点溶液显现封箱胶带黏面潜指纹效果比较

a：未使用滤光片

b：使用黄色滤光片

彩图 2　锡纸表面油潜指纹显现效果

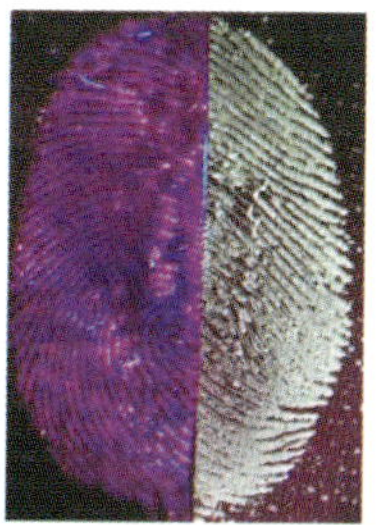

a：未使用滤光片

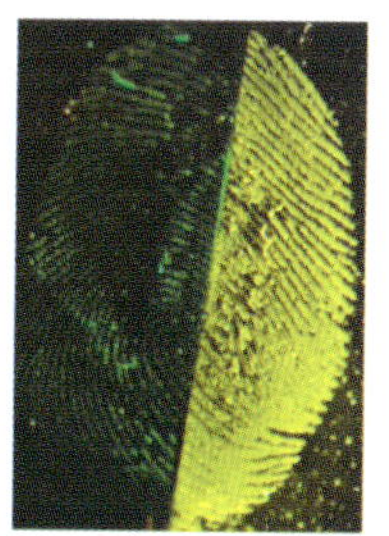

b：使用黄色滤光片

未增显（左）；增显（右）

彩图 3　黑塑料表面“502”熏显潜指纹 CdS/PAMAM G5.0 甲醇液增强效果

a. pH = 8

b. pH = 11

左：未处理手印；右：巯基化合物包覆纳米荧光材料处理手印

彩图 4　黑色胶带黏面新鲜手印显现效果比对

a. [Cd^{2+}] / [Se^{2-}] = 10 : 1　　b. [Cd^{2+}] / [Se^{2-}]= 5 : 1

左：未处理手印；右：巯基化合物包覆纳米荧光材料处理手印

彩图 5　黑色胶带黏面新鲜潜指纹显现效果比对

a: 优化前　　b: 优化后

彩图 6　优化前后显现试剂对透明胶带黏面潜指纹显现效果比对

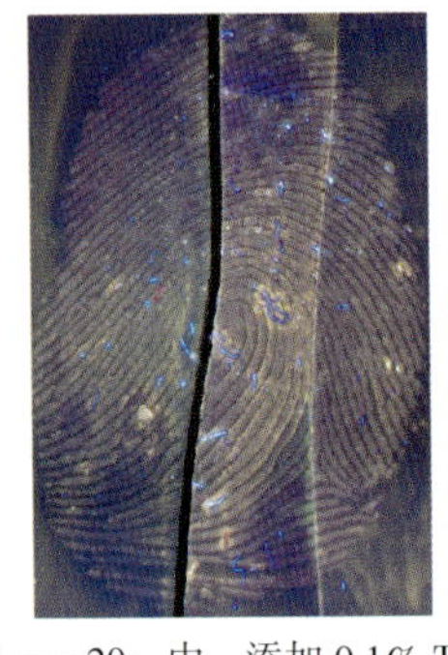

左：未添加 Tween 20；中：添加 0.1% Tween 10
右：添加 0.5% Tween 20

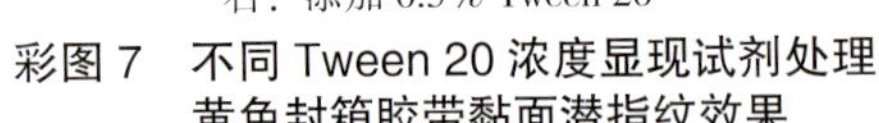

彩图 7　不同 Tween 20 浓度显现试剂处理黄色封箱胶带黏面潜指纹效果

小犁沟
乳突纹线
汗孔
汗孔
小犁沟
乳突纹线

左：TiO_2 小颗粒悬浮液；　右：巯基乙醇包覆 CdSe/CdS

彩图 8　黑色胶带黏面新鲜潜指纹

a：365 nm 紫外光　　b：440 nm 蓝光　　c：室光

左：罗丹明 6G；右：巯基化合物包覆的纳米荧光材料

彩图 9　黑色电工胶带黏面新鲜指纹

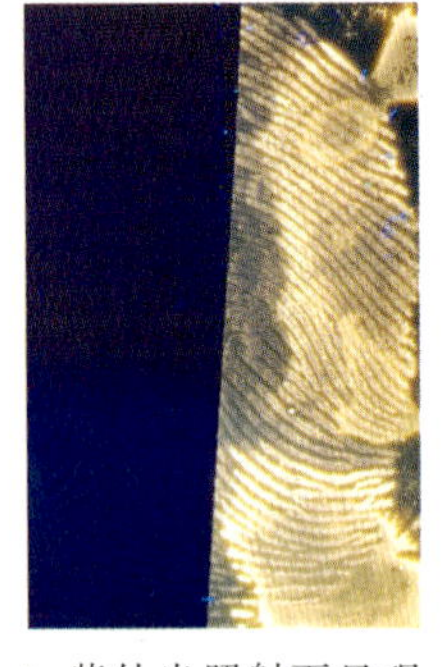

a: 室光照射下显现效果比较　　b: 紫外光照射下显现效果比较

左：龙胆紫显现效果；右：巯基乙酸包覆纳米材料显现效果

彩图 10　封箱胶带黏面新鲜油潜指纹龙胆紫与巯基乙酸包覆纳米材料显现效果比较

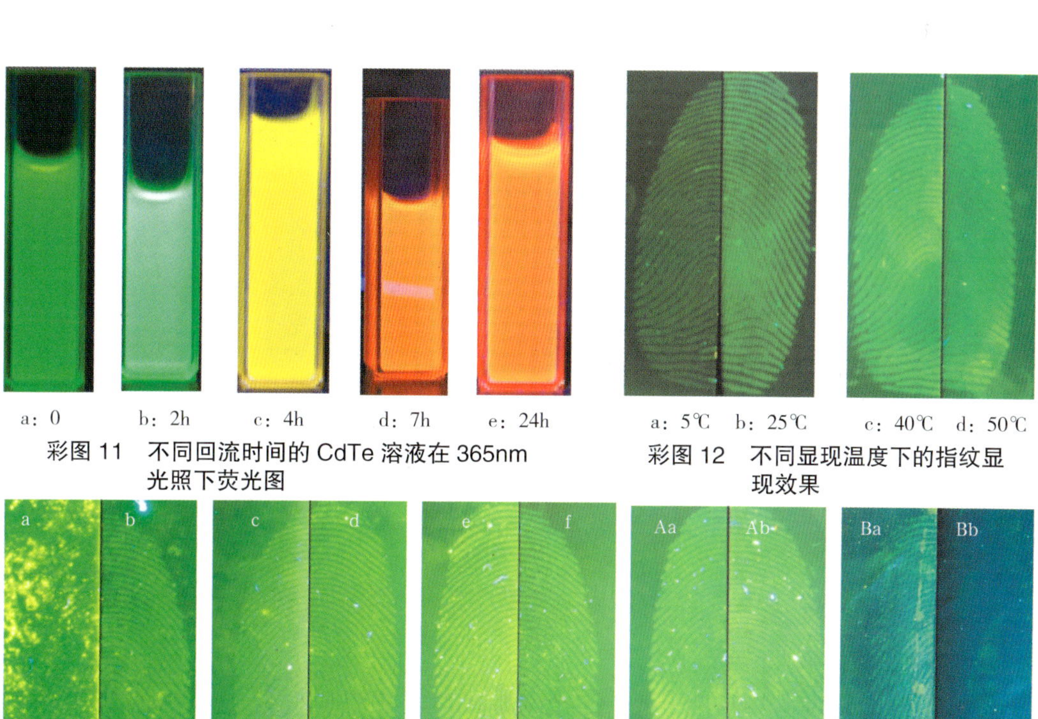

a：0　b：2h　c：4h　d：7h　e：24h

彩图 11　不同回流时间的 CdTe 溶液在 365nm 光照下荧光图

a：5℃　b：25℃　c：40℃　d：50℃

彩图 12　不同显现温度下的指纹显现效果

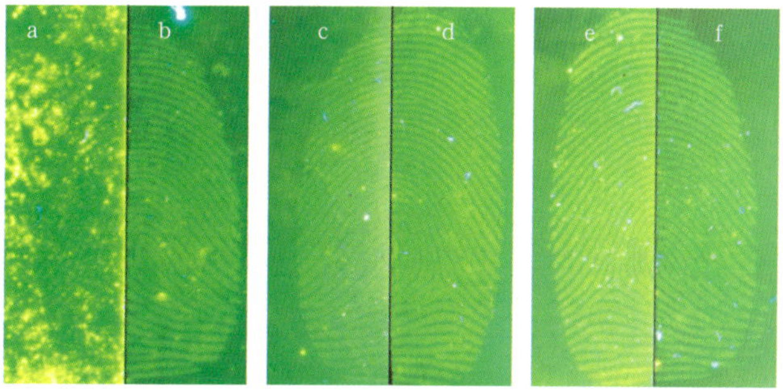

a：十六烷基三甲基溴化铵；b：十二烷基硫酸钠；c：吐温 20；d&e：两性咪唑啉；f：空白

彩图 13　量子点溶液添加不同表面活性剂后的指纹显现效果

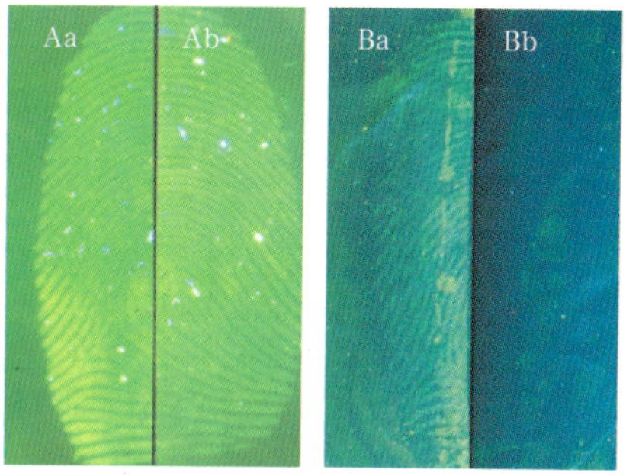

A：胶带；B：黑塑料；a：浸显；b：喷显

彩图 14　浸显和喷显的指纹效果比较

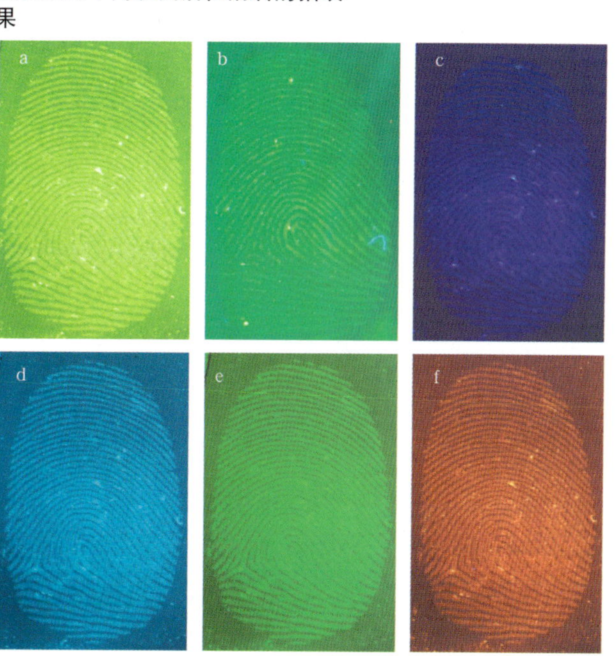

a：反光；b：365nm；c：440nm；d：490nm；e：540nm；f：590nm

彩图 15　激发光波长对指纹显现效果的影响

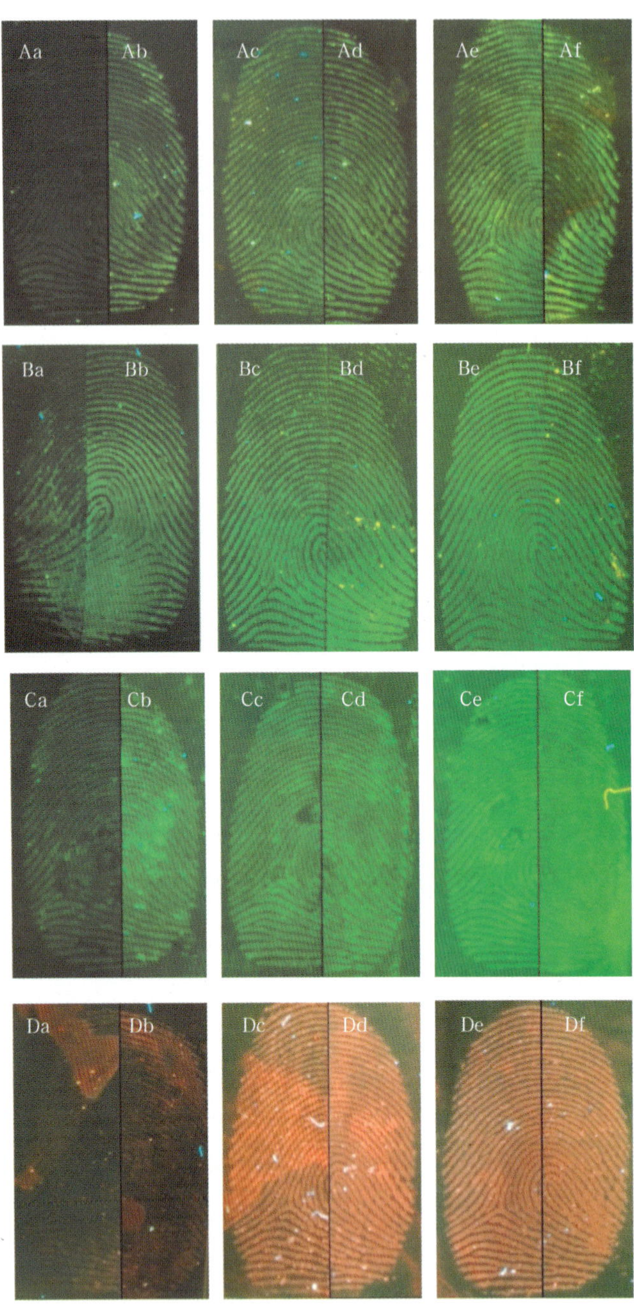

A：MPA-CdTe; B：MSA-CdTe; C：BEA-CdTe; D：MSA-CdTe/CdSe
a：pH=7; b：pH=8; c：pH=9; d：pH=10; e：pH=11; f：pH=12

彩图 16　量子点溶液 pH 值对潜指纹显现效果的影响

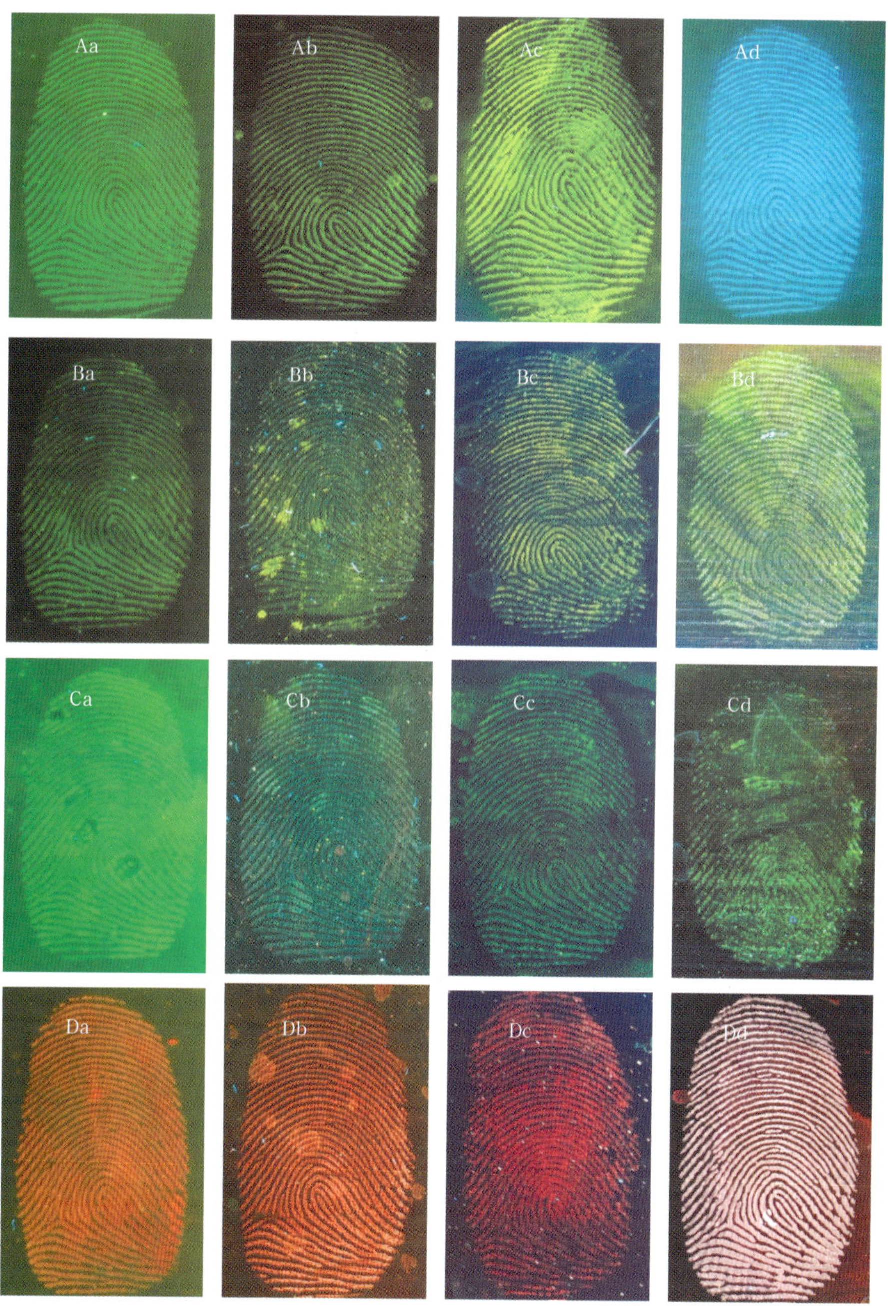

A：MSA-CdTe；B：MPA-CdTe；C：BEA-CdTe；D：MSA-CdTe/CdSe
a：yellow adhesive tape；b：transparent tape；c：aluminum foil；d：tinfoil

彩图 17　不同客体表面的潜指纹显现效果

彩图 18　原木表面指纹经胶带转印后的显现效果

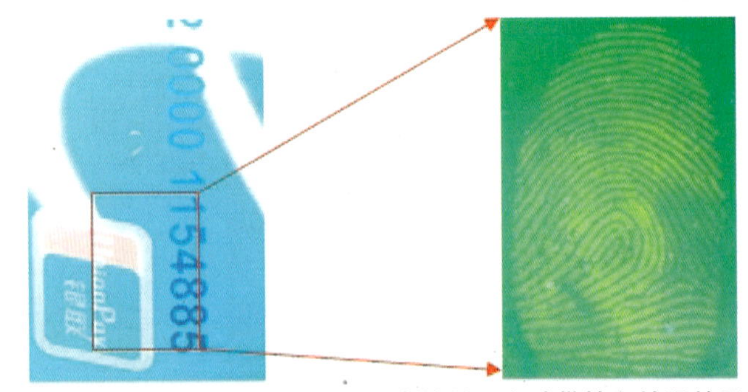

彩图 19　银行卡表面潜指纹显现后直接拍照和胶带转印拍照效果对比

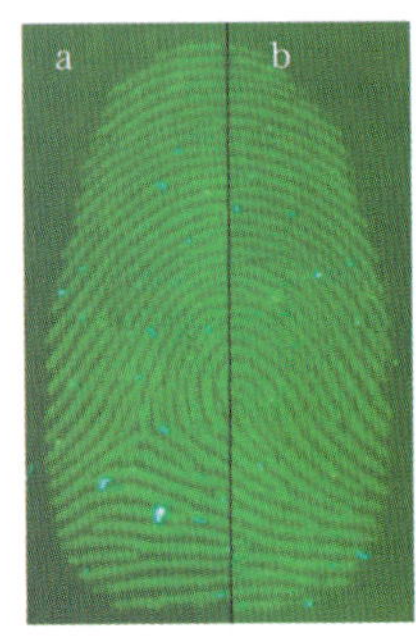

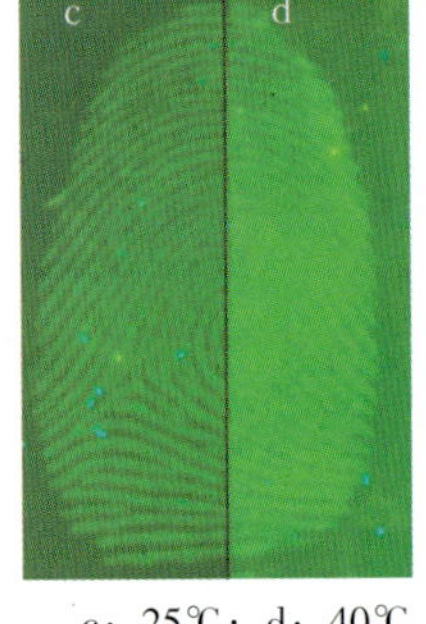

a：-20℃；b：5℃；　　c：25℃；d：40℃

彩图 20　保存温度对粘连指纹显现效果的影响

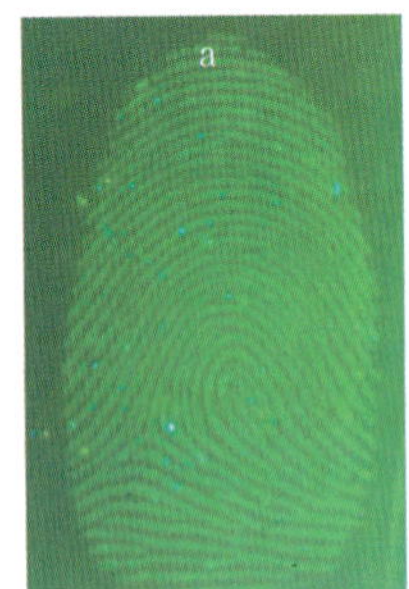

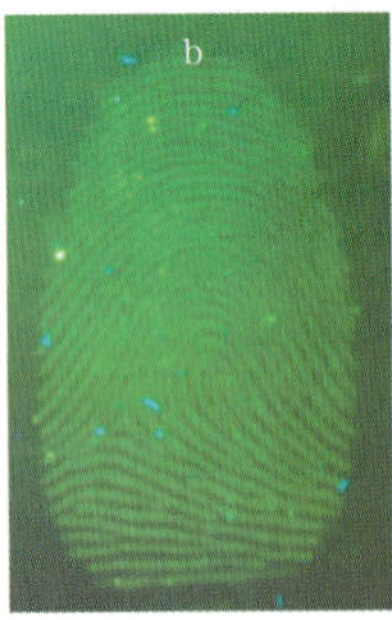

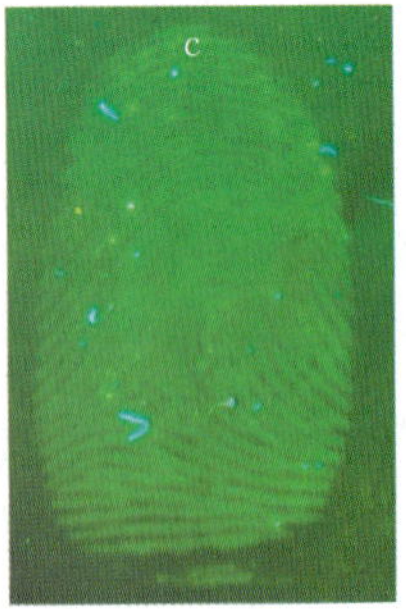

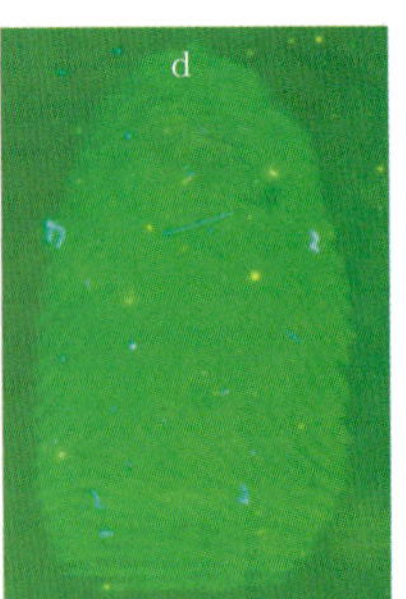

a：2h；b：6h；c：12h；d：24h

彩图 21　保存时间对粘连指纹显现效果的影响

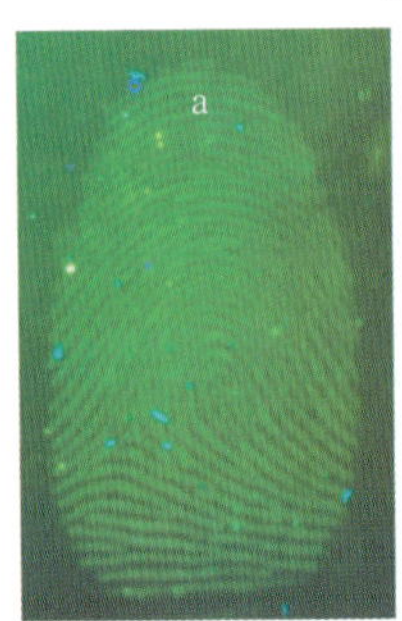

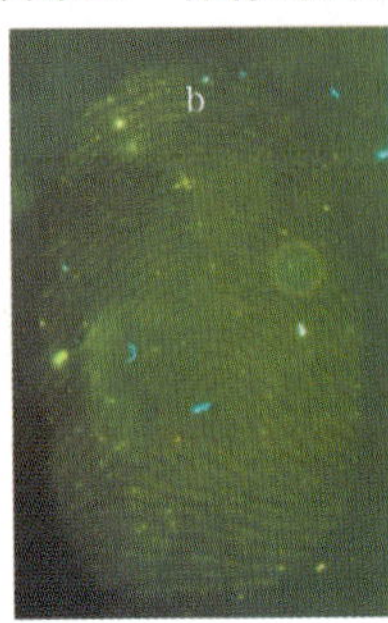

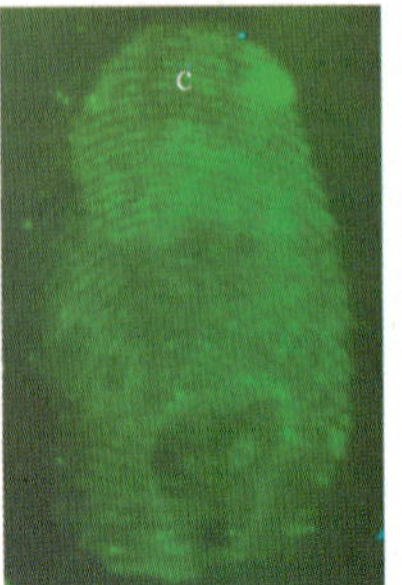

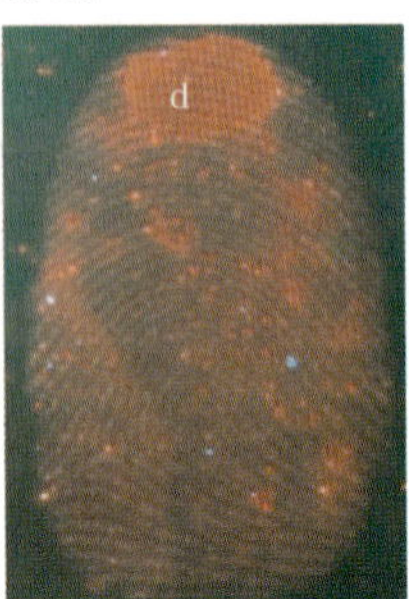

a：MSA-CdTe；b：MPA-CdTe；c：BEA-CdTe；d：MSA-CdTe/CdSe

彩图 22　不同量子点显现相同粘连时间的指纹效果

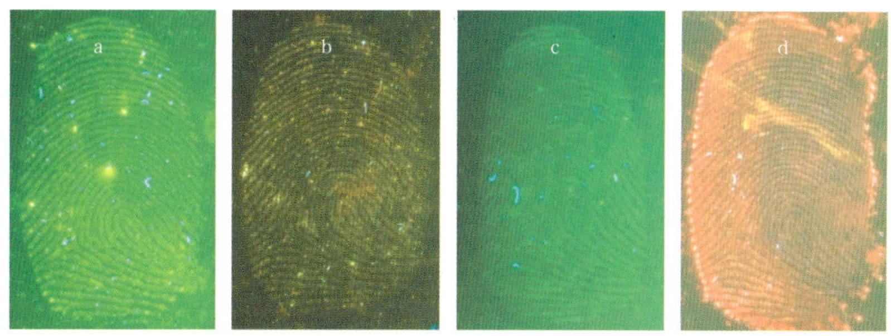

a：MSA-CdTe；b：MPA-CdTe；c：BEA-CdTe；d：MSA-CdTe/CdSe

彩图 23　不同量子点显现相同水浸时间的指纹效果

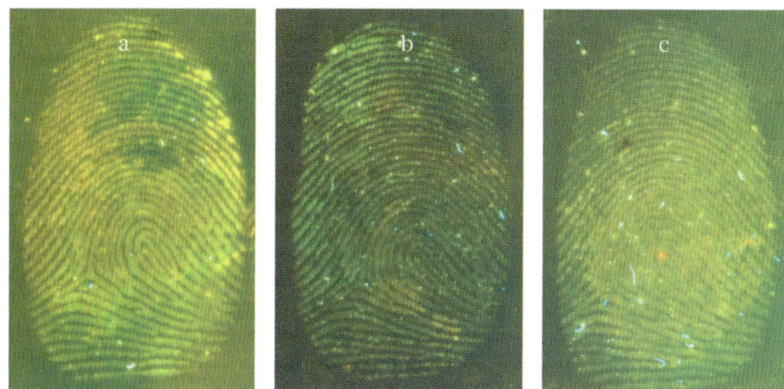

a：自来水；b：雨水；c：河水

彩图 24　不同水体浸泡后的指纹显现效果

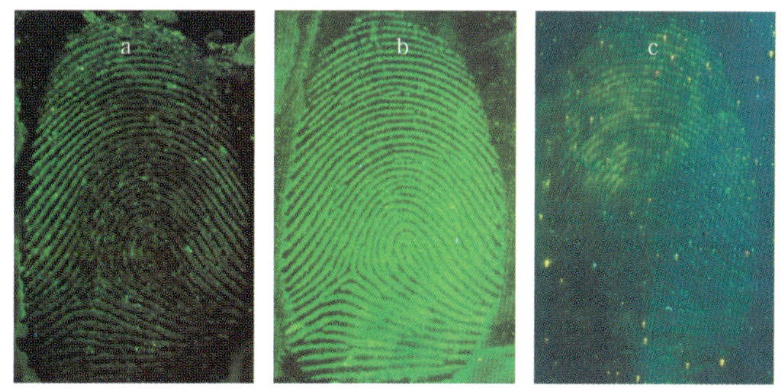

a：不锈钢；b：锡纸；c：黑塑料

彩图 25　不同客体表面指纹浸泡后的显现效果

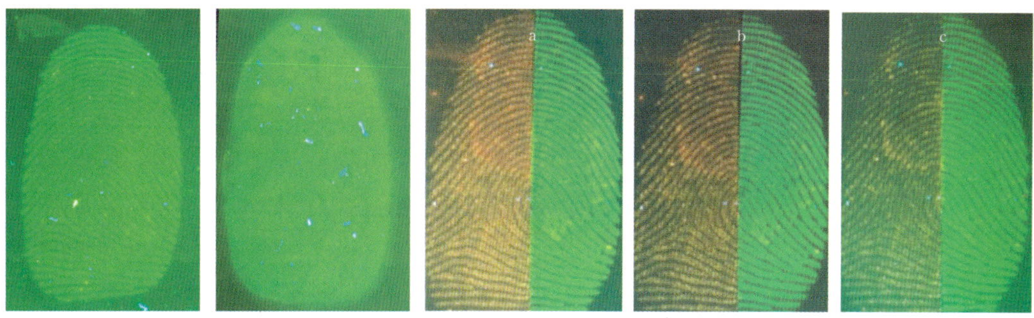

a：-20℃；b：30℃

彩图 26　保存温度对指纹显现效果的影响

a：24h；b：48h；c：72h

彩图 27　指纹显现后保存不同时间的成像效果

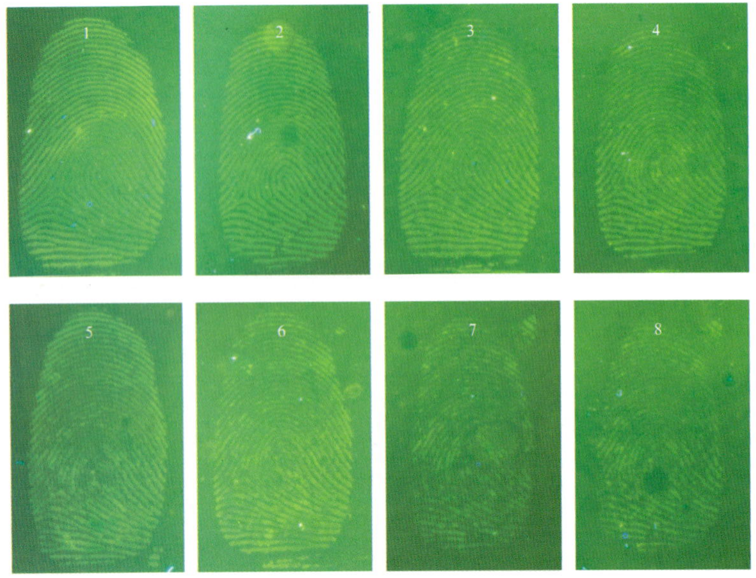

彩图 28　连续按捺指纹的显现效果

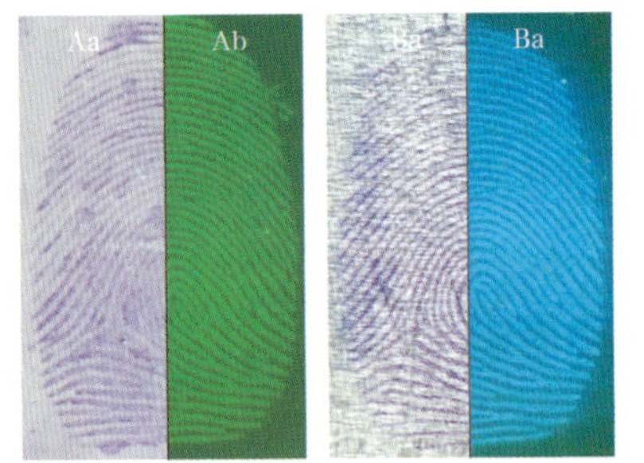

a：黄色封箱胶带；b：铝片；a：龙胆紫；b：量子点

彩图 29　龙胆紫和量子点溶液显现指纹效果比较

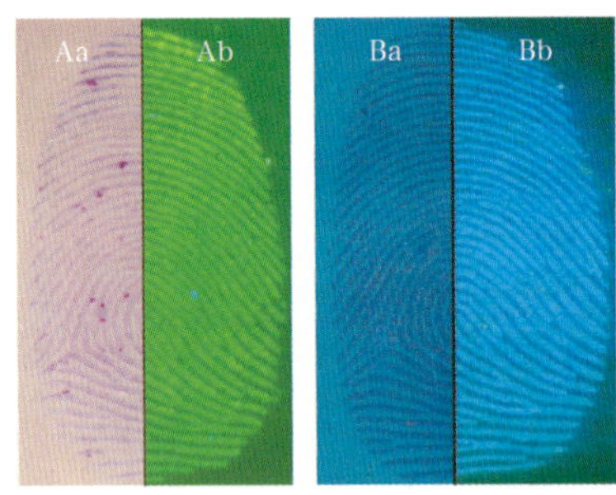

A：黄色封箱胶带；B：铝片；a：罗丹明 6G；b：量子点

彩图 30　罗丹明 6G 和量子点溶液显现指纹效果比较

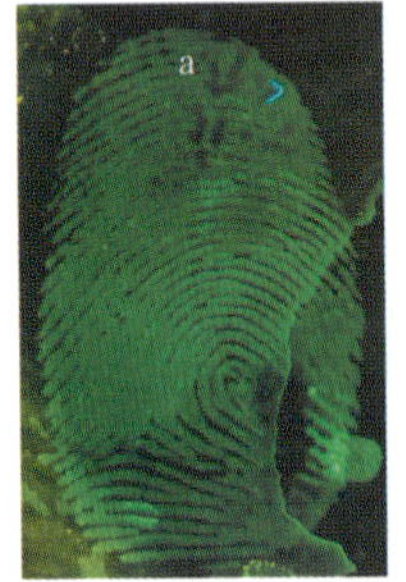

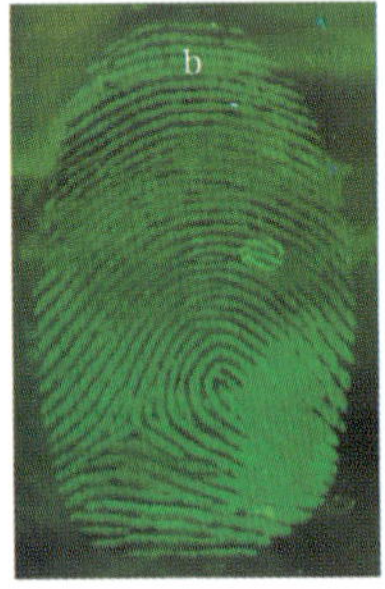

a：0.5min；b：1min；c: 5min

彩图 31　不同固定时间的血指纹显现效果

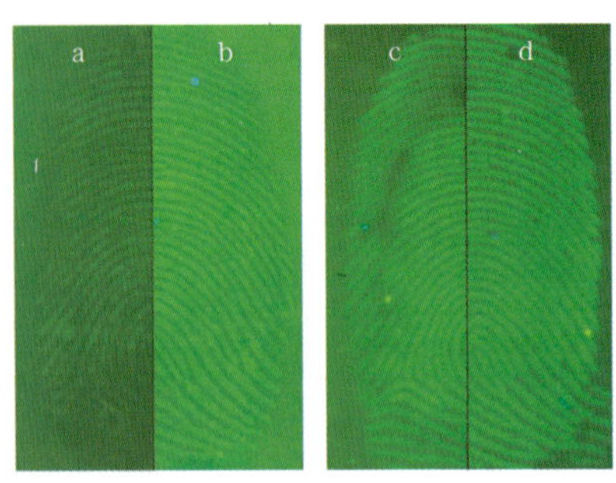

a：0.5min；b：1min；c: 3min；d：5min

彩图 32　不同显现时间的血指纹显现效果

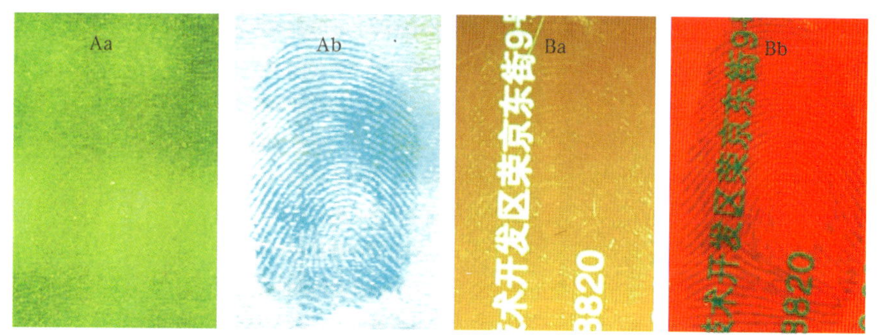

A：褐色硬版纸；B：红色易拉罐；a：白光；b：365nm

彩图 33　硬板纸和易拉罐表面血指纹的显现效果

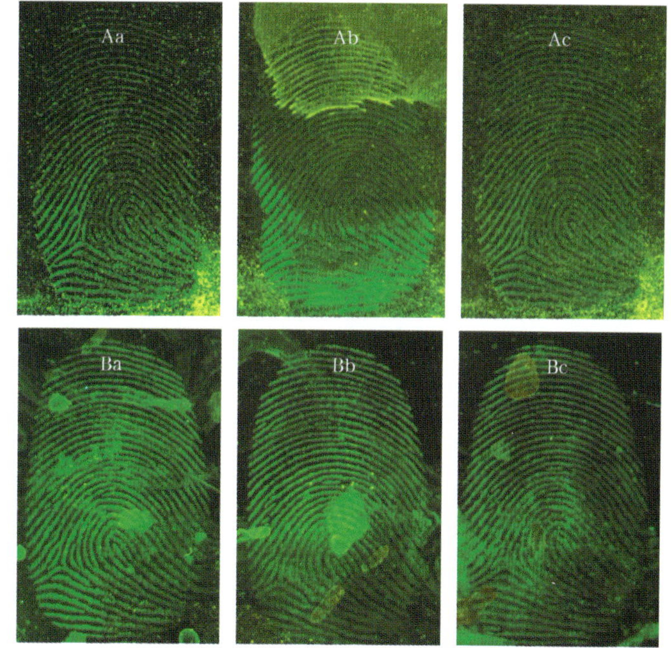

A：瓷砖；B：不锈钢；a：1 天；b：15 天；c：30 天

彩图 34　不同遗留时间血潜手印的显现效果

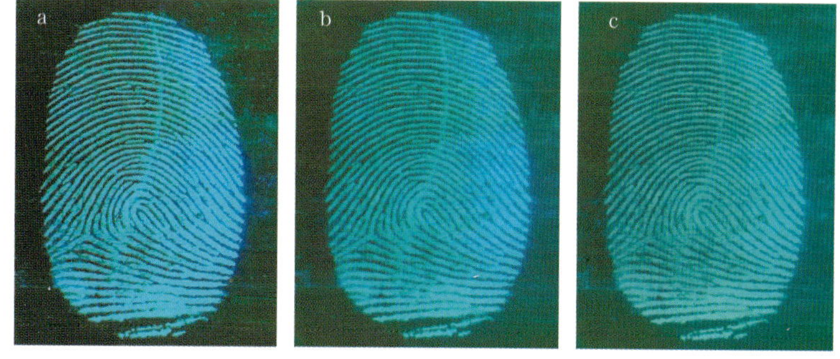

a：1 天；b：3 天；c：5 天

彩图 35　血潜指纹量子点显现后保存不同时间的成像效果

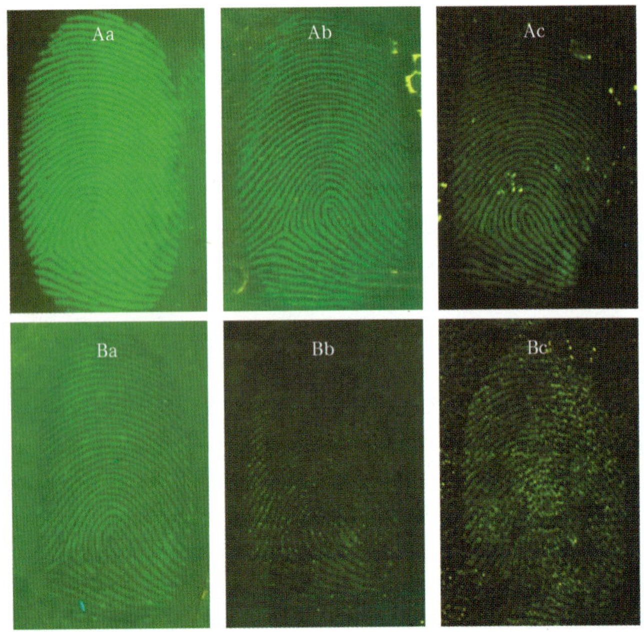

A：牛奶；B：护手霜；a：黄色封箱胶带；b：铝合金；c：黑皮革

彩图 36　特殊介质成痕指纹的显现效果

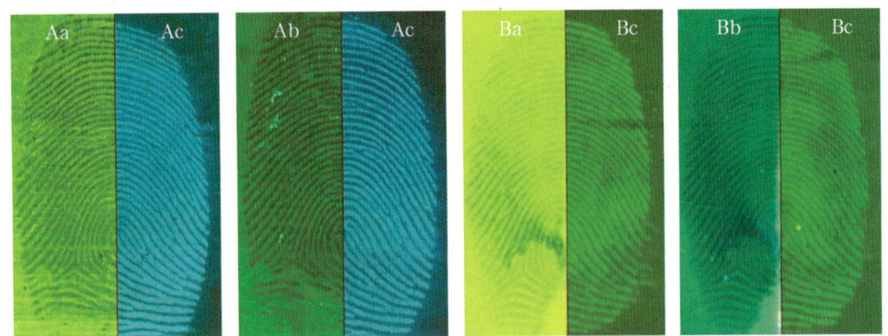

A：铝合金；B：黄色胶带；a：氨基黑 10B；b：四甲基联苯胺；c：量子点

彩图 37　量子点溶液、四甲基联苯胺和氨基黑 10B 显现血潜指纹的效果比较

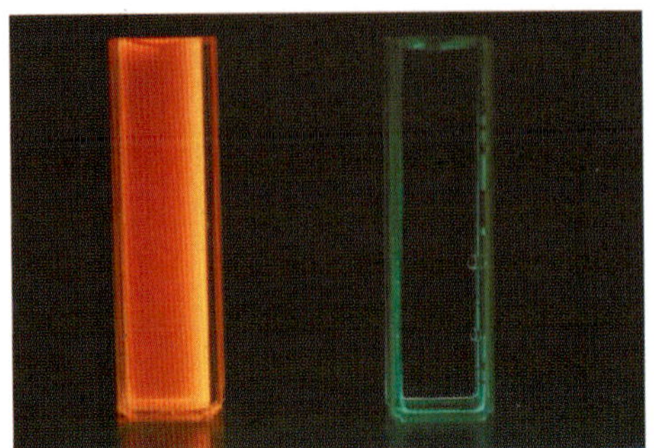

左：$Zn_{0.77}Cd_{0.23}Se$ 量子点溶液　右：参比水溶液

彩图 38　多波段光源 365nm 照射下 $Zn_{0.77}Cd_{0.23}Se$ 量子点溶液的荧光效果

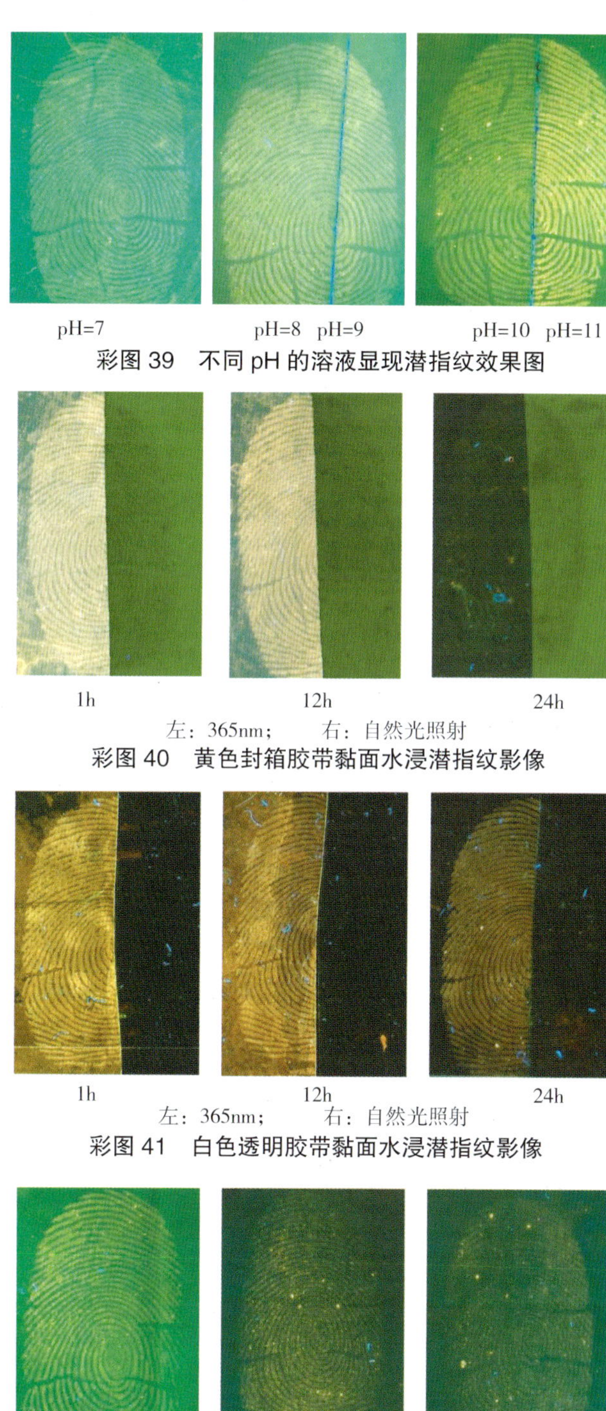

彩图 39 不同 pH 的溶液显现潜指纹效果图

彩图 40 黄色封箱胶带黏面水浸潜指纹影像

彩图 41 白色透明胶带黏面水浸潜指纹影像

彩图 42 黄色封箱胶带黏面对光面潜指纹显现效果图

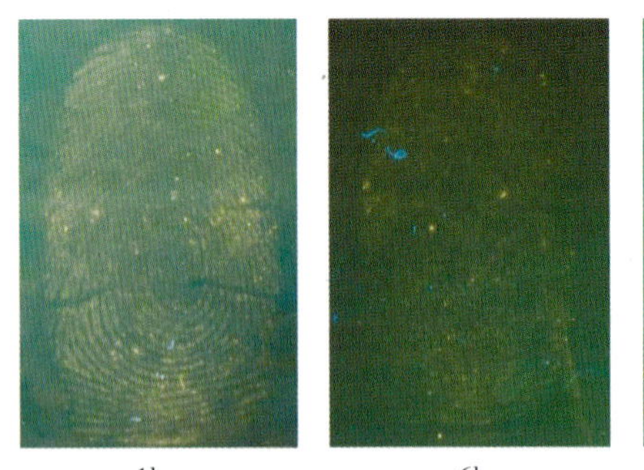

1h　　6h　　12h

彩图 43　黄色封箱胶带黏面对黏面潜指纹显现效果图

a. 新鲜指纹　　b. 遗留 30 天的指纹

左：墨水悬浮液；右：量子点溶液

彩图 44　量子点溶液和墨水悬浮液显现黄色封箱胶带油汗指纹效果图

白光　　365nm

左：罗丹明 6G；右：量子点溶液

彩图 45　量子点溶液(右)和罗丹明 6G(左)显现黄色封箱胶带油汗指纹效果图

365nm　　自然光

左侧：$Zn_{0.77}Cd_{0.23}Se$ 量子点溶液；右侧：四甲基联苯胺

彩图 46　$Zn_{0.77}Cd_{0.23}Se$ 量子点溶液和四甲基联苯胺显现黄色胶带血指纹效果比较

365nm　　自然光

左侧：$Zn_{0.77}Cd_{0.23}Se$ 量子点溶液；右侧：氨基黑 10B

彩图 47　$Zn_{0.77}Cd_{0.23}Se$ 量子点溶液和氨基黑 10 B 显现黄色胶带表面血指纹效果比较

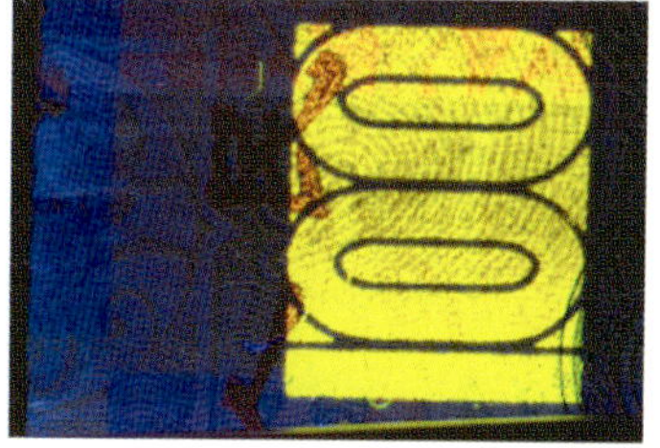

左：室光下拍摄效果；右：365 nm UV LED 激发下拍摄效果

彩图 48　改性纳米 TiO_2 粉末显现人民币表面潜指纹效果图

a：塑料打火机，7 天

b：白瓷砖，7 天

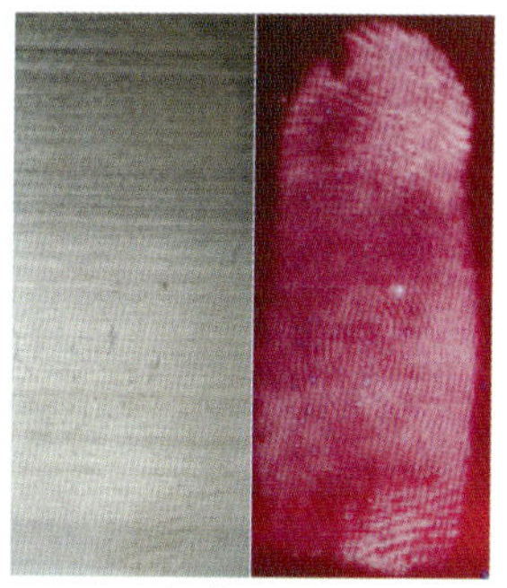

c：铝合金，16 天

d：塑钢，16 天

彩图 49　不同客体表面潜指纹显现影像

左：白光；右：365nm

彩图 50　纳米 ZnO 显现易拉罐表面 3 天潜指纹

a：新鲜　b：3 天　c：7 天　d：22 天

左：白光；右：365nm

彩图 51　纳米 ZnO 显现 IP 卡表面不同时间的潜指纹

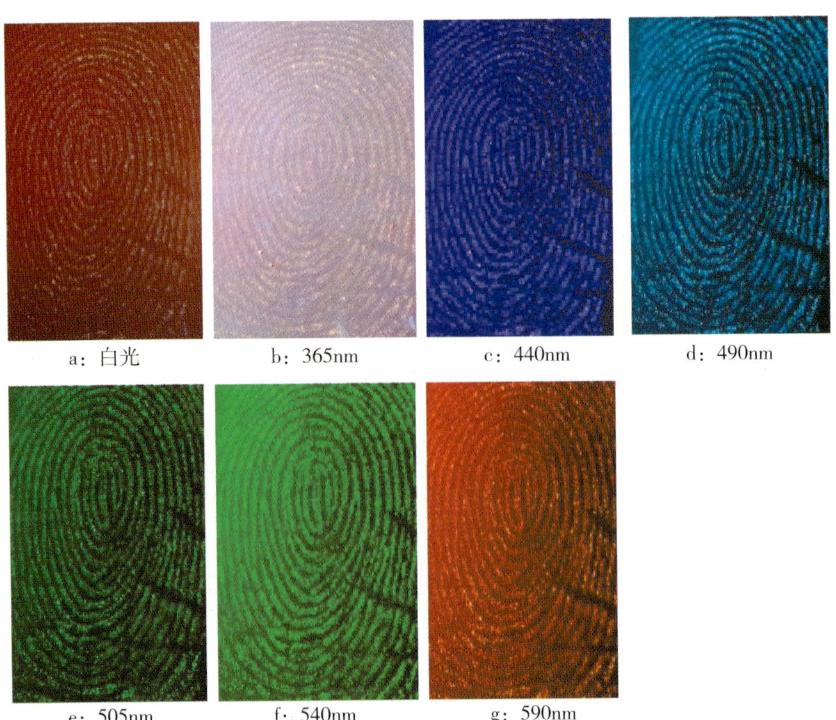

a：白光　b：365nm　c：440nm　d：490nm　e：505nm　f：540nm　g：590nm

彩图 52　纳米 ZnO 粉末显现西红柿表面遗留两天的潜指纹在不同光源下的显现效果

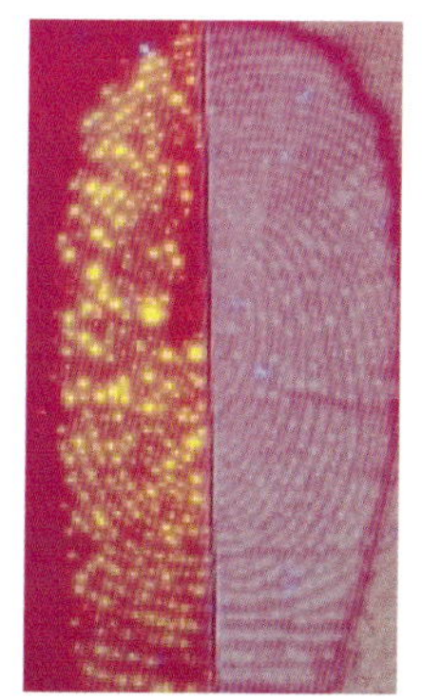

左："502"胶－罗丹明 6G 染色，365nm；
右：纳米 ZnO，365nm 光

彩图 53　纳米 ZnO 和"502"胶－罗丹明 6G 显现塑料表面 7 天潜指纹的显现效果

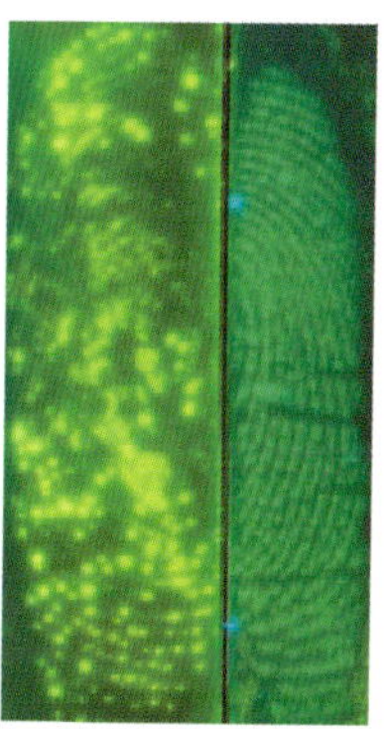

左："502"胶－BBD 染色，365nm 光下加黄色滤光镜；
右：纳米 ZnO，365nm 光

彩图 54　纳米 ZnO 和"502"胶－BBD 显现塑料上 7 天潜指纹的显现效果

a：纳米 ZnO

b：纳米 ZnO，365nm

c：金粉，白光

彩图 55　不同粉末显现 IP 卡表面指纹

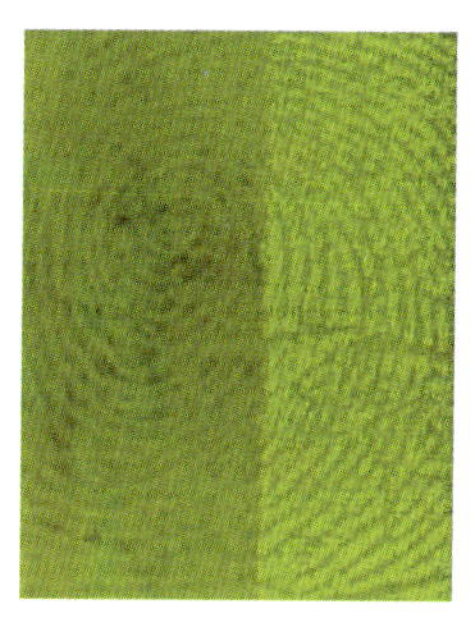

a：白光

b：365nm

c：505nm

彩图 56　纳米 Fe_3O_4 粉末和松花粉显现香蕉表面新鲜指纹在不同光源下的图像

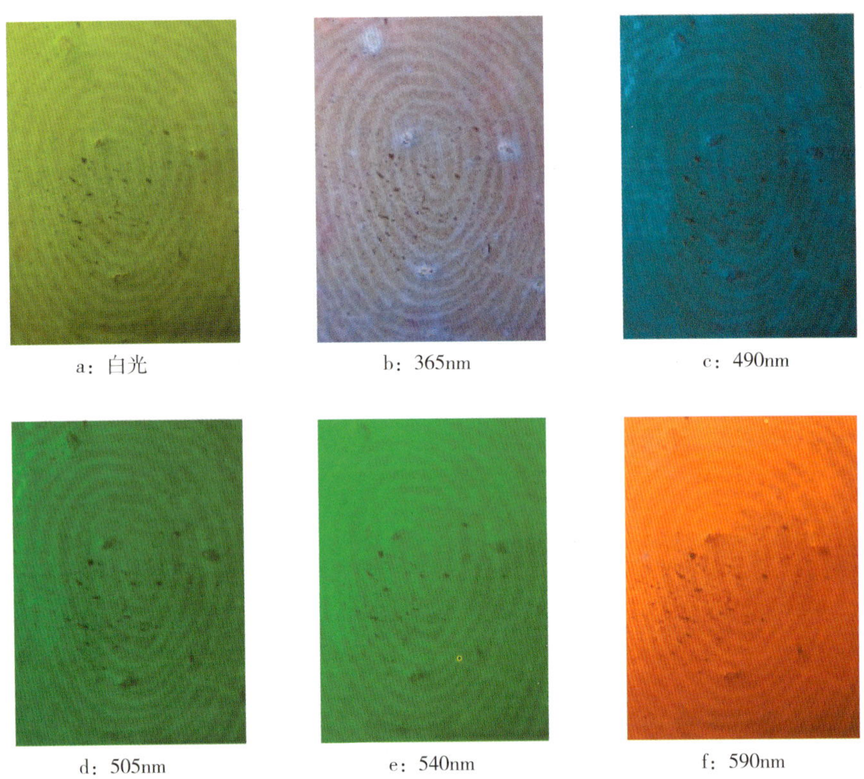

彩图 57　纳米 Fe_3O_4 显现苹果表面遗留 3 天的潜指纹在不同光源下的图像

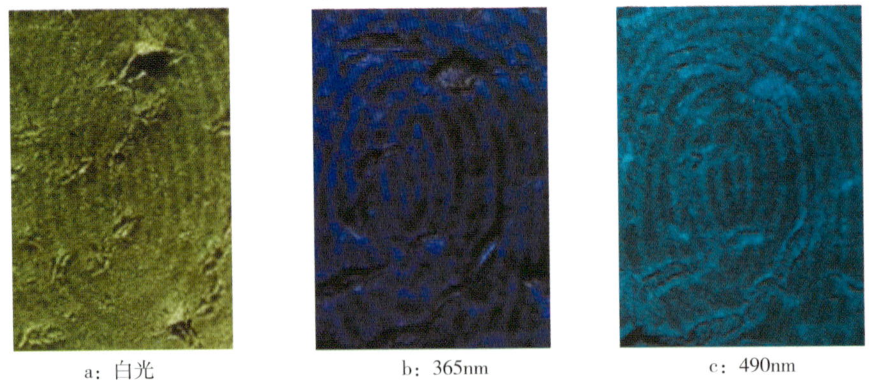

彩图 58　纳米 Fe_3O_4 粉末显现土豆表面遗留两天的潜指纹在不同光源下的图像